余英時文集——04

中國思想傳統的現代詮釋

余英時——著

余英時文集編輯序言

聯經出版公司編輯部

余英時先生是當代最重要的中國史學者，也是對於華人世界思想與文化影響深遠的知識人。

余先生一生著作無數，研究範圍縱橫三千年中國思想與文化史，對中國史學研究有極為開創性的貢獻，作品每每別開生面，引發廣泛的迴響與討論。除了學術論著外，他更撰寫大量文章，針對當代政治、社會與文化議題發表意見。

一九七六年九月，聯經出版了余先生的《歷史與思想》，這是余先生在台灣出版的第一本著作，也開啟了余先生與聯經此後深厚的關係。往後四十多年間，從《歷史與思想》到他的最後一本學術專書《論天人之際》，余先生在聯經一共出版了十二部作品。

余先生過世之後，聯經開始著手規劃「余英時文集」出版事宜，將余先生過去在台灣尚未集結出版的文章，編成十六種書目，再加上原本的十二部作品，總計共二十八種，總字數超過四百五十萬字。這個數字展現了余先生旺盛的創作力，從中也可看見余先生一生思想發展的軌跡，以及他開闊的視野、精深的學問，與多面向的關懷。

文集中的書目分為四大類。第一類是余先生的**學術論著**，除了過去在聯經出版的十二部作品外，此次新增兩冊《中國歷史研究的反思》古代史篇與現代史篇，收錄了余先生尚未集結出版之單篇論文，包括不同時期發表之中英文文章，以及應邀為辛亥革命、戊戌變法、五四運動等重要歷史議題撰寫的反思或訪談。《我的治學經驗》則是余先生畢生讀書、治學的經驗談。

其次，則是余先生的**社會關懷**，包括他多年來撰寫的時事評論（《時論集》），以及他擔任自由亞洲電台評論員期間，對於華人世界政治局勢所做的評析（《政論集》）。其中，他針對當代中國的政治及其領導人多有鍼砭，對於香港與台灣的情勢以及民主政治的未來，也提出其觀察與見解。

余先生除了是位知識淵博的學者，同時也是位溫暖而慷慨的友人和長者。文集中也反映余先生**生活交遊**的一面。如《書信選》與《詩存》呈現余先生與師長、友朋的魚雁往返、詩文唱和，從中既展現了他的人格本色，也可看出其思想脈絡。《序文集》是他應各方請託而完成的作品，《雜文集》則蒐羅不少余先生為同輩學人撰寫的追憶文章，也記錄他與文化和出版界的交往。

文集的另一重點，是收錄了余先生二十多歲，居住於**香港期間**的著作，包括六冊專書，以及發表於報章雜誌上的各類文章（《香港時代文集》）。這七冊文集的寫作年代集中於一九五〇年代前半，見證了一位自由主義者的青年時代，也是余先生一生澎湃思想的起點。

本次文集的編輯過程，獲得許多專家學者的協助，其中，中央研究院王汎森院士與中央警察大學李顯裕教授，分別提供手中蒐集的大量相關資料，為文集的成形奠定重要基礎。

最後，本次文集的出版，要特別感謝余夫人陳淑平女士的支持，她並慨然捐出余先生所有在聯經出版著作的版稅，委由聯經成立「余英時人文著作出版獎助基金」，用於獎助出版人文領域之學術論著，代表了余英時、陳淑平夫婦期勉下一代學人的美意，也期待能夠延續余先生對於人文學術研究的偉大貢獻。

自序

本書選收了我在最近五年中（一九八二—八六）所寫的十篇論文。因爲這十篇論文都是闡釋中國思想傳統的，所以定名爲〔中國思想傳統的現代詮釋〕。這十篇論文都曾先後在各種專書、或期刊中發表過，這次彙集成册，我又作了一些必要的修改和補充。

本書可以爲兩個部分：前三篇屬於通論性質；我在這一部分提出了關於中國思想傳統的一些整體性的觀察。後七篇則是斷代的專題研究或個案研究，但是我同時也企圖藉著這些專題或個案來說明整個思想的傳統。因此這兩部分是互相照應，互相補充的。

本書所用「思想」一詞，取義甚廣，既指具有嚴格系統的哲學思想，也包括散播在各社會階層之間的通俗思想。我的基本立場是儘量把中國的思想傳統和它淵源所自的價值系統與生活方式緊密地結合在一起。中國的價值系統和生活方式是在長期的歷史演變過程中逐漸形成的；思想傳統也是同一歷史過程的產品。因此在本書中，思想史、文化史、和社會史之間存在著交光互影的關係，不能清楚地劃分界線。中國的思想傳統必須安置在它的文化脈絡之中才能獲得比較全面的理解。本書所收諸篇雖然都是獨立的論文，並且各有主題，但其中也貫穿了一條共同的線索，即試圖從不同的時代、不同的問題和不同的層次來尋找中國思想傳統的特色。中國思想的特色自然也就是中國文化的特色，不過表現得更爲集中、更爲突出而已。「特色」必然是從比較中得來的；我們祇有用其他不同系統的文化和思想與中國的傳統相對照、相比較才能看得清後者究竟具有什麼「特色」。以中國思想史而論，儒教的「特色」也是在釋、道兩家（尤其是釋氏）的強烈對照之下才充分地顯露出來的。宋明的新儒家如朱熹和王守仁在重新闡明「吾儒」的基本立場時便處處取釋氏之異於「吾儒」者以爲對比。本書論中國思想的特色也採取了一種比較的觀點。大體上說，我是以我所能理解的西方文化和思想爲根據，以說明我所能見到的中國思想傳統的特色。這裏特別用「我所能理解」和「我所能見到」的兩個形容詞，並不是故作謙語。中西文化和思想都是「至大無外」的研究領域，我個人的識解和視野則是極其有限的。我在本書中提了一些自覺可以心安理得的看法，但是我決不認爲這些看法是最後的「定論」，更不認爲中國思想傳統的特色已盡於此。我完全承認，其他人從不同的觀點出發必然會獲得不同的看法，並且同樣足以加深我們對中西思想異同的瞭解。

下文我祇想對兩個比較重要的論點，稍作說明。第一、本書所收的文字，無論是通論或專題，都已儘量融會了前人的研究成果。對於具有代表性的見解，尤其不敢輕忽。現代學術是在不斷溝通和對話中發展出來的，「閉門造車」的時代基本上已經過去了。受過現代學術訓練的人誰也不能只顧獨白而完全不理會和自己相異的論點。但是爲了避免行文枝蔓及引起不必要的爭論——，本書的通論部分有時並未一一注明立論的根據。第一篇「從價值系統看中國文化的現代意義」尤其如此。這篇文字是根據一次公開演講的紀錄而寫成的，因此自始便未採用學院論著的形式。熟悉中國近代思想史的讀者當不難看出此文立論的背景和發議的對象。事實上，在定稿的過程中，我對於「五四」以來有關中西文化之辨的種種論點都曾反覆地斟酌過。但是此文雖參考了前人的論點，整體的解釋架構則是重新建造的。大體言之，此文基本上採取了史學的而不是哲學的觀點，其中所偶然沿用的少數哲學概念（如「內在超越」）也已重新賦予歷史的解釋，具有較爲確定的經驗內容。讀者如果同時參考本書所收的專題研究和我的其他相關論著，便不致發生觀念上的混淆。

又此文原是一九八三年「中國時報」主辦的「中國文化與現代生活」演講系列的一篇總結。由於受到「因事命篇」的限制，此文的焦距集中在傳統與現代的可能接榫點上，因此其觀察的角度是特殊的，並不代表我對於中國文化的全面意見，特別是具有批判性的意見。此文曾由時報文化公司於一九八四年印成單行本，流傳較廣，引起的討論也較多。甚至中國大陸上也一再有人予以評介。（據我所知，〔書林〕一九八六年六月號和〔讀書〕一九八六年九月號都有專文討論。）但評者多專就此一文立論，不曾參證我的其他論文，理解不免陷於片面。所以我覺得有在此特別說明的必要，並感謝時報文化公司允許我將此文收入本書。

第二、由於對照和比較的需要，本書所收諸篇都曾或多或少地涉及與題旨有關的西方觀念和學說。這一點也可能會引起誤解。我在前面已經指出，宋明的新儒家曾通過佛教的概念和分析方式以彰顯儒學的特性。今天我們對中國的思想傳統進行現代的詮釋自然不能不援引西方的概念和分析方式。理由很簡單：現代詮釋的要求即直接起於西方思想的挑戰，這和宋明新儒學之起於對佛教的回應基本上是相類似的。

但現代詮釋和宋明新儒學的歷史背景則大不相同。宋明新儒家發議的主要對象是禪宗，而禪宗則已是中國化的佛教。在禪宗出現之前，印度原始佛教和中國傳統思想之間早已經歷了幾百年的「格義」階段。「格義」始於比敷而終於融合，始於求表面之「同」而終見實質之「異」。禪宗一方面把儒、道兩家中的某些精神因子和佛教的理論融合起來了；但另一方面又把儒釋之間的界線劃分得更清楚了。我在「中國近世宗教倫理與商人精神」中曾指出智圓(九七六—一〇二二)有「儒者飾身之教，釋者修心之教」的判劃，外在的「身」屬之儒家，而以內在的「心」歸之釋氏。事實上，這正是長期「格義」所達到的最後境界。早在唐代，禪宗已用這一標準來強調儒釋的互為表裏。例如張彥遠在咸通二年（八六一）所撰的「三祖大師碑陰記」中說：「夫禀儒道以理身理人，奉釋氏以修心修性，其揆一也。」（〔全唐文〕卷七九〇）可見至少在語言層面上佛教已本土化了。宋代新儒家在這個基礎上重建「心性之學」，一般人不易察覺他們所運用的概念和分析方式是源於佛教的。他們之間往往以「禪」相譏，也許正是因為彼此都深知對方的底蘊。不過在今天看來，概念和分析方式主要是技術層面的事。新儒家雖然在這一層面上假途於佛教，卻並沒有用佛教的理論或觀點取代儒家傳統的舊義。相反地，他們通過已經本土化了的佛教概念和分析方式，把儒家傳統中引而未發的「心性之學」全面地建立了起來，因而豐富了並更新了這個傳統。我在「中國近世宗教倫理與商人精神」第二節中曾特別針對這一點提出了初步的看法。

現代詮釋則缺乏一個長期的「格義」階段。一方面，西方思想的複雜性已遠非佛教所能相提並論；另一方面，西方的概念和分析方式在沒有來得及本土化之前便已席捲了中國的學術思想界。因此現代中國學人用西方的概念和分析方式研究自己的思想傳統時往往不免流爲牽強附會和生搬硬套。其中最重要的一個癥結，便在於他們不但在語言和技術層面上接受了西方的概念和分析方式，而且不少人還毫不遲疑地視西方的理論和觀點爲具有普遍性的眞理，可以直接用來詮釋中國的思想傳統。其典型的表現便是把中國傳統看作材料而安置在西方的理論模式之中。當然，西方的論理很多，彼此之間又有嚴重的衝突，因此中國學人在運用不同的理論模式時也有或精或粗的程度之別。但是最粗暴的則是馬克思主義者對中國思想史所進行的公式化的處理。關於這一點，今天大陸上的學者也已經公認不諱了。

現代詮釋已不可能避開西方的概念和分析方式了，甚至也無法完全不涉及西方的理論。但是我們仍有必要在實踐中儘量把西方的概念和分析方式與西方的理論加以區別。這裏所謂西方的理論當然是指那些解釋西方文化和思想傳統的理論。西方的概念和分析方式是相應於西方傳統中的特殊現象而發展出來的；兩者之間自有內在的關聯。但是各大思想傳統之間的異趣畢竟不能完全抹搬它們仍有許多共同的地方。例如一般人都相信西方思想傳統中以知識論最顯其特色，因而爲西方的科學提供了理論的根據。對照之下，中國思想傳統中的知識論意識則相當薄弱，這也許是中國科學不發達的原因之一。讓我們姑且接受這一論斷，不作進一步的追究。但是接受這一論斷並不足以否定中國思想傳統中也有相當於西方「知識論」或「科學」的現象，因此西方有關「知識論」、「科學」的語言、概念、以及分析方式也未嘗不能處理這一類的現象，儘管它們在中國思想傳統中不佔主流的地位。事實上，「知識論」、「科學」本身卽是西方的概念，而且早已用在中國學術思想史的研究上面了。然而西方關於「知識論」或「科學」的種種理論則不能直接用以闡明中國的思想傳統。這是因爲這些理論的具體內容是建築在西方特殊的經驗之上的，與中國傳統相差過遠。任何以西方現成的理論直接套用在中國經驗之上的努力都不免要流爲削足適履。西方哲學中「唯心論」與「唯物論」或「理性主義」與「經驗主義」這一類的二分法，不但不能說明中國的思想傳統，而且必然會造成理解上的混亂。此中的關鍵是在於中國思想史上自始便沒有「心」和「物」兩分的預設；知識論的意識旣不發達，知識究竟源於「理性」還是「經驗」也從來沒有成爲中國思想史上的中心問題。我們強調現代詮釋必須儘量把西方的理論和西方的概念及分析方式加以區別，其道理是很明白的。這便是說，西方繡成的鴛鴦固然值得借鑑，但更重要的則是取得西方人繡鴛鴦的針法。前面所說的宋代新儒家的成就便已充分地證明了：針法和繡成的鴛鴦確是可以分開的。他們上承數百年佛教中國化的歷史趨勢，終於成功地吸收了這一精微艱深的外來思想系統，從而更新了儒學的傳統。讓我們試舉一例。沈曾植（一八五一——一九二二）曾指出，陸象山所悟之道卽是「太極」，極似華嚴法界觀；他自言其爲學得力處在「智識」或「靈識」，顯然是佛教的觀念；至於他指點人時始終不肯說破、不肯指實，則更是禪家所謂「宗門作用」。但他最後的學術歸宿仍在儒門。（見〔海日樓札叢〕卷四「象山從宇宙二字悟道」條）沈氏雖以史地考證著稱，然而他早年潛心宋儒義理之學，中歲以後則精治佛典。因此他的觀察是值得我們的參考的。無論我們是否完全接受他的論斷，這個具體的例子至少可以使我們看見，新儒學是通過什麼途徑來運用佛教的概念和分析方式的。在這一方面，宋代新儒家的業績對於現代詮釋是非常富於啟示性的。

上面這一段討論主要是爲了說明西方的概念和理論在現代詮釋中的效用及其限度。中國的思想傳統今天必須通過現代詮釋才能在世界配景中顯出它的文化特色。前面已指出，在這一詮釋的過程中，我們已不可能避開西方的概念，正如宋代新儒家無法不借用佛教的概念一樣。但是現代詮釋如果希望取得和宋代新儒學相同的成就，西方的概念和分析方式最後必須能和中國思想傳統融化成一體，而不是出之以安排牽湊。這正是宋代理學家所再三強調的「莫安排」之教。現代詮釋尤其必須避免把中國的思想安排在任何西方現成的理論之中，因爲那樣做不但無從彰顯中國傳統的特色，而且是適得其反，把它和西方傳統的相異之處完全抹掇了。本書涉及西方的概念和學說主要都是爲了通過現代詮釋以說明中國思想的獨特系統。這裏面，並不含蘊著一絲一毫「西天取經」（「向西方尋找眞理」）的意思。我最近在另一篇文字中曾說：

> 我個人一向是從史學的觀點研究中國傳統的動態，因此不但要觀察它循著什麼具體途徑而變動，而且希望儘可能地窮盡這些變動的歷史曲折。依我的偏見，這是展示中國文化傳統的獨特面貌的一個最可靠的途徑。我雖然也偶而引用西方的理論和事實以爲參證比較之資，但其目的祇是爲了增加說明上的方便，決非爲了證實或否證任何一個流行的學說。

我又說：

> 事實上，我在中國思想史研究中所偶然引用的西方觀念都祇有緣助性的作用。我的立足點永遠是中國傳統及其原始典籍內部中所呈現的脈絡，而不是任何外來的「理論架構」。

嚴格地說，沒有任何一種西方的理論或方法可以現成地套用在中國史的具體研究上面。所以我希望讀者的眼光不要放錯了地方。（均見「關於新教倫理與儒學研究」一文，刊於「九州學刊」第一卷第二期，一九八六年十二月）

以上這兩段話對於本書是完全適用的。但是我必須補充一句，這些話僅在揭出我自己對於現代詮釋所懸的標準，決不表示本書所收的論文已經符合了這個標準。中西觀念的「格義」、西方概念的「本土化」和現代詮釋這三層工作今天都必須在同一階段中「畢其功於一役」，這自然是比宋代新儒學的重建更爲艱巨的歷史事業。如果本書能在這一大事業的建設過程中提供一磚一石之助，那麼它的出版便不算完全浪費紙張了。

余英時

一九八七年二月十二日
序於美國康州之橋鄉

目錄

從價值系統看中國文化的現代意義

中國文化與現代生活之間究竟有着什麼樣的關係？這是一個包羅萬象的大問題。對於這樣的大問題，論者自不免有見仁見智之異。

在一般人的觀念中，中國文化和現代生活似乎是兩個截然不同而且互相對立的實體。前者是中國幾千年積累下來的舊文化傳統；後者則是最近百餘年才出現的一套新的生活方式，而且源出於西方。所以這兩者的衝突實質上便被理解爲西方現代文化對中國傳統文化的衝激與挑戰。自一九一九年「五四運動」以來，所有關於文化問題的爭論都是環繞着這一主題而進行的。

在這個一般的理解之下產生了種種不同的觀點與態度，但大體上可以分爲兩個相反的傾向：一方面是主張全面擁抱西方文化，認定中國傳統文化是現代生活的阻礙，必須首先加以清除。另一方面則是極力維護傳統文化，視來自西方的現代生活爲中國的禍亂之源，破壞了傳統的道德秩序和社會安定。在這兩種極端態度之間當然還存在着許多程度不同的西化論與本位論，以及模式各異的調和論。這些議論，大家都早已耳熟能詳，毋須再說。

站在歷史研究的立場上，我對於這一廣泛而複雜的文化問題既無意作左右袒，也不想另外提出任何新的折衷調和之說。我首先想對「中國文化」與「現代生活」兩個概念進行一種客觀的歷史分析。在分析的過程中，我自然不能不根據某種概念性的假設，但是這種假設並非我個人主觀願望的投射，而是在學術研究上具有一定的客觀性和普遍性的。在綜合判斷方面，我當然也不能完全避免個人的主觀，不過這種判斷仍然是儘量建立在客觀事實的基礎之上。

必須說明，文化觀察可以從各種不同的角度出發，我所採取的自然不是唯一的角度，我所提出的看法更不足以稱爲最後定論。我祇能說這些看法是我個人經過鄭重考慮而得到的，也許可以提供對這個問題有興趣的人參考。

文化一詞有廣義和狹義的種種用法。以本文而言，則所謂中國文化是取其最廣泛的涵義，所以政治、社會、經濟、藝術、民俗等各方面無不涉及。以近代學者關於「文化」的討論來說，頭緒尤其紛繁。三十年前克羅伯（A. L. Kroeber）和克拉孔（Clyde Kluckhohn）兩位人類學家便檢討了一百六十多個關於「文化」的界說。他們最後的結論是把文化看作成套的行爲系統，而文化的核心則由一套傳統觀念，尤其是價值系統所構成。這個看法同時注意到文化的整體性和歷史性，因此曾在社會科學家之間獲得廣泛的流行。近幾十年來人類學家對文化的認識雖日益深入，但是關於文化的整體性和歷史性兩點卻依然是多數人所肯定的。

另一方面，近一、二十年來，由於維柯（Giovanni Battista Vico, 1668-1744）與赫德（

Johann Gottfried von Herder, 1744–1803）的歷史哲學逐漸受到西方思想界的重視，不但文化是一整體的觀念得到了加強，而且多元文化觀也開始流行了。所謂多元文化觀即認爲每一民族都有它自己的獨特文化；各民族的文化並非出於一源，尤不能以歐洲文化爲衡量其他文化的普遍準則。赫德並且強調中國文化的形成與中國人的民族性有關，其他民族如果處於中國古代的地理和氣候的環境中則不一定會創造出中國文化。這種文化多元論有助於打破近代西方人的文化偏見。（但是必須指出，赫德本人並未能完全免於此一偏見，他仍以歐洲文化高於印度與中國。）

從維柯與赫德一系的文化觀念出發，我們可以說，祇有個別的具體的文化，而無普遍的、抽象的文化。古典人類學所尋求的是一般性的典型文化，這樣的文化只是從許多個別的眞實文化中抽離其共相而得來的觀念，因此僅在理論上存在。但是最近的人類學家也開始改變態度了。例如紀爾玆（Clifford Geertz）便曾批評這種尋求文化典型的研究方法。他認爲研究文化尤應把握每一文化系統的獨特之處。所以在這個方面史學觀點和人類學觀點的合流目前已見端倪；我們的注意力應該從一般文化的通性轉向每一具體文化的個性。以下討論中國文化大致便是從這一立場出發的。

如果我們基本上接受這一看法，那麼所謂「中國文化」便不可能是和「現代生活」截然分爲兩橛的。普遍性的「現代生活」和普遍性的「文化」一樣，也是一個抽象的觀念，在現實世界中是找不到的。現實世界中只有一個個具體的現代生活，如中國的、美國的、蘇俄的、或日本的；而這些具體的現代生活都是具體的文化在現代的發展和表現。這當然不是否認現代生活可以歸納成某些共同的特徵。事實上，社會科學家關於「現代化」的無數討論主要都是在尋求共同的特徵，也就是理想的典型。但是典型如果要適用於一切具體的、個別的現代社會，勢不能不通過最高度的概括。其結果則是流爲一些空洞的形式，而失去了經驗的內容。舉例言之，我們大概都承認民主是現代政治生活的主要方式。可是我們只要把西歐、英、美的民主政治與納粹德國和蘇俄的極權體制加以對照，嚴重的問題馬上便發生了。無論我們怎樣鄙棄極權體制，我們似乎都不好否認希特勒時代的德國和列寧以來的蘇俄已進入了現代化的階段。所以不少社會學家只好用「大衆社會」（mass society）或「人民社會」(populistic societies）之類的概念來概括現代的政治生活。這種寬泛的概念雖能勉強把「民主」與「極權」兩種截然對立的政治方式統一起來，但畢竟只剩下一點形式的意義了。民主制度下的「大衆」或「人民」是能積極「參預」（participation）政治生活的，而極權體制下的「大衆」或「人民」卻連「代表性」（representation）也談不到，他們不過是受統治集團操縱的政治工具而已。利用最新的大衆傳播技術來提高人民的政治警覺和社會意識，這是現代民主生活的特徵；而利用同樣的技術來控制和操縱人民則是現代極權政治的主要內涵。這兩者之間是無法劃等號的；其背後實有價值系統的根本不同。

我們通常所謂「現代化」或「現代生活」是涵有頌揚和嚮往的意義的。以政治的現代化而言，我們的理想當然是建立民主制度，而不是極權體制。這就涉及了現代生活的實際內容和價值取向，不能脫離具體的文化傳統來討論了。

不但如此，討論現代化或現代生活還不可避免地要碰到另一更嚴重的困難，即現代化與西化之間的混淆。西方學者所說的現代化實際上是以十七世紀以來西歐與北美的社會爲標準的。所以現代化便是接受西方的基本價值。這個看法有是有非，未易一言以斷。以「五四」以來所提倡的

「民主」與「科學」而言，西方的成就確實領先不止一步，應該成爲其他各國的學習範例。但是現代西方的基本文化內涵並不限於這兩項，其中如過度發展的個人主義、漫無限止的利得精神（acquisitive spirit）、日益繁複的訴訟制度、輕老溺幼的社會風氣、緊張衝突的心理狀態之類，則不但未能一一適合於其他非西方的社會，而且已引起西方人自己的深切反省。在現實世界中我們實在找不到任何一個具體的西方現代生活是十全十美，足供借鏡的。英、美、德、法各國儘管同屬西方文化一系，其間仍多差異，各具獨特的歷史傳統。現代化之不能等同於西化是非常明顯的事實。

以上的討論並不是否認「文化」與「現代化」具有超越地域的通性。通性不但可以從經驗事實上歸納得出來，而且在理論上更是必要的，否則社會科學便不能成立了。我的根本意思是說，在檢討某一具體的文化傳統（如中國文化）及其在現代的處境時，我們更應該注意它的個性。這種個性是有生命的東西，表現在該文化涵育下的絕大多數個人的思想行爲之中，也表現在他們的集體生活之中。所謂個性是就某一具體文化與世界其他個別文化相對照而言的，若就該文化本身來說，則個性反而變成通性了。

以下我要專談中國文化的問題。但是在我的理解中，中國文化與現代生活並不是兩個原不相干的實體，尤其不是互相排斥對立的。「現代生活」即是中國文化在現階段的具體轉變。中國文化的現代轉變自然已離開了舊有的軌轍，並且不可否認地受到了西方文化的重大影響。西方是這一轉變中的一個重要環節，這是毋須諱言的。但是現代化決不等於西化，而西化又有各種不同的層次。科技甚至制度層面的西化並不必然會觸及一個文化的價值系統的核心部分。現在一般深受西方論著影響的知識分子往往接受西方人的偏見，卽以西方現代的價值是普遍性的（universalistic），中國傳統的價值是特殊性的（particularistic）。這是一個根本站不住的觀點。其實，每一個文化系統中的價值都可以分爲普遍與特殊兩類。把西化與現代化視爲異名同實便正是這一偏見的產物。

什麼是中國文化？我們怎樣才能討論中國文化這樣一個廣大的題目？不用說，我們勢非採取一種整體的觀點不可。如果採取分析的途徑，從政治、經濟、宗教、藝術、文學、民俗各方面去探索以期獲得一個大家都能接受的確定結論，那將是一個永遠無法實現的夢想，因爲這是一個沒有止境的分析過程。但是另一方面，整體的觀點則難免有流於獨斷的危險，思想訓練不夠嚴格的人尤其喜歡用「一言以蔽之」的方式武斷地爲中國文化定性。

我個人由於出身史學，一向不敢對中國文化的性格輕下論斷，雖則我自己也一直在尋求一種整體的瞭解。幾經考慮之後，我最近企圖通過一組具有普遍性、客觀性的問題來掌握中國文化的價值系統。這種處理的方式也許比較符合前面所提到的人類學家和歷史哲學家的最近構想。這一組問題一方面是成套的，但另一方面也分別地涉及中國文化的主要層面。在分別討論每一個層面時，我將同時點出中、西的異同。我希望從這一角度來說明中國文化與現代生活的內在關係。中國文化的現代化何以不可能完全等於西化也許可以從這種對照中凸顯出來。

一談到價值系統，凡是受過現代社會科學訓練的人往往會追問：所謂文化價值究竟是指少數聖賢的經典中所記載的理想呢？還是指一般人日常生活中所表現的實際傾向？這一問題的提法本身便顯示了西方文化的背景。西方的理論與實踐（約相當於中國所謂「知」與「行」）、或理想與現實之間往往距離較大，其緊張的情況也較爲強烈，這也許和西方二分式的思維傳統有關，此處無法作深度的討論。無論如何，烏托邦式的理想在西方的經典中遠較中國爲發達。（「禮運」大同的理想到近代才受西方影響而流行起來。）中國思想有非常濃厚的重實際的傾向，而不取形式化、系統化的途徑。以儒家經典而言，〔論語〕便是一部十分平實的書，孔子所言的大抵都是可行的，而且是從一般行爲中總結出來的。「古者言之不出恥躬之不逮」、「君子欲訥於言而敏於行」、「聽其言而觀其行」、「其言之不怍，則爲之也難」……這一類的話在〔論語〕中俯拾卽是。〔春秋〕據說是孔子講「微言大義」的著作，但後人推尊它仍說它「上明三王之道，下辨人事之紀」，或「上本天道，中用王法，而下理人情」。總之，現代西方人所注重的上層文化與下層文化或大傳統與小傳統之間的差異在中國雖然不是完全不存在，但顯然沒有西方那麼嚴重。（這一點我已在〔史學與傳統〕的序言中有所討論。）我特別提及這一層，意在說明下面檢討中國文化的基本價值，我將儘量照顧到理想與實際的不同層面。

我們首先要提出的是價值的來源問題，以及價值世界和實際世界之間的關係問題。這兩個問題是一事的兩面，但後一問題更爲吃緊。這是討論中西文化異同所必須涉及的總關鍵，祇有先打開這一關鍵，我們才能更進一步去解說由此而衍生的、但涉及中國價值系統各方面的具體問題。

人間的秩序和道德價值從何而來？這是每一個文化都要碰到的問題。對於這個問題，中西的解答同中有異，但其相異的地方則特別值得注意。

中國最早的想法是把人間秩序和道德價值歸源於「帝」或「天」，所謂「不知不識，順帝之則」，「天生烝民，有物有則」，都是這種觀念的表現。但是子產、孔子以後，「人」的份量重了，「天」的份量則相對的減輕了。卽所謂「天道遠，人道邇」。但是孔子以下的思想家並沒有切斷人間價值的超越性的源頭——天。孔子以「仁」爲最高的道德意識，這個意識內在於人性，其源頭仍在於天，不過這個超越性的源頭不是一般語言能講得明白的。只有待每個人自己去體驗。「夫子之言性與天道不可得而聞」，是說孔子不正面去發揮這一方面的思想，並不是他不相信或否認「性與天道」的眞實性。近代學人往往把孔子的立場劃入「不可知論」的範圍，恐怕還有斟酌的餘地。「天生德於予」、「知我者其天乎」之類的語句對孔子本人而言是不可能沒有眞實意義的。孟子的性善論以仁、義、禮、智四大善端都內在於人性，而此性則是「天所以與我者」。所以他才說「知其性者則知天」。後來〔中庸〕說得更明白：「天命之謂性，率性之謂道。」

道家也肯定人間秩序與一切價值有一超越的源頭，那便是先天地而生的形而上道體。「道」不但是價值之源，而且也是萬有之源。但是在中國人一般的觀念中，這個超越的源頭仍然籠統地稱之爲「天」；舊時幾乎家家懸掛「天地君親師」的字條便是明證。我們在此毋須詳細分析「天」到底有多少不同的涵義。我們所強調的一點祇是中國傳統文化並不以爲人間的秩序和價值起於人間，它們仍有超人間的來源。近來大家都肯定中國文化特點是「人文精神」。這一肯定是大致不錯的。不過我們不能誤認中國的人文精神僅是一種一切始於人、終於人的世俗精神而已。

僅從價值具有超越的源頭一點而言，中、西文化在開始時似乎並無基本不同。但是若從超越源頭和人間世之間的關係着眼，則中西文化的差異極有可以注意者在。中國人對於此超越源頭只作肯定而不去窮究到底。這便是莊子所謂「六合之外，聖人存而不論」的態度。西方人的態度卻迥然兩樣，他們自始便要在這一方面「打破沙鍋問到底」。柏拉圖的「理型說」便是要展示這個價值之源的超越世界。這是永恆不變、完美無缺的眞實（或本體）世界。而我們感官所能觸及的則是具有種種缺陷的現象世界。儘管柏拉圖也承認這個眞實世界是不可言詮的，但是他畢竟還要從四面八方來描寫它。亞里斯多德的「最後之因」，或「最先的動因」(first unmoved mover)也是沿柏拉圖的途徑所做的探索。所以柏、亞兩師徒的努力最後非逼出一個至善的「上帝」的觀念不止。這是一切價值的共同來源。

但是希臘人是靠「理性」來追溯價值之源的，而人的理性並不能充分地完成這個任務。希伯來的宗教信仰恰好塡補了此一空缺。西方文化之接受基督教，決不全出於歷史的偶然。無所不知、無所不在的上帝正爲西方人提供了他們所需要的存有的根據。宇宙萬物是怎樣出現的？存有是什麼？一切人間的價值是從何而來的？這些問題至此都獲得了解答。不過這種解答不來自人的有限的理性，而來自神示的理性 (revealed reason) 而已。神示和理性之間當然有矛盾，但是這個矛盾在近代科學未興起之前是可以調和的，至少是可以暫時相安的。中古聖多瑪 (St. Thomas) 集神學的大成，其中心意義卽在於此。西方的超越世界至此便充分地具體化了，人格化的上帝則集中了這個世界的一切力量。上帝是萬有的創造者，也是所有價值的源頭。西方人一方面用這個超越世界來反照人間世界的種種缺陷與罪惡，另一方面又用它來鞭策人向上努力。因此這個超越世界和超越性的上帝表現出無限的威力，但是對一切個人而言，這個力量則總像是從外面來的，個人實踐社會價值或道德價值也是聽上帝的召喚。如果換一個角度，我們也可以說，人必須遵行上帝所規定的法則，因爲上帝是宇宙一切基本法則的唯一創立者。西方所謂「自然法」(Natural

Law）的傳統卽由此而衍生。西方的「自然法」，廣義地說，包括人世間的社會、道德法則（相當於中國的「天理」或「道理」）和自然界的規律（相當於中國的「物理」）。西方超越世界外在於人，我們可以通過「自然法」的觀點看得很清楚。

在西方的對照之下，中國的超越世界與現實世界卻不是如此涇渭分明的。一般而言，中國人似乎自始便知道人的智力無法眞正把價值之源的超越世界淸楚而具體地展示出來。（這也許部分地與中國人缺乏知識論的興趣有關。）但是更重要地則是中國人基本上不在這兩個世界之間劃下一道不可踰越的鴻溝。西方哲學上本體界與現象界之分，宗敎上天國與人間之分，社會思想上烏托邦與現實之分，在中國傳統中雖然也可以找得到踪跡，但畢竟不佔主導的地位。中國的兩個世界則是互相交涉，離中有合、合中有離的。而離或合的程度則又視個人而異。我們如果用「道」來代表理想的超越世界，把人倫日用來代表現實的人間世界，那麼「道」卽在「人倫日用」之中，人倫日用也不能須臾離「道」的。但是人倫日用只是「事實」，「道」則是「價值」。事實和價值是合是離？又合到什麼程度？或離到什麼程度？這就完全要看每一個人的理解和實踐了。所以〔中庸〕說：「君子之道費而隱，夫婦之愚可以與知焉。及其至也，雖聖人亦有所不知焉。夫婦之不肖可以能行焉。及其至也，雖聖人亦有所不能焉。」在中國思想的主流中，這兩個世界一直都處在這種「不卽不離」的狀態之下。佛敎的「眞諦」與「俗諦」截然兩分，最後還是爲中國的禪宗思想取代了。

禪宗普願和尙說「平常心是道」，這便回到了中國的傳統。「擔水砍柴無非妙道」，眞諦、俗諦的間隔終於打通了，聖與凡之間也沒有絕對的界限。宋明理學中有理世界與氣世界之別，但理氣仍是不即不離的，有氣便有理，而理無氣也無掛搭處。

中國的超越世界沒有走上外在化、具體化、形式化的途徑，因此中國沒有「上帝之城」（City of God），也沒有普遍性的敎會（universal church）。六朝隋唐時代佛道兩敎的寺廟決不能與西方中古敎會的權威和功能相提並論。中國儒家相信「道之大原出於天」。這是價值的源頭。「道」足以照明「人倫日用」，賦予後者以意義。禪宗也是這樣說的。未悟道前是砍柴擔水，既悟道後仍然是砍柴擔水。所不同者，悟後的砍柴擔水才有意義，才顯價值，那麼我們怎樣才能進入這個超越的價值世界呢？孟子早就說過：「盡其心者知其性，知其性則知天。」這是走內在超越的路，和西方外在超越恰成一鮮明的對照。孔子的「爲仁由己」已經指出了這個內在超越的方向，但孟子特提「心」字，更爲具體。後來禪宗的「明心見性」、「靈山只在我心頭」也是同一取徑。

內在超越必然是每一個人自己的事，所以沒有組織化敎會可依，沒有有系統的敎條可循，甚至象徵性的儀式也不是很重要的。中國也沒有西方基督敎式的牧師，儒家敎人「深造自得」、「歸而求之有餘師」，道家要人「得意忘言」，禪師對求道者則不肯「說破」。重點顯然都放在每一個人的內心自覺，所以個人的修養或修持成爲關鍵所在。如果說中國文化具有「人文精神」，這便是一種具體表現。追求價值之源的努力是向內而不是向外向上的，不是等待上帝來「啓示」的。這種精神不但見之於宗敎、道德、社會各方面，並且也同樣支配着藝術與文學的領域。所以「心源」這個觀念在繪畫和詩的創作上都是十分重要的。論畫有「外師造化，中得心源」的名言，論詩則說「憐渠直道當時語，不着心源傍古人」。這可以說是內在超越所必經的道路。

我無意誇張中、西之異，也不是說中國精神全在內化，西方全是外化。例外在雙方都是可以找得到的。但以大體而言，我深信中西價值系統確隱然有此一分別在。外在超越與內在超越各有其長短優劣，不能一概而論。值得注意的是中西文化的不同可以由此見其大概。這種不同到了近代更是尖銳化了。

前面曾指出，西方價值之源的超越世界，由於希臘理性與希伯來信仰的合流，在中古時期曾獲得暫時的統一，但是信仰與理性的合作終究不能持久。中古時代哲學是神學的婢女，理性處於輔佐信仰的地位。文藝復興以後，理性逐漸抬頭；特別是科學革命以來，理性已壓倒了信仰。西方的超越世界於是分裂了。科學解答了自然世界的奧秘，這是理性的大勝利。宇宙是有秩序、有規律的，可以通過人的理性來發現。理性的份量從此越來越重，人們對基督教的上帝的信仰相對地減輕了。牛頓仍然相信這個有秩序、有規律的宇宙是上帝創造的，但是自然科學的成功畢竟把上帝推遠了一大步。自然事實的價值源頭開始被切斷了。「自然法」（natural law）中的一大部分現在變成了「自然的規律」（laws of nature）。

康德的哲學最能反映西方兩個世界分裂和緊張的情況。康德是理性時代的最高產品，但是他卻要推究理性的限度何在。理性只能使人知道現象界，而不是本體界。這便爲上帝保留了地位，因爲本體或物自體只有上帝才能完全知道。（其基本假定是只有創造者才能對其創造品有完全的知識。）康德又特別提出實踐理性來保證價值世界的客觀存在。他一方面承認人受經驗世界一切規律的支配，另一方面又規劃出一個自主、自由的價值世界。這兩個世界——一方面是事實世界、必然世界，另一方面是價值世界、自由世界——最後仍可統一在「上帝」這個觀念之下。人作爲一種自然現象是在因果律支配之下，但作爲一本體現象則是自由的。本體必預設上帝的觀念。康德的上帝觀自然大不同於中古以來傳統的舊說。他用批判理性來摧破了舊的形上學或思辯神學，並同時建立了新的道德理論。

康德的哲學成就在近代是無與倫比的，但是他的努力仍未能挽救西方科學與宗教分裂的命運。他的「物自體」說、「先驗綜合原理」說，後世一直聚訟不已，至今仍處於信者自信、疑者自疑的狀態，而且疑者遠多於信者。十九世紀達爾文的生物進化論出世之後，上帝創造世界的信仰更受到了致命的打擊。一般號稱基督徒的西方人雖然進教堂如儀，但心中已沒有眞實的上帝信仰。價值之源已斷，生命再無意義可言。所以尼采要借一個瘋人的口喊道「上帝死亡了」，「所有的教堂如果不是上帝的墳墓，又是什麼呢?」

一部西方近代史主要是由聖入凡的俗世化 (secularization) 的過程。政治、社會、思想當然也走向世俗化的途徑。十八世紀的思想家開始把自然法和上帝分開，轉而從人具有理性這一事實上重建自然法的基礎。但是西方近代文化在人間世尋找價值源頭的努力仍然遇到不易克服的困難，社會契約所說所假定的「自然狀態」是一種烏托邦，不足以成爲道德的眞源。(最近勞爾思 John Rawls 所建立的「原始立場」original position 說是這一方面的重要發展。) 功利主義的快樂說過分注重效用與後果，又有陷入價值無源論的危險。在重要關頭，西方人往往仍不免要乞靈於上帝的觀念。美國獨立宣言把那些不容剝奪的「天賦人權」都說成是「不證自明的眞理」(self-evident truths)，因爲人的基本權利是創世主 (creator) 的恩賜。甚至今天在一般西方人的觀念中，人權還是來自上帝。

現代的中國知識份子都認爲西方近代文化從中古基督教權威中解放出來是一個最偉大的成就，因爲我們心嚮往之的民主與科學便是在這一解放過程中發展出來的。這個看法當然是有根據的，但是我們不能誤解西方近代的俗世化是徹底地剷除基督教，更不能把科學和宗教看成是絕對勢不兩立的敵體。走「外在超越」之路的西方文化終不能沒有一個精神世界爲它提供價值的來源。相反地，基督教經過宗教改革的轉化之後反而成爲西方現代化的重要精神動力之一。以科學而言，伏爾泰（Voltaire）便曾說過，傳道師不過告訴孩子們有上帝存在，牛頓則向他們證明了宇宙確是上帝智慧的傑作。牛頓對上帝的深信不疑正是激勵他探求宇宙秩序的力量。據專家研究，十六世紀英國的醫學發展也得力於上帝的觀念。治病救人是響應上帝的召喚，發現人體機能的奧秘和藥物的本性也是執行上帝的使命。醫德和醫學研究的熱誠都源於對上帝的信仰。在政治社會思想方面，我們已指出「天賦人權」的觀念具有基督教的背景。根據白特菲（Herbert Butterfield）的觀察，西方近代的個人主義和近代基督教的發展有密切的關聯。宗教改革以來，各種教派興起，彼此相持不下，於是才出現了「良心的自由」（freedom of conscience）的觀念。這是個人主義（個人自作主宰）的一個重要構成部分。我們還可以補充一點，「容忍」這一重要觀念也是在這一宗教背景之下產生的。再就資本主義的興起來說，韋伯（Max Weber）關於新教倫理的理論已成爲大家耳熟能詳的常識了。韋氏理論引起的辯難很多，但他的基本論點並未被推翻。英國的陶奈（R. H. Tawney）在重新檢討了這個問題之後，依然肯定清教徒的倫理觀對英國的勞動和企業精神的興起發生了決定性的刺激作用。不但如此，英國清教徒不肯向國教屈服的精神（nonconformity）對英國民主的發展貢獻尤爲重大。

由此可見基督教在西方近代文化中有兩重性格：制度化的中古教會權威在近代科學的衝擊之下已澈底崩潰了，但是作爲價值來源的基督教精神則仍然瀰漫在各個文化領域。外在超越型的西方文化不能完全脫離它，否則價值將無所依托。啓蒙運動時代西方文化思想家所攻擊只是教會的專斷和腐敗而非基督教所代表的基本價值。反教會最烈的伏爾泰，據近人的研究，其實是相信上帝的。尼采和齊克果（Kierkegaard）都曾公開著書反對基督教，但是他們對原始教義仍然是尊重的。他們只是不能忍受後世基督徒的庸俗和虛僞。尼采認爲古今只有一個眞正的基督徒，但已釘死在十字架上了。他把耶穌（Jesus）和基督（Christ）一分爲二，其用意卽在此。現代西方的神學家也接受了他的分別。

以上是對西方現代化的一個極簡要的說明。從這個說明中，我們可以確切地瞭解到西方所走的途徑是受它的特殊文化系統所限定的。中國的歷史文化背景與西方根本不同；這就決定了它無法亦步亦趨地照抄西方的模式。但是近代中國的思想界卻自始便未能看淸這點。康有爲提倡成立孔教會，顯然是要模仿西方政教分立的形式。事實上中國既屬於內在超越的文化型，其道統從來便沒有經過組織化與形式化。臨時見異思遷是注定不可能成功的。由於中國的價值與現實世界是不卽不離的，一般人對這兩個世界不易分辨。因此「五四」以來反傳統的人又誤以爲現代化必須以全面地拋棄中國文化傳統爲前提。他們似乎沒有考慮到如何轉化和運用傳統的精神資源以促進現代化的問題。中國現代化的過程因此而受到嚴重的思想挫折，是今天大家都看得到的事實。「五四」的知識份子要在中國推動「文藝復興」和「啓蒙運動」，這是把西方的歷史機械地移植到中國來了。他們對儒教的攻擊卽在有意或無意地採取了近代西方人對中古教會的態度。換句話說，他們認爲這是中國「俗世化」所必經的途徑。但事實上，中國的現代化根本碰不到「俗世化」的問題，因爲中國沒有西方教會的傳統，縱使我們勉強把六朝隋唐的佛教比附於西方中古的基督教，那麼禪宗和宋明理學也早已完成了「俗世化」的運動。中國的古典研究從來未曾中斷，自然不需要什麼「文藝復興」；中國並無信仰與理性的對峙，更不是理性長期處在信仰壓抑之下的局面，因此「啓蒙」之說在中國也是沒有著落的。康德在「什麼是啓蒙?」一文中開頭便標舉「有運用理性的勇氣」。這是西方的背景。宋明理學的一部分精神正在於此。理學中的「理」字雖與西方的 reason 不盡相同，但相通之處也不少，所以中國人用「理性」兩字來譯 reason，西方人也往往用 reason 一字來譯「理」字。我決不是說「五四」時代對中國傳統的攻擊完全是無的放矢，更不是說中國傳統文化毫無弊病。「五四」人物所揭發的中國病象不但都是事實，而且尚不夠鞭辟入裏。中國文化的病是從內在超越的過程中長期積累而成的。這與西方外在超越型的文化因兩個世界分裂而爆發的急症截然不同。中、西雙方的病象儘有相似之處，而病因則有別。「五四」人物是把內科病當外科病來診斷的，因此他們的治療方法始終不出手術割治和器官移植的範圍。

這裏不是討論中國文化的缺點的地方。相反地，我要從正面說明中國文化的內在超越性在現代化的過程中所已經發生或可能發生的作用。中國人的價值之源不是寄託在人格化的上帝觀念之上，因此既沒有創世的神話，也沒有包羅萬象的神學傳統。達爾文的生物進化論在西方引起強烈的抗拒，其餘波至今未已。但進化論在近代中國的流傳幾乎完全沒有遭到阻力。其他物理、化學、天文、醫學各方面的知識，中國人更是來者不拒。我們不能完全從當時人要求「船堅炮利」

的急迫心理上去解釋這種現象，因爲早在明淸之際，士大夫在接受耶穌會所傳來的西學時，他們的態度已經是如此了。十七世紀初年中國名士如虞淳熙、鍾始聲、李生光等人攻擊利瑪竇的〔天學初函〕（此書一半神學、一半科學），其重點也完全放在神學方面，至於科學部份則並未引起爭端。前面已提到，中國人認定價值之源雖出於天而實現則落在心性之中，所以對於「天」的一方面往往存而不論，至少不十分認眞。他們只要肯定人性中有善根這一點便夠了。科學知識不可避免地要和西方神學中的宇宙論、生命起源論等發生直接的衝突。但是像「天地之大德曰生」、「生生不已」、「一陰一陽之爲道」、「人之異於禽獸者幾希」這一類中國的價值觀念和價值判斷，卻不是和科學處在尖銳對立的地位。不但不對立，而且還大有附會的餘地，譚嗣同的「仁學」便是一個最好的例證。譚氏用舊物理學中「以太」的觀念來解釋儒家的「仁」；用物質不滅、化學元素的觀念來解釋佛教的「不生不滅」。我們可以從這個實例看出近代中國人比較容易接受西方的科學知識確與其內在超越的價值系統有關。中國文化中沒有發展出現代科學是另一問題，但是它對待科學的態度是開放的。換句話說，內在超越的中國文化由於沒有把價值之源加以實質化（reified）、形式化，因此也沒有西方由上帝觀念而衍生出來的一整套精神負擔。科學的新發現當然也會逼使中國人去重新檢討以至修改傳統價值論的成立的根據，但是這一套價值卻不至因科學的進步而立刻有全面崩潰的危險。

在西方近代俗世化的歷史進程中，所謂由靈返肉、由天國回向人間是一個最重要的環節。文藝復興的人文主義者首先建立起「人的尊嚴」的觀念。（如辟柯 Pico「關於人的尊嚴演講詞」，約寫於一四八六年。）但是由於西方宗教和科學的兩極化，人的尊嚴似乎始終難以建築在穩固的基礎之上。傾向宗敎或形而上學一方面的人往往把人的本質揚舉得過高；而傾向無神論、唯物論、或科學一方面的人又把人性貶抑得過低。近來深層心理學流行，有些學者專從人的「非理性」的方面去了解人性，以致使傳統「人是理性的動物」的說法都受到了普遍的懷疑。所謂「人文主義」(humanism)在西方思想界一直都佔不到很高的地位。沙特的人文主義中的「人的尊嚴」只剩下一個空洞的選擇自由，事實上則人生只有空虛與徬徨。海德格(Heidegger)反駁沙特「存在先於本質」之說，認爲人文主義低估了人的特殊地位。所謂人的特殊地位是指人必須依附於至高無上的「存有」(Being)。但他的「存有」則是一個最神秘不可解的觀念。我看「存有」只能是「上帝」的替身，或「上帝」的影子，儘管他自己一再申明「存有」不是「上帝」。否則「存有離人最近、也最遠」之類的話便很難索解了。另一方面，他又說人類已忘記了「存有」，而「存有」也離人而去。所以人在世間變成了「無家可歸」的情況。由此可見，海氏雖極力要把人提高到「存有」——其實卽上帝——的一邊，最後還是落下塵埃。人的尊嚴依然無所保證。這是西方在俗世化過程中建立「人的尊嚴」所無法避免的困難。

中國文化正因爲沒有這一俗世化的階段，人的尊嚴的觀念自孔子以來便鞏固地成立了，兩千多年來不但很穩定，而且遍及社會各階層。孔子用「仁」字來界定「人」字，孟子講的更細些，提出仁義禮智的四端，後來陸象山更進一步提出「不識一字也要堂堂做一個人」的口號。中國人大致都接受這種看法。孟子說「人皆可以爲堯舜」，荀子說「塗之人可以爲禹」，佛敎徒竺道生也說「一闡提可以成佛」，都是說人有價值自覺的能力。所以中國的「人」字最有普遍性，也無性別之分。如果語言文字能夠反映文化的特性，那麼單是這個「人」字的發現和使用就大有研究的價值。聖人固然是「人」，小人也還是「人」，其中的分野便在個人的抉擇。有知識、有地位、有財富並不能保證人格也一定高，所以〔論語〕上有「小人儒」、「爲富不仁」的話。

我當然不否認中國傳統社會上人有等級、職業種種分別分化的事實，但那完全是另一不同的問題。我在這裏特別強調的只是一點，卽在中國文化的價值系統中，人的尊嚴的觀念是遍及於一切人的，雖奴隸也不例外。我們知道，亞里斯多德的社會理論中是肯定了奴隸這一階級的。中國的社會思想自始便否認人應該變成奴隸。其主要根據便是「天地之性人爲貴」的觀念。兩漢禁奴隸的詔令開首常常引用這句話。陶淵明送一個僕人給他的兒子，卻寫信告訴他：「此亦人子也，當善遇之。」唐代道州刺史陽城抗疏免道州貢「矮奴」，當時和後世傳爲佳話。白居易特歌詠其事於「新樂府」，「道州水土所生者，只有矮民無矮奴」，便成了兩句有名的詩句了。康德的倫理哲學強調人必須把人當作目的，不是手段；又說：除非我願意我行事的根據成爲普遍的道德法則，否則我將不那樣做。這是西方近代的觀念。但中國儒家的思想向來便是如此。康德的道德法則更合乎孔子的「己所不欲，勿施於人」。比基督敎的「己所欲，施於人」的金律（Golden Rule）更爲合理。所以伏爾泰有時引孔子的話來代替基督敎的「金律」。人人把人當人，這是現代自由社會的普遍信念。民主理論也建築在這個觀念上面。近代西方人常講的人是生而平等的、生而自由的這些話無非都是從這一基本觀念中所衍生的。所以僅就人的尊嚴一點而言，中國文化早已是現代的，不必經過俗世化才能產生。習慣於西方知識論思路的人也許要問：我們怎麼知道「天地之性人爲貴」呢？這一論斷有科學的根據嗎？中國思想史上關於人的道德本性的問題曾有過很多的論證，這裏不必詳舉。但是哲學論證是次要的，科學的證據尤屬題外，這一點康德早已分析得很明白了。其實在中國人看來，這根本不成其爲問題。古今無數道德實踐的實例已足夠證明人是天地間唯一具有價值自覺能力的動物了。中國人的邏輯—知識論的意識向不發達確是事實，但這個問題至少到今天爲止還不是邏輯—知識論所能充分解答的；也不是經驗科學所能完全證實或否證的。所以今天還沒有絕對性的科學證據非要求中國人立刻放棄這種信念不可。這裏我們再度看到內在超越的價值論的現代意義。

整個地看，中國文化祇對價值的超越源頭作一般性的肯定，而不特別努力去建構另外一個完善的形而上的世界以安頓價值，然後再用這個世界來反照和推動實際的人間世界。後者是西方文化的外在超越的途徑。在實際的歷史進程中，西方的外在超越表現了強大的外在力量。西方人始終感到爲這股超越外在的力量所支配、所驅使。亞里斯多德的「最後之因」、「不動的動者」、中古基督教的「神旨」（Providence）、黑格爾的「精神」或「理性」、馬克思的「物」，以至社會科學家所講的歷史或社會發展的規律，都可以看作同一超越觀念的不同現形。英人柏林（Isaiah Berlin）把它們統稱之爲「巨大的超個人的力量」（這是借用 T.S. Eliot 的話）。這種力量要通過人來實現它自己的價值，而人在它的前面則只有感到無可奈何，感到自己的渺小。所以深一層看，西方近代的俗世化其實並沒有能改變它的價值世界的結構。科學家從前門把「上帝」驅逐了出去，但是「上帝」經過各種巧妙的化裝後又從後門進來了。

我們可以說中國文化比較具有內傾的性格，和西方式的外傾文化適成一對照。內傾文化也自有其內在的力量，只是外面不大看得見而已。內在力量主要表現在儒家的「求諸己」、「盡其在我」，和道家的「自足」等精神上面，佛教的「依自不依他」也加強了這種意識。若以內與外相對而言，中國人一般總是重內過於重外。這種內傾的偏向在現代化的過程中的確曾顯露了不少不合時宜的弊端，但中國文化之所以能延續數千年而不斷卻也是受這種內在的韌力之賜。〔大學〕說「知止而后有定，定而后能靜，靜而后能安，安而后能慮，慮而后能得」。這段話大致能說明內傾文化的特性所在。這裏止、定、靜、安等本來都是指個人的心理狀態而言的，但也未嘗不適用於中國文化的一般表現。十八世紀以來，「進步」成爲西方現代化的一個中心觀念。從「進步」的觀點看，安定靜止自然一無足取。黑格爾看不起中國文化的主要根據之一便是說中國從來沒有進步過。「五四」時代中國人的自我批判也着眼於此。我個人也不以爲僅靠安定靜止便足以使中國文化適應現代的生活。中國現代化自然不能不「動」、不「進」，在科學、技術、經濟各方面尤其如此。但是今天西方的危機卻正在「動」而不能「靜」、「進」而不能「止」、「富」而不能「安」、「亂」而不能「定」。最近二、三十年來，「進步」已不再是西方文化的最高價值之一了。一九六〇年哥倫比亞大學的史學教授克勞夫（Spepard B. Clough）寫〔西方文明的基本價值〕（*Basic Values of Western Civilization*）一書時曾列專章頌揚「進步」的觀念，但是一九八〇年同一大學的史學教授倪思貝（Robert Nisbet）寫〔進步觀念史〕（*History of the Idea of Progress*）一部大書，在結尾時卻宣布「進步」的信念至少在今天的西方已經不再是天經地義了。他列舉了許多著名學者（特別是科學家）對科技發展和經濟成長的深切懷疑。物質上的進步與精神上的墮落恰好是成比例的。這對許多依然迷信物質進步的非西方人士而言，不啻是一個當頭棒喝。倪思貝本人最後寄望於宗教力量的復甦。他並認爲已在西方，尤其是美國，看見了這種動向。我們固不必完全同意倪氏的預測，然而現代生活中物質豐裕和精神貧困的尖銳對照則是有目共睹的。存在主義所揭發的關於現代人心理失調的種種現象如焦慮、怖慄、無家感、疏離感等，更是無可否認的。如果說在現代化的早期，安、定、靜、止之類的價值觀念是不適用的，那麼在即將進入「現代以後」(Post-modern) 的現階段，這些觀念則十分值得我們正視了。

以上我們對中國文化的價值系統及其現代的意義作了一番整體性的觀察。在這個基礎上，讓我們再提出四個問題來檢討這個價值系統在個別的文化領域內的具體表現。

一、人和天地的關係

這裏無法詳論中國人對自然的看法，重點只能放在中國人對自然的態度上面。李約瑟認為中國人把自然看作一種有機體 (organism) 而不是一件機器 (machine)，這個看法大致上是可以接受的。西方的自然觀先後有兩大型：希臘時代是有機觀，十六、七世紀到十九世紀是機械觀。現代生物學、新物理學興起以後，兩者又有混合的趨勢。無論如何，說中國沒有機械的自然觀是不致太錯的。就人與自然的關係而言，我們大概可以用「人與天地萬物為一體」來概括中國人的基本態度。這一觀念最早是由名家的惠施正式提出的，莊子曾加以附和，中間經過禪宗和尚的宣揚(如慈照禪師云：「天地與我同根，萬物與我一體。」)，最後進入了宋、明理學的系統，所以這可以說是中國各派思想共同觀念。但是天地萬物 (包括人在內) 都不同，何以能成為一體呢？這就要說到中國特有的「氣」的觀念。天地萬物都是一「氣」所化：在未分化以前同屬一「氣」，分化以後則形成各種「品類」，至於分化的過程，則中國人的一般總是以陰、陽、五行來作解釋。那麼「氣」又是什麼？這是無法用現代西方觀念來解說的一個名詞，簡單地說「氣」是有生命的，但既非所謂「心」，更不是所謂「物」。希臘人雖把自然看作有機體，但這個有機體是由「心」（或「靈魂」）「物」兩種元素合成的。這與中國「氣」的宇宙觀仍然大有區別。中國人是相信「天地之大德曰生」、「生生不已」的，因此天地萬物的運行，便是一「氣」的聚散生化的無窮過程。人也在天地萬物之內，不過他是萬物之「靈」，所以能「贊天地之化育」。所謂「人與天地萬物一體」或「天人合一」，其比較確切的涵義即在此。這種宇宙論若嚴格地用哲學尺度去檢查當然涵有種種困難。但是我們在此可不必細究。值得注意的是，兩千多年來中國人大體上都接受了這種看法。從這一看法出發，中國人便發展出「盡物之性」、「萬物並育而不相害」的精神。中國人當然也不能不開發自然資源以求生存，因而有「利用厚生」、「開物成務」等觀念。但「利用」仍是「盡物之性」，順物之情，是儘量和天地萬物協調共存，而不是征服。這是與西方近代對自然的態度截然相異之處。

中國在近兩三百年科學技術落後於西方，這是大家所公認的事實。而科學、技術的突飛猛進正是現代化的一個主要特徵。從這一點來說，中國文化斷然是和現代生活脫了節的。所以中國必須吸收西方的科技，早已成爲定案。李約瑟雖編寫了一部〔中國科學技術史〕的巨著，仍不能證明中國已有現代的西方科技。事實上，如果我們平心靜氣地細讀李氏的著作，我們便不能不承認傳統中國的技術是遠多於科學的。這裏我們必須將科學和技術加以區別，儘管二者的關係是非常密切的。技術屬於應用的範圍，是可以從經驗中摸索而得的，而且往往是知其然而不知其所以然的。科學則是對於自然現象各方面的規律進行系統的研究，不但要有精密的方法和工具，並且還必須有精確的理論說明。西方文化在這一點上則特顯精彩。中國何以缺乏系統的「科學」是一個非常不易解答的問題，撇開歷史背景、社會經濟型態種種外緣不談，我們至少也應該從文化價值系統上對這個問題加以探索。無論就數學、天文、物理、生物各部門的成績或系統分類言，西方的科學在希臘時代便已超過中國。祇有在實用技術方面，中國在十七世紀以前尚不甚遜色而已，我們究竟怎樣來說明這一事實呢？

我認為西方文化的外傾精神有助於系統科學的發展，而中國文化的內傾精神則不積極地激勵人去對外在世界尋求系統的了解。這句話認眞討論起來當然不易。簡單地說，畢達哥拉斯（Pythagoras）用抽象的數學形式來解釋事物活動的外在結構是西方最早的一次科學革命。這是西方人第一次從數學觀點來解決物理問題。（這是根據柯靈烏 R. G. Collingwood 在〔自然的觀念〕*The Idea of Nature* 中的說法。）柏拉圖根據畢氏的數學形式的觀念發展出「理型說」，把世界一分為二，於是更進一步奠定了西方思想的外在超越的途徑。他認定世界的秩序和規律是「上帝」加以安排的結果，這就提供了一個超越的觀點，可以使人全面地去理解天地萬物。希臘著名的數學家和物理學家阿幾米德（Archimedes）曾說：「給我一個立足點，我可以轉動整個宇宙。」外在超越的精神推動系統科學的進展，從阿幾米德這句話中生動而形象化地表現了出來。牛頓以後西方的機械自然觀的成立仍然是淵源於這一外在超越的觀點。自然世界是上帝所造的一種機器——如鐘錶，科學家的任務便是要發現這種機器是怎樣構成的、怎樣運作的。

中國的兩個世界是不卽不離的，天與人是合德的，盡性卽知天，所以要求之於內。六合之外可以存而不論。荀子有「制天」、「役物」的觀念，在儒家思想中已是例外。但是他仍然說：「君子敬其在己者，而不慕其在天者」。他的精神方面還是內傾而不是外傾的；超越的外在觀點依然沒有建立起來。這當然不是說，中國幾千年來沒有個別的外傾型的思想家，如宋代的沈括便是其一。西方也不是完全沒有內傾型的思想家，如晚期斯多噶派（Stoics）三哲（Seneca, Epictetus, Marcus Aurelius）強調德性自足，明顯地有由外轉內的傾向。但大體而言，中國思想確是比較實際的、貼切於人生的，有內在系統而無外在系統的。抽象化、理論化、邏輯化的思考方式不是中國的特色，也不受重視。張載比較接近西方式的系統思考，因此二程批評他「不熟」，他說「有苦心極力之象。」這裏並不是誰比誰高明的問題，而是彼此用心的對象不同。內傾文化注重人文領域內的問題，外傾文化注重人文領域以外（自然）或以上（宗教）的問題。但是由此可見中國之所以發展不出科學是具有文化背景的（必須註明，我並不是主張文化價值決定論，其他外緣因素也應該考慮在內。此處只是特別指出科學與文化價值有關而已。）西方的科學的突飛猛進雖是近兩三百年的事，可是它的源頭卻必須上溯至希臘時代。中國如果要在這一方面趕上世界水平，只有走「西化」之路。從這個特定的問題上，現代化和西化是同義語。

但是由於中國也有因實用需要而發展出來的技術傳統，因此我們容易把科學和技術混爲一談（「科技」這個含混名詞，在我的了解中不是指科學和技術，而是指科學性的技術。）基本科學的研究不以實用爲最高目的，而是爲眞理而眞理、爲知識而知識的。這是運用理性來解釋世界、認識世界的。至於科學眞理具有實用性則是次一級的問題。三百多年前培根（Francis Bacon）曾提出兩個關於科學的夢想：一是用科學的力量來征服宇宙，一是通過科學知識以認識世界的眞面目。後者是基本科學的研究，前者便是技術發展。但培根的眞正興趣是在用「科技」來征服和宰制自然，所謂「知識卽權力」的口號便導源於培根。所以嚴格地說，培根對待自然的態度是西方現代化的主要內容之一。這應該和基本科學研究分別開來。運用理性以獲得眞理是西方文化自希臘以來的一貫精神，是外在超越的西方價值系統的一種具體表現。它是超時間的（至少到現在爲止），因而不存在所謂「現代化」的問題。

中國「五四」以來所嚮往的西方科學，如果細加分析即可見其中「科學」的成份少而「科技」的成份多，一直到今天仍然如此，甚至變本加厲。中國大陸提出的「四個現代化」全是「科技」方面的事。中國人到現在爲止還沒有眞正認識到西方「爲眞理而眞理」、「爲知識而知識」的精神。我們所追求的仍是用「科技」來達到「富強」的目的。但是今天西方人已愈來愈不把「科技」看作正面的價值了。原子毀滅的危險、自然生態的破壞、能源的危機等都是對人類文明構成非常眞實的威脅。最可怕的是「科技」不但征服了世界，而且也宰制了人。這是當年培根所無法夢見的後果。人已不是「科技」的主人，而變成了它的奴隸，用海德格的名詞說，是「科技」的「後備隊」（standing reserve）。西方思想家現在已從多種角度來指陳這種「科技」宰制了世界的危機了。但我認爲存在主義或「批判理論」所說的千言萬語似乎都不及莊子下面這段話能一語中的。莊子說：「有機械者必有機事。有機事者必有機心。機心存於胸中則純白不備，純白不備則神生不定。神生不定者，道之所不載也。」這裏所說的機械是指汲井水用的桔槔，是一種最簡單的原始工具。道家非不知其便利，但他們要預防的是「機心」。「科技」主宰了人便正是「機心」代替了「人心」。人雖發明了「科技」而終於變成「科技」的「後備隊」，這便是我們現在常常聽到的所謂「疏離」或「異化」（alienation）。道家對文化採取否定的態度，「科技」更不在話下。我引《莊子》上這段話當然不是無條件地拒斥現代「科技」，因爲那是不可能的，而且也是愚蠢的。但是在「戡天役物」的觀念已瀕臨破產的今天，莊子的話卻大足以發人深省。「人與天地萬物一體」的態度誠然不是「現代的」，然而卻可能具有超現代的新啓示。

二、人和人的關係

這個問題應當包括個人與個人之間、個人與羣體之間，以及不同層次的社羣之間的關係。但這裏只能就根本原則簡單地談一談，詳論是不可能的。人與人之間的關係中國一直稱之爲「人倫」。「倫」字意思後世的註家說是「序」，即表示一種秩序。孟子說：「使契爲司徒，教以人倫：父子有親，君臣有義，夫婦有別，長幼有序，朋友有信。」這五倫大致包括了社會上最常見的幾種個人關係。雖不完備，但主要類型已具。例如其中「朋友」一倫可以包括師生，「長幼」可以包括兄弟。五倫關係有互相關聯的兩點最值得我們注意：第一是以個人爲中心而發展出來的。個人的關係不同，則維繫關係的原則也不同，如「親」、「義」等即是。第二是強調人與人之間的自然關係，因此五倫始於父子。其中君臣一倫在現代人眼中雖然不是自然的，但在堅持「無父無君是禽獸也」的孟子看來，仍然是自然的。赫德從自然關係（natural relations）的觀點出發，也肯定父子、夫婦、兄弟、朋友四倫。但他認爲國家（state）是不自然的統治關係，所以獨不取「君臣」一倫。這不但由於時代不同，而且更由於歷史背景不同。中國古代的「封建」本是從家庭關係中延伸出來的，孟子視之爲自然是可以理解的。甚至崇尚自然的莊子也明說君臣之義「無所逃於天地之間」。我在這裏不是要證明君臣關係是否合理的問題。事實上除非我們主張無政府主義或到達了眞正的大同世界，否則君臣（即現代所謂「上司與下屬」、「領導與下級」、或「老闆與僱員」之類）的關係總歸是存在的。我的主要意思只是想指出一個歷史事實，即孟子、莊子的時代，中國人一般是把五倫解釋作自然關係而已。必須指出，後世中國人也已看到君臣一倫不是自然關係。曹丕問：「君父各有篤疾，有藥一丸，可救一人，當救君耶？父耶？」當時在座賓客議論紛紛。後來邴原悖然對曰：「父也。」（〔三國志・魏書〕卷十一「邴原傳」註引「原別傳」）這顯然是以父子爲「自然關係」，君臣則是「非自然關係」。有人問朱子：「獨於事君謂之忠，何也？」朱子答道：「父子、兄弟、朋友皆是分義相親。至於事君，則分際甚嚴。人每若有不得已之意，非有出於忠心之誠者。」（〔朱子語類〕卷二十一）「人每若有不得已」一語更是對這種「非自然的關係」的生動描寫。

現代社會學家往往根據中國重視個人關係這一點而判斷中國的社會關係只有「特殊性」（particularistic）而無「普遍性」（universalistic）。這種看法於是又變成了中國社會是傳統性而非現代性的論據。我個人對這一論點深爲懷疑，以實際情形言，「特殊主義」和「普遍主義」是任何社會中都同時存在的現象，美國、英國同樣有個人關係發生決定性作用的實例。以文化價值言，中國和西方都有最高的普遍原則，適用於一切個人。這在西方可以「公平」（justice）爲代表，在中國則是「仁」（後來是「理」）的概念。「公平」和「仁」當然有不同，這是由外傾文化與內傾文化的差異而衍生的。「公平」是一個法律觀念，其源頭在上帝立法說，這是外在超越的取向。「仁」是一個道德觀念，其根據在心性論，這是內在超越的取向。西方人相信人是上帝創造的，所以必須服從上帝所立的法條。洛克（John Locke）曾清楚地指出：一個人若是由另一人（即指上帝）所創造，那麼他便有義務服從他的創造者所訂下的敎誡（precepts）。今天，勞爾斯在他的〔公平理論〕(*A Theory of Justice*)中，仍然承認這是一個具有通性 (generality) 的原則，儘管初看起來似乎有問題。這一通則應用在西方社會決不致發生困難，因爲他們只承認他們的生命是上帝所賜的，而且上帝只有一個。試問這一通則用之於不信上帝的中國社會將發生怎樣的後果?孔子的「仁」包括了「孝」的觀念，從西方的觀點看似乎走入了「特殊性」的歧途。但是如果我們一字不易地套用洛克的原則，那麼豈不恰好證明了孔子「三年無改於父之道，可謂孝矣」這句話是合乎「公平」的理論?因爲中國人向來是相信「父母生我」的。中國法律上父權很重，子孫不孝或違反敎戒而爲祖或父所扑責致死，罪也很輕，甚至不構成毆殺罪。其根據卽在洛克所說的原則。但若認爲人是「天」所生，父母只有「託氣」的媒介作用，則父亦不能殺子。〔白虎通〕便如此說。這也預設了洛克的原則。問題當然不這樣簡單，我也不是在這裏提倡「三年無改於父之道」的「孝道」。我要說明的是：「仁」與「公平」都是普遍性的價値，其不同乃是由於不同的文化有不同的價値預設。中國價値系統因爲沒有預設客觀化的、形式化的「上帝」的觀念，因此法律沒有絕對的神聖性。也佔不到最高的位置。但是作爲次一級的觀念，「法」仍然是有普遍性的。孟子的著名假設——瞽叟殺人，皐陶執法，舜負其父逃之海濱——便是承認法律有普遍性的一種表示。不過因爲「法」不是中國價値系統中的最高權威，因此必須與另一基本價値——「孝」——取得協調。孔子對「其父攘羊，其子證之」的反應也說明同一原理。「父爲子隱，子爲父隱，直在其中」是中國價値系統下的「公平」。(「直」卽是「公平」之義。)

在個人與羣體之間，以及不同層次的社羣之間的關係方面，中國的價値系統也同樣以個人的自然關係爲起點。〔大學〕中「修身、齊家、治國、平天下」便是這個系統的最清楚而具體的表現。政治社會的組織只是人倫關係的逐步擴大，即以個人爲中心而一倫一倫地「推」出去的。在各層社會集合之中，「家」無疑是最重要最基本的一環，「國」與「天下」也都是以「家」爲範本的。所以有「國家」、「天下一家」、「四海之內皆兄弟」之類的觀念。這是重視自然關係所必至的結論。人類的集合如果是出於自然關係的不斷擴大，那麼「國」便不能是止境，最後必然要推到「天下大同」。「天下」意識的出現雖然與中國的歷史和地理背景有關，但「大同」則顯然是「仁」的價值觀念的最高體現。莊子說：「不同同之之謂大。」可見「大同」是肯定各種「不同」而達到一更高的綜合。

我們分析中國傳統的社會理論必須着眼於兩個基本元素：一是有價值自覺能力的個人，一是基於自然關係而組成的「家」。「家」以外或以上的羣體，如「族」、「國」、「天下」都是「家」的擴大，鄉黨、宗教團體、江湖結社也不例外。佛教號稱「出家」，但有趣的是中國佛教和尚的社會秩序仍靠宗法制度即「祖」、「宗」、「子」、「孫」、「侄」等一套觀念來維繫，不過在上面加一個「法」字而已，而且輩份的分別甚嚴。（清初木陳和尙打了檗菴和尙（熊開元）一掌，後來寫信給人說：「唯檗菴自任爲靈喦法子，則靈喦亦是我家子侄，山僧尙可以家法繩之。」這是極顯著的例子。）後世常見譏刺「和尙何不出家」的笑話，即由此而起。社會組織以自然關係爲主，不但儒家的持論如此，道家也是一樣。所以魏晉新道家堅持「名教」必須合於「自然」。（上引邴原的答案即是一例。）維繫自然關係的中心價值則是「均」、「安」、「和」之類。孔子說：「有國有家者，不患寡而患不均，不患貧而患不安，蓋均無貧，和無寡，安無傾。」既然都是「一家人」，關係是自然發展起來的，和諧相處應該是辦得到的。「和」不是整齊劃一，「君子和而不同」，所以「和」首先肯定了人有不同。「均」也不是機械的平均，而是均衡，「和」與「均」在中國的社會價值中的重要性可以從制度史上得到充分的說明。歷史上以「均」與「和」爲名的制度多至不可勝數。（如均田、均稅、均役、均徭、和價、和糴、和買、和售、和市、和雇等。）

中國人當然不是無睹於自然與社會都有衝突的事實。均衡與和諧都不是容易獲致的，而是必須克服重重矛盾與衝突才能達到的境界。中國思想史上關於「致中和」、「執中」的困難有無數的討論，正足以說明這一事實。但根據中國的社會觀，「和」、「均」、「安」才是常道，衝突與矛盾則屬變道。其關鍵正在中國人認爲各層次的社羣都和「家」一樣，是建立在自然關係的基礎之上。

近代中國知識分子常常根據西方的標準，追問中國傳統社會是「集體主義的」還是「個人主義的」。這個問題不容易答覆，因爲西方標準在此並不十分適用。中國也有近似「集體主義」的社會思想，如墨子的「尚同」、「兼愛」，法家的「壹教」；也有近似「個人主義」的，如莊子的「在宥」。但是在社會政治思想方面，眞正有代表性而且發生了實際作用的則以儒家爲主體。道家、法家只能居於次要的地位。儒家一方面強調「爲仁由己」，即個人的價值自覺，另一方面又強調人倫秩序。更重要的是：這兩個層次又是一以貫之的，人倫秩序並不是從外面強加於個人的，而是從個人這一中心自然地推擴出來的。儒家的「禮」便是和這一推擴程序相應的原則。這個原則一方面要照顧到每一個個人的特殊處境和關係，另一方面又以建立和維持人倫秩序爲目的。經典的定義都一致說：「禮者爲異」或「禮不同」，它和「法」的整齊劃一是大有出入的，前面所提的「父爲子隱，子爲父隱，直在其中」，便是孔子用「禮」來調節「法」的一個實例。孔子又說：「道之以政，齊之以刑，民免而無恥。道之以德，齊之以禮，有恥且格。」合起來看便可知儒家是要追求一種更高的「公平」和更合理的「秩序」。這一更高的「公平」和「秩序」仍然是從有價值自覺的個人推擴出來的。「父爲子隱、子爲父隱」是爲引發竊盜者的「恥」心。「法」只是消極的，只能「禁於已然之後」；「禮」則是積極的，可以「禁於將然之前」。社會不能沒有法律，但法律並不能眞正解決犯罪的問題。這是孔子的基本立場。所以他說：「聽訟，吾猶人也；必也使無訟乎？」

表面上看，「禮」好像傾向「特殊主義」，但「禮」本身仍是一個具有普遍性的原則，是適用於每一個個人的。子女不得上法庭爲父母的罪案作證儘可以成一個普遍性的條文而無損於法律的公平。事實上，以前美國法律便禁止配偶互在法庭作證，不過動機和理論根據不同而已。

「禮」雖然有重秩序的一面，但其基礎卻在個人，而且特別考慮到個人的特殊情況。從這一點說，我們正不妨稱它爲個人主義。不過這裏所用的名詞不是英文的 individualism 而是 personalism，我認爲前者應該譯作個體主義。社會上的個體是指人的通性，因而是抽象的。個人則是具體的，每一個個人都是特殊的，卽所謂「人心不同，各如其面」，「物之不齊，物之情也」。「禮」或人倫秩序並不否定法律和制度的普遍性和客觀性，但卻不以此爲止境，法律和制度的對象是抽象的、通性的「個體」，因而只能保障起碼的公平或「立足點」的「平等」。「禮」或人倫秩序則要求進一步照顧每一個具體的個人。這一型態的個人主義使中國人不能適應嚴格紀律的控制，也不習慣於集體的生活。這種精神落實下來必然有好有壞。從好處說是中國人愛好自由，但是其流弊便是「散漫」、是「一盤散沙」。自由散漫幾乎可以概括全部的中國人的社會性格，不但文人、士大夫如此，農民也是如此。（精神當然也有社會的基礎，以中國農民言，絕大多數是小農。他們過的是「各人自掃門前雪」的生活，彼此通力合作的機會極少，這是中西農民歷史傳統的不同。歐洲中古農村往往有「公地」，是各家從事共同畜牧或其他經營的所在。因此歐洲農民尚有集體合作的習慣。中國周代所謂「井田」也許與此有類似之處，但秦、漢以後的小農經濟大體上都是各自為政的了。）一個具有自由散漫的性格的文化決不可能是屬於集體主義的型態的。秦代法家曾企圖用嚴刑峻法來建立一個完全服從統治階級的農民與戰士的社會，其失敗可以說是注定了的。

以羣體關係而言，中國文化在現代化的挑戰下必須有基本改變，是非常顯明的。在現代社會中政治與法律都是各自具有獨立的領域與客觀的結構，決不是倫理——人倫關係——的延長。政治法律和倫理之間究竟應當怎樣劃分界線，又如何取得合理的協調？這是一個仍待研究的問題。中國傳統的經驗在此一問題上自然可以有重要的新啓示。但是我在這裏不能旁涉過遠。現在我只想強調一點，卽中國人必須認眞吸收西方人在發展法治與民主兩方面的歷史經驗。我已指出，在內在超越的中國價值系中，由於缺乏上帝立法的觀念，法律始終沒有神聖性。但西方現代的法律已逐漸以「理性」代替「上帝」了。中國人對於人有理性的說法並不陌生，因此沒有理由不能接受現代的法治觀念。淸末沈家本革新中國法律已充分地證明了這一理論上的可能性。問題只在我們如何培養守法的習慣而已。新加坡同樣是一個以華人為主體的社會，但英國人所奠定的法治基礎已毫無困難地由新加坡華人繼承了下來。這更從事實上證明了中國人實行法治決無所謂「能不能」的問題。

中國傳統沒有發展出民主的政治制度。這尤其是近代中國知識份子鄙棄自己文化的最重要的根據。中國過去爲什麼沒有產生民主制度是一個非常複雜的問題，此處也不可能詳論。不過我願意特別指出一項重要的歷史事實，卽西方近代的憲政民主發源於英國，然後西歐各國繼起，總之，都是在比較小的國家成長的，美國則是唯一的例外，這是因爲美國最初是由十三個殖民地聯合組成的。以每一殖民地而言，仍是小國寡民的局面。西方民主的遠源雖可溯自希臘，但是當時的民主只是各種政治形式之一，而且品質不高。蘇格拉底便是雅典民主體制下的犧牲品，卽使我們讚美雅典的民主，我們也必須認淸雅典是一小城邦這個事實。西方近代民主並非直承希臘而來，因爲古代城邦的民主傳統在漫長的羅馬和中古時期早已中斷了。近代民主是一個嶄新的制度，它卻是隨資產階級的興起而俱來的，資產階級在與封建貴族和專制君主的長期爭持中，逐漸靠自己日益壯大的經濟和社會力量取得了政治權力與法律保障。這些特殊的歷史條件在傳統中國並不具備。中國自秦漢以來便統一在一個強大的皇權之下。一方面我們應該肯定這是一個偉大的文化成就，但另一方面我們也應該認淸中國爲這一成就所付出的代價。在強大的中央政府之下，貴族階級早就消滅了，工商階級和城市則因專賣和平準等制度而無法有自由發展的機會，中國的行會也不能和歐洲的基爾特（guilds）相提並論。隋、唐以來，行會主要是政府控制工商團體的工具。宗敎勢力（如佛敎）也通過「僧官」制度而納入中央政府的控制系統之下。在傳統中國，只有「士」階層所代表的「道統」勉強可與「政統」相抗衡。但由於「道統」缺乏西方敎會式的組織化權威，因此也不能直接對「政統」發生決定性的制衡作用。

以上是試對中國文化何以沒有發展出民主提出一些歷史的觀察，但這並不表示中國的政治傳統一直落後於西方。相反地，在西方近代民主未出現之前，中國一般的政治和社會狀況不但不比西方遜色，而且在很多方面還表現了較多的理性，十八世紀歐洲有些思想家認爲中國的政治是「開明專制」的高峯，甚至體現了盧梭的「羣意」（general will），雖不免溢美，卻也不全是無稽之談。舉例來說，科舉制度儘管有流弊，但是至少在理論上肯定了「士」的道德與知識的價值高於貴族的世襲身份和商人的財富。中國農民子弟確有機會通過科舉而入仕，這在西方中古時代是不能想像的。十六世紀摩爾（Thomas More）所設想的「烏托邦」才正式提出政治領導必須由有學問的人來承當。柏拉圖〔共和國〕中的統治集團（guardians）顯然是貴族階級。

從價值系統看，中國沒有民主仍然是和內在超越的文化型態有關。前面已說過，國家一向是被看成人倫關係的一個環節。價值之源內在於人心，然後向外投射，由近及遠，這是人倫秩序的基本根據。在政治領域內，王或皇帝自然是人倫秩序的中心點。因此，任何政治方面的改善都必須從這個中心點的價值自覺開始。這便是「內聖外王」的理論基礎。孟子對梁惠王、齊宣王講「仁心仁政」、朱子對宋孝宗講「正心誠意」這顯然都是從人倫關係的觀點出發。在人倫關係中，「義務」（duty）是第一序的概念，「爲人臣止於敬」、「爲人子止於孝」、「爲人父止於慈」都是「義務」概念的具體表現。盡了「義務」之後才談得到「權利」。此卽「父父、子子、君君、臣臣」，從反面看則是「父不父則子不子，君不君則臣不臣」。子的義務卽父的權利，臣的義務卽君的權利；反之亦然。這和西方近代的法律觀點適得其反。中國人的權利意識一向被壓縮在義務觀念之下。以人倫關係而言，這是正常而健康的。西方的道德哲學家（如康德）也以「義務」爲倫理學的中心觀念。但是倫理與政治在現代生活中都各自有相對獨立的領域，彼此相關而不相掩。所以分析到最後，中國人要建立民主制度，首先必須把政治從人倫秩序中劃分出來。這是一種「離則雙美，合則兩傷」的局面。分開之後，我們反而可以更看得清中國人倫秩序中所蘊藏的合理成份及其現代意義。新加坡近年來提倡「儒家倫理」正是由於這種分離的成功。

中國文化把人當作目的而非手段，它的個人主義（personalism）精神凸顯了每一個個人的道德價值；它又發展了從「人皆可以爲堯舜」到「滿街皆是聖人」的平等意識以及從「爲仁由己」到講學議政的自由傳統。凡此種種都是中國民主的精神憑藉，可以通過現代的法制結構而轉化爲客觀存在的。法制是民主的必需條件而非充足條件；第二次大戰前的德國和日本都有法制而無民主。然而上列種種精神憑藉，儘管遠不夠完備，卻已足爲中國民主提供幾項重要的保證。從長遠處看，我們還是有理由保持樂觀的。

三、人對於自我的態度

自我問題也是每一個文化發展到一定的階段所必然要出現的。中國人關於自我的看法，我們在上面的討論中已涉及了不少，此處再略加補充，以中國的內傾文化與西方的外傾文化在追尋「自我」的問題上也表現了顯著的差異。大體言之，西方人採取了外在超越的觀點，把人客觀化爲一種認知的對象，人既化爲認知對象，則多方面的分析是必然的歸趨。這種分析一方面雖然加深了我們對「人」的了解，但另一方面也不免把完整的「人」切成無數不相連貫的碎片。中國人則從內在超越的觀點來發掘「自我」的本質；這個觀點要求把「人」當作一有理性、也有情感的，有意志、也有欲望的生命整體來看待。整體的自我一方面通向宇宙，與天地萬物爲一體；另一方面則通向人間世界，成就人倫秩序。孔子通過「仁」來認識「人」，便是強調一個整體的觀點。所以他從各種不同的角度來隨機指點「仁」的豐富涵意。這就表示人對自我的認識和人對外在萬物的認識不能採用相同的辦法。對於萬物的認識，我們主要是依賴「知」，但對於「人」（包括自我在內）的了解，我們不僅需要「知」，而且還需要「仁」。《中庸》所謂「成己，仁也；成物，知也」，似乎正是表現此一分野。「仁」可以概括「知」，「知」並不能窮盡「仁」。

中西的對比當然只是從大體而論的，我們決不能說西方哲人都是從外在觀點來解答「人是什麼」的問題的。事實上，蘇格拉底的態度便和孔子極爲接近。蘇格拉底強調人與人密切交往的重要性。他採用對話的方式便正是表示只有在主體互相問答之間才能發現關於「人」的眞理。「人」不能客體化而變成認知的對象。蘇氏也表現了內向反省的精神，所以才有「不經反省的人生是毫無價值的人生」這句名言。此後從斯多噶派的奧理流（Marcus Aurelius）到近代歐陸維護「精神科學」（Geisteswissenschaften）傳統的思想家以至「內省」（introspection）派的心理學家都多少承繼了蘇格拉底的精神。但是不可否認地，西方思想的主流並不在此一系。兩個世界分裂下的心物對立和知識論傳統下的主客對立始終阻礙着整體觀點的建立。行爲科學興起以後，「人」終於和天地萬物同成爲經驗知識的對象。

中國人的邏輯—知識論的意識比較不發達。若就對客觀世界的認識而言，這自然成一種嚴重的限制。但失於彼者未嘗無所得於此。中國人因此對於自我以及天地萬物常能保持一種整體的觀點，而比較免於極端懷疑論的困擾。中國人對自我的存在深信不疑，由自我推至其他個人，如父母兄弟夫婦，則人倫關係的存在也無可懷疑。人與天地萬物爲一體，由自我的存在又可推至天地萬物的眞實不虛。自我在與其他人的關係中存在，也在與天地萬物的關係中存在，此存在並不是懸空孤立的。因此自我的存在，一方面是外在客觀世界存在的保證，另一方面外在客觀世界的存在也保證了自我存在的眞實性。這是一種互相依存的關係。莊子因己之「樂」卽可推出魚之「樂」，邵雍由「以我觀物」卽可推到「以物觀物」，程明道「萬物靜觀皆自得，四時佳興與人同」的詩句也表現了同樣的觀念，儒、道兩家在這一方面並非分道揚鑣。卽使是佛敎那種精微的「空」的理論也未能動搖中國人的信念。西方懷疑論者否認客觀世界的眞實，最後只剩下一個「我思故我在」的孤懸的自我。這種態度對於中國人而言，始終是相當陌生的。中國人也不能像他們那樣認爲自我必須斬斷與外在世界相維繫的鎖鏈才能享有眞正的自由。這又是外在超越與內在超越截然相異的一點。在中國思想中，自我對外在世界的肯定以及對內在價值之源的肯定都不是知識論和邏輯所能完全保證得了的。人的認知理性終究是有它的限度的。康德的批判哲學窮究「理性」的限度，斷定本體界和道德法則都在經驗知識的範圍之外。康德的斷定在中國人看來是順理成章的，但在西方思想界卻並未獲得普遍的承認。

中國人相信價值之源內在於一己之心而外通於他人及天地萬物，所以反來覆去地強調「自省」、「自反」、「反求諸己」、「反身而誠」之類的功夫，這就是一般所謂的「修身」或「修養」。孟子和《中庸》都說過「誠者天之道，誠之者人之道」的話。所以「反身而誠」不是「獨善其身」的自私或成爲佛家所謂「自了漢」。自我修養的最後目的仍是自我求取在人倫秩序與宇宙秩序中的和諧。這是中國思想的重大特色之一。西方僅極少數思想家如斯多噶派曾流露過這種觀點，但已在古代末期，不久卽爲基督敎的觀點所掩蓋。只有在中國思想史上，個人修養才一直佔據着主流的地位。修養的理論並不限於儒家一派，道家（包括道敎）的「功過格」與佛家無不如此。孔子說：「自天子以至庶人，一是以修身爲本」，可見「修身」決不是上層統治階級的專利品。

人性中除了自私自利之外，是不是還有光輝高尙的一面？我們又怎樣才能發揮光輝的一面，控制黑暗的一面？中國人對這類問題的認識與解答，並不全靠知識論和邏輯，然而也不否認經驗知識有助於人的自我尋求與自我實現。〔大學〕標舉「格物」、「致知」爲修身的始點，至少表示道德實踐也不能完全離開客觀知識。不過修養不能止於知識的層次；「知及之，仁不能守之，雖得之，必失之」。如何「守仁」便不純是知識的事了，此中大有功夫在。朱子在宋儒中最正視讀書明理，但是他卻一再說明「讀書只是第二義的事」，最要緊的還是讀聖賢書之後，更進一步「切己體驗」，「向自家身上討道理」。總之，中國人基本上相信人心中具有一種價值自覺的能力。（無論我們稱它爲「仁」，爲「良知」或任何其他名目，所指皆同。）這種能力的存在雖然不是像客觀事物那樣可以由知識來證立，但每一個人都可以通過「反身而誠」的方式而感到它的眞實不虛。人如果立志要「成人」或「爲人」，不甘與禽獸處於同一境界，則必須用種種修養功夫來激發這一價值自覺的能力。而修養又祇有靠自我的努力才能獲得，不是經典或師友的指點所能代替的，後者祇有緣助的功用。這種一切依賴自己的修養觀念不僅深植於知識份子的心中，而且也流行於民間。早期道敎有一種「守庚申」之說便是這一觀念的變相。晉代〔抱朴子〕已記載，人身中有一種「三尸」之「神」或「蟲」，於庚申日上天，言人罪過，所以必須守之不使上天。（竈神信仰亦是同類，不過所監督的是一家而不是一人的善惡而已。）一般平民或不能深解儒家「仁」或「良知」的理論，所以道教徒便用這種「神道設教」的辦法來傳播相當於儒家「自省」「自反」，或「愼獨」的修養論。「守庚申」的信仰不但流布於中國民間，並且曾傳入日本，影響頗廣。（日人窪德忠有專書研究。）無論是「良知」還是「三尸」，總之，人具有一種內在的精神力量，督促自我不斷向上奮鬬。

我們現在要問：中國人對自我的態度能夠與現代生活相適應嗎？我可以十分肯定地答道：中國人這種「依自不依他」的人生態度至少在方向上是最富於現代性的。我們在上面曾提到古代斯多噶派重視人的內在德性的主張在基督教的排斥之下趨於式微。基督教認爲自我應完全託付給上帝。人在精神上要求完全自作主宰適成爲「我慢」；「我慢」正是自我「解放」的最大障礙之一。在中古基督教的傳統中，個人必須通過代表上帝的教會和牧師才能獲救。人有罪過時也要向牧師懺悔自白，今天的天主教仍然保持這一傳統。所以西方人的精神解救主要是借助於專業牧師的外力，不靠自我的修持。（漢末道教初興時也有「省過」的方法，但六朝以後似未見普遍流行。）宗教改革以後的新教強調個人直接與上帝交通，這自然是基督教現代化的一個重要步驟。然而牧師傳教在西方社會中仍佔據着中心的地位。

十九世紀以來，西方基督教面臨種種危機，首先是科學的挑戰，前面早已提到了。其次是眞正信徒對教會和牧師的懷疑。齊克果畢生以「如何成爲一個眞正的基督徒」自期。西方社會上流行的基督教在他看來全是虛僞。他以爲信仰是全副生命的貢獻與託付，不容有絲毫懷疑與理性批判夾雜在內。信仰的關鍵則端在個人能否作出「決斷」；因爲這是純屬意志與情感的事，與理性毫不相干。這種說法對於虔誠的基督徒自然能發生堅定信仰的作用。可是他又說他之所以信仰基督教則是因爲它的教義是最「荒謬的」。（事實上齊氏是引用公元二—三世紀 Tertullian 的名言，指耶穌死而復活等神話而言。其意在強調信仰非理性所能解，而且比理性遠爲確實可靠。）而且只有最荒謬的東西才能使人用最大的熱情和誠意去信仰。我們不能否認，有些神學家也許會在這種徹底反理性的議論中看到「深刻的眞理」，但是它之絕不能在一般常人心中發生「起信」的作用則是可以斷言的。這就毋怪尼采要發出「上帝已死亡」的宣告了。

上帝死亡以後的西方人已無法眞正從牧師與教堂那裏獲得自我的解救了。而上教堂作禮拜如儀的芸芸衆生在齊克果之類人的眼中則都是全無眞信仰的流俗。所以近幾十年來西方（特別是美國）心理病醫生和靠椅代替了牧師和教堂。精神上有危機的西方人已轉向「心理分析」去求「解放」與「自由」。佛洛伊德的學說自然是二十世紀一大成就，但它是否眞能代替傳統的宗教卻不無疑問。它診治的對象是文化所壓制的人的本能，在這一方面它確有效用。人性中除了本能以外是否蘊藏着較高的精神因子呢？這個問題至少還沒有獲得人人共同承認的科學解答。史金納（B. F. Skinner）的極端行爲主義心理學曾經轟動一時，但今天也許只有極少數心理學家還繼續相信人和實驗室中的鴿子全無分別，相信人可以簡單地用「賞」、「罰」二柄來加以操縱控制。如果我們仍不願放棄人性中有光輝一面的信心，那麼心理分析最多也祇能解決人的一半（或大部份）的精神病症。

西方存在主義者強調現代人的失落、惶恐、虛無、認同危機種種實感，這些恐怕都與「上帝死亡」後價值之源沒有着落有關。佛洛伊德學說和後來發展的深層心理學對於這一類的病痛似乎尙不能提出完全有效的診斷和治療。以往西方的宗教與哲學把人性揚之過高，現在的心理學又不免鑿之過深。這裏顯然有一個如何取得平衡的問題。佛洛伊德把傳統道德文化看成壓抑性的，他的「超自我」(super-ego) 或「良心」(conscience) 卽是此種道德的化身。他的深刻觀察是不可否認的，但是我們若把中國人所說的「仁」、「良知」和「超自我」完全等同起來，那便不免「失之毫釐，差以千里」了。其實佛氏也承認人具有一種「沒有任何內容的純罪感」(pure sense of guilt without any content)，它存在於「超自我」與「良心」之前。這已爲人性中高貴光輝的一面留下了一隙餘地。由於這一點不是他注意力集中的所在，因此沒有詳加發揮。佛氏的後學容格 (Carl G. Jung) 在這一問題上反而較爲平衡。他認爲成年人的人格發展更爲重要；而且人格是自我發展出來的。這顯然是接引人向上的心理學。容氏特別欣賞亞洲宗敎自由自在的風格，以爲比基督敎的整齊狹隘猶勝一籌。他因此對〔易經〕、禪宗都能相契。我們不難由此窺見中國人對自我的看法確有其現代意義的一面。

我們並不需要借容格或其他西方學者的讚美以自重，也不是說中國人的自我境界將只解除西方人「上帝死亡」後的困擾。我所要鄭重指出的是中國傳統的自我觀念只要稍加調整仍可適用於現代的中國人。在外在超越的西方文化中，道德是宗敎的引伸，道德法則來自上帝的命令。因此上帝的觀念一旦動搖，勢必將產生價值源頭被切斷的危機。在內在超越的中國文化中，宗敎反而是道德的引伸，中國人從內心價值自覺的能力這一事實出發而推出一個超越性的「天」的觀念。但「天」不可知，可知者是「人」，所以只有通過「盡性」以求「知天」。對此超越性的「天」

中國人並不多加揣測描繪，更不虛構一個人格化的上帝來代表「天」的形象。荀子說：「天地始者，今日是也。」〔大學〕引湯銘說：「苟日新，日日新，又日新」。〔易〕「繫辭」則說「生生之爲易」。這一思想基調是強調宇宙不斷創化的過程，至於宇宙是如何開始、怎樣開始的，則不是最重要的問題。創世的神話在這種思想基調之下是不容易發展的，因爲每一天都是「創世」——「天地始者，今日是也。」我們由以上的分析可以清楚地看到，中國人對自我價值的肯定不但碰不到「上帝死亡」問題的困擾，而且也不受現代基督教神學中所謂「消除神話」(demythologization) 的糾纏。中國儒、釋、道三教在早期當然都有「神話」，如漢代〔緯書〕中的「演孔圖」、「太平經」中的老子誕降的異跡，以及佛教中關於佛陀降生的瑞應之類。但是這些「神話」在中國思想史上並無重要性，而且早就被「消除」了。最激烈的如禪宗大師「呵佛罵祖」，要把世尊「一棒打殺與狗子吃掉」。如果西方「消除神話」是基督教的「現代化」，那麼我們可以說中國的三教都早已「現代化」了。

中國人由於深信價值之源內在於人心，對於自我的解剖曾形成了一個長遠而深厚的傳統：上起孔、孟、老、莊，中經禪宗，下迄宋明理學，都是以自我的認識和控制爲努力的主要目的。中國傳統社會中的個人比較具有心理的平衡和穩定，不能完全以外緣條件來解釋（如農業社會和家族制度之類）我們也不能完全根據社會學的觀點，認爲這是中國人對社會規範和價值的「內化」推行得較爲成功所致。至少中國人特別注重自我的修養，是一個值得注意的文化特色。這當然不是說中國人個個都在精神修養方面有成就。但兩三千年來中國社會能維持大體的安定，終不能說與它的獨特的道德傳統毫無關係。社會上只要有少數人具有眞實的精神修養，樹立道德風範，其影響力是無法低估的。

中國人的自我觀念大體上是適合現代生活的，但是也有需要調整的地方。傳統的修養論過於重視人性中「高層」的一面，忽略了「低層」與「深層」的一面。而且往往把外在的社會規範和內在的價值之源混而不分（卽佛洛伊德所謂「超自我」與「純罪感」混而不分。按：程伊川以爲「性」中無孝、弟，只有仁、義、禮、智，也是指這一分別而言。後者——仁、義、禮、智——也可說是「無任何內容的純道德意識」）。近代的行爲科學，特別是深層心理學正可補充中國傳統修養論的不足。現代西方人遇到自我精神危機時往往向外求救，而心理分析又有偏於放縱本能的流弊，「自由」、「解放」反成爲放縱的藉口。從這一點說，中國的修養傳統正是一種值得珍貴和必須重新發掘的精神資源。最後，我願意預答一個可能遇到的質難，卽中國人關心人的內在價值之源的信念究竟在今天還有沒有事實的根據？如果人眞的像史金納所說的，與實驗室中的鴿子、老鼠全無分別，那麼我們在上面談到的精神修養豈非全成了自欺欺人？這個問題至少可以有兩種不同的答案。第一、我們可以不必預設人有內在的價值之源，而肯定修養有助於人的心理健康。荀子認爲道德規範是人爲的，但仍然堅持「化性起僞」的「修身」論，至於修養之實際有助於個人的心理平衡和社會穩定則是一個無可否認的經驗事實。我們卽使採取功利主義者的後果論，也應該對它加以肯定。第二、所謂內在的價值之源是指人是否具有與生俱來的價值自覺的能力。這個問題我們現在尙不能給予「科學的」答案。現代西方的經驗主義哲學和行爲主義心理學都否認人有先天的認知能力或「先天觀念」（innate ideas）。理性主義早已被唾棄了。如果人並無先天的認知能力，我們也可以類推人沒有先天的價值自覺的能力。但是近年來杭士基（

Noam Chomsky）卻根據他在心理語言學上的研究為理性主義翻案。從他所發現的語言結構的複雜性和小孩子很快卽能自然地掌握語言這一事實，他推斷人必然具有與生俱來的語言能力。在這個基礎上，他重新提出了人有「先天觀念」的問題。他也是對史金納的心理學批評得最嚴厲的一個人，認為史氏的實驗結果絕大部分都不適用於解釋人的行為。杭士基復活理性主義的努力在西方哲學、語言學、心理學各方面都有衝擊力，但並未獲得普遍的承認，而且杭氏本人也沒有涉及「先驗道德」或「上帝存在」這一類舊理性主義的哲學論題。他只是根據語言研究的經驗證據來駁斥經驗主義者把人完全下儕於一般動物而已。杭士基與經驗主義者之間的爭論牽涉到許多複雜問題，此處不能多說。總之，我們現在還不到下論斷的時候（也許「先天能力」這個問題在可見的未來還找不到最後的答案），我引杭氏之說，其用意絕不是要從「人有與生俱來的語言能力」推出「人有與生俱來的價值自覺的能力」。我僅僅是要指出，杭氏關於「先天觀念」的堅持，對於「內在價值之源」的問題有一種新的啓示：現代經驗科學的知識對於這一重大問題並未能下最後的判斷。我在上面曾引及康德把道德法則劃在經驗知識之外。但在今天的行為主義者如史金納之流則根本認為「先驗道德」之說早已被「科學」推翻了。杭士基的例子至少使我們看到：經驗知識中也出現了傾向於支持「先天觀念」的證據。因此這個問題仍然是開放的，疑者固然有理由，信者也不算完全無據。換句話說，卽使根據嚴格的科學觀點，中國人關於自我的看法，也還沒有到非放棄不可的境地。

四、對生死的看法

最後我想用幾句話交代一下中國人關於生死的見解，因爲這也是每一個文化所必須面對的問題。關於這一問題，一般民間的信仰與知識分子的理解當然有較大的距離，但其間也仍有相通之處。

大體說來，中國人的生死觀仍是「人與天地萬物爲一體」的觀念的延伸。以民間信仰而言，在佛教入中國以前，中國人並沒有靈魂不朽的說法。中國古代有「魂」與「魄」的觀念，分別代表天地之「氣」。「魂」來自天，屬陽；「魄」來自地，屬陰。前者主管人的精神知覺，後者主管人的形骸血肉。魂與魄合則生，魂與魄散則死。這是一種二元的靈魂觀，在世界各文化中頗具特色。更値得注意的是魂魄分散之後，一上天，一入地。最近長沙馬王堆漢墓所發現的帛畫和木牘很淸楚地表現出這種分別（詳見我的「中國古代死後世界觀的演變」）。但是魂、魄最後復歸於天地之氣，不是永遠存在的個體。周代以來的祭祀制度有天子七廟、諸侯五廟、士庶人祭不過其祖之類的規定，其背後的假定便是祖先的靈魂日久卽化爲「氣」，不再能享受子孫的祭祀了。關於這一點，子產論魂、魄已明白指出。所以中國古代雖也有關於「天堂」與「地獄」的想像，然而並不十分發達。最重要的還是人世，天堂與地獄也是人世的延長。簡言之，生前世界和死後世界的關係也表現出一種不卽不離的特色。佛教東來之後，天堂、地獄的想像當然變得更豐富，也更分明了。但輪廻的觀念仍使人能在死後不斷地重返人世，中國民間之所以易於接受佛教的死後信仰，這也是關鍵之一。在現代化的衝擊之下，中國民間關於生死的信仰雖沒有完全消失，卻毫無疑問地是日趨式微了。所以我們不必過分注意這一方面的現代演變。但是中國知識階層關於生死的看法則大値得我們重視。

孔子「未知生，焉知死，未能事人，焉能事鬼」的話是大家都知道的。這種說法曾被一些西方學者（如 Jacques Choron）誤會為「逃避問題」的態度。其實孔子並不是逃避，而正是誠實地面對死亡的問題。死後是什麼情況，本是不可知的，這種情形一直到今天仍然毫無改變。但有生必有死，死是生的完成，孔子是要人掌握「生」的意義，以減除對於「死」的恐怖。這種態度反而與海德格非常接近。不但孔子如此，主張「一生死，齊萬物」的莊子也說：「故善吾生者，乃所以善吾死也。」莊子又用「氣」的聚、散說生死。這不但和魂、魄的離合說相應，而且更可見其背後仍有一牢不可破的「人與天地萬物一體」的觀念。在經過佛教的挑戰之後，宋代的儒家關於生死的見解仍回到中國思想的主流。張載強調「生」是「氣之聚」，「死」是「氣之散」，便吸收了莊子的說法。以小我而言，既然是「聚亦吾體，散亦吾體」，自然不必為死亡而惶恐不安。以大我而言，宇宙和人類都是一生生不已的過程，更無所謂死亡。朱熹認為佛家是以生死來怖動人，所以才能在中國長期流行。但是只要我們能超出「私」之一念，不把小我的軀體看得太重（即所謂「在軀殼上起念」），我們便可以當下擺脫「死」的怖慄。

中國思想家從來不看重靈魂不滅的觀念，桓譚論「形神」、王充的「無鬼論」、范縝的「神滅論」都是最著名的例子。但是中國思想的最可貴之處則是能夠不依賴靈魂不朽而積極地肯定人生。立功、立德、立言是中國自古相傳的三不朽信仰，也是中國人的「永生」保證。這一信仰一直到今天還活在許多中國人的心中。我們可以毫不遲疑地說，這是一種最合於現代生活的「宗教信仰」。提倡科學最力的胡適曾寫過一篇題為「不朽——我的宗教」的文章，事實上便是中國傳統不朽論的現代翻版。根據中國人的生死觀，每一個人都可以勇敢地面對小我的死亡而仍然積極地做人，勤奮地做事。人活一日便盡一日的本分，一旦死去，則此氣散歸天地，並無遺憾。這便是所謂「善吾生所以善吾死」。張載的「西銘」說得最好：「存，吾順事；沒，吾寧也。」

以上我試圖從價值系統的核心出發疏解中國文化在現代的轉化。我希望這種多方面的疏解可以說明本文開端時所標舉的主旨，即中國文化與現代生活不是兩個互相排斥的實體。在現實中並不存在抽象的現代生活，只有各民族的具體的現代生活，中國人的現代生活即是中國文化在現階段的具體表現。中國文化在現代發生了前所未有的劇烈變動，而西方現代文化的衝擊則是這一變動根本原因。這都是大家有目共睹的歷史事實。但是這種激烈的變動是不是已經徹底地摧毀了中國文化的基本價值系統呢？這個問題可以從兩方面來答復。以個人而言，一部分知識分子，特別是少數西化派，的確在自覺的思想層面上排斥了中國價值系統中的主要成分。即使是這些少數人，只要我們細心觀察便會發現，他們在不自覺的行爲層面上仍然無法完全擺脫傳統價值的幽靈。以整個中國民族而言，我深覺中國文化的基本價值並沒有完全離我們而去，不過是存在於一種模糊籠統的狀態之中。中國人一般對人、對事、處世、接物的方式，暗中依然有中國價值系統在操縱主持。這是一個經驗性的問題，必須留待經驗研究來回答，我在這裏不過姑且提出一種直覺的觀察而已。

非常粗疏的說，文化變遷可以分成很多層：首先是物質層次，其次是制度層次，再其次是風俗習慣層次，最後是思想與價值層次。大體而言，物質的、有形的變遷較易，無形的、精神的變遷則甚難。現代世界各文化的變遷幾乎都說明這一現象，不僅中國爲然。中國現代的表面變動很大，從科技、制度，以至一部分風俗習慣都與百年前截然異趣。但在精神價值方面則並無根本的突破。而且事實上也無法盡棄故我。由於近百年來知識界在思想上的紛歧和混亂，中國文化的基本價值一直沒有機會獲得有系統、有意識的現代清理。情緒糾結掩蓋了理性思考：不是主張用「西方文化」來打倒「中國傳統」，便是主張用「中國傳統」來抗拒「西方文化」。中國學術思想界當然並不是沒有理性清澈而胸襟開闊之士。只是他們的聲音本已十分微弱，在上述兩種吼聲激盪之下更是完全聽不見了。所以中國的基本價值雖然存在，卻始終處於「日用而不知」的情況之中。價值系統不經過自覺的反省與檢討不可能與時俱新，獲得現代意義並發揮創造的力量。西方自宗教革命與科學革命以來，「上帝」和「理性」這兩個最高的價值觀念都通過新的理解而發展出新的方向，開闢了新的天地。把人世的勤奮創業理解爲上帝的「召喚」，曾有助於資本主義精神的興起；把學術工作理解爲基督教的天職（scholarship as a Christian calling）也促進了西方近代人文教育與人文學術的發展。「上帝」創造的宇宙是有法則、有秩序的，而人的職責則是運用「理性」去發現宇宙的秩序與法則。這是近代許多大科學家所接受的一條基本信念，從牛頓到愛因斯坦都是如此。愛因斯坦把「上帝」理解爲「理性在自然界的體現」。因此他終生拒絕接受量子力學中的「不確定原則」。在政治、社會領域內，自由、人權、容忍、公平等價值也不能脫離「上帝」與「理性」的觀念而具有眞實的意義。西方外在超越的價值系統不僅沒有因爲「現代化」而崩潰，而且正是「現代化」的一個極重要的精神泉源。誠然，如上文所指出的，西方的價值系統在現代化的後期的今天已面臨了嚴重的危機，但西方人同時也已開始從多方面去發掘這一危機的性質及其挽救之道。他們怎樣脫出危機，現在尙不可知；可以確知的是新的反省與檢討將爲西方文化下一階段的發展提供一個新的始點。

中國現代化的困難之一卽源於價值觀念的混亂；而把傳統文化和現代生活籠統地看作兩個不相容的對立體，尤其是亂源之所在。以「現代化」等同於「西化」無論在保守派或激進派中都是一個相當普遍的現象。這是對於文化問題缺乏基本認識的具體表現。激進的西化論者在自覺的層面完全否定了中國文化，自然不可能再去認眞地考慮它的價值系統的問題。另一方面，極端的保守論者則強調中國文化全面地高於西方，因此對雙方價值系統也不肯平心靜氣地辨別其異同。至於這兩派人在攻擊或衞護中國文化時，將價值系統與古代某些特殊的制度與習慣牽混不分，那更是一個不易避免的通病了。近代中西方文化的辯論雖僅局限在某些知識分子的小圈子之內，但經輾轉傳播之後也往往會影響到知識界以外的一般人士，以致他們在「日用而不知」之際，逐漸對中國的價值觀念發生誤解或曲解。從這一角度看，我們便不難了解問題的嚴重性了。凱因斯（J. M. Keynes）論及經濟問題時曾有一句名言：「從事實際工作的人，總以爲他們完全不受學術思想界的影響，但事實上他們往往是某一已故經濟學家的（學說的）奴隸。」文化問題也正是如此。價值系統問題如果長久地不獲澄淸，會給中國文化招致毀滅性的後果，更不必說什麼現代轉化的空話了。

我在本文中將中國文化的價值系統與古代的制度、風俗以及物質基礎等加以分別，但是這絕不表示我相信文化價值是亙古不變的，更不是說我把文化價值當作一種超絕時空的形而上實體來看待。事實上，我在分別討論中國價值系統各個主要面相時已隨處指出這個系統面臨着現代變遷必須有所調整與適應。我並且毫不諱言在某些方面中國必須「西化」。但是整體地看，中國的價值系統是禁得起現代化以至「現代以後」（post-modern）的挑戰而不致失去它的存在根據的。

這不僅中國文化爲然，今天的西方文化、希伯來文化、伊斯蘭文化、日本文化、印度文化等都經歷了程度不同的現代變遷而依然保持着它們文化價值的中心系統（此中最極端也最富啓發性的例子是印度的「捨離此世」(renunciation) 的價值觀念和森嚴的等級制度 (caste system) 如何在現代化挑戰下發揮了創造性的作用。可看法國社會學家 Louis Dumont 的經典著作：*Homo Hierarchicus, The Caste System and Its Implications*)。這些古老民族的價值系統都是在文化定型的歷史階段形成的，從此便基本上範圍著他們的思想與行爲。懷德海 (A. N. Whitehead) 曾說：「一部西方哲學史不過是對柏拉圖的註腳。」這只是指哲學而言。其實這個說法正可以推而廣之，應用於各大文化的價值系統方面。各大文化當然都經過了多次變遷，但其價值系統的中心分部至今仍充滿着活力。這一活生生的現實是決不會因爲少數人閉目不視而立刻自動消失的。（按：懷德海的原意是說西方後世哲學家所討論的都離不開柏拉圖所提出的基本範疇和問題，並不是說，一部西方哲學史都在發揮柏拉圖的哲學觀念。批判和立異也是「註腳」的一種方式。讀者幸勿誤解此語。）

今天世界各民族、各文化接觸與溝通之頻繁與密切已達到空前的程度。面對着種種共同的危機，也許全人類將來眞會創造出一種融合各文化而成的共同價值系統。中國的「大同」夢想未必永遠沒有實現的一天。但是在這一天到來之前，中國人還必須繼續發掘自己已有的精神資源、更新自己既成的價值系統。只有這樣，中國人才能期望在未來世界文化的創生過程中提出自己獨特的貢獻！

意識形態與學術思想

廣義的思想史包括所謂「意識形態」（ideology）在內；但意識形態顯然不足以概括思想史的全部內涵。意識形態一詞自始卽被賦予一種貶義，而且基本上是被視爲每一時代統治階級對社會形態的一種主觀投射（詳後）。因此思想史家往往把意識形態當作社會形態的附庸。換句話說，意識形態本身並無歷史可言。這也許可以說明爲什麼到現在爲止很少人肯採用「意識形態史」爲正式的書名，儘管有不少思想史專著其實乃是關於意識形態的歷史研究。

本篇的主旨是想在原則上將我們通常所謂的「思想」（包括哲學、道德、宗教社會等各方面的觀念 ideas）和意識形態作一初步的概念上的劃分。我深知這種劃分工作包涵了許多困難。最顯著的是：在不少西方學者的筆下，宗教和社會理論（social theory）有時根本已和意識形態混爲一談了。本篇自不可能對這個重大問題作深入的理論分疏，因爲這是需要專書來討論的。我祇想從思想史的觀點對此問題略作事實層面的陳述。主要是想說明：思想與意識形態之間儘管有着千絲萬縷的關聯，但二者仍各自有其相對獨立的領域。因此在概念上將這二者分開多少是有助於思想史的研究的。我將首先簡單地界定「思想」一詞所指涉的範圍。我的界定自然不免有武斷和主觀的地方。但由於我所根據的是一般的歷史事實而不是任何特殊的理論，我相信即使讀者不同意我的界定，仍然可以瞭解「思想」一詞在本篇中所指涉的究竟是歷史上那些具體的對象。其次我將扼要地說明「意識形態」的涵義。近幾十年來西方關於意識形態的討論可以說是家異其說。因此我祇能擇其較重要者略加評述，以期與本篇主旨相應。換句話說，本篇並不企圖對各家理論作客觀的鈎玄提要，而是希望將現代關於意識形態各方面的考察納入思想史研究的軌道。最後我將進一步說明意識形態與思想史（特別是中國思想史）的一般關係。這是西方學者迄今爲止尙未深入發掘的一個方面。我個人的觀察自然僅是片面的和不成熟的。

首先，我想這樣來界定「思想」的指涉範圍：即對於一切「現象」或「實在」(reality)進行原則性、基本性、與系統性的研究與思考所獲得的一切成果。在這一界定之下，我們淸楚地看到：西方的古典哲學、中古基督教神學、現代科學和中國的先秦諸子學、漢代經學、魏晉玄學、隋唐佛學、宋明理學等都可以包括在「思想」的範圍之內。無論從現代學術分科的觀點看，這些思想傳統在性質上如何不同，它們顯然都是對於某些「實在」（最後實在、形而上實在、或超越實在）與現象（自然現象、社會現象、或精神現象）的系統探究，從這一點說，中國現代人所常用的「學術思想」這個複詞也許比「思想」這個單詞更爲適切。因爲這些探究在歷史上不但形成了「思統」同時也形成了「學統」。孔子所謂「學而不思則罔，思而不學則殆」確是一項顛撲不破的眞理。概略地說，中西文化在學與思之間確有時輕時重的不同：西方人自始便走上思辨的道路，故邏輯與知識論特別發達，長於抽象而系統的思考。中國人則比較實際而具體，不甚重視人爲思想系統的建構，因此對於思維的工具——邏輯與知識論——沒有很高的興趣。金岳霖指出，與西方哲學相對照，中國哲學的特色之一是「邏輯知識論意識的不發達」（the underdevelopment of logico-epistemological consciousness），這確是一個無可爭辯的歷史事實。（見金氏英文論文"Chinese Philosophy"刊於〔中國社會科學〕，一九八一年第一期。按：這是金先生一九四三年在昆明所寫的一篇舊作。）一般而言，中國人比較喜歡通過具體的歷史文化經驗來表達思想。孔子雖然學與思兼重，但是他卻堅決反對脫離了實際人事的「空想」或「玄想」。所以他又說：「吾嘗終日不食，終夜不寢，以思，無益，不如學也。」這是一種「寓思於學」的方式。另一方面，西方人的「思想」也並不是和「學術」脫節的，不過他們所採取的是另一種方式，我們不妨稱之爲「以思馭學」。無論是「寓學於思」還是「以思馭學」，總之，思想與學術是不能完全分家的。

從思想史的實際歷程來看，西方的哲學大致總是和宗教或科學結合在一起的。所謂「以思馭學」即是以理性來開啓上帝或宇宙的奧秘。在希臘時代，哲學已經是一方面與宗教掛鉤，另一方面則與科學掛鉤。柏拉圖和亞里斯多德運用思辨理性所建立的上帝（God）的觀念代表了在基督教出現以前關於這一問題的最高發展，眞可以說是「孤明先發」。這顯然是由於他們浸潤於希臘宗教傳統既深且透的緣故。但柏、亞兩氏的思想又與當時希臘的科學成就分不開。柏拉圖的哲學與醫學和數學都有很深的淵源，亞里斯多德的著作更給古代科學的各方面發展作了總結。宗教與科學其實乃是一事的兩面，都是古代希臘人運用思辨理性來追求宇宙間永恒而普遍的規律(自然)

或法則（上帝）的結果。這是西方人「以思馭學」的最早而成功的範例。中古時代，哲學被稱爲「神學的婢女」，思考依然在推動學統（或者更確切地說，「教統」）。聖奧古斯汀與聖多瑪分別用柏拉圖和亞里斯多德的哲學論證上帝的必然存在，可見希臘的思統已超越時代和社會條件的限制而自具獨立的生命了。十八世紀以後西方傳統的宗教衰落，思辨理性遂專與近代科學結成聯盟。康德不但是大哲學家，同時也是當時最淵博的科學家。離開了數學、牛頓的物理學、哥白尼的天文學，〔純粹理性批判〕是無法徹底了解的。康德關於宇宙起源的理論直到今天還是天文物理學家討論的重點之一。尤其值得讚揚的是康德一方面以思辨理性馳騁於必然的王國——科學的領域，另一方面又企圖以實踐理性來建立自由的王國——宗教、道德的領域。就「以思馭學」所表現的創造性而言，康德在西方哲學史上堪稱獨步今古。康德以來，學術分工日細，沒有任何個人可以兼治各門科學了。但是，西方哲學要求與科學結盟的總趨勢依然未變。當代美國分析哲學家的領袖蒯因（W. V. Quine）便一直高唱「哲學與科學連成一體」（philosophy is continuous with science）的口號。現代歐洲大陸的哲學雖有顯著的反科學技術的傾向，但是它又轉而求與宗教及精神科學（Geisteswissenschaften）合流。而且無論是英、美分析哲學或歐陸哲學現在都同樣企圖立足在語言學的基礎之上。西方「以思馭學」的特色始終是十分顯著的。

另一方面，中國「寓思於學」的傳統缺乏形式的系統，不但思想如此，學術也如此。因此知識並不嚴格依照性質的類別而組織成各自獨立的系統。（這種情況一部份是由於「邏輯知識論意識不發達」所造成的。）在這個傳統中，宗教、科學、哲學這些類別並不具備形式的系統，雖則在實質上是存在的。在這種情形之下，思想自然無所謂與宗教或科學結合的問題。中國的學統是環繞着經典文獻而形成的，七略與四部（經、史、子、集），嚴格地說，都是書籍的分類，與西方式的學科分類截然不同。所以每一階段的思想發展都是與當時經典文獻的研究分不開的。舉其犖犖大者而言，先秦儒學源於詩書六藝，漢代思想主要依附於經學，魏晉清談植根於易、老、莊三玄，隋唐佛學建立在譯經與中土自造經典的基礎之上。中國佛教三宗之中，天臺宗依〔妙法蓮華經〕及〔大涅槃經〕立教，華嚴宗則本之〔華嚴經〕。其中惟有禪宗是以「不立文字」爲號召，也可以說是因釋典過於繁複而產生的一種反動。但是慧能以後，〔壇經〕與〔傳燈錄〕依然構成了禪宗的基本經典。宋、明理學不但消融了佛學，而且是與中唐以來的新經學運動同時成長起來。啖助、趙匡、陸淳三家擺脫注疏的糾纏，直接回到〔春秋〕本經，是這一運動的始點。這便是韓愈所說的「春秋三傳束高閣，獨對遺經究始終。」北宋諸大家立說，無不各有其經典的憑藉，或本於〔易〕、或本於〔春秋〕、或本於〔大學〕、〔中庸〕，或本於〔論語〕、〔孟子〕，或本於〔周禮〕，尤多兼治數經者。後人多推崇朱子集理學之大成，其實朱子同時更集新經學的大成。現代研究朱子的人往往祇注重他的理學，有時甚至完全撇開了他的經學。這當然是受了現代西方學科分類的影響所致，自有一定的理據。其流弊所及則是學者在研究過程中可以不大理會朱子解經的著作，祇從文集、語類中選取與理學問題直接有關的材料。（其最極端者竟至在論朱子的專書中不涉及〔四書集注〕。）這樣一來，朱子的經學與理學便打成了兩橛，朱子變成只有思想而無學術了。顧炎武所謂「古之理學，經學也」便正是針對明末這種流弊而發；這句話今天仍值得我們參考。明代經學最爲衰落，顧炎武說經學之廢始於永樂中官修〔四書五經大全〕，大致是可信的。明代史學尤其顯得衰落，故以學術與思想分別而論，則明代學術空疏是一個無可爭辯的事實。黃宗羲謂明代理學爲前代所不及，這是就王陽明以後的情況而言的。陽明天資特高，又繼承了朱子所遺留下來的豐富精神遺產，因此可以說他是以朱子的學術憑藉爲憑藉，並非平地特起。他的思想雖與朱子相異，學術上則仍假道於朱子。但是全面地說，明代除了王陽明的光輝之外，其思想規模終嫌狹隘，內容亦呈單薄，遠不足與宋代思想之多彩多姿相提並論。學術與思想互相影響，這是顯而易見的。清代則適爲明代的反面。除了清初諸遺老在學術與思想兩方面都表現出特別的光彩之外，乾嘉以下的考證學則因思想的限制而走上支離瑣碎的途徑。這一點和清代異族專制政權有關是不可否認的。清初那一段學術思想史上的光彩是內在與外在兩方面的因素共同造成的：內在因素是明末儒學已由「尊德性」轉入「道問學」的階段，經史考證的博雅學風在十六世紀與十七世紀之交已萌芽了。外在因素則是明、清之際，由於政治危機嚴重，政府（包括清初政府）對學術思想界的直接壓力暫時放鬆了。在這一短暫的自由空隙中，思想遂因學術研究的創新而呈露出活潑的生機。章學誠譏刺當時的考據家爲「學而不思」的俗儒，自是事實。但是其過在政治，不在學術。而且即使在重重限制之下，清代經史考證之學仍然爲思想界提供了新的基礎。戴震的理學批判源於經典訓詁，章學誠的歷史文化理論源於史籍考訂。「以學寓思」的傳統並未中斷。

無論是西方的「以思馭學」或中國的「寓學於思」，都說明學術思想不但自有其相對獨立的領域和客觀的基礎，而且也形成一延綿不斷的傳統。思統與學統的密切關係基本上保證了思想的相對獨立性和客觀性。西方的自然科學、社會科學、哲學等都是具有嚴格紀律的知識系統，也都各自有其檢查知識眞僞的客觀標準，不是能夠任人隨意擺佈的。外在的干擾——不管是出於政治動機、社會需要、或其他原因——雖然在短期內可以影響某一學科的發展，終究是不能根本摧毀它的內在規律的。蘇聯一度盛行的李森柯生物學和史大林語言學現在早已成爲學術史上的笑料了。每一學科的改變——如所謂科學革命——主要必須來自它的內在邏輯。一切外在的因素都是次要的、邊緣性的。中國的經史研究雖取徑與西方學術不同，其具有內在紀律與客觀標準則並無大異。字義的訓詁、文獻的眞僞、考證的正誤最後總是可以取得共同的承認的。有些比較複雜的經典解釋問題也許長期得不到最後的解答，因此常有數說並立的情況。但是凡足備一說者也必然有其一定的理據，決不能容許「無知妄作」。偶有妄誕之人發爲「非常異義可怪之論」，縱能聳動一世之聽聞，也必不能傳之久遠。思統既不能離開學統而單獨存在，它自然也具有一定程度的客觀性和獨立性。這就是說，每一個源遠流長的思統至少相對於它自己的文化系統而言，都涵有某些經得起時間考驗的眞理和價值。所以思想雖然隨時代而變，並且在一定的限度之內反映時代，但同時又超越時代，不是時代所能完全限定的。而且從長遠的歷史觀點說，它超越時代的意義甚至比它反映時代的意義更爲重要、更爲基本。有些思想史家（如 G.H. Palmer）說：「一個時代的趨向表現在次等作家的作品中遠比在偉大天才的作品中爲清晰。後者所反映的不僅是它自己的時代，而且也包括過去與未來，換言之，它是屬於一切時代的。但是在那些敏感而創造力較弱的作家心中，時代的理想卻留下了清楚的痕跡。」（見 Arthur O. Lovejoy, *The Great Chain of Being*, 哈佛大學出版社，一九五七年重印本，頁二十所引。）思統有超越時代的一方面，這就使學術思想基本上有別於意識形態了。

我在上面曾表示過思統相對於文化系統而成立的意思，這句話必須略加解說。其實不但思統如此，學統亦然。世界上幾個主要文化系統中的學統與思統大體上都是在古代「哲學突破」的階段便已趨於定型。（詳見我的「道統與政統之間」，現收入「史學與傳統」一書中。臺北，時報出版公司，一九八二年）所謂定型是指各文化對自然人文、社會、宗教等都形成一套特殊的看法，並且都各用一套自己的語言、概念來描述這些「實在」。看法的不同往往是由於各民族文化在「突破」階段的重點不同。有的從自然宇宙方面突破（如古希臘），有的從宗教方面突破（如古以色列），有的從人文方面突破（如古中國）。學統與思統遂因突破點的不同而各呈不同的面貌。（至於何以各民族文化會有不同的突破點則不易解釋，可以肯定的一點是自然環境必然有很大的影響。）學統與思統的形成最初都寄託在少數「經典」上面。這些經典上所用的語言概念對此後的發展是起範疇作用的，後人不可避免地要繼續沿用這一套語言概念去描寫世界、解釋世界，以至改變世界的。古希臘人所用的 Idea, Logos 等名詞，中國古人所用「道」、「陰陽」等名詞都成爲中、西學統與思統中不可或缺的概念。在有關道德、社會的思統方面，古代哲人最先提出的觀念也往往規定着後代的思維。例如孔子、孟子所提出的仁、義等觀念，蘇格拉底、柏拉圖所提出「公平」（justice）的觀念一直到今天還分別在中西思想中處於樞紐的地位。懷德海(A. N. Whitehead) 說一部西方哲學史祇是柏拉圖思想的註腳，其眞義卽在於此。這也是學統與思統具有獨立性與客觀性的另一根據。每一文化雖然都有其獨特的思統與學統，但是這並不表示這些個別的思統與學統不會改變。事實上，世界文化接觸的歷史早已證明不同系統的學術思想的交流必然引起程度不同的變化。以自然研究而言，西方的學統早已普遍化了，世界各國都已完全接受了西方自然科學的模式。但是人文學、社會科學、宗教、哲學各方面情況複雜得多，西方的模式尚未能成功地統一其他各文化的學統。雖然以學科分類而言，現在世界各國都已採用西方的辦法，如社會學、政治學、心理學、經濟學、倫理學、歷史學、哲學等都已是具有普遍性的學科。但這種統一到目前爲止仍祇具有形式上的意義。若就實際內容而言，則不同文化對這些學科的理解仍頗有不同。試以哲學爲例，西方分析哲學家很少人會承認中國的哲學涵有他們所謂「哲學」的成分，而中國哲學家中也不免有人輕視西方的分析哲學、專技哲學。這決不祇是文化優越感或偏見的問題，也許把「哲學」這一西方名目強加諸中國思想傳統上面根本便是一個錯誤。卽使我們可以找到一個雙方都能接受的共同科名——比如說「思想」，如果雙方的思路與內容依然各循舊貫，則它們終究是兩種不同的東西。實異而名同徒然導致思想的混亂而已。這種情況也許正好說明人文現象畢竟不能與自然現象等量齊觀。西方學術思想界近來已在熱烈地爭辯這「兩個文化」及其衝突的問題，看來一時尙無法取得一致的結論。（對這個問題最清楚的解說是 Isaiah Berlin, "The Divorce between the Sciences and the Humanities" 此文現收入他的 *Against the Current*, Penguin Books, 1982）因此以人文方面的學統與思統而言，我們的研究目前仍須以文化爲基本單位。必須指出，我決不是說世界各大文化之間在學術思想上毫無共同之處；事實上，共同處遠比相異處爲多，否則文化溝通便將成爲不可能之事了。但思統與學統到今天爲止仍具有文化的相對性則同樣是一個無可否認的事實。同一個觀念在不同文化系統中表現不同的意義，這是西方思想史上的常識。姑不論中西文化的差異之大，卽以歐美而論，雖同屬西方文化系統，而大同之中仍不乏小異。宗教與科學的衝突便因宗教背景之不同，而在法國（天主教）、英國（國教）與美國（淸敎徒）表現出程度與方式之異。所以有關人文、社會、宗教、道德等各方面的問題，在不同文化的學統與思統之間必然會出現各異的觀點，這是不足爲奇的。但是由於這一類不同的觀點在各文化系統之內具有普遍性與經久性，它們仍然屬於學術思想的範疇，因而是有別於意識形態的。

現在讓我們來進而檢討意識形態的問題。關於這一名詞，今天有許多不同的用法，有社會學的、有知識論的、有心理學的、有文化人類學的、最近更有解釋學的（hermeneutic）。我們當然無法在此一一涉及。由於這一觀念是因馬克思的使用才流行起來的，我們不妨以他的看法爲始點。馬克思和恩格斯在他們合著的〔德意志意識形態〕（*German Ideology*）一書中（我們用的是 C. J. Arthur 所編訂的英文本，一九七〇年國際出版社印行），把每一時代佔支配地位的觀念系統看成意識形態。照他們說，意識形態基本上代表着統治階級——也就是在經濟上居於統治地位的階級——的觀點。因此意識形態不能正確地反映一個現代的政治、社會的眞實情況。相反地，它總是歪曲眞實以維護本階級的利益。換句話說，意識形態祇是階級觀的曲折反映。不過一般地說，意識形態對眞實的歪曲往往是出於不自覺的，而不是持有者個人有意地說謊。因此恩格斯特別稱它爲「假意識」或「假觀念」，意謂持有意識形態的人自以爲認識了社會的眞實狀態，殊不知他所持的「意識」或「觀念」其實只是一種歪曲的假象而已。在今天看來，馬克思的貢獻首先在於明確地指出人的社會意識與社會結構（特別是階級結構）之間有一種深刻的內在關聯。這是以前研究思想史的人所不曾注意到的問題。但是他對意識形態的解釋也留下了很多難題。例如說：是不是所有的學統與思統（自然科學除外）都是意識形態呢？都沒有客觀基礎呢？是不是意識形態僅限於每一時代的統治階級所有呢？被統治階級有沒有意識形態呢？每一時代向正統理論挑戰的各種「異端」思想是不是也該算作意識形態呢？意識形態是不是純屬階級利益的化身呢？除了社會的根源以外，它的形成還有沒有其他的（如思想的）根源呢？像這一類的問題，馬克思當時都還來不及一一加以考慮。但大體上說，他確有把自然科學以外的一切學術思想都看作意識形態的傾向。這種看法不但失之粗糙而且引起以後許多思想上的混亂。

馬克思關於意識形態的理論現已受到各種修正和補充，其中影響最大的當推曼罕（Karl Mannheim）〔意識形態與烏托邦〕（*Ideology and Utopia*）那本名著。曼罕不取單純的階級分析法，他的說法比馬克思複雜多了。大體上他分意識形態爲「特殊」（particular）與「整體」（total）兩類：前者是個別的人關於政治社會問題所持的主張，故不免因本身利益而對眞實有所掩飾與歪曲（包括有意的和無意的）；後者則指羣體意識（不限於階級），它所反映的是一個時代的「世界觀」（Weltanschauung）。無論是「特殊」或「整體」的「意識形態」，曼罕認爲都是社會環境的產物。（這是他要建立的知識社會學的基本根據。）曼罕仍接受馬克思的觀點，認爲意識形態是保守的，其功用在維護與支持社會現狀。但他顯然已察覺馬克思和恩格斯的漏洞，卽對於各時代那些要求打破現狀或改變現狀的「異端思潮」沒有明確的解說。因此他又特別提出「烏托邦」這一觀念來代表後者。曼罕從整個社會結構方面來分析意識形態的形成，對這個問題確有新貢獻，但是他還是沒有擺脫掉馬、恩兩人對意識形態所賦的貶義。其實「烏托邦」也還是一種「意識形態」，不過取向適相反而已。今天在許多討論這一問題的文獻中，「意識形態」一詞已大致趨向中立化，可以用之於保守的右派，也可以用之於激烈的左派。

至於意識形態的範圍究當如何劃定，則曼罕也沒有能夠進一步澄淸馬、恩所留下的問題。馬克思祇承認「科學」可以免於意識形態的干擾；而他心中的「科學」即是自然科學。他在〔德意志意識形態〕一書中曾把康德的道德哲學（特別是關於「善意」"good will" 的說法）解釋爲德意志城市資產階級（卽Germen burghers）的軟弱性的特殊表現。這似乎說明他把哲學和意識形態視爲一體。但另一方面，他深信自己的理論（從辯證唯物論、歷史唯物論、資本論、到社會主）義已達到了「科學」的境地。他所掌握到的「社會發展的規律」是和牛頓所掌握的「自然規律」屬於同一層次的「眞理」。馬克思的社會主義所自稱爲「科學的」，其根據便在於此。這裏不必深究馬克思的全部或部分理論是否「科學」的問題。我祇想指出，由於馬克思、恩格斯自始卽模糊了意識形態與學術思想的界線，今天在某些激進的思想圈子中，意識形態已泛濫成災。例如法國共產黨的理論家亞述瑟（Louis Althusser）便公開宣稱：除了馬克思的辯證唯物論和歷史唯物論以外，一切哲學都是意識形態。而且馬克思的思想也應分爲前後兩期，以一八四五年〔德意志意識形態〕一書爲分水線。在這一「知識論的突破」（epistemological break）之前，馬克思思想也仍然屬於意識形態的範疇。不但如此，意識形態並不因「知識論的突破」而自動消失，祇要有社會存在卽有意識形態，所以社會主義或共產主義中也同樣有意識形態。不過由於這種意識形態所代表的是無產階級的利益，因而是「公正的」（just）而已（參看亞氏 *For Marx* 一書 B. R. Brewster 英譯本，一九七八年 Verso edition）。亞氏關於「意識形態」說法有兩點和本文的主旨有關：第一、意識形態一詞已取得中立的意義，不純爲貶詞了。第二、他把意識形態和「哲學」、「理論」、「知識」、「科學」加以嚴格的區別，可見他已感覺到意識形態與我們上文所謂的學術思想不能混爲一談。但是他只承認馬克思的一套說法才是眞正的「哲學」、「理論」

「知識」、與「科學」，在我們看來是根本不能成立的。近六、七年來世界各地共產社會的實際狀況早已宣布了馬克思「理論」的破產。亞氏對破了產的馬克思主義作種種辯解，徒見其心勞力絀而已。（關於亞氏思想，可看 Edith Kurzweil, *The Age of Structuralism, Lévi-Strauss to Foucault*, Columbia University Press, 1980, 第三章，此章評估頗爲公允。）照他這種偏狹的定義，則除了一八四五以後馬克思的著作以外（當然還應加上恩格斯、列寧到亞氏本人等一些作品），古今所有哲學、社會科學的理論便很少不是「意識形態」了。亞氏的「泛意識形態論」在法國思想界頗有影響。一度是他的弟子但早已自成一家的傅柯（Michel Foucault）甚至認爲自然科學也同樣不能免於意識形態的侵蝕（具體分析見他的〔診療所的誕生〕*The Birth of the Clinic*，一九七三年英譯本）。近代醫學與治療的發展不限於科技層次，因爲這種發展依然受意識形態的制約。傅柯並不是馬克思主義者，他甚至把馬克思主義也同樣當作歷史上一種意識形態來處理。但顯而易見的，他的理論基調之中仍包括了馬克思主義的某些中心觀念，如「階級利益」與「假意識」之類。由於他對學術思想和意識形態作了最大限度的混淆，因此一部西方思想史在他的筆下幾乎成了一部意識形態的新陳代謝史。思想史不復具有任何連續性，而是一個「議論」的段落（他所謂 discourse 或 discursive formation）接着另一個段落，各段落之間並沒有眞正的內在聯繫。（這一觀點有系統地表現在他的〔知識考古學〕*The Archaeology of Knowledge* 一書中。見 A. M. Sheridan Smith 英譯本，一九七二年。他用「知識考古學」這種名稱來代替「思想史」，似乎是把每一時代的思想觀念當作已成陳跡的考古遺存來處理。）傅氏的理論近年來西方思想史界也已開始受到重視。必須指出，傅氏的某些個別論點有啓發性；他研究西方近代思想常有出人意表的見解。（如在 *The Order of Things* 一書所論十七世紀以來人文科學 **human sciences** 的發展。英譯本是一九七○年出版的。）這主要是因爲他的取徑完全脫出了傳統史學的軌道，注意力集中在文化的深層結構方面。（他之被稱爲結構主義者，其故卽在此，雖然他本人並不喜歡這一稱號。）依我個人的看法，他的歷史觀正是意識形態泛濫而思想變動劇烈的時代產物。因此這種觀點較能解釋思想史上大起大落的變化階段，例如從兩漢經學到魏晉玄學和清談（清談時代恰可用他的 discourse 觀念。）或近百年來的中國思想史。但若用之於長距程的歷史觀察，則不免處處窒礙難通了。思想史的徹底意識形態化尤其是他的理論中的癥結所在。照這種觀點推展下去，最後必然否定人類具有認識「眞理」的理性。知識根本沒有客觀性、中立性或純粹性；它和權力互相涵攝，成爲同一過程的兩面。因此嚴格言之，知識無所謂「眞」或「假」的問題，只有在一套特殊的權力關係中合法或不合法的問題。每一個社會都有它自己一套眞理標準；合乎這個特殊標準的便是「眞理」，否則便是「錯誤」。知識份子、學者、科學家也不可能眞正成爲全社會的良心，因爲他們根本無法跳出個人的社會利害之外（所謂 disinterested）。他們只有「特殊性」（specific），沒有「普遍性」（universal），每個人的論點都受一己的知識與經驗所限。（以上所論參看 Alan Sheridan 所著 *Michel Foucault, the Will to Truth* 一書，倫敦，一九八○年出版）我們不難看到傅氏所代表的是兩種現代精神的混合：卽撕破一切的虛無主義和不作任何肯定或否定的相對主義。這當然和法國存在主義把一切都看成荒謬的傳統有關。虛無的相對主義否定了「理性」，不承認「眞理」、「價値」等具有客觀性，把一切「知識」都看作與權力分不開的意識形態，其破壞力確不可輕視。但是摧毀一切的力量最後必陷於自我摧毀；徹底的虛無將找不到任何始點；徹底的相對觀點將使自身在相對化的過程中消失。我們最後不能不追問：這種徹底相對觀點的本身怎樣才能跳出相對主義的泥淖呢？它又怎樣才能保證自身不和它所批判的一切意識形態處於同一層次呢？（當代德國「批判理論」所強調的「意識形態的批判」critique of ideology 也同樣面臨此一理論困境。）西方正統的分析哲學儘管因自處甚狹，近來頗受各方面的攻擊，但它肯定人有認識眞理、獲得知識的理性，這一點則是有極堅強的根據的。所有高級文明中的學術思想傳統都足以成爲支持這一論斷的證據。因此對於分析哲學家之維護「眞理」、「理性」的尊嚴及其堅持不可把一切學術思想都化爲意識形態，我們仍然應該給予最大的同情。分析哲學家認爲亞述瑟、傅柯等人的激烈相對主義的觀點在理論上無以自立，他們陷入了西方哲學史上極端懷疑論 (scepticism) 的舊陷阱。這一批評確是一針見血，無可辯駁的。（可參看Hilary Putnam,「理性與歷史」一文，刊於他的新著 *Reason, Truth and History* 中，劍橋大學出版社，一九八一年。）社會學家堅決反對把自然科學、社會科學混淆於意識形態的範圍之內，其用意也正在此。（見 Edward Shils, "Ideology," in *The Intellectuals and the Powers and Other Essays*, Chicago University Press, 1972)

以上我們高度概括地檢討了現代有關意識形態的一些重要的論點。通過這一檢討，我們才能更進一步地澄清意識形態的性質及其與學術思想之間的關係。我們可以這樣說：意識形態存在於每一個文化或社會之中，是直接關係着文化或社會秩序的一種集體意識。從這一點說，我們不必把意識形態看作純負面的東西。統治階層與革命團體都各有其意識形態；所不同者，前者是要維持既存的秩序，後者則要打破舊秩序而代之以新的秩序。近幾十年來的研究使我們逐漸了解：意識形態並不像馬克思所說的僅僅反映統治階級的利益。相反地，它所反映的社會現實是非常複雜的，從整體社會結構、階級與社羣利益，以至個人的特殊社會地位都可以是意識形態的現實來源。意識形態雖然是社會學家和哲學家所最愛討論的理論問題，但事實上它是一個歷史的問題；最宜於通過具體的歷史個案的研究而獲得淸楚的了解。最近凱萊（Donald R. Kelley）關於法國十六世紀宗教與政治思想及其社會根源的一部專著便採〔意識形態的開始〕爲書名。（*The Beginning of Ideology, Consciousness and Society in French Reformation*, Cambridge University Press, 1981）這部書詳細地分析了意識形態的複雜現象及其種種構成的原因，大可以糾正理論家的武斷和偏執。尤其是二十世紀以來，由於科技的空前發展和社會結構的日趨複雜，馬克思從經濟觀點所推衍出來的階級分析法已因過於簡單而不足以處理今天的意識形態的問題。不但今天資本主義社會中的階級結構已遠非十九世紀中葉的簡單情況可比，而且所謂社會主義社會中因前所未有的權力關係而出現的新的階級結構尤非馬克思、恩格斯當時所能夢見。至於現代從民族主義基礎上所發展起來的種種意識形態則根本不是階級分析所能說明的。（關於這一方面的討論，可參看 Paul Ricoeur, "Science and Ideology"一文，現收入他的 *Hermeneutics and the Human Sciences* 中。此書由 John B. Thompson 編譯而成，劍橋大學出版社印行，一九八一年）

現代西方學者對於意識形態的研究基本上偏重在它的社會根源一方面。這種偏向是可以理解的，因爲這與馬克思和恩格斯最初對於問題的提法有關。但是我在上文已一再強調：意識形態與學術思想在實踐中雖不能截然劃分，在觀念上則決不可混而爲一。我在如此強調之際，已暗示意識形態除了社會根源之外，尚有學術思想方面的根源。意識形態的主要功能卽在於對一般人（或某些社羣）發揮說服力，以導向共同的社會行動。因此它不僅要符合這些人（或社羣）的共同利益並激發他們的情緒，而且還要獲得他們的共同信仰。信仰的建立則必須訴諸人們奉爲眞理的知識與思想，這就和這個社會在當時所達到的最高學術水準分不開了。十八世紀以來，西方的自然科學一直居於學術思想界的權威地位，所以一般有影響力的意識形態無不以「科學」爲根據。最顯著的例證是達爾文的生物進化論之被廣泛地用於社會發展的解釋方面。生物進化論本是一種科學學說，但社會達爾文主義（Social Darwinism）則顯然是近代最有說服力的意識形態之一。生物進化論與社會達爾文主義的關係最能够說明學術思想是意識形態所必不可缺少的一種基礎。如果說意識形態中所反映的社會現實常不免有所歪曲，它所反映的學術思想也同樣和本來面目大有距離。近來研究意識形態的學者已開始注意到它和學術思想之間的關係，但大體偏重在「科學」或「社會科學」中所包涵的意識形態的成份。（如上引傅柯〈知識考古學〉第四部第六章「科學與知識」及 Paul Ricoeur 「科學與意識形態」一文）至於近代科學出現以前的學術傳統，特別是人文學傳統，對各時代的意識形態發生過何種影響？這些學術傳統本身與意識形態之間的分合關係和交互作用究竟應如何來瞭解？則就我見聞所及，這些重大問題似乎還有待於系統的探討。（必須說明，我在這一方面的知識是非常有限的，甚望專家及讀者匡其不逮。）

貝爾（Daniel Bell）曾指出「意識形態是把思想轉化爲社會動力」（見 *The End of Ideology*，紐約，一九六〇年，頁三七〇）。這種說法似乎已暗示學術思想是「體」，是「第一義」的，而意識形態則是「用」，是「第二義」的。如果用西方概念來表示二者之間的關係，我們也不妨說：學術傳統是「上層文化」(high culture) 或「高級思想」(higher level of thought)，而意識形態則是「下層文化」(low culture) 或「通俗思想」(popular thought)。不少人類學家與思想史家都認爲後者是從前者滲透下來的，因此後者往往表現爲前者的庸俗化與歪曲。(關於此點可看 H. Stuart Hughes, *Consciousness and Society*, 紐約，一九五八年，第一章) 從傳統中國的經驗看，這個「滲透」(seeping down) 說尤其切合。以儒學爲例，先秦儒家經典(特別是孔、孟、荀的著述) 自然屬於「上層文化」或「高級思想」的範疇，漢代以「三綱五常」爲中心的官方意識形態則顯然是「下層文化」或「通俗思想」了。「三綱五常」(或〈白虎通〉所說的「三綱六紀」) 自然是從先秦儒學中滲透下來的，但其中顯然已有庸俗化與歪曲的成份。我們決不能在先秦儒學與三綱五常之間劃等號。先秦儒學一方面雖爲漢代官方的意識形態提供了思想資料，但另一方面也同樣爲非官方的、批判性的意識形態提供了理論的根據。公羊學派「貶天子、退諸侯」的春秋大義、董仲舒的「湯武革命」說，以及「禪讓」論也都是從先秦儒學中滲透下來的。同樣的情況也再現於宋明理學。明、清的官方意識形態著重地宣揚「天理人欲」說與「餓死事小，失節事大」說，其來源毫無疑問是宋代以來的理學傳統。但是這些維繫名教綱常的觀念已與它們在理學系統中的原有位置頗有輕重之異了。理學也涵有政治社會批判的成分，這些成分構成一種批判性的意識形態，有時且不免與官方的意識形態針鋒相對。陸復齋(九齡)、象山(九淵) 兄弟深賞孟子「民爲貴，社稷次之，君爲輕」之論，以武王革命爲「行王道以得天位」(見〈象山先生全集〉卷三四「語錄」象山與嚴松年的問答)，這正是明太祖最恨孟子的地方。清代官方理學對此種議論尤不能容，故全祖望編〈宋元學案〉時甚至不得不刪改原文以避清廷的疑忌（見冒懷辛「讀書札記三則」之三，〔中國哲學〕第二輯，一九八〇年三月出版）。明代呂坤發展了一種「理尊於勢」的意識形態，其本源仍當逆溯至理學傳統的本身。朱子批判漢、唐為「利欲」、為「霸道」，其實正是針對宋朝而發的。宋代頗不乏嚮往漢、唐盛世之人，王安石入對，神宗便問：「唐太宗如何？」陳亮推尊漢、唐也反映了一般人的見解，而理學家用三代的理想來貶斥漢、唐的現實在當時反是少數派。朱子說「建立國家、傳世久遠」並不必然即「得天理之正」，正是以「理」為判別「勢」的最後標準。這一判斷既適用於漢、唐，當然更適用於不及漢、唐的宋朝了，不過朱子不便對本朝公開指斥而已。清代戴震有「以理殺人」之論；其攻擊的對象也是官方的意識形態，而不是整個理學傳統。事實上，戴氏哲學中的主要論點，如「理存乎欲」、「自然之極則是謂理」、「德性資於學問」之類，無不出於理學（特別是朱子的）傳統。朱子主張從「道問學」的途徑來完成「尊德性」，他強調通過「窮事物之理」以尋求「理」的客觀「準則」。（此意最清楚地表現在〔朱文公文集〕卷三十「答張欽夫書」中）這些觀點都在戴氏手中獲得了進一步的發揮。後世專以「存天理、滅人欲」一點深責程、朱，這也是戴氏所持的基本立場。但按之實際，天理人欲之說在理學傳統中並不如此簡單。胡宏的「知言」謂「天理人欲同體而異用」，陸象山更說「天理人欲之言亦自不是至論」（〔象山先生全集〕，卷三十四「語錄」）。不但胡、陸如此說，朱子也嘗言「人欲中自有天理」（〔朱子語類〕，卷十三「學」七）。可見天理人欲之絕對化乃是官方意識形態對理學加以歪曲與庸俗化的結果。故戴氏之例最可以使我們了解在中國文化傳統中，不但學術思想與意識形態之間顯然有界限可劃，而且同一學術傳統往往可以滲透到不同的（甚至互相衝突的）意識形態之中。這兩個範疇之間的歷史關係誠然是極爲複雜的，甚至有時是不易完全分辨得清楚的，但是在理論上我們必須確立這一基本分野，才能解開中國思想史上許多重大的糾結。中國近代思想史的某些方面尤其需要借助於此一分野來加以闡釋。

中國近代思想史的最大特色便在於學術思想和意識形態的顯然分離爲二。自十九世紀末葉以來，內憂外患交迫而產生的危機已不是中國傳統學術思想所能應付的了。不但乾嘉考證之學早已脫離了社會現實，源遠流長的經學、史學與理學一時也完全派不上用場。當時最重要的思想動向便是所謂「向西方尋求眞理」，卽尋找富強之道。事實上，中國知識界當時對西方學術思想的傳統完全是隔膜的，因此所接觸到的衹是經過了通俗化的各種意識形態。嚴復是對西方學術思想最有親切了解的一位學者，但是他介紹過來的主要是適合中國人心理需要的一些西方流行作品，其中尤以社會進化論的影響爲最大。赫胥黎的〔天演論〕(T. H. Huxley, *Evolution and Ethics and Other Essays*) 本是一部通俗著作，一八九四年出版。嚴復幾乎在同年就把它節譯爲中文了。嚴復深知西方思想自有其根本，他也翻譯了一些經典作品，如亞當斯密的〔原富〕與孟德斯鳩的〔法意〕、穆勒的〔羣己權界論〕等。但這些經典之作卻反而不曾在中國發生重要的作用。這一事實頗足說明，中國當時所能接受的並不是西方的學術思想，而是屬於意識形態層面的東西。康有爲、譚嗣同等人則運用一些通俗化的西方科學觀念附會於中國的經典，以宣揚他們的變法理論。他們更是進一步把中西學術思想都予以徹底的「意識形態化」了。這種情況一直到「五四」以後並無基本改變。「五四」時代所提倡的「民主」與「科學」都沒有意識形態的層次。從所謂「科玄論戰」中，我們可以淸楚地看到「科學」變成了「科學主義」(scientism)。後者正是前者的意識形態化。所以一部中國近代思想史基本上祇是一部意識形態史。

我並不是說整個近代中國完全沒有學術思想方面的努力。但是一方面由於戰爭與動亂的影響，學術思想的研究始終不能正常地、持續不斷地發展下去。另一方面，少數學者與思想家則不願輕率地投身於世變的擾攘之中，並且有意識地要跟政治、社會現實保持一種健康的距離；他們成了一批「與世相忘」的人物。這樣一來，學術思想和意識形態之間便無從互相溝通了。客觀地說，意識形態是任何文化社會系統中所不能缺少的一個部分；在一個社會從傳統轉向現代化的過程中，意識形態尤其具有指示方向和激起社會行動的重要功能。但是意識形態不應與學術思想完全脫節。正如紀爾茲（Clifford Geertz）所指出的，學術研究正是使意識形態不致流入極端化的最可靠的保證之一。前者所提供的關於政治、社會各方面的正確知識（相對於學術研究的階段而言），是意識形態的源頭活水——理性基礎。（見他的"Ideology As a Cultural System"一文，收入 *The Interpretation of Cultures* 中，紐約，一九七三年出版）。學術思想如何與意識形態之間發展出一種健全的辯證關係，似乎正是當前中國知識最大的課題之一。

再論意識形態與學術思想

前言

「意識形態與學術思想」一文是我在一九八二年七月中旬寫成的，曾發表在【明報月刊】第二百期紀念專號上（一九八二年八月出版），同年七月底，我參加了臺北「中國時報」主辦的關於中國現代化問題的一個學術討論會。會議是在宜蘭棲蘭山莊舉行的，一連三天，日夜開會。其時適值颱風來襲，我們都被困在山上，電斷了便秉燭夜談。至今回想，猶覺有趣。這篇文章也列爲會議論文之一，由劉述先先生主評。金耀基、韋政通、胡佛、楊國樞、張灝、林毓生、葉啓政各位先生先後都曾參加討論。

我當時在會場的發言大致分爲三個部分：第一是論文的「口頭報告」。在這一部分，我並不全是根據印成的文字加以摘要，而是有所引申和補充。第二是對主評人的回應。這一部分因爲主評人從不同的角度提出了新的問題，使我有機會對原文中的某些方面有進一步的發揮。第三是對各家評論的總答覆。因爲這一部分所涉及的方面甚廣，我的答覆只能限於幾個重點。

當時會議的氣氛很和諧，但評者、問者、答者都能就事論事，討論是很認眞的。由於時間的限制，我在這三個部分的發言都有不能盡意的感覺。會議記錄早已在一年前寄來，但我因爲想徹底整理一下，而又苦無時間，所以一擱至今。最近因交稿時限已迫，勉強在工作餘暇重加寫定。現在這份稿子當然已非復討論會上的舊觀，但在精神上仍是當時談話的繼續。有少數問題臨場未及詳答，現在也補上了。總之，我在這三個部分的發言都已經過再研究與再思考的歷程而重加整理，並加上了小標題以便讀者。其中最長的是最後關於「批判理論」（critical theory）的一節，事實上已成爲一篇獨立的論文。這是因爲這一派理論在今天已成爲西方許多知識分子的熱門話題。而且哈伯瑪斯（Jürgen Habermas）在臺灣據說已擁有不少的「信徒」。尤其重要的是「批判理論」的主要工作便是批判「意識形態」——即我所討論的主題。如果我完全避而不論，也許有些讀者是不免要感到不滿足的。

但是我必須聲明，我對哈伯瑪斯和他的「批判理論」並沒有深入的研究。我的評論僅限於與「意識形態」有直接關聯的部分。我所採取的也只是對現代思潮頗爲關注的一個普通知識分子的立場。「批判理論」在哈伯瑪斯的手上雖然變得非常學院化，但嚴格地說，它在本質上仍是綜合性的一般社會理論，不能劃入任何專門學科之內。這個理論所涉及的正是當代一般知識分子普遍關注的問題。因此我在這裏稍稍表示一下對它的看法，或許尙不算是犯了「思出其位」之禁。

一、意識形態與學術思想申議

我在撰寫「意識形態與學術思想」這篇文字時，主要是考慮這兩者之間存在着怎樣一種關係。它們之間有何異同？究竟能不能分得淸楚？嚴格地說，這一問題在西方似乎也還沒有認眞地、系統地、全面地研究過（至少就我目前所知）。西方哲學家、思想史家、社會學家、政治學家、人類學家等在討論「意識形態」的概念時，當然曾在不同層次和角度接觸過這一問題，但是一般而言，他們的重點是在檢討「意識形態」本身，而不在意識形態和學術思想之間的離合與對照。我現在想撇開已印就的原文，另外再作一點引申和補充。這樣也許更能澄淸原有的論點。

首先我必須說明「意識形態」一詞究竟何所指？這個名詞的流行自然要追溯到馬克思。他基本上是把意識形態看作代表階級利益的「假意識」，後來曼罕（Karl Mannheim）擴大並改造了這一觀念，但大體上仍視意識形態爲社會集團的「利益」的化身。所謂「假意識」不但「欺人」，而且更「自欺」，即自以爲所持的是符合客觀事實的眞理或人人都應該接受的道理，而其實則是爲自己的階級或集團利益辯護的說詞。自從佛洛伊德的心理分析學出現之後，我們更知道不僅人的社會意識有「假」，並且個人關於自我的意識也同樣有「假」。所以瑞柯（Paul Ricoeur）才斷定尼采、馬克思、和佛洛伊德是現代三個「懷疑大師」；他們的共同點便在把人的意識全面地看作「假意識」（見他的 *Freud and Philosophy; An Essay on Interpretation*, Yale University Press, 1970, pp. 32–36 和 *The Conflict of Interpretations*, Northwestern

University Press, 1974，所收：“Psychoanalysis and the Movement of Modern Culture”一文）。不過個人關於自我的「假意識」，我們不稱它作「意識形態」而已。（哈伯瑪斯認爲這種「假意識」在個人是「飾詞」rationalization，在集體即是「意識形態」。見“Knowledge and Human Interests: A General Perspective”一文，附錄於 *Knowledge and Human Interests* 一書之末。）

這種「假意識」，用中國思想史上的名詞來表達，不妨說是「人欲」假託「天理」的形象而出現，或者也可說是「僞良知」。我們必須承認，西方近代關於「假意識」的發現和研究，確是人在自我了解方面的一大貢獻。但是問題在於我們是否應該把假意識的應用範圍作無限的推廣，以致必須把一切高層次的思想——從一般社會理論、價值觀念，到哲學和宗教——都化約爲「假意識」的變相？

我在本文中所說的「意識形態」大致有兩種不同的涵義，一是以馬克思的原義爲準，即所謂「假意識」。這是因爲他是第一個明確地提出這一觀點的思想家，也是第一個模糊了學術思想和意識形態之間的界線的人（例如他把康德的道德哲學看作一種階級意識）。但是我並沒有忘記「意識形態」一詞還有種種不同的用法。這一方面，西方學人近來曾不斷有人從事分析。（例如 George Lichtheim 和 Jorge Larrain 都曾寫過一部同名的書，叫做 *The Concept of Ideology* 的，專門討論這個概念的種種用法。前者出版於一九六七年，後者一九七九年。）大體而言，我可以同意 Raymond Geuss 在 *The Idea of a Critical Theory, Habermas and the Frankfurt School*（Cambridge University Press, 1981）的說法，把「意識形態」分爲三大類：第一是純記述意義的「意識形態」（ideology in the descriptive sense），如人類學家認爲每一初民社會都有一套「意識形態」。這是指它的世界觀、價值觀、信仰系統（包括宗教儀式）等等而言的。這是一種最廣義的用法，把一切精神和心理層面的東西都包括在內。不過這個用法似乎只能限於初民社會，若用之於哲學和宗教已高度發展的社會則不免要發生觀念上的混亂了。第二是貶義的「意識形態」（ideology in the pejorative sense），這便是上面所說的「假意識」。今天馬克思派的人仍繼續做戳穿「假意識」的工作。德國佛朗克學派和哈伯瑪斯的所謂「意識形態批判」（ideologiekritik）更是全力「批判」這種「假意識」（詳見後文）。第三則是積極意義的「意識形態」（ideology in the positive sense）。這主要是指自列寧以來要建立的所謂「工人階級的正確的世界觀」。「假意識」固當戳穿，但「眞意識」——即正確地反映客觀世界和工人處境的觀點——則不可無。這當然就是在強調「思想」的主動性，即馬克思所謂「思想一旦掌握了羣衆，便成爲物質的力量」。

但以第三類而言，所謂「意識形態」已包括了我在本文所說的「學術思想」的成份。因爲馬克思派也認爲無產階級所需要的「意識形態」必須建立在對資本主義社會的「正確的科學認識」之上。這就涉及社會科學研究和哲學思惟的範圍了。我個人對於第三類「意識形態」的理解頗有不同。我不能承認只有到了近代無產階級出現以後才發生意識形態和學術思想之間的離合異同問題。我在正文中已指出中國自先秦以來，西方自古代希臘以來，都各自形成了學術思想的傳統。儘管這種學術思想傳統中都也不可避免地夾雜了意識形態的成分，但學統和思統各有其客觀的基礎和相對獨立的領域則是不容輕率地加以否認的。人類對於自然和人文的眞理的探求是一個不斷發展的過程，而且永無止境。這也是一個不斷發生錯誤和不斷修正錯誤的過程。但是「錯誤」有種種不同的來源，不能完全歸咎於「假意識」的作祟。人類知識史上的錯誤也許有一部分是出於學者或思想家的「利益」（無論是個人或他所代表的階級或集團）的主觀投射（自覺的或不自覺的）。但多數的錯誤是和當時學術研究所達到的一般水平分不開的。如方法和材料的限制，以及研究者對自己所預設的前提檢查得不夠嚴格等都可以是錯誤的來源。這種情況在自然科學方面比較容易看得清楚，在人文、社會科學方面就比較難以分辨。

不過困難是一件事，學術思想和意識形態之間終究不能沒有概念上的分別。今天在座的人都是研究人文或社會科學的，我相信沒有一個願意承認他的專業是製造「意識形態」的。康德的道德哲學是他的整個批判哲學的一部分。他的〔道德形上學的基礎〕和〔實踐理性批判〕前後構想了十幾年。我們無論是否接受他的理論，但不能不承認這是康德「好學深思」的結果。它是深深植根於西方的「學統」與「思統」之內的。馬克思和恩格斯斷定它代表日耳曼城市小商人的一種「意識形態」，未免過於輕率。從這個例子我們也可以看到唯物史觀中所謂「思想的社會根源說」包涵了多大的困難和危險。一種學術理論可以在客觀上有利於某一社會階層或團體，然而卻不必即是該階層或團體的「利益的反映」。因爲一個眞正具有學術性（或科學性）的理論，自有其內在的成立的根據，也自有其嚴格的檢驗標準。如果我們專從可能的社會效果來斷定某種理論或思想的「社會根源」，那便等於否認學術具有任何獨立存在的根據了。

我充分承認現代許多人對實證論者所謂「客觀性」的批評；也同情現象論者和詮釋論者對「價值中立論」的懷疑。但是我不能接受從極端相對主義所引出來的虛無立場。學術思想在我看來仍有其相對的客觀基礎和獨立的尊嚴，不是人們主觀願望所能任意擺弄的。史大林時代蘇聯的「馬克思主義遺傳學」和希特勒時代德國的「國家物理學」這類「學術」騙局，徒供人笑柄而已。

總之，我們也不能把學術思想完全化約為「假意識」，即貶義的「意識形態」；學術思想與意識形態之間必須在概念上劃一道界線。但在實際運作中，我承認這一界線不是容易劃得清楚的。學術思想中往往雜有意識形態的成份，而意識形態也不是全無學術思想上的某些根據（不要過往往經過了歪曲而已）。以原始的馬克思主義而言，我們也承認它代表十九世紀歐洲的一個重的思想流派，不但有學統上的根據，而且也有思想史上的淵源。其中有當時自然科學、人類學、政治經濟學的憑藉，更有康德、黑格爾的哲學基礎。但是到了今天，世界各共產國家所堅持的「馬克思主義」則已蛻變成一種官方「意識形態」，只是「一黨專政」的藉口罷了。

我在正文中強調的另一論點則是意識形態也有它的社會功用。這種「意識形態」則不能純視為貶義的「假意識」，而同時包括了Geuss所說的「記述意義」和「積極意義」的成份。這樣的意識形態與當時最新的學術思想往往有密切的聯繫，而且起着推動社會的作用。換句話說，它是最新學術思想的通俗化和應用。最顯著的例子是十九世紀達爾文的生物進化論之轉成斯賓塞的社會進化論。把達爾文在生物學研究上所獲得的新穎結論引用到社會發展上面，這在十九世紀中葉以後的英國曾引起思想上的大震動。相信上帝創世說的人固然激烈反對進化論，但「優勝劣敗，適者生存」的原理卻正投合當時英國人的一般心理需要。它不但為自由競爭的經濟體系，甚至為帝國主義的擴張提供了「科學的」根據，而且也加強了十八世紀以來西方人關於社會與文化「進步」的一般信仰。因此，社會達爾文主義便迅速地進入了西方意識形態的主流之內。儘管二十世紀中葉以後的西方人已看清了這個意識形態的負面，但它在當時是起了推動歷史發展的實際作用（如何評價它的作用自然會因時代不同而改變）。達爾文本人是否要對這一意識形態負責？這是一直到最近還在爭論的問題。我用這個例子只是要說明社會永遠需要某種意識形態，而有活力的意識形態則往往是與當時最新的學術思想結合在一起的。但另一方面，學術思想與意識形態雖然常常不能截然劃分，二者之間仍然有界線在。達爾文的【物種原始】基本上是一部科學著作，這還是今天生物學家、史學家所共同承認的。斯賓塞、赫胥黎等人的某些宣揚社會進化論的作品則應該劃入代表當時的「世界觀」或「意識形態」的範疇之內了。（關於這一點，可看 John C. Greene, *Science, Ideology, and World View*, University of California Press, 1981.）

同一種學術思想在不同的時代和不同的社會又可以引發不同的意識形態。「優勝劣敗，適者生存」在中國近代思想史上則起着激勵中國民族奮發圖強的意識。中國人所最重視的是進化論中的集體圖存的方面，而不是個人在市場上冷酷競爭的一面。所以全面地看，這種意識形態是比較適合於當時社會的一般需要的，其作用也是比較正面的（詳見 James Reeve Pusey, *China and Charles Darwin*, Harvard University Press, 1983）。事實上，在二十世紀初年克魯泡特金便強調生物合作的事實。他同樣奉達爾文的〔物種原始〕為經典，但所得到的社會理論卻是「互助」而不是「競爭」。他的〔互助論〕（*Mutual Aid*）正是駁赫胥黎的〔天演論〕而作的。（見Richard Hofstadter, *Social Darwinism in American Thought*, Beacon Press, Boston, 1955, pp. 97–98.）這個例子尤其可以說明何以學術思想與意識形態之間不能隨便劃等號。現代馬克思主義的新發展也同樣說明同一事實：西方新馬克思主義者強調「青年馬克思」的人道主義和異化論便是批判各國共產黨專制的。馬克思本人的許多著作是屬於學術思想的範圍之內的，但是這些作品所能提供的意識形態則絕不限於一種。隨着時代和社會需要的不同，馬克思的基本作品可以通過新的解釋而表現出不同的意義。西方新馬克思主義之所以特別重視新興的詮釋學（hermeneutics），其故便在於此。

據人類學家紀爾茲（Clifford Geertz）的看法，正面意義的意識形態在現代許多新興的國家中尤其不能缺少，因爲它有闡明現狀的意義、提示行動的方向、加強人民團結等等功用。這種「意識形態」大體上可以看作是以社會行動爲最後目標的一套信仰和價值觀念。社會建設或革命自然不能沒有一些中心觀念的指導，否則豈不成了「盲人騎瞎馬」？孫中山先生在解釋他的三民主義時曾指出「主義」便是一種思想、一種信仰、一種力量。他認爲人類對於一件事總是先研究其中道理，然後發生思想引起信仰，最後就發生力量。這恰是對從學術思想發展到意識形態的一個很好的說明。可見孫先生正是把他的三民主義當作一種具有正面意義的意識形態。

意識形態既不能不始於對事物的「研究」，則它必須隨時隨地和學術思想之間保持一種完全開放的關係。換句話說，隨着學術思想的不斷進步，意識形態也必須不斷的更新。（Shils 在正文所引 "Ideology" 一文中卽強調學術思想與意識形態之間既是彼此獨立的而又有互相影響的關係。見 *The Intellectuals* 一書，頁三六—三九）但是意識形態除了學術思想的來源之外，又有社會的根源：它同時還必須能代表社會上絕大多數人的共同利益和願望。而這些利益和願望也是隨着社會的發展而不斷在變動之中。因此意識形態同時又必須對社會現實完全開放。今天的世界大致有兩個不同類型的意識形態：在民主自由的國家中，我們所看到的是開放型的，在極權專制國家中則是封閉型的。當然，所謂「開放」與「封閉」都是就典型意義而言的，並無絕對性。

在民主自由的社會體制之下，意識形態自然不止一種。其中佔有主流地位的意識形態則必然是和其他意識形態長期競爭的結果，而且在競爭之際還儘量吸收了其他意識形態的優點。所以主流意識形態的形成只能由知識界通過長期的理性討論而來。它代表一種社會的共識。由於學術思想和社會現實都永遠在不斷自我更新的過程之中，卽使是主流的意識形態也不可能達到「定於一尊」的地位。以美國而論，雖然絕大多數人都接受一種共同的民主自由的「體制」(system)，但民主黨和共和黨仍有不同的意識形態，前者代表「自由派」，後者代表「保守派」。而在兩派之外，仍有左、右種種分歧。多元社會的意識形態必然是多元化的。理性、自由和容忍是多元社會所不可或缺的基本價值。意識形態決不是憑政治強力可以造成和維持的。只有極權國家才能用政治強力來「堅持」某種意識形態，以維護統治階層的特殊利益。

最後，我願意再解釋一下正文中所說：「一部中國近代思想史基本上只是一部意識形態史」的涵義。十九世紀末期以來的中國學術思想界始終處在一種過渡狀態之中，傳統經學、史學、理學在西學挑戰下逐漸轉化、也逐漸式微。所謂「國學」已失去了它的權威性。多數研究「國學」的人或是出於歷史的興趣，或是出於批判的興趣（卽暴露中國傳統文化的缺點），而且往往是兩者兼而有之。另一方面，有些人從維護舊秩序的願望出發，援引經典以加強自己的信仰，也不能算嚴格的國學研究（傑出的例外當然是存在的，但並未能成爲主流）。這樣一來，中國傳統的學術思想便不免在所謂「研究」過程中意識形態化了。舊學如此，西方傳來的新學也不例外。部分地由於求用之心太切，中國近代知識分子雖勇於接受西方學術思想，但卻往往停留在淺嚐卽止的階段。梁啓超自承他在日本介紹西學時，是才讀了「性本善」便說「人之初」，而「性相近」以下則尚未寓目。這種情況在「五四」以後也未見得有很大的改善。尤其是在「致用」心理的驅使之下，許多人把自己尚不甚清楚的西方學說當作「天經地義」的「西方眞理」來宣揚。至於這些西方學說背後有些什麼學統和思統上的根據則已無暇顧及。甚至對於所宣揚的西方思想家本身的著作也未必下過深入的研究功夫。所以西方的種種學術思想在中國也都一一化爲意識形態了。當然，近幾十年來，中國經歷了各種內憂外患，學術研究的條件非常不利，因此我們也不宜苛責知識分子。但問題在於這種逐流而不探源的作風似乎已在學界形成一種傳統，這便大可憂慮了。

一方面，中國近代一般知識分子注重意識形態而輕忽學術思想；另一方面，學術文化界的人士也有一種偏好談思想、方法、觀點，而不大肯認眞去追究其嚴肅的學術根據。以馬克思的著作而言，中國自稱馬克思主義者甚多，但他們之中大概讀過〔共產黨宣言〕、〔社會主義從空想到科學的發展〕之類的通俗小册子者已屬難得，〔資本論〕大概便不甚有人理會了。研究馬克思而不讀〔資本論〕，便如研究康德不讀〔純粹理性批判〕、研究黑格爾不讀〔精神現象學〕一樣，是不可能眞正了解馬克思的思想的。〔資本論〕是艱深的學術著作，其中所論並不限於「商品」、「勞力」、「交換價值」、「使用價值」等等經濟現象的分析，而且也包括了馬克思對於「人」的全面觀察，如教育、家庭、科技發展之類。馬克思的「思想」如何能離開他的「學術」而孤立地去了解呢？至於馬克思本人的學術思想淵源，如康德、黑格爾、費爾巴哈、亞當斯密、穆勒等人的著作，恐怕更是少有人肯問津了。學術和思想分家，這是一個最顯著的例子。相反地，歐洲的馬克思主義者則自三十年代以來卽不斷地對馬克思的著作加以深入地鑽研，尤其重視以前未發表的手稿，因此這五十年來馬克思研究才正式成爲一種學術。我們今天能談「青年馬克思」的異化論、人道主義等正是受這種學術工作之賜。

如果我們希望學術思想的長程工作能對中國社會發生一點實際作用，我們研究和思考的可靠結果最後必須能不斷地爲中國目前所需要的（正面意義的）意識形態提供新的源頭活水，使它不致僵化而流爲「假意識」。如果我們接受這個大前提，那麼我們便必須在學術思想的源頭處下眞實的功夫。自然科學的基礎比較堅固、確定，有可靠的判斷眞假的標準，我們不必太擔心。但是在中國推動人文、社會科學的研究便比較麻煩，因爲它們所研究的對象不是普遍性的自然，而是具有不同文化背景的中國社會。社會科學到今天爲止，還沒有能發現適用於一切文化、社會的普遍規律。將來是否能成功也還是一個問題。這不但需要我們對中國的社會文化現狀有眞切的認識，而且還需要我們深入地發掘中國傳統的學術思想，找出它和今天中國現實之間的內在關聯。西方詮釋學的最近發展顯示他們已注意文化根源的問題，突破了啓蒙運動以來的偏見。對傳統不再一筆抹煞，而是用一種開放的心靈去求了解。所以我們今後的工作擔負是雙重的，一方面要探西方學術思想之源，另一方面更要把握住中國以往的學統與思統。這當然不是少數人能做到的，更不是說每一個學術工作者都必須兼顧這許多方面。這是一個集體努力和分途進行的長遠目標。

二、評論

劉述先：這篇論文我本身並沒有什麼不同意的地方，所以我只講兩點。

第一點就是本文前段所提之「寓思於學」，基本上我贊成這個看法，但是我想稍微補充一下這「學」字。基本上「學」的意義非常廣濶，一般人很容易將它當作 research, scholarship 來看，但卻是錯誤的思考方向。文中也提到宋、明儒都有一個經學的根源，我當然是同意的，比如說二程是反求於六經而後得之，自有其經學根源，但是我所要指出的是唐朝的〔五經正義〕已經是很死的一些東西，到了宋明，經學在某些方面已經變成了意識的，一方面改造它，一方面又在架空它。陸象山「六經皆我註腳」的話講得非常明白，而如果走入這條路的話，「可能和經學的關係就愈來愈弱」。但是朱子就不同了，他非常注重經學。不過朱子的另外一面是和陸象山非常一致的，不一致僅是表象上的。最有趣的一個例子就是兩人在〔太極圖說〕中的辯論，我覺得二人易了位，陸象山認爲〔太極圖說〕根本來源是道家，而朱夫子在一般人的眼光中看來是非常的權威，不過事實上他卻相當開放，雖然四書在他之前卽已有，但是眞正發生作用卻是在朱子建立〔四書集注〕之後。因此在某方面可以說他是在改造經學，另一方面又在架空經學，將研究五經變成是專家的工作，而視四書爲普遍敎育的工具，所以我認爲基本上有經學的根源，但是經學內容的變化卻是值得注意的。

中國人的思想是一定的，是不能亂說的，眞正客觀的學統不但程明道、陸象山無法建立，甚至連朱子也辦不到，拿他攻擊佛學這件事來說，他認爲佛經只是用文字潤飾而成立的，而凡是研究學術的人都知道此說不足採信。從這裏也可以證明中國的學統並沒有眞正建立，這也是我想補充的一點。

其次最複雜的問題就是思想和意識形態應如何分別，我完全承認有這種分別，因爲思想中存有某些超越時空具有普遍意義的東西，而也不可能全部將這些視爲意識形態，否則會徹底的掉進相對主義，這是很危險的。

我對意識形態的看法和英時兄是很接近的，我同意不能沒有意識形態，但是它卻存在許多問題，同時也不僅只有開放和封閉兩種形態，而事實上卻是二者必然會糾結在一起。殷海光先生以前很有趣的將 ideology 翻譯成「意底牢結」，可能因爲最初這個思想已抓到一些眞實的東西而形成一種意識形態，這意識形態本來應該是開放的，但是後來沉澱、固着了下去，就成爲「意底牢結」。所以這種過程是走不完的，是屬於某一種辯證的歷程。

我同意意識形態是由馬克思和曼罕發展而成，同時也想從理論上再推進一層。我個人認爲意識形態可以不必只利用階級論點，因爲階級是非常特定的，事實上可以採用更普遍的理論，而將「階級」當成其中的特例 (special case)。杜威有一個架構雖然不是完全討論意識形態，但似乎可以參考，在他所著的【人性與行爲】(*Human Nature and Conduct*) 書中曾提到創造的第一步是衝破 (impose) 現狀，然後找到一個新的東西形成習慣 (habit)，因爲僅是衝破現狀並沒有用，就像是騎腳踏車一樣必須先騎上去，而會騎了自然就變成一種習慣，習慣就相當於意識形態的層次。但是習慣久了以後就成爲例行公事 (routine)，而這個例行公事就是所謂的「意底牢結」。所以應該運用智慧 (intelligence) 去避免這種完全衝破成規與固守的兩端，只要掌握了這種適時、適地、適事、適切的因素，就可以無往而不利，也不會落於兩端。但是我並不完全採用杜威的說法，因爲「智慧」這個字會引起誤解，而且也沒有擴及客觀關係 (objective reference) 的問題，所以極易讓人誤解爲只有「用」而無「體」。

哲學的層次並不像科學那麼確定，所以馬克思和黑格爾的思想在後來會互相穿鑿，但是中國的辯證（dialectics）和杜威的架構都是活動的，基本上是 dialectic without program，陰陽、升降、進退彼此的發展都必須從事實來看，因此歷史上的發展並沒有定，思想上的超越也沒有定，而從這種沒有「定」的情況下找出「定」，找出「超越」，應該是思想家用心之所在。

三、對主評人的答覆

余英時：述先兄的觀點和我並無基本不同，他補充並澄清了我的某些論點。所以這裏只簡單地再說幾句。

一、學統與思統的關係

第一是有關中國的學統與思統的問題。述先兄也承認宋代理學和經學有密切的關係，但指出唐代「五經正義」在宋初已不能顯示新意義，所以才有新經學的出現。這自然是對的。不過新經學的要求早在唐代後期便已出現。最明顯的是當時對〔春秋〕一經的新解說如啖助、趙匡、陸淳等人的努力。宋代理學家受了他們的影響更是自覺地、有系統地、大規模地向這個方向發展。這一自由解經的運動至朱子而集其大成。不但經書引出了新義，而且對經書的著重點也變了。〔論語〕、〔孟子〕、〔大學〕、〔中庸〕代替了以前的五經。後來顧亭林慨嘆明代官修〔四書大全〕出而經學遂廢，那是以後的流弊，不能歸罪於程、朱。朱熹對經學的傳承看得比陸象山鄭重，因此象山有「六經皆我註腳」之說。但是儘管如此，陸氏也並不眞能完全沒有經學的根據而平空發展出一套哲學思想。他依然要承認他的思想是「因讀孟子而自得之」，至少〔孟子〕一書對他還是有啓示的作用。章太炎曾指出，象山雖說「六經註我」，其實經書爛熟，行文如兩漢奏議，常引經籍。這是很公正的評語。明代王陽明在貴州龍場發明「知行合一」之說以後，立刻要與五經相印證，因而有〔五經臆說〕之作。這都說明思統離不開學統。另一方面學統也必然含蘊思統。現代有些人認爲清代三百年只有經學上的瑣碎考證，沒有思想。這是太天眞了。清人不滿宋明學對經學的過於自由的解說以及過於忽視字義與制度的根據，因而發展了另一套號稱由訓詁明義理的新經學。清代沒有系統的哲學是事實，但這並不等於他們沒有一套思想。戴震的思想正是建立在對於經學的新理解的基礎之上。至於他們自以爲得孔、孟眞意，又強調「訓詁明而後義理明」，那是清儒的偏見，另有作用。這也可以說是他們的「意識形態」，我們今天不必接受。清代的例子可以說明學統必然也顯示某種思想方向，儘管不必是系統化的哲學。這好像西方邏輯實證論者自稱要推翻一切形上學，而事實上還是自有一套形上學的假定，不過出之於一種隱蔽的方式而已。英國的柏林（Isaiah Berlin）便指出現代西方一種天眞的看法，以爲某些時代可以完全沒信仰、思想、或一般性的觀點。這是不可能的事。因爲鄙視理論、反對談抽象問題，也同時透露出一種思想態度，如懷疑論、虛無主義之類。（見"Does Political Theory Still Exist?"一文，現已收入 *Concepts and Categories* 一書中，The Viking Press, 1979.）

逑先兄指出朱子思想有「自由的」一面，和陸象山不甚相遠，這一點我認爲很重要。朱、陸畢竟是同一時代、同一思想運動中的人物。套用西方現代流行的話，卽在同一 discourse（談論範圍）之內。從思想史的角度看，他們也許同多於異，而且所同者是大體，所異者或竟是細節。這當然要看我們從甚麼角度去瞭解。朱子說，「經」之有「解」是不得已，通「經」便不再需要「解」了。又說讀六經須在自家身上討道理，找到道理之後，經也不重要了。這與「六經註腳」之說其實相去不遠。不過「經」本身的重要性在朱子這一方面才獲得適當的強調。「經」所代表的是中國文化的原始智慧，其啓示性可以是無窮的，正如西方人對基督教〔聖經〕的理解一樣。每一時代都必有新的「經解」，西方的詮釋學在此大有啓發性。但是中國近代卻還沒有發展出時代所需要的經解，這是今後的重大課題。民國以來，有反經與尊經兩個極端立場。反經是出於強烈反傳統的誤解，尊經又別有政治作用，仍然不脫意識形態化的陷阱。這個問題必需重新反省。

二、意識形態與學術思想的關係

第二是有關意識形態與學術思想之間的關係問題。以中國經學史爲例，經學研究在各時代也提供了積極意義的意識形態。漢代今古文經學與當時社會政治制度有關聯。公羊學派尤其帶有批判現實的性格。王安石的〔周官新義〕是他變法的意識形態的根據之一。北宋治〔春秋〕者較重「尊王」，是爲了反唐末五代的地方割據，發展統一的觀念。南宋的春秋學以「復仇」爲重，是爲了抵抗金人侵略。晚清的今文學派也是用經學來改制。但經學本身又自有客觀的學術標準，不容亂道。康有爲的〔新學僞經考〕被人罵作「野狐禪」，便因爲違背了學術標準，過份意識形態化了。

我提出「開放的」或「封閉的」兩個典型，卻並不表示關於意識形態只有這種兩分法。我們當然還可以根據其他標準作種種不同的劃分。我的意思其實很簡單，卽以「封閉式」代表貶義一型，也就是「假意識」，它是有利於極權統治的。在極權社會中，只有一種合法的意識形態，即官方所規定的。它對社會眞實狀況作最大程度的歪曲，也不肯或不敢向學術思想研究所獲得的結果開放。我所謂「開放的」意識形態是指自由社會中所存在的一型。自由社會中也有主流的意識形態，但是其他非主流的各派也依然能合法地存在。因此主流必須與非主流競爭，它比較有彈性。一方面它必須儘量反映社會現實，一方面它也相對地對學術思想開放。我用「比較」、「相對」是有意的。我承認現實世界中並不存在一個絕對理想的自由社會。西方的新左派指出資本主義社會（如美國）的「自由」是表面的；對於不利於資本主義「體制」（system）的意識形態，它的容忍也是有限度的。由於資本主義社會具有「民主」、「自由」的法律形式，由於它的政治、經濟、文化、新聞、教育、宗教多方面統治力量的表面多元化，它對於意識形態的操縱因而是比較巧妙而隱微的。所以在新左派看來，所謂「自由社會」的意識形態仍然是「假意識」，是更深一層的歪曲，是虛僞的開放。這些抨擊不能說完全沒有道理，但是我不能接受新左派的最後斷案。今天現實世界上，基本上存在着極權和民主兩個極端典型的社會。此外在兩極之間當然還有許多不同文化背景的社會。但是至少從意識形態的觀點看，尚未出現眞正別具一格的第三類典型。在這些中間社會中，其意識形態或較近於開放，或較近於封閉。我覺得「自由社會」法制的開放性仍是我們爭取更高的自由化和理性化的一種最可靠的保證。通過暴力革命以創建理想社會的幻想至少在今天已經破滅了。自由社會的「體制」並非一成不變的東西，它對於異己的甚至敵對性的意識形態的容忍性和消納性也在不斷增進之中。自由社會中的主流意識形態雖未能完全免於歪曲，但畢竟具有自我調整的機能，不斷地「去僞存眞」。

我在正文中說學術思想與意識形態之間必須發展一種健康的、辯證的關係。我主要是指開放性的意識形態而言的。我認爲意識形態是任何社會都具有的。祇要它是開放性的，它便能與學術思想之間保持一種雙軌連繫。學術思想與意識形態在概念上必須分開，但在實際上卻往往糾結在一起。我大體上同意瑞柯在「科學與意識形態」（正文中已引及）一文中所說的，社會科學與理論並非和意識形態處於絕對對立的地位。但意識形態日久而發生沉澱現象（正如逑先兄所說的），它便變成負面的東西，即只有加強統治集團宰制人民的壞作用了。這是我所以特別強調意識形態必須向學術思想開放的根本原因。

馬克思、恩格斯最先用階級利益來界定意識形態。這不是我自己的看法。純粹從階級的經濟利益着眼，這在今天看來顯然是太狹隘了。以封閉性的意識形態而言，共產國家所堅持的官方馬克思主義便是一種最顯著的意識形態，正是馬克思本人當年所描劃的「假意識」。（瑞柯即如此說。）但這一「假意識」所發生的作用並不在維護某一經濟階層的物質利益，而主要是在加強共產黨黨內當權派的權力基礎。因爲在共產國家，已沒有有產階級與無產階級之分，只有有權階級與無權階級之別；這便是吉拉斯所說的「新階級」。意識形態的功能是和它所屬的社會結構和性質分不開的。

四、討論

韋政通：雖然我們過去知道該在何時使用學術思想，何時又使用意識形態，但是卻知其然而不知其所以然，我很感激英時兄能讓我知其所以然。其次這篇論文可能也糾正了臺灣在學術研究上的偏差，因爲目前研究思想的人向來不大注意經書的注解，而專門寫經書注解的人又是些不重思想的人，因此二者脫了節。卽以朱熹而論，如果只是重視他的〔語類〕而忽略了他的注解，我認爲是不夠的，因爲他作注解時是用心寫的，而〔語類〕有時只是他隨便講的，所以講思想仍應該重視他的注解。但是我也有一個問題，就是爲何朱熹要將五經的權威拿掉而教人讀四書，在此想就教於英時兄？

同時我認爲這篇論文後段所提的「天理人欲之絕對化乃是官方意識形態對理學加以歪曲與庸俗化的結果」的判斷可能有偏差，因爲從朱熹的言論當中可以得知他自己已將天理人欲絕對化，例如他認爲天理是光明、人欲是黑暗，天理是公、人欲是私，還有他在〔語類〕「論學」中也表示過「人之一心，天理存則人欲亡，人欲勝則天理滅」，這顯然是絕對化，所以恐怕完全不是官方意識形態歪曲的結果。而且天理人欲主要是從功夫上講，因此，絕對化有時也是不能避免的。

金耀基：我覺得意識形態是要了解近代中國非常重要的東西，因爲在任何一個社會開始崩解的時候，一定會出現許多解釋崩解現象的意識形態，例如春秋戰國及中國近代。故意識形態不見得一定要照馬克思或曼罕的說法，因爲太相信這些說法那麼所有東西都變成相對的了！

三民主義的確是一種意識形態，如果當初能在文字上靈活運用的話，三民主義可以說是一種烏托邦（Utopia），不過到後來解釋現象的情況改變之後仍是相信它所講的事實，那就是眞正的「意底牢結」。因爲解釋現象時一定要有其解釋性，不然則無法令人相信，但是等到事實變了以後，卻推說是事實的錯誤，而理論並沒有錯；那這就是「意底牢結」。所有發展中的國家都有這種現象，同時中共的這種問題相當大，而至於臺灣，如何使三民主義順應現階段也是極重要的工作。

雖然我不敢確定意識形態是否只是具有誠如剛才所說的開放和封閉性質，可是我卻認爲多數的意識形態是有壟斷性的。基本上，意識形態如果不是壟斷性的，比較不會有什麼問題，但是在學術研究時賦予它過多的定義，將會和原先意識形態定義有所不同。

張灝：以往不論是馬克思或是曼罕等人在研究意識形態時大別有兩類傾向，一種是社會學上的（sociological reduction），而曼罕和馬克思至少有一部分卽屬於此。另一種就是心理學上的（psychological reduction），同時現在還有一種分析性的趨向（analytical approach to the ideology）。我認爲研究意識形態應該從分析的角度去看，同時它是一種普遍的需要，因爲人生在世，難免要在一個特定的時空中生存，因此會面臨許多種情況。大致來說可以分成兩種情況，一種是歷史的問題（historical situation），另一種是生存的問題（existential situation），前者是指人必須了解其生存時代的社會、政治種種生活環境，後者卽是指人不可避免的一些現象，如生死、道德價值的判斷等等，而要應付這些現象則必須要有一種架構（framework），而意識形態就提供了一個應付各種問題的架構。大致而言在中國近代以前，不論道家、佛家或儒家，多少都能提供一些架構來應付不同情況，但是到了近代這種傳統的宗教意識就漸漸衰微了。同時我認爲到了一八九五年以後，中國已進入了「意識形態時期」（age of ideology），因此意識形態的功能應該是和傳統宗教意識相等的。換言之，我們不可忽視意識形態具有讓個人或團體了解社會各種情況的功能。

林毓生：英時兄所提出的這個問題不是一篇文章所能解決的，我希望他能寫出一部書來探討，因爲不論中西都相當需要這種見解。不過這文章中的一些評論似乎粗略了點，例如「宗教和科學其實乃是一事之兩面，都是古代希臘人運用思辨理性來追求宇宙間普遍而永恒的規律」，實際上在目前研究希臘文化中很重要的一派特別強調希臘文化中反理性的因素，以及反理性和理性之間各種辯證關係所產生的特色。後來這兩方面的思潮柏拉圖綜合了。反理性的這一面是從許多神話（mythological）中來的。

其次意識形態中可能也包括了思想（thought），以我個人而言，我相信自由主義，極端不贊成馬克思主義的系統。它的系統雖然是謬誤的，然而在它系統中的某些思想，例如疏離（alienation）的觀念，卻可用來理解近代資本主義文明的某些基本問題。所以意識形態中也可能存有思想。

葉啓政：我個人不太同意余先生將學術思想和意識形態當成兩個各自具完整不可分割性的概念，基本上這牽涉到意識形態和學術思想的定義問題，因此我覺得論文中將此兩者當成互斥的概念，有簡化扭曲眞實現象的可能。學術思想並不是一個不可劃分的概念，哈伯瑪斯曾謂知識有三個不同的層面，我認爲卽是一個很好的方法，比方說這裏有二十個人，其中有兩個人抽煙斗，這些都是事實，但是這些事實是否具有探討的意義，我認爲這才是比較根本的問題。換言之，「事實」固然有其價值，但是若要研究，勢必就應考慮意義的問題。因此若要劃分意識形態和學術思想，客觀與否並不是唯一重要的標準，而應對知識的本質作適當的釐清，如此才能看出二者之間的關係，故論文中牽涉的認識論中「客觀」本質的問題，我認爲值得近一步探討。換言之。以理論與實踐是辯證的角度來看，社會科學之學術思想是否能與意識形態之間劃一清楚的界限，實頗懷疑。

同時論文中引述社會學的資料似乎比較偏重於少數法國結構主義的系統，如亞述瑟及傅柯，不過我認爲似乎也應同時參考德國社會學派 Horkhemer, Habermas, Schmide, Marcuse 等人的看法，也不能偏廢新馬克思主義者 Lukács 的看法。

楊國樞：從心理學的觀點來看，意識形態具有認知、情緒、知識及行動傾向的成分，系統很複雜。文章中曾提到意識形態應繼續改變及研究的見解，不過其中似乎卻有問題。以三民主義而論，若要讓多數人相信這種意識形態，就不能改變得太快，因爲這些人需要的是一種相當穩定的觀念，進而引發一些行動和思想。但是若將其視爲學術來研究，難免就會爲人懷疑和批評，甚至於修正，而其所謂意識形態的作用也將減低，這正是目前三民主義研究所的問題所在，我認爲如果將三民主義視爲一種政治意識形態，就大可不必使其再成爲學術研究的對象，因爲學術的研究是採用不同規則系統進行。

此外我認爲意識形態的傾向並不完全來自社會因素，個人的性格、氣質，甚至於遺傳因素也會造成影響，而這種不同於社會的因素也應列入考慮。

胡佛：英時兄在論文中談及的都是一些超時空，抽象層次較高的問題，基本上高層次的文化（如中國、希臘和羅馬文化）在某些方面是可以溝通的，但是其中也引起了目前臺灣政治上的一些問題，譬如中西文化之爭，尤其政治上更是如此。

我們一向認爲民主是中國傳統固有的觀念，而民主若是一種意識形態，它無非是將一些觀念結合而對現實的社會環境作一些反映，並提出解決的辦法。目前有些人想將意識形態和學術思想高層次的主流結合在一起，認爲西方的「民主」和中國的「人本」是相連的，但是在相連的過程中卻發生了許多問題，故是否能相連貫值得進一步的探討。

以　國父民權的主張而論，他是從歷史的角度來看的，認爲人權是爭取而獲致，但是西方的觀念卻是天賦人權，因此　國父不大相信西方的這種論點，可是這卻造成了國內研究三民主義時的一些爭執，一些人卽鑒於其反對天賦人權而認爲　國父是反西方的民主的，同時民權觀念也是中國的而非西方的，而這種看法不同造成的隔閡，在現實政治上引起了許多中西之間的爭辯，而我卻認爲這根本是層次不同的問題。

黃榮村：意識形態和學術思想，我認爲哈佛大學昆蟲學家威爾森在一九七五年提出的生物社會學（social biology）作法，値得參考；其次學術思想的創建者，也常會將學術思想和意識形態混爲一談，這點似乎也應列入今後研究上的考慮。

五、討論總答

我首先想說明，我的正文主要是在概念上提出幾個重要的區別：首先是學術思想和意識形態之間的分際，其次是學術與思想之間也還有異同的存在，但這些都只是概念上的區別，是爲了便利於理解而提出的。我並不認爲客觀上有這樣兩個實體淸淸楚楚地擺在那裏。這種區別只能當作分析的範疇來看待。而且我的重點是放在它們之間互相依存的關係上面。所以我一再強調它們在概念上必須加以區別，但事實上卻不能清楚地分開。這裏所涉及的當然是十分複雜的問題，不是一兩篇文字就可以解決得了的。甚至也不是寫一兩部大書便能獲得定論的。但是「千里之行起於足下」，再大的問題也必需有一個小的開端。本文如果有任何意義，只在它提出了一些也許可供進一步思考的問題，而不在它的答案。事實上，這個問題沒有簡明的答案。

以下，我將大致依發言的次序，擇要答覆。

韋政通兄提出一個具體問題和一項有關文獻方面的質難。他的問題是朱子何以要把四書的權威來代替六經的權威？這是一個十分吃緊的問題，但解答卻不簡單。我姑且就平日思慮所及試提幾個線索供大家參考。比較完備的解說必須將來詳細研究一切有關文獻後才可能獲得。

一、四書爲什麼代五經而起？

朱子平日教人讀書確是以四書爲先，尤其注重「論語」、「孟子」，以下才是六經和史。他又有疑經的傾向，並說過「若儘情而說，恐倒了六經」的話。但是這一讀書次序或眞如他所說，是承自二程，特別是程伊川。所以我們可以說理學家自始即比較看重四書。但朱子本人對幾部主要的經書，如「易經」、「書經」、以至「禮經」則都下過很深的功夫。因此也不能說他輕視六經。不過從六經轉向四書的趨向確是十分明顯的事實。首先我們當注意宋代的社會與唐代已不大相同。唐初的「五經正義」是總結漢、魏以來的經學。但對唐代而言，儒家經典並不十分重要。其中只有三禮之學似乎比較盛行（趙翼「廿二史劄記」已言及）。這是由於唐代的門第貴族仍需要禮法來維繫。入宋以後，門第基本上已消失了，禮學失去了存在的社會根據。歐陽修在「新唐書〕「禮樂志」序中特別感慨「三代而下，禮樂爲虛名」，正可說明宋代人的看法。事實上，有關門第家族的禮學（如喪服禮）在唐代尚不全是「虛名」。

第二、漢儒講通經致用，所以〔詩〕、〔書〕、〔春秋〕、〔周禮〕都是與治國密切相關的經典。宋初諸儒如孫復（〔春秋尊王發微〕），胡瑗（〔洪範口義〕）、李覯（〔周禮致太平論〕），王安石（〔詩、書、周禮三經新義〕）都着眼於政治社會的改革方面。理學家則自始卽注重個人的道德教育，認爲人比制度更根本、更重要。有治人然後才有治法，卽〔論語〕和〔大學〕所說的「自天子以至庶人一是皆以修身爲本。」在這一中心觀念支配之下，六經當然太遠了，不及四書親切。理學家代表一種內在超越的精神，所以強調「學只要鞭辟近裏」。

第三、理學家在思想上以禪宗爲攻擊的主要對象。當時所謂「儒門淡薄，收拾不住」卽是指在心、性問題上禪宗比儒家更有說服力。理學家反對禪宗捨離此世的基本態度，然而卻繼承了禪宗「鞭辟近裏」的內向精神。禪宗不立文字，撇開經典，只用「語錄」來接引人。這對理學家有重大的暗示作用。〔論語〕、〔孟子〕正是儒家的「語錄」，而且時代最古，以〔論〕、〔孟〕來代替六經豈不是順理成章的事？〔中庸〕則從來爲佛教徒所注意，唐代李翱〔復性書〕已欲用〔中庸〕來奪禪宗之席。但儒家最後終必要從修己歸宿到治人，所以「大學」一篇剛好補上了這一環。程朱之以四書取代六經確有一番苦心，不是偶然的。但若不是受禪宗的直接挑戰，恐怕也不會有四書的出現。理學家受禪宗影響是十分顯著的事實，不必諱也無可諱。我們人人都知道的「程門立雪」的美談便出於禪宗故事。理學和禪宗關係之密切，由此也可見一斑。但是這並無害於理學之爲儒家。

二、朱子的「天理人欲論」已絕對化了嗎？

政通兄對我的質難是關於天理與人欲的絕對化已始於朱子，不是後來意識形態化的結果。我在正文中已引了朱子「人欲中自有天理」的話。這不是一個把理欲絕對化的人所能講的話。自然，朱子有些說法在字面上似乎可以解釋爲「絕對化」。但是我們不能斷章取義或以詞害意。朱子明明一再說天理、人欲或道心、人心不是兩物，又特別欣賞胡五峯「天理人欲，同行異情」之語。這都不是絕對化的顯證。我所謂「絕對化」是指兩個彼此絕不相容的對立物，朱子講存天理、去人欲時，其「人欲」已是不正當的、過份的「私欲」了。至於飲食男女之類正當的人欲，朱子仍是肯定的。他解釋「天理人欲，同行異情」道：「如口之於味、目之於色、耳之於聲、鼻之於臭、四肢之於安佚，聖人與常人皆如此，是同行也。然聖人之情不溺於此，所以與常人異耳。」（見〈語錄〉卷一〇一）他又說：「飲食者，天理也；要求美味，人欲也。」（同上卷十三）正當的飲食便是「天理」，這便是「人欲中自有天理」的具體說明。這和後來戴震「欲當卽爲理」的說法何嘗有本質上的區別？至於戴氏所攻擊的「視人之饑寒號呼，男女哀怨，以至垂死冀生，無非人欲。空指一絕情欲之感者爲天理之本然。」（〈孟子字義疏證〉卷下）又何嘗能在朱子的著作和語錄中找得到根據？戴氏的攻擊也許有誇張，但當時淸代官方的意識形態必與此相去不遠；這才是我所指的「天理人欲的絕對化」。

黑格爾不滿意康德的道德哲學太形式化而流於空洞，又責康德把人的「道德意志」（moral will，相當於「義理之性」）和「氣質之性」（nature 包括人的欲望、傾向等）截然分爲兩個對立面。朱子在這個問題上並不近於康德。更可注意的是朱子下面這段話：「有個天理，便有個人欲。蓋緣這個天理，須有個安頓處。才安頓得不恰好，便有人欲出來。」(〔語類〕卷十三) 這種說法反而近於黑格爾。黑格爾的「理念」(Idea) 是普遍的 (universal，相當於「天」或「公」)，但它必要求在特殊 (particular，相當於具體的「人」或「私」) 中實現 (「安頓」) 其自己。然而一落於特殊，便必然生偏差，即夾雜人之「私」。這是黑格爾對「惡」的起源的基本理論。(參看Charles Taylor, *Hegel*, Cambridge University Press, 1975, pp. 188-196) 我當然不是說朱子和黑格爾屬於同一哲學系統。朱子論理氣的關係頗多游移不定之語，其原因之一或即在他既不持黑格爾的「理念」或「精神」的一元論，又不能主張「理」必然要實現其自己之說。但就朱子之「理」要在「氣」上「安頓」或「掛搭」而言，他的「理」也不是空理。他對「惡」的起源的解釋確與黑格爾取徑相近 (不是完全一致)，因「理」落到「氣」上才生出正不正的問題。因此他的「天理」包括了正當的生命欲望在內；理與欲在此不可能是絕對對立的。朱子在把「天理」與「人欲」對舉時，其實已是針對不正當的「欲」而言了。這一點必須分辨清楚。

現在讓我再回到意識形態的問題上答覆其他幾位朋友的論點。耀基兄的看法和我是一致的，即談意識形態不必根據某一家的說法，如馬克思或曼罕。但另一方面我們也還要參考已有的各種說法，擇善而從，以求其是。

三、意識形態與三民主義

社會變動時期特別出現各種意識形態確是一個比較顯著的事實。但是這並不僅是因為社會呈現混亂狀態，因此不同看法的集團，根據利害的需要，提出自己的意識形態來解釋這種混亂，給予它以確定的意義。在這裏，我們必須注意：每一集團都會認爲自己的意識形態（當然他們自稱爲「眞理」或某某「主義」）是最符合全社會的當前以及長遠的利益的。至於事實上是否如此則完全是另外一件事。在劇變時期所出現的意識形態，除了解釋（或反映）現實之外，尤其有改變現實的強烈要求。馬克思說，以往的哲學僅僅解釋世界，而它眞正的任務是改變世界。這句話最能顯示他想在當時動盪的歐洲建立起一種革命的指導思想。馬克思在哲學、政治、經濟等各部門的著作當然屬於學術思想的範圍，但是他同時也是共產主義意識形態的創始者。所以意識形態最後必歸宿於行動。瑞柯曾指出它有 **reflection**（反映現實）、**justification**（自我辯解），和 **project**（行動計劃）三重作用，大致是可以成立的。

我在前面已指出孫中山先生「思想引生信仰、信仰發生力量」的話。這是對意識形態要求改變世界的一個十分生動的描寫。從這個角度說，三民主義自然不折不扣地是意識形態。但由於它涵蓋了近代世界的三個主要思潮——民族主義、民權主義（包涵了自由主義的主要內容），民生主義（包涵了社會主義的主要內容）——因此它的開放性和彈性很大。這樣的意識形態倒是可以研究的。今天民族自決的原則固然仍是有效，民主、人權和分配公平也依然是大多數人肯定的價值。三民主義恰可以通過學術研究而更新其內容。但從另一方面看，許多有關社會科會、哲學、史學的研究也都可以說是對三民主義的研究。現在中央研究院三民主義研究所的研究工作便十分廣泛，包括了經濟學、史學、社會學、哲學各部門。

我不太明瞭胡佛兄所說的「天賦人權」與「革命人權」之爭。「天賦人權」是說每一個人的權利都是上帝所賜的，所以不可被剝奪。這裏面有西方宗教的背景。中國傳統也尊重人的價值，不過其重點是放在道德自主、自覺方面，沒有發展到政治領域上來。這與中國的歷史文化背景有關，此處不能詳說。孫中山先生也提倡「人權」，他並且用「民治、民有、民享」來解釋三民主義的另一涵義。我們不以上帝的存在爲前提，也同樣可以肯定「人權」。所以「天賦」與否，並無關緊要。問題在怎樣可以獲得「人權」。革命也是爭取人權的手段之一，如美國、法國的革命即是宣稱要建立普遍的人權。但民主制度既經出現之後，人權可以通過和平立法的方式取得，自無革命的必要。我看不出「天賦人權」和「革命人權」有何實質上的矛盾。前者指人權的根據，後者指人權取得的方式，並不在同一層次之上。至於「民本」之說，與西方民主原非一事，牽扯在一起只有增加思想上的混亂而已。

總之，三民主義所涉及的範圍至大，它肯定了中國許多基本價值，在近代意識形態史上可以說別具一格。也許正因如此，它所能發揮的「起信」的力量反而不及封閉性（即壟斷性）的意識形態大。但是它的弱點也就是優點：它比較適用於開放性的社會，也比較不易流入宗教性的狂熱。

四、從心理和文化層面看意識形態

到現在爲止，我們的討論焦點都集中在政治的意識形態（political ideology）上面。但意識形態不限於政治方面，它是無所不在的。張灝、林毓生、楊國樞三位所討論的問題已進入心理和文化的領域。

韋伯（Max Weber）曾有一句名言：人是懸掛在自己編織的意義之網中。這便是我們所常問的人生所爲何來的問題。人在生命途程中終不能完全避開「生命的意義」的問題，特別是在精神上面臨深刻痛苦的時刻。司馬遷所謂「人窮則呼天，疾病則呼父母」，正是指平時託身的意義之網搖搖欲墜的情況。所以人必須不斷地編織這個網；如果舊網已破，不堪修補，也必須重造新網。我們很難想像人可以在無網情況下繼續生活下去。但現代生活的緊張和複雜使許多人的意義之網都發生破裂的危機；存在主義便因爲抓住了這一危機才能風靡一時。宗教、道德、哲學、文學和藝術都可以說是這個意義之網的最後保證。這些精神領域內的最高成就是屬於我所說的學術思想，但這些成就一旦經過通俗化而爲芸芸衆生所接受，它便變成所謂意識形態了。從另一方面看，在歷史上能掀動一世的學術思想，包括宗教運動、思想運動、文藝運動在內，也必然由於它恰好擊中了當時意義之網的危機的深處，並能提供一種（至少是暫時的）解救之道。換句話說，這種運動是相應於時代需要而起的。由此可見學術思想和意識形態之間基本上存在着一種雙軌運行的關係。

從心理和文化的層次着眼，意識形態恐怕決不能簡單地同於階級利益的主觀投射。馬克思主義的觀點過於狹隘，這尤其表現在它對宗教的看法上面。馬克思認爲宗教是典型的意識形態，未免把人生看得太淺了。佛洛伊德認爲人的生命基本上受生與死兩種本能（卽 Eros 和 Thanatos）的驅使，而這些本能大多處在下意識的狀態之中。下意識中的本能永遠是和文化相衝突的。文化如果不能制服個人的本能衝動，則人的世界必成一互相殘殺之局，社會秩序將無從建立。因此文化的禁條，以至種種高貴的理想和藝術創造都是爲了補償本能所受到的壓抑而製造出來的。其中尤以宗教思想的作用爲最大。但佛氏又進一步指出：宗教思想根本只是一種幻覺（illusion），是人爲了心理上求得安慰而造出來的謊言。不過從文化社會秩序着眼，這是一個必要的「謊言」而已。將來人類知識發展到了充分的階段，宗教必將爲「科學」所代替（這是他的 *The Future of an Illusion* 的主要論旨）。佛氏從生死本能方面立論確比馬克思的「階級利益」進了一步，但他視宗教及一切理想爲「幻覺」，則仍與「假意識」之說相去不遠。用中國的觀念來說，卽相當於以如何控制「人欲」爲文化的根本問題，而視「天理」爲幻覺、視一切宗教爲「神道設教」。這便完全泯滅了學術思想和意識形態之間的界線。他對宗教的看法也許並非來自馬克思，而是受了叔本華的影響。但無論如何，他完全忽視了宗教本身所包含的社會批判的成分，又對「科學」的作用估計得太高，並且太樂觀了。（參看 Philip Rieff, *Freud: The Mind of the Moralist*, University of Chicago Press, 1979. 第八章第六節。）佛洛伊德雖未正面討論意識形態的問題，但他事實上是把宗教和意識形態等而同之。唯一值得注意的是：他從心理與文化觀念檢討宗教至少已接觸到了意識形態的「存在的」（existential）的根據，因而擴大並加深了我們對意識的理解。這不能不說是一種新的貢獻。

五、理性、非理性與希臘文化

佛洛伊德是近代最先而且有系統地使我們了解到人的「非理性」層面的思想家。這是大家早已承認的。但是自從心理分析學出現以後，現代學人也不免有矯枉過正的傾向，以致把一切理性層面的東西都化約到非理性的底層去了。這一點至少我個人不敢苟同。在人類文化史上，學術思想畢竟代表了理性的成就，中國自先秦以來，西方自古希臘以來，都在學術思想方面有輝煌的成績，不能輕易地用「非理性」來加以否定。我在正文中曾說：「宗教與科學其實乃是一事的兩面，都是古代希臘人運用思辨理性來追求宇宙間永恆而普遍的規律（自然）或法則（上帝）的結果。」這句話是緊接著上文討論柏拉圖和亞里斯多德關於「上帝」的觀念而來的，因此決不能從原文脈絡中割裂出來加以理解。一加割裂而成全稱肯定的命辭，便和我的原意相反了。我所指的當然是哲學家的宗教，不是荷馬史詩和其他戲劇作品中透露的民間信仰。以哲學家而言，把宇宙和上帝視為一事之兩面遠起於柏拉圖之前，Anaximander, Pythagoras 和 Empedocles 等人都同時兼「科學家」與「神學家」於一身。這是現代西方專家的研究結果。（如 R. K. Hack, *God in Greek Philosophy to the Time of Socrates*, Princeton University Press, 1931 和 Werner Jaeger, *Paideia: The Ideals of Greek Culture*, Vol. 1, Oxford University Press, 1945, 特別是 Book One, Chapter 9, "Philosophical Speculation: The Discovery of the World-Order"）我雖是門外漢，但尚未聽說這些堅實的結論已徹底被推翻。（個別細節的修改自然是不可避免的。）

從「非理性」的觀點研究希臘思想最著名的是牛津大學古典學家道慈（E. R. Dodds, *The Greeks and the Irrational*, California University Press, 1950）。他矯正了十九世紀以來專從「理性」觀點研究希臘的偏向，因而開闢了用人類學、心理學的理論觀察希臘古典文化的新途徑。但道慈並未否定希臘的理性層面，他不過特別提醒我們其中也有「非理性」的一面而已。

而且古代文化中理性與非理性的界線是不容易清楚劃分的。宗教、巫術與科學三者往往彼此相濟，宗教與巫術中同樣有理性的成份。人類學家馬林諾斯基（Bronislaw Malinowski）的理論（*Magic, Science and Religion*, Free Press, 1948）至今還未全失效。以古代希臘而言，Empedocles 的例子尤其值得注意：他一方面在「自然」（On Nature）一詩裏顯示出他的科學家的興趣，而另一方面卻又在「祓除」（Purifications）一詩中透露出他的巫師的身份。這兩篇殘詩費盡近代學者的考證。專家的解釋儘管不同，但大致都同意他兼具科學與宗教的兩面，而且互相補充，並不矛盾。（參看 Jaeger，前引書，頁一六八—一六九；Dodds, 前引書頁一四五—一四六。按：Empedocles 的例子很容易使我們想到〔楚辭〕中之有「天問」。）這便是我所說的「一事之兩面」的確切意義。同樣的問題也發生在其後的亞里斯多德的身上。他的「不動的動力」究竟是不是「神」（The Divine）或上帝（God），抑或卽是宇宙運行規律的本身？這個問題也一直聚訟不已。事實上，這還是「一事之兩面」，他通過理性認識了的宇宙的規律，但理性的追問最後終不能不逼出一個「最後之因」。（可看 Jonathan Barnes 最近所寫 *Aristotle* 小書，Oxford Paperbacks, 1982, pp. 60–65）。希臘的理性主義在公元前四—三世紀時發展到了最高峯，斯多噶（Stoics）學派的齊諾（Zeno）對人的理智（intellect）的推重也達於極點。他認爲人的理智不僅和上帝的性質相近而已，它直可看作上帝的化身。因此我們毋須爲上帝建造廟宇，人的理智卽上帝的寄身之地；天體運行卽與人心中之「理」一致。這顯然是將柏拉圖的上帝觀發揮到了無可再進的境界。（見Dodds 前引書，頁二三八—二四〇）可見就斯多噶的宗教觀而言，自然現象和上帝這「兩面」甚至已合爲「一事」了。

我已一再強調，學術思想與意識形態實際上無從截然分開；理性與非理性在人生中也同樣是交織在一起的。但是學術思想畢竟是理性的產物，是邏輯思惟的結果。其中有「內在的理路」(inner logic)。人類當然不是單靠邏輯卽能獲得正確的知識，因爲知識也不能完全離開實際的經驗。知識進步逼使我們不斷地修改立論的前提。從新的前提出發，理智思考自然會引向新的結論。因此學術思想的錯誤不能完全歸咎於非理性或假意識的干擾。因爲如果持這樣的看法，其結果必然是把學術思想與意識形態之間的界線完全抹煞了。希臘文化中有非理性的一面是大家都承認的。其實豈僅希臘爲然，任何文化都是如此。我個人的偏見是以理性爲文化的正面，非理性則是其側面。傳統的觀點常有只看正面、不看側面的偏向，今天由於心理分析學的出現，我們已沒有理由僅看一面了。(我在舊作「論戴震與章學誠」中卽已特別注意側面。) 但是若竟以側面來代替正面，那便不免將從一個極端走向另一極端，我認爲是不足取的。(所謂正面、側面也只是就本文所涉及的問題而言的，其實文化、思想的「面」極多，隨着我們的分析觀點而異，絕不限於此兩面。特注明於此，以免誤會。)

最後，由於葉啓政先生的質難，我必須簡單說一說對於當代「批判理論」——主要是哈伯瑪斯——的看法。

六、哈伯瑪斯「批判理論」與意識形態問題

我在正文中只點明「批判理論」解說意識形態有其困難。但因限於篇幅，未加申論。哈伯瑪斯的學說是今天的「顯學」，已從德國傳到了英、美，影響甚大。他的理論以「意識形態的批判」見稱於世，和本文論旨自然關係極深，我之所以略而不論，主要是因爲它的範圍太廣，從德國

古典哲學、馬克思主義，到現代的詮釋學、實驗主義、心理分析、語言學、語言哲學等無不涉及。尤其使人困惑的是以上各部門內的專家幾乎異口同聲地指出哈伯瑪斯在援引這些專門學術時犯了這樣或那樣的錯誤。如果我們信賴這些專家的批評，那麼哈氏的批判理論眞可以說是聚九州之鐵所鑄成的一個大「錯」了。我自知沒有足夠的學力來公平地評估他的學說。以下只是就意識形態一問題略抒所見，但以大體爲限，不涉枝節。

以批判意識形態而論，哈伯瑪斯可以說是最徹底的一位學人，其激烈的程度不在法國的傅柯之下。從歷史的淵源（佛朗克學派）着眼，剝除其華麗的外衣，哈氏的批判理論基本上是繼承了馬克思主義而又企圖超越馬克思。其中心問題可以歸之於理論與實踐（praxis）之間的關係，其立論的焦點則在如何建立一個超越的批判觀點以消除他所說的「語言溝通上所形成的系統化的歪曲」（systematically distorted communication）——卽意識形態。

哈氏最初以提出三種知識的分類受到大家的注意。他認爲人的社會存在具有三個要素，卽工作（work 或勞動 labor）、人與人之間的交通（interaction 或 communicative action）、和權力關係（power 或 domination，卽有一社會集團居於宰制的地位）。相應於這三種生活要素卽產生三種知識的「內在要求」（按：德文的「Interesse」譯成英文的「interests」已易生誤會。若再譯成中文「利益」則更成問題。他在 "Knowledge and Human Interests" 中沿承康德的說法，而用「interest of reason」，又說「interest innate in reason」。見頁一九八—二〇三。所以我譯爲「內在要求」。參看 Richard J. Bernstein, *The Restructuring of Social and Political Theory*, University of Pennsylvania Press, 1978, pp. 192, 198 所論）。因

此而有「技術性」（technical）、溝通性（communicative或實用性 practical）、和「解放性」（emancipative）三類知識。人必須用技術性的知識控制和操縱自然以求物質的生存；在社會制度之下，人又必須用語言溝通彼此以維持其社會的存在。前一項大體即指自然科學，後一項則指人文科學。自然科學的實際成就是生產力的發展，而人文科學的實際成就則是社會關係中規範結構的發展（見哈氏 "Historical Materialism and the Development of Normative Structures" 和 "Toward a Reconstruction of Historical Materialism" 兩文，現已收入他的 *Communication and the Evolution of Society*, Beacon Press, 1979）。這兩種知識的分法顯然脫胎於馬克思主義。我們常常聽到粗俗的馬克思主義者說：知識只有兩種，一是人與自然鬪爭的知識，一是階級鬪爭的知識。哈伯瑪斯的說法當然精緻複雜得多了，但其承襲的痕跡是無可掩飾的。最後哈氏還提出第三種知識，這是他最爲重視的。所謂「解放性」的知識，其起源即由於以上兩種知識在權力關係不合理的社會中（相當於馬克思主義的「階級社會」）已普遍地、系統地被歪曲了。歪曲的結果是一切知識都意識形態化了。所以在他看來，不但科學與技術已成意識形態，而且語言本身也逃不開意識形態的侵蝕（這一點在他評論伽德默的詮釋學中說得最清楚。見 "A Review of Gadamer's Truth and Method", in F. Dallmayr and T. McCarthy, eds. *Understanding Social Inquiry*, Notre Dame Press, 1977, esp. p. 360.）。換句話說，假意識瀰漫在整個社會之中，人生活在其間全無躲閃的餘地。相應於這一情況，人才有渴望解放的內在要求。「批判理論」便恰好能夠提供我們從假意識中解放出來的知識。這種知識一旦有具體的成就，便成爲所謂「批判的社會科學」（critical social sciences）——這是與哲學思惟相結合的新社會科學。我們必須注意，哈伯瑪斯在討論「溝通性」或「實用性」的知識時，常常稱它爲「詮釋的—歷史的科學」(hermeneutic-historical sciences)或「文化科學」(cultural sciences)。這種稱謂一方面表示他承繼了德國所謂「精神科學」(Geistewissenschaften)的傳統，另一方面則顯露出他根本否定當前西方以自然科學爲模範而發展出來的經驗性的社會科學。他攻擊「實證主義」、「科學主義」最力，也嚴厲地批評韋伯的「價值中立」說。他甚至對馬克思、恩格斯也頗有微詞，因爲他們（特別是恩格斯）終未能全脫十九世紀實證論的窠臼。在他看來，純粹的「客觀」是不存在的，而且一意追求「客觀」最後勢非落入相對主義（relativism）的陷阱不止。他所追求的解放，其正面則是主客的統一（因爲這樣才有眞正的自由）和理論與實踐的統一（因爲這樣才能不爲假意識所蔽）。

平心而論，無論我們是否同意「批判理論」，我們至少可以同情哈氏的主觀願望。他在這一方面的確觸及了當前西方學術思想界的一些核心困難之所在，特別是如何超越客觀主義與相對主義的問題。西方學人目前已面臨着共同的危機，從分析哲學、詮釋學、社會科學，以至科學哲學(philosophy of science)、科學史研究都或多或少地透露了一種要求新突破的傾向。（可參看 Richard J. Bernstein, *Beyond Objectivism and Relativism, Science, Hermeneutics and Praxis*, University of Pennsylvania Press, 1983)

但是接觸到問題並不等於能解決問題。而且更深一層去分析，哈氏的「解放性」知識雖似新穎，事實上仍然是從馬克思主義移形換步而來。馬克思主義也是要人從假意識中解放出來，其解放之道則是「革命實踐」(revolutionary praxis)。「革命」使社會的性質發生根本的改變，假意識便再無容身之地。在這種意識與社會存在不再顚倒的條件下，一切知識當然祇會增加人的自由解放，而不復具有壓迫宰制的性質了。哈氏是二十世紀中葉的人，看清了「革命」的虛幻性和危害性。因此他不取「革命實踐」，而代之以理性的批判。這自然代表一種新的覺悟，值得我們的同情。但問題在於我們怎樣才能找到一個超越的觀點以從無遠弗屆的意識形態中解放出來。「批判理論」的最大癥結便在於此。

哈氏的知識論正是許多人（主要是同情他的基本立場的人）所最難以接受的，因爲它並沒有充足的根據。他一方面既不肯承認這三種知識的內在要求純屬經驗性的（因爲這是實證論的取徑），另一方面又不肯承認它們源於超越人類歷史以外的「超驗自我」(transcendental-ego，因爲這是康德的進路）。最後不得已只好把它們歸屬於社會生活的三種條件，而稱之爲「好像是超驗性的」(quasi-transcendental)。他關於此一問題的辯答始終沒有說服力，所以最後不能不借用杭士基（Noam Chomsky）的語言理論而另外發展一套關於「溝通能力」(communicative competence) 的學說。其實照我的看法，他這一套說法根本上是馬克思主義的變相，不過取消了「革命實踐」這一最重要的內核而已（參看 Richard J. Bernstein, *The Restructuring of Social and Political Theory*, pp. 195-6; David Held, *Introduction to Critical Theory: Horkheimer to Habermas*, University of California Press, 1980, pp. 254-7）。由於馬克思主義基本上是一套改變世界的思想，所以哈氏的「批判理論」也仍然要保持一種「實踐」的姿態，「解放性的認知要求」便是爲了承擔這一任務而出現的。

那麼我們怎樣才能眞正獲得解放呢?不用說，我們首先必須找到一個超越於意識形態所包圍的現存社會之上或之外的一個立足點。哈氏在這一點上特別重視哲學的「反省」(reflection)，這是不難理解的。古代阿幾米德的名言：「給我一個立足點，我可以轉動宇宙。」人不在宇宙之外，阿幾米德自然永遠找不到他的立足點。但社會在時空之內，而人則自古以來曾通過種種努力來建立他的超越的立足點，然後再從此「阿幾米德之點」(Archimedean point)出發，批判社會現實。如中國的「天」、「道」、「理」，基督教的「上帝」、柏拉圖的「理念」、康德的「理性」、黑格爾的「絕對精神」都是顯例。卽使是馬克思主義，也還是有它的超越現實的立足點，這便是「無產階級」。「無產階級」在資本主義社會中代表了未來的希望，因此必然在歷史發展的過程中超越「現在」。但是這些超越的立足對於哈氏而言都不濟事，因爲他的哲學立場和以上任何一種都不相同。他的唯一憑藉當然是「理性」，然而他的「理性」並不具超越性，何以竟能衝破意識形態的天羅地網?迄今爲止，他尙未能建立起一套理論，足以說明何以在充滿着假意識的社會中，理性能具此批判的能力。如果解放的要求眞是內在於理性本身，則他何以能自異於康德?如果它源於社會生活中權力關係的不合理，那麼也祇有被壓迫的階級才能有此反省的能力。這樣一來，他又何以能自異於馬克思?而且「批判理論家」如哈氏本人明明是不受壓迫的高級知識分子，他們的批判理性何以竟能發展在被壓迫者之先?其生活上的根據又何在?前面已指出，批判理論原從馬克思主義脫胎換骨而來。現在我們看到，這種脫換的結果是使批判理論承擔了馬克思主義原有的一切理論困難，而同時又失去了後者所獨具的唯一優勢——卽無產階級的革命實踐。

當然，我們都知道，哈伯瑪斯建立他的「批判理論」曾以佛洛伊德的心理分析爲模式。依他的看法，心理分析醫生可以通過對話的方式治療心理病人卽是批判理論可通過理性討論治療社會的意識形態病的可靠保證。關於這一點，批評者甚多，哈氏也曾加答辯，但並未說服對方。最近更有人指出：佛洛伊德本人早已感到個人與社會的病態絕不能相提並論（見 David Couzens Hoy, *The Critical Circle*, University of California Press, 1982, pp. 125–6)。我不想在這一點上再說什麼。但以社會的意識形態與個人的下意識相比附，另有更根本的困難無法克服。心理分析醫生治療心理病人可以說是以理性克服非理性。但「批判理論」之於意識形態則不得援此爲說。「批判理論」出現以前的學術思想、甚至科學與技術，照哈伯瑪斯的說法，都已普遍地受到歪曲而具有意識形態的作用。但從另一意義說，它們不可否認地仍屬「理性」的產品，「批判理論家」何能單憑「自我反省」（self-reflection）這一武器便把它們看作「非理性」的假意識，而以「理性」自居？心理分析醫生的特殊地位是由專業訓練得來並爲病人所承認（此處姑置心理分析是否眞是「科學」的問題不論），「批判理論家」卻從何處獲得這種權威的地位？哈伯瑪斯自封「批判理論家」的「眞正的社會學家」（true sociologist），而視以前專研究社會結構的社會學家爲「社會工程師」（social engineers）。但後者會不會承認這樣的區別呢？

哈伯瑪斯不僅深知而且也承認他的理論所面臨的種種困難；他一直在尋求多種途徑來補救理論的漏洞。他的最重要的辯護是假定理性在往復不斷的討論中可以獲得最後的一致，這便是所謂「理性的共識」（rational consensus）。意識形態則起源於不合理的社會制度和社會關係所造成的各種內外約制（internal/external constraints），這些約制使理性不能發揮它的正常功用。爲了獲致「理性的共識」，所有參與討論的人都必須處在絕對自由和平等的地位。除了理性論辯本身的力量之外，再無任何其他的約制可以構成「共識」的基礎。哈氏相信理性在絕對不受一切非理性因素干擾的情形之下，可以徹底地揭破意識形態的虛幻性。據他的想像，心理分析治療的對話便是在這種情況中進行的，所以能夠奏效。（事實上許多批評者早已指出：心理醫生與病人之間至少絕非平等的關係。）

但是哈氏在這裏立刻面臨兩重困難：第一是如何斷定人具有此種理性的能力。他既不取康德的超驗說，則只好另找「科學的」根據，以說明個人與社會內在「理性」確是在歷史發展過程中逐漸成長起來的。除了心理分析以外，他最近更乞援於語言學和認知發展的心理學（cognitive-developmental psychology）。不幸這些外援都不能對他的理論發生決定性的支持力量。因爲不僅這些語言學、心理學的新理論本身尚未取得科學的穩定性，並且這些新成分和他所要繼續保留的心理分析也無法融合無間。所以到現在爲止，他仍然沒有給「批判理論」找到一個超越的立足點。（詳見John B. Thompson, *Critical Hermeneutics: A Study in the Thought of Paul Ricoeur and Jürgen Habermas*, Cambridge University Press, 1981, pp. 137–9; Martin Jay, "Should Intellectual History Take a Linguistic Turn?" in Dominick LaCapra and Steven L. Kaplan, eds., *Modern European Intellectual History*, Cornell University Press, 1982, pp. 99–105）。

第二是他所設想的絕對自由和平等的討論情況如何成立？他在此提出了所謂「理想的說話境界」（ideal speech situation）。這一點更成問題，他本人也承認這是一虛懸的理想境界，在現實中並不存在。但是他同時又強調這一境界的預設不出於他個人的臆斷，而是必然內在於一切談論（discourse）之中的。（此卽不存在於實際 actuality 而存在於眞際 reality 之意。）在尙未能找到他的確實根據之前，我們不能不說他是回到了黑格爾的思辨方式上去了（哈氏和黑格爾哲學的關係，早已有人指出，此不詳及）。伽德默評哈氏用「解放性的反省」（emancipatory reflection）來指導社會科學研究，以爲是一種「無政府主義的烏托邦」（anarchistic utopia），我覺得是頗爲中肯的。（見 Hans-Georg Gadamer, *Philosophical Hermeneutics*, University of California Press, 1976, p. 42）而且問題尙不止此。哈氏所想像的「理想的說話境界」只能出現在社會制度和權力關係已經過了徹底改變——卽理性化之後。但事實上，他卻是要憑藉「理性的共識」來解意識形態之「蔽」，因而達到改變社會關係的目的。這種大顚倒正符合把馬繫在馬車後面那句西方的諺語了。

總結地說，哈伯瑪斯承佛朗克學派之後徹底批判意識形態和西方主流社會科學的流弊，不能說他全無所見。但是他的思想根本上並未跳出馬克思的格局，他的一些基本假定也都是從馬克思主義中蛻化出來的。他企圖超越馬克思主義，而實際上則只是閹割了馬克思主義。因此他的「批判理論」無法避免前者一切理論上的困難，而卻失去了前者改變世界的力量。爲了超越前者，他廣泛地在現代各種學科中尋求合乎他的假設的最新根據。然而這些湊泊而來的異質成分似乎尙未能和他自己的中心理論融成一體。現在西方一般同情的評論者都說他的理論尙未完成，因而採取一種觀望的態度。「批判理論」自始卽專以西歐和北美高度發展的資本主義社會爲批判和分析的對象，與非西方的文化和社會幾乎全無關涉（參看 David Held, *Introduction to Critical Theory*, pp. 399–400）。所以，非西方社會的讀者更有理由對它暫持觀望的態度了。

但是由於哈伯瑪斯始終未能成功地建立起一個超越的立足點，他還無法使大家承認「批判理論」確有高於一般政治社會學說的特殊的「理論地位」(theoretical status)。「批判的反省」(critical reflection) 早已成爲現代人文、社會科學立說的共同的方法論上的要求，哈氏並不能單憑這一點凌駕於其他各家之上。如果「批判理論」和其他學說仍處於同一方法論的層次，則「批判理論家」指責其他學說具有「意識形態」的成分或作用是沒有說服力的。儘管指責本身可能涵有某種程度的眞實性，但指責他人並不能使自己免於意識形態的侵蝕。我已一再指出，學術思想和意識形態之間在概念上必須分開，在實際上則往往不是涇渭分明的。原因很簡單：學者和思想家也還是生活在社會中的人，不可能完全不食人間煙火。他們在立說之際基本上當然是接受學術紀律的客觀約束的。但是正如許多詮釋學家所指出的，在「解釋」(interpretation) 的層面上，先入之見或偏見的主觀干擾終是難以完全避免的（這種情形在人文、社會科學爲尤然。）詮釋學家與我們儘量保持方法論的自覺，把隱蔽的主觀先見自我揭發出來。這可以說是不得已中的唯一辦法。但是究竟可以成功到何種程度，仍不免要因人而異。如果我們理解及此，則「批判理論」雖號稱以「意識形態批判」爲其主要任務之一，它本身是否眞能出汚泥而不染，也就大值得探究了。

「以子之矛，攻子之盾」，「批判理論」的意識形態成分也是顯而易見的。撇開理論的細節不談，哈伯瑪斯的苦心孤詣究竟要傳達給我們甚麼樣的信息？簡單一句話：「最要緊的是我們必須在不受歪曲的情況下繼續談論下去。」("What matters is that conversation be continuous and undistorted" 見 Richard Rorty, *Consequences of Pragmatism*, University of Minnesota

Press, 1982, p. 218.）祇要我們有一個「理想的說話境界」，眞理便會愈辯愈明。一路談到底，一切從歪曲中產生的假意識都原形畢露了，我們終能改變這個不合理的世界。這可以說是西方的「清談」，其遠源可以追溯到蘇格拉底的對話，在近代則更成爲歐洲知識分子的主要生活方式（“the European intellectual's form of life，亦見 Rorty” 前引書，頁一七二）。但以前知識分子的「清談」主要還屬於馬克思所謂「解釋」世界的範圍，「批判理論」一派則是要藉「清談」來「改變」世界，這是他們最吸引同類知識分子的所在。哈伯瑪斯自七十年代以後特別有「轉向語言」（linguistic turn）的變化，頗爲大家所注意。其實如果從心理分析的觀點看，這一轉向也許正是受一種知識分子特有的下意識所驅使而然。知識分子不甘於只能坐而言，不能起而行，但又別無他途可以突破這種困境，於是不知不覺之間，逐漸把「語言」在人生中的功能提到了首要的位置。哈伯瑪斯特別重視塞爾（John Searle）「語言行爲」的學說（“Speech Act” 由 J. L. Austin 始創），尤值得玩味。「語言行爲」是把語言當作行爲看待，於是「坐而言」即是「起而行」；清談便可改變世界，對於知識分子而言，沒有比這個辦法更能塡補他們的心理缺陷的了。如果我們接受哈伯瑪斯的理論，意識形態起源於社會關係的倒置，那麼「批判理論」所隱含的意識形態也必須從歐洲知識分子的特殊生活方式中去求其根源。哈伯瑪斯的「批判」刀鋒竟從來沒有指向這裏，可見他的「自我反省」也還沒有到家。

其實，再擴大一點看，半個世紀來西方整個思想界的動向便透露了現代西方知識分子的特殊心態和社會處境。維根斯坦以來的語言哲學、最近活躍的詮釋學、以及傅柯所強調的「談論」（discourse）豈不都是表示要「繼續談下去」的意思嗎？放在這一思想史的脈絡之下，「批判理論」的出現及其風行一時又有甚麼奇怪呢？

我當然不是說近幾十年的西方學術思想全是意識形態。這些不同部門的學術思想自然各有其發展的外在因緣和內在理路，其成就是不容抹煞，也無法抹煞的。我只是要指出，這些不同淵源的學術不期而然地指向同一方向，其中恐不無可以尋味的共同基礎在。學術思想與意識形態在概念上可分，在實際上不可分，在這裏我們又得到一個強有力的見證。

最後，我必須指出「批判理論」的根本問題仍在於它淵源所自的德國超越論傳統，特別是黑格爾、馬克思的思想模式。無論是黑格爾的絕對精神或馬克思的辯證唯物論，都自居於特殊的地位，而卑視一切其他的學術思想傳統。超越論者總是把自己的一套理論看作像具有日月光輝一般的最後眞理，以爲這種「眞理」一出現，其他一切觀點和方法都如爝火之宜息了。哈伯瑪斯面對當前巨大的經驗—分析（empirical-analytical——這是他本人用的名詞）的科學傳統，自然在態度上遠比黑格爾、馬克思爲謙遜。但是他堅持自己的「溝通行動理論」(theory of communicative action) 的「科學性」（他又稱之爲「重建的」科學理論 "reconstructive" scientific theory），則仍使人感到他具有一種「高自位置」的氣味。他顯然認爲他所提出的研究方式是通向「人文社會眞理」的唯一「科學的」途徑。而他所謂「經驗—分析的科學」事實上是爲了安置自然科學而設立的。他所用的名詞全是新鑄造的，但按之實際則仍不出德國「精神科學」的舊傳統；其中較新穎的部份主要是海德格、伽德默一系所發展的本體論的詮釋學。但是另一方面，由於馬克思主義的影響，他又深恐陷入唯心論的泥沼。因此他才力求突破詮釋學的循環圈（hermeneutic circle），另外建立一個超越的立足點。有些批評家指出他越來越帶「超驗論證」

(transcendental arguments) 的味道。(見 Thomas McCarthy, "Rationality and Relativism: On Habermas's Overcoming of Hermeneutics" 及 Steven Lukes, "Of Gods and Demons: Habermas and Practical Reason" 兩文，均收入 John B. Thompson and David Held, eds., *Habermas: Critical Debates*, M. I. T. Press, 1982。並可參看哈氏的答辯。）這正是因爲他既要跳出詮釋循環、又不甘與經驗—分析式的科學處於同一層次的緣故。

現代主流社會科學以自然科學爲模式，走的是經驗—分析式的途徑。這種把人文現象和自然現象等量齊觀的研究方法確有許多內在的困難。實證論的觀點早已爲許多有識之士所不滿。「批判理論」也是乘此間隙而起。從這一點說，它並不是全無所見。但是主流社會科學也有它的堅強根據和研究成績，決非「批判理論」所能完全推翻的。「批判理論」最多只能提供另一不同的觀點，以濟主流社會科學之不足而已。正如伯恩斯坦所指出的，如果經驗—分析式的社會科學發展得更精確、更成熟，它也未嘗不能取代「批判理論」所自負的「科學的論點」（見 Richard J. Bernstein, *Beyond Objectivism and Relativism*, pp. 192–3)。「批判理論」無論在理論上或方法論上都還沒有充足的理由能自居於特殊的地位，而凌駕於其他觀點之上。

中國的荀子說過：「凡人之患，蔽於一曲，而闇於大理。」在學術思想日趨多元化的現代世界，任何學派企圖用一種新觀點來籠罩全局都不可能成功。〔莊子〕「天下篇」說得最好：「得一察焉以自好，譬如耳目鼻口，皆有所明，不能相通。」所以解蔽之道端在「相通」，即由部分通全體，再由全體通部分。這確是一種詮釋循環，但並不必然是惡性循環，也並不必然會陷入相對主義。相反地，如果每一家都恃自己所「見」來否定他人之「見」，互相指責異己爲「意識形態」，那倒眞會導向一種毀滅性的相對主義和惡性循環了。

舉例言之，「批判理論家」指出現代的科學與技術已成爲意識形態。馬庫塞（Herbert Marcuse）持論最極端，認爲意識形態的成分卽內在於科學與技術本身（見他的"On Science and Phenomenology", in A. Giddens, ed., *Positivism and Sociology*, London, 1974）。哈伯瑪斯比較溫和，但也認爲科學與技術在現代社會已發生了意識形態的客觀作用。哈氏的說法自然是有根據的。這種情形的造因卻甚爲複雜。現代社會的權力結構固然與此有密切的關係，教育制度也未嘗不要負一部份的責任。最近有一位科學家在「紐約時報」(一九八三年二月十二日「讀者投書欄」）上投書指出：許多物理學家的「簡單的科技本位觀點」（simplistic technological views）是源於只知本行的專業而不具備有關政治和社會的通識。對治之道只有在大學中加強科技專業者的通識教育。這種「通」與「專」之間的辯證關係也是一種循環圈，是沒有辦法突破的。但「往來不窮謂之通」（〈易〉「繫辭」），循環在一往一來之際便能不斷提供超越的立足點，而成爲螺旋梯式的上升。中國由於有人文學的長遠傳統，對這種循環方式體會得一向很深。清初經學家萬斯大曾說過：「非通諸經不能通一經，非悟傳注之失則不能通經，非以經釋經則亦無由悟傳注之失。」（黃宗羲「萬充宗墓誌銘」）這正是對詮釋循環的一種描寫。伽德默的詮釋循環雖然複雜得多，但基本上還是此物此志，卽以「了解」（understanding）爲一無止境而永遠開放的過程。哈伯瑪斯必欲在此與伽氏立異，另在循環圈外求超越的立足點，所以終於陷入困境了。

中國古代死後世界觀的演變

在佛教傳到中國以前，中國人關於死後的世界究竟持有甚麼樣的觀念？這是一個非常有趣而同時又十分困難的問題。有趣，因爲這是古代世界上各民族都面臨過的問題，在比較宗教史上最有重要的意義。一個民族原始的死後世界觀往往反映了它的文化特色，並且對它的個別成員以後的思想和行爲也會發生一定程度的影響。困難，因爲中國古代文獻關於這一方面的記載並不豐富，而歷代經典注釋家又彼此分歧，因此頗不易整理出一個頭緒來。以古代中國的時間之長和地域之廣，我們也不能假定各時代、各地區的中國人自始便具有統一的死後世界觀。

以往從思想史或哲學史的觀點討論這個問題的學者大體上都以先秦兩漢的儒家經典和諸子的著作爲主要根據，因此我們對各主要學派關於生死的理論已有較清楚的了解。中國古代的幾個主要學術流派如儒家、道家，以及〔管子〕的「樞言」「內業」兩篇中所代表的思想基本上都不相信死後還有世界。先秦各家關於這一方面理論在秦漢以後影響不斷地在擴大。所以〔禮記〕、〔淮南子〕、劉向〔說苑〕（〔辨物〕）、桓譚〔新論〕（〔形神〕），以至王充〔論衡〕等都不承認人死以後還有知覺。死後既無知覺，自然就不發生甚麼「天堂」、「地獄」的問題了。在先秦諸子之中只有墨子是公開宣稱有鬼神的。但是我們細讀「明鬼」篇，便可知墨子的說法其實只是一種「神道設敎」，他的重點並不在強調死後世界的存在。

這些系統思想家的說法當然都是經過「理智化」的結果，因而不能代表社會上一般人〔特別是平民〕的觀念。但是後世注意這個問題的人卻往往把思想家的說法來概括通俗的觀念。試以顧炎武〔日知錄〕卷三十「泰山治鬼」一條爲例，其文略云：

> 嘗考泰山之故，仙論起於周末，鬼論起於漢末。……〔史記〕、〔漢書〕未有考鬼之說，是元、成以上無鬼論也。……自哀、平之際而讖緯之書出，然後有如「遁甲開山圖」所云：泰山在左，亢父在右，亢父知生，泰山主死。〔博物志〕所云：泰山一曰天孫，言為天帝之孫，主召人魂魄，知生命之長短者。其見於史者，則〔後漢書〕「方術傳」許峻自云：嘗篤病，三年不愈，乃謁泰山請命。「烏桓傳」：死者神靈歸赤山……如中國人死者魂神歸泰山也。〔三國志〕「管輅傳」謂其弟辰曰：但恐至泰山治鬼，不得治生人，如何？而〔古辭〕「怨詩行」云：齊度遊四方，各繫泰山錄。人間樂未央，忽然歸東嶽。陳思王「驅車篇」云：魂神所繫屬，逝者感斯征。劉楨「贈五官中郎將詩」云：常恐游岱宗，不復見故人。應璩「百一詩」云：年命在桑榆，東嶽與我期。然則鬼論之興，其在東京之世乎？

或曰：地獄之說，本於宋玉「招魂」之篇，長人、土伯，則夜叉、羅刹之論也；爛土、雷淵，則刀山、劍樹之地也。雖文人之寓言，而意已近之矣。於是魏、晉以下之人，遂演其說，而附之釋氏之書。

如果顧氏根據他所徵引的材料而推測「泰山治鬼」的傳說起於東漢，則雖不中亦不甚遠①。但是他竟斷定，「元、成以上無鬼論」，「鬼論之興，在東京之世」，這就是說中國人關於死後世界的觀念要遲至公元一世紀前後才出現。這種歷史斷案便不是他的材料所能支持得住了。他雖然已注意到宋玉的「招魂」，但只把它當作「文人之寓言」，並進一步推斷地獄之說是魏、晉以下的人附會佛教而推演出來的。顧氏最後這一見解在現代仍然有相當的影響。

胡適早年一直認爲中國人關於「天堂」和「地獄」的觀念是在佛教傳入後才發展起來的。但他晚年研究「泰山地獄」在佛教經典中的演變則傾向於接受中國原始宗教思想中已有死後世界的觀念了②。英國的李約瑟(Joseph Needham)則仍然堅持中國古代只有一個世界的說法。他在〔中國科學技術史〕第五卷第二册中曾對我以前論漢代神仙思想所提出的「入世」(this-worldliness)和「出世」(other-worldliness)的分別表示了不同的看法。我的舊作指出「仙」的觀念從〔莊

---

① 近代關於泰山神話的研究甚多。可看沙畹〔泰山〕(Edouard Chavannes, *Le Tai Ch'an*, Paris, 1910) 第六章；酒井忠夫，「太山信仰の研究」，〔史潮〕第七年第二號，一九三七年六月；岡本三郎，「泰山府君の由來について」，〔東洋學研究〕第一册（〔出石誠彥追悼號〕），一九四三年十一月。

② 胡適早期的見解可看他的英文論文 (Hu Shih, "The Concept of Immortality in Chinese Thought", *Harvard Divinity School Bulletin*, 1945/46.)，晚年見解可看〔胡適手稿〕第八集上，臺北，一九七〇年。

子」「逍遙游」、〔楚辭〕「遠遊」到司馬相如「大人賦」、王褒「聖主得賢臣頌」都指一種「絕世離俗」的生活。換句話說，要想不死成仙必須離開人間世，「出六極之外，而遊無何有之鄉」（〔莊子〕「應帝王」）。所以「遠遊」也稱成仙爲「度世」，卽從「此世」過渡到「彼世」。但是自從秦皇、漢武求仙以來，「出世型」的「仙」便逐漸爲一種「入世型」的觀念所取代。因爲這些帝王貴族們一方面企求不死，而另一方面又不肯捨棄人世的享受。所以漢武帝時代方士便造出了黃帝登天爲仙、「羣臣後宮從上者七十餘人」的謊話（〔史記〕「封禪書」）。稍後〔論衡〕「道虛篇」更記載了淮南王得道「舉家升天，畜產皆仙。犬吠於天上，雞鳴於雲中」的神話。不但帝王貴族如此，甚至普通人也有成仙而不須「離世絕俗」的傳說。最可注意的是唐公房的故事。「仙人唐公房碑」敍述唐公房於王莽居攝二年爲漢中郡吏，後來得道攜妻子登天。碑文說：

> 其師與之歸，以藥飲公房妻子，曰：可去矣！妻子戀家不忍去。又曰：豈欲得家俱去乎？妻子曰：固所願也。於是乃以藥塗屋柱，飲牛馬六畜。須臾有大風玄雲，來迎公房妻子，屋宅六畜，翛然與之俱去③。

碑文並接着說：「昔喬、松、崔、白皆一身得道，而公房舉家俱濟，盛矣！」這個故事最可表示神仙觀念從「出世」向「入世」的轉化，不但妻子六畜一起升天，甚至連屋宅也「與之俱去」。從一身得道到舉家飛昇尤其是兩種不同神仙的具體說明④。我至今仍覺得這裏用「入世」（或「此

③ 見嚴可均，〔全後漢文〕卷一〇六，原碑現存西安碑林，我在一九七八年十月曾見過。

④ 見 Ying-shih Yu, "Life and Immortality in the Mind of Han China", *Harvard Journal of Asiatic Studies*, vol. 25, 1964-65.

世」）與「出世」（或「彼世」）的分別是能夠說明問題的。但是李約瑟在接受了我所整理出來的思想資料之後，特別聲明：

> 我們唯一感到遺憾的是：我們完全不能依從他所提出的關於神仙有「入世」與「出世」之別的說法。如果我們想到其他不同民族的觀念（如印度、伊朗、基督教、與伊斯蘭教等），我們便會了解古代中國思想中根本便沒有什麼「彼世」——這正是它為什麼常常使人覺得新鮮的所在。這裏面沒天堂或地獄，沒有創世的上帝，並且從原始混沌中出來的宇宙也沒有終止的一天。一切都是自然的，一切都在自然之內。當然，在佛教傳播以後，這種情形便改變了⑤。

李約瑟對「出世」、「入世」的觀念的了解和我略有距離，但這不是重要癥結之所在。但是他如此堅定地宣稱中國古代思想中沒有天堂或地獄的觀念則大有商榷的餘地。很顯然地，他是完全用儒、道兩家的系統學說概括了全部的古代思想。關於神仙界的問題本文不想討論，以下我祇準備簡略地檢討一下佛教傳入以前中國人關於天堂與地獄的觀念。

殷、周時代的死後信仰主要表現在天上有帝廷的觀念上。先王先公死後，他們的靈魂上天，成為上帝的輔佐，這個觀念似乎支配了相當長的一段時期。卜辭中常見先王「賓于帝」之文。周初金文「大豐簋」云：「衣（殷）祀于王不顯考文王，事喜（饎）上帝。文王監在上。」〔詩〕「大雅・文王之什」：「文王在上，於昭于天。」「文王陟降，在帝左右。」這個天上的帝廷

---

⑤ Joseph Needham, *Science and Civilization in China*, Cambridge University Press, vol. V: 2, 1974, p. 98.

當然便是天堂，不過只對死去的王、公開放而已。至於一般人是不是也有「死而不亡」的個別靈魂，由於資料不足，無法斷言，但是以一般初民社會的死後信仰而言，由於部族的首領代表着集體的社會權威，他的個體靈魂往往是被看作不會滅亡的，因爲唯有如此，這種集體權威才能一代一代的傳續下去。所以歷史上可能有一個階段只有少數部族首領才有不朽的個別靈魂，而一般部族成員則只有集體的不朽。換句話說，個別成員的不朽必須靠部族的集體不朽來保證⑥。從殷代到周初，中國人的死後信仰也許已在這一歷史階段的晚期了。

討論死後世界必然要涉及靈魂的問題。因此我們不能不對「魂」、「魄」的觀念稍加分析。讓我們從最著名的子產的說法開始。〔左傳〕「昭公七年」（公元五三四年）子產解釋伯有是否「能爲鬼」的問題，說：

> 能。人生始化曰魄。既生魄，陽曰魂。用物精多，則魂魄強。是以有精爽，至於神明。匹夫匹婦強死，其魂魄猶能馮依於人，以為淫厲。況良宵，我先君穆公之冑、子良之孫、子耳之子、敝邑之卿，從政三世矣。鄭雖無腆，抑諺曰：蕞爾國，而三世執其政柄。其用物也宏矣；其取精也多矣。其族又大，所馮厚矣。而強死，能為鬼，不亦宜乎？

首先應該指出，在子產的時代靈魂已不僅是王公的專有品，而是「匹夫匹婦」所同有的了。靈魂觀念擴大到每一個社會成員，一般而言，是和父權家庭的出現有關⑦。所以這種匹夫匹婦都有他

⑥ Jacques Choron, *Death and Western Thought*, New York, 1983, p. 24.

⑦ F.M. Cornford, *From Religion to Society*, New York, 1957, p. 109.

們個別的魂魄的觀念也許部分地源於西周以來宗法制度的發展。但另一方面，王、公的魂魄仍較一般庶民爲強旺與持久，也多少在子產這番話中反映了出來。子產在此指出了「取精用弘」這一物質性的解釋。這大概是他個人的新貢獻，未必代表當時流行的信仰。最值得注意的當然是「始化曰魄。既生魄，陽曰魂」這句話。歷代注疏家解此語頗繁，今不能詳說。大體說來，此語是說魄先有，魂後生，魄似更爲根本。那麼甚麼是「魄」呢？杜預注「魄，形也。」杜注恐不可信。因爲如果「魄」卽是「形」，後文怎麼會說「魂、魄猶能馮依於人」呢？可見「魄」也指一種精神或覺識。孔穎達〔正義〕說：

〔孝經說〕曰：魄、白也；魂、芸也。白、明白也；芸、芸動也。形有體質，取明白為名；氣唯噓吸，取芸動為義。鄭玄「祭義注」云：氣謂噓吸出入者也；耳目之聰明為魄。是言魄附形而魂附氣也。人之生也，魄盛魂強；及其死也，形消氣滅。

日人竹添光鴻〔左氏會箋〕云：

陽曰魂，則魄為陰而屬形可知。……魄依形而立；魂無形可見。……下文云：匹夫匹婦強死，其魂魄猶能馮依於人以為淫厲。形豈能憑人者乎？非魄之卽形，明矣。

魄不是形，大致可爲定論。〔正義〕引鄭注「耳目之聰明爲魄」應可代表較早的解釋。不過〔正義〕以魂附之氣，以魄附之形，〔會箋〕又從「陽曰魂」而推出「魄爲陰」。這恐怕乃是後起的觀念，在子產原文中並無明確的根據。

後來的解釋旣以魂魄分屬天與地、陽與陰、氣與形、神與鬼，而魂更被賦予一種「芸動」之義，因此魂似乎比魄更爲重要。公元前四世紀時孟子分人爲大體、小體，並說「耳目之官，不思而蔽於物」，而「心之官則思」（〔孟子〕「告子上」）。這種分法便顯然是從魂魄觀念中轉化出來的，魄是「耳目之官」，屬於形。魂是「心之官」，屬於氣，所以要「不動心」便必須「養氣」（〔孟子〕「公孫丑上」）。但是這些都是後起的引申之義。在子產的時代則似乎魂的觀念才出現不久，從「既生魄，陽曰魂」之語來看，好像魂是新加到魄上面的；而魄則有比較古老的來源。例如〔左傳〕宣公十五年（公元前五九三年）劉康公說趙同「天奪之魄」，甚至襄公三十年（公元五四二年）伯有死前不久，裨諶也說「天又除之，奪伯有魄。」兩次都說「奪魄」而不說「奪魂」，一在子產議論前六十年，一則僅九年。魂與魄不同，子產已鄭重言之，所以我們不能說這是「互文等訓」或彼此可以混用。比較近情理的推測是「魂」的觀念也許是從南方傳來的。〔禮記〕「檀弓下」記吳季子於魯昭公二十七年（公元前五一四年）葬子時曾說：

骨肉歸復于土，命也。若魂氣則無不之也！無不之也！

吳季札只說「魂氣」，不言「魄」（「骨肉」不是「魄」），可證南方特重視人之魂，也許魄的觀念尚不甚發達。後來〔楚辭〕有「招魂復魄」之說，其重點也在魂，不在魄。

子產所用「既生魄」一詞尤其值得注意，這就是〔尙書〕和金文中常見的「既生覇」。最近周原發現的周初甲骨文中已有「既魄」、「既死魄」的月相名詞。所以我們可以推測中國人原始的生死觀當與月魄的生死有關。〔孝經說〕云：「魄、白也，明白也」，似卽指月魄所顯的白光。又〔漢書〕「律曆志」孟康注曰：「魄，月質也。」魄以明白而成爲月之質，亦正如人之魄「有精爽，至於神明。」懂得了人的生死與月魄的生死密切相關，我們便能進一步了解爲甚麼有些古代流行的與生死有關的神話必然要牽涉到月亮了。嫦娥竊西王母不死之藥而奔月是其中最著名的一個故事。不但如此，西王母以七月七日來見漢武帝，武帝向她請不死之藥（見〔漢武故事〕），而民間也流傳織女與牛郎相會是在七月七日（見崔實〔四民月令〕）⑧。爲甚麼一男一女的相會必須在七月七日？（後來〔荊楚歲時記〕則說西王母見漢武帝在正月七日。）我頗疑心這和「既生魄」的說法有關。〔白虎通〕「日月」云：「月，三日成魄，八日成光。」（也見於緯書如「詩推度災」。）「八日成光」之說與王國維推測「既生霸」是「自八、九日以降至十四、五日」相合（見〔觀堂集林〕卷一「生霸死霸考」）。八日光已成，可見七日正是魄生長的最後一天，其重要性自不待言了⑨。

以上的一番推測是在說明「魄」的觀念不但起源甚早，並且衍生了許多與生死有關的神話。因此，我相信魄與魂最初是來自兩個不同的關於靈魂觀念的傳統；後來（大約在公元前六世紀）

---

⑧ 嚴可均輯本（〔全後漢文〕卷四七）七月七日條下云：「設酒脯時果，散香粉於筵上，祈請于阿鼓、織女。註：言此二星當會，守夜者咸懷私願。」但現在有人指出此節或不出〔四民月令〕，而是周處〔風土記〕的逸文。（見繆啓愉輯釋，萬國鼎審訂，〔四民月令輯釋〕，北京，一九八一年，頁七七—七九）。但牛郎、織女的故事起源極早，〔詩經〕「小雅」已有「七襄」之章。這個故事在漢代十分流行，漢武帝時代已有牛郎、織女的石刻，（見顧鐵符，「西安附近所見的西漢石彫藝術」，〔文物參考資料〕，一九五五年十一月，頁三—五。）而且「古詩十九首」之十也歌詠其事。所以〔四民月令〕之文縱不可靠，也不影響漢代有七夕神話的論斷。關於「七夕」的傳說，參看范寧「牛郎織女故事的演變」（〔文學遺產增刊〕一，一九五五年）；小南一郎「西王母と七夕傳承」（〔東方學報〕，京都，一九七四）。

⑨ 王國維的四分說現在已受到懷疑。見黃盛璋「釋初吉」，（〔歷史研究〕，1958.4）及劉雨「『金文』初吉『辨析』」（〔文物〕，1982,11.）但本文是談漢代人關於月魄生死的觀念，〔白虎通〕及緯書中「三日成魄，八日成光」已足證明「七日」的意義。王說成立與否均無大關係，「魄」與月魄有關，見胡適英文論文，頁三十，參看永澤安二「魄考」，〔漢學研究〕復刊第二號，一九六四年三月，頁五十一。

這兩個觀念滙合了，便產生一種二元的靈魂觀。〔左傳〕魯昭公二十五年（公元前五一六年）樂祁說：「心之精爽，是謂魂魄。魂魄去之，何以能久？」這在子產論魂魄之後十八年，二元論已成立了，所以魂魄兼言，和以前「天奪其魄」的說法顯然不同了。但是魂魄之間的關係與分別究竟如何，這裏還看不出來。到了〔楚辭〕「招魂」的時代，「魂魄離散」的觀念已充分發展起來了，而關鍵則在魂之離魄而去。可見魂主動而魄被動，南方魂的傳統仍佔主要成分。秦漢以下的觀念則可以〔禮記〕為代表。「禮運」篇說人死「體魄則降，知氣在上」。「知氣」即是魂，所以要「升屋而號，告曰：皐某復」。即呼死者之名而招其魂。這便是鄭玄〔儀禮〕「士喪禮」注「復者」所云「招魂復魄」。「郊特牲」說：「魂氣歸于天，形魄歸于地，故祭、求諸陰陽之義。」這大概可以算作二元靈魂觀的最後定本。魂氣來自天，屬陽，故最後也歸于天；形魂來自地，屬陰，最後也歸于地。根據這一最後定論，人死則魂魄同時離去，魂升天而魄入地；魂與魄在此都是主動的。這似乎與「招魂」的「魂魄離散」之說大同之中仍不無小異。

現在我們可以回到中國原始宗教思想中天堂和地獄的問題上來了。殷、周之際已有天上帝廷的觀念，上文已經提及。但這個天上的帝廷只有先王、先公才有資格上去。至於死後地下世界的觀念，最早似是〔左傳〕隱公元年（公元前七二二年）所引鄭莊公「不及黃泉，無相見也」之語。但是我們已無從確定「黃泉」兩字究竟是否出自鄭莊公之口，也不知道其涵義是否與漢代以來的「黃泉」相同。如果鄭莊公時已有漢代以來的「黃泉」觀念，那麼中國古代地下世界的信仰至少可以追溯到公元前八世紀以上。無論如何，至遲在「招魂」時代，中國南方已出現了魂可以上天入地的思想。「招魂」說：

魂兮歸來。君無上天些。虎豹九關，啄害下人些。

魂兮歸來。君無下此幽都些。土伯九約，其角觺觺些。

王夫之〔楚辭通釋〕解「九關」從王逸之說，謂「九天之關」。又解：「幽都，地下也。土伯，土神。」郭沫若解「土伯九約」則進了一步。他說：

我推想土伯是九個人，因為古人言天有九重，地亦有九層，故地又稱九地、九京、九泉、九原。大約每一層地就有一位土伯掌管，故稱九約。約，我認為，是繩索的意思⑩。

陳子展同意郭說，也認爲「『土伯九約』就是說土伯九個人掌管地下九層，猶之世俗根據佛說，稱『十殿閻王』十人共同掌管地獄一樣，前者是中國原始神話，後者是中國化了的古印度神話。」⑪這一新解我覺得大體上是站得住的，不過「九」字可以是虛報數，卽「很多」之義，不必執定爲實數（見汪中〔述學〕「釋三九」）。最近中國考古發掘的重大發展，特別是長沙馬王堆漢墓的發現，更證實了「招魂」中的上天下地的觀念是有根據的。

馬王堆一號和三號漢墓都有帛畫；一號帛畫保存得較好，三號頗有損壞，但兩畫的作用大致相同。自帛畫發現以來，中外學者的研究論文已不計其數。本文不涉及其中具體的考證問題，但綜合各家之說，以闡明死後世界觀的問題。一號帛畫大致分成三部分：中間爲人世，上層爲天上

⑩ 郭沫若，〔屈原賦今譯〕，香港重印本，一九七四年，頁二一一。
⑪ 陳子展，「招魂試解」，〔中華文史論叢〕第一輯，一九六二年，頁一五六。

世界，下層則是地下世界。畫面中間拄杖而行的老嫗當然是墓主（即軑侯的妻子）。看來她是升向天堂。這幅畫主要是描寫墓主靈魂上天。但她不可能是成仙，因爲成仙必須「不死」，而她則確實死了。我們不易斷定帛畫的主題思想究竟是「引魂升天」⑫還是「招魂復魄」。後者的可能性也很大，因爲死者頭上兩人也可以解釋爲「升屋而號」的「復者」⑬。總之，死者的魂是在向天上世界前進，大概不成問題。天上的神物雖然都象徵着神仙世界，但此墓的絕對年代大約在公元前一七五年左右，遠在漢武帝求仙之前，神仙思想還沒有後來那樣普遍。最下層的地下世界則是一個「水府」，大概與「黃泉」、「九泉」的觀念有關⑭。但是關於地下世界的信仰，三號墓卻提供了最可貴的證據。三號墓中出土了一支紀事木牘。文曰：

十二年二月乙巳朔戊辰。家丞奮移主贓（藏）郎中。移贓物一編。書到先選（撰）具奏主贓君⑮。

「十二年」即文帝十二年（公元前一六八年）。這件木牘有力地說明了當時已有很清楚的地下世界的觀念。地下世界也似人間世界一樣，是有官僚等級制度的，「主藏君」之下有「主藏郎中」，後者須向前者「具奏」。「主藏郎中」和「主藏君」的關係也許正是從「家丞」和「軑侯」之間

⑫〈長沙馬王堆一號漢墓〉，文物出版社，一九七三年，上集，頁四十三。參看王伯敏，「馬王堆一號漢墓帛畫並無『嫦娥奔月』」，〈考古〉，一九七九年，三月。

⑬俞偉超說，見「座談長沙馬王堆一號漢墓」，〈文物〉，一九七二年九月，頁六十。

⑭馬雍，「論長沙馬王堆一號漢墓出土帛畫的名稱和作用」，〈考古〉，一九七三年二月，頁一二四。

⑮「長沙馬王堆二、三號漢墓發掘簡報」，〈文物〉，一九七四年七月，頁四十三。

的關係類比而來的。尤其值得注意的是湖北江陵鳳凰山一六八號漢墓也發見了同樣的一枝竹簡。簡文說：

十三年五月庚辰，江陵丞敢告地下丞：市陽五夫二燧少言與大奴良等廿八人、大婢益等十八人、軺車二乘、牛車一兩、駟馬四匹、駠馬二匹、騎馬四匹，可令吏以從事。敢告主。

這件文書只比馬王堆三號墓木牘遲一年（公元前一六七），並且也是由江陵丞通知與他身分相等的「地下丞」，再上奏與「主」。此「主」卽是「地下主」，見鳳凰山十號墓出土的一簡。所以漢初已有三簡證明地下世界有一最高主宰的信仰。「主藏君」或「地下主」自然是泰山府君未出現以前的中國「閻羅王」⑯。

但是馬王堆三號漢墓的出土物引起了一個有趣的問題：該墓的T形帛畫上層也畫的是天上世界的景象，墓主（軑侯利蒼之子）御龍，當然更是象徵「死者魂靈得以飛升」⑰。那麼何以家丞奮的文書卻又明白地表示死者是前往地下世界呢？我在這裏想提一個可能的解釋，卽這種人死後同時上天入地的思想淵源於魂魄離散的觀念。這和「郊特牲」「魂氣歸于天，形魄歸于地」的說

---

⑯ 竹簡見「湖北江陵鳳凰山一六八號發掘簡報」，〔文物〕，一九七五年九月，頁四。鳳凰山十號漢堡漢墓出土的簡文如下：「（景帝）四年后九月辛亥，平里五夫：（『大夫』二字合文）倀（張）偃敢告地下主：偃衣器物所以蔡（祭）具器物，各令會以律令從事。」見「關於鳳凰山一六八號漢墓座談紀要」，〔文物〕，同期，頁十三。裘錫圭，「湖北江陵鳳凰山十號漢墓出土簡牘考釋」，〔文物〕，一九七四年七月，頁四十九，所釋簡文較多損奪，或因清洗未淨所致。

⑰ 金維諾，「談長沙馬王堆三號漢墓帛畫」，〔文物〕，一九七四年十一月，頁四十三。

法是完全相符的。魂上天一點，已不待再說，但是魄入地則除上引「郊特牲」外不易找到明確的文獻根據。然而也不是全無蹤跡可尋。〔漢書〕「東方朔傳」記載朔解隱語有一條云：

柏者，鬼之廷也。

顏師古注曰：

言鬼神尚幽闇，故以松柏之樹為廷府。

王先謙〔漢書補注〕此條收沈欽韓引〔南齊書〕王僧虔語：「鬼唯知愛深松茂柏。」或卽顏注之所本。但這恐怕是原義逐漸失傳後的望文生義，未必可信。朱駿聲〔說文通訓定聲〕卽據「東方朔傳」斷定柏是魄的假借字，殊爲有見。魄歸于地下，所以鬼廷名之曰柏。東方朔所解其他隱語如「令者、命也。壺者、所以盛也。齟者、齒不正也。老者、人所敬也。」等不但無一條不恰當，並且也是盡人皆知的界說。可見「柏」是「鬼廷」必是當時人的共同理解。〔禮記〕「祭義」說：

氣也者、神之盛也；魄也者、鬼之盛也。

「氣」卽「魂氣」。可證魂神與魄鬼各爲一類。〔左傳〕昭公七年子產論魂魄條孔穎達〔正義〕說之曰：

以魂本附氣，氣必上浮，故言魂氣歸于天。魄本歸形，形既入土，故言形魄歸于地。聖王緣生事死，制其祭祀，存亡既異，別為作名，改生之魂曰神，改生之魄曰鬼。

這是「祭義」說的理解，故其下卽引以爲證。則嚴格言之，人死之後神是魂的專名，鬼是魄的專名。明乎此，便知「鬼之廷」何以要稱作「柏」了。我們可以斷言，死人之魄爲鬼的觀念在漢初必甚爲流行，因此東方朔才會脫口而出。但是由於地下世界的觀念不斷在變化發展之中，所以柏爲鬼廷之說逐漸模糊以至於失傳了。

〔禮記〕「郊特牲」和「祭義」以魂、魄分別歸于天和地的說法顯然屬於秦漢時代儒家的系統。但是這一分別也同樣出現在道教文獻中。〔老子〕第六章「是謂玄牝」。〔河上注〕云：

> 玄、天也，於人為鼻；牝、地也，於人為口。天食人以五氣，從鼻入，藏於心。五氣清微，為精神、聰明、音聲、五性，其鬼曰魂。魂者，雄也，主出入人鼻，與天通；故鼻為玄也。地食人以五味，從口入，藏於胃。五性濁辱，為形骸、骨肉、血脈、六情，其鬼曰魄。魄者，雌也，主出入於口，與天地通；故口為牝也。（四部叢刊本〔老子道德經〕）

末句「與天地通」，「天」是衍字，當作「與地通」。這條注是關於漢代魂魄觀的重要資料。〔老子河上注〕舊傳出漢文帝之世，而劉知幾以來則多疑其出後世僞託。但敦煌本〔老子想爾注〕的發現卻證明〔河上注〕來源甚早，至少已有爲〔想爾注〕承襲之處。辨僞者往往指其爲「不經之鄙言，流俗之虛語」（劉知幾）。又或斥其「全類市井小說」（黃震）⑱。從現代的觀點看，這恰好說明它代表了漢代民間文化的小傳統，和〔禮記〕所代表的大傳統不盡相合。上引注文和儒家經典最不同的一點乃在不以神、鬼來分稱死後的魂、魄。前引〔左傳〕孔穎達〔正義〕明說

---

⑱ 關於歷來疑〔老子河上注〕的論點，參看張心澂，〔偽書通考〕，商務印書館，一九五四年重印本，下冊，頁七四三—五；關於〔河上注〕在〔想爾注〕之前的證據，參看饒宗頤〔老子想爾注校牋〕，香港，一九五六年，頁八七—九二。

改稱魂、魄爲神、鬼是制祭祀者「別爲作名」，可見事屬後起。〔河上注〕同稱魂、魄爲「鬼」則反而可能透露了民間信仰的古義。但人的生命由魂與魄兩種元素所構成，魂通天而魄通地，道家和儒家在這一點上仍然是一致的。〔河上注〕的成書和流行也許是在東漢時代，但是其中存有漢初的思想資料，似無可疑。從這一點說，河上公授書與漢文帝的神話多少也有一些歷史的影子。總之，我們把〔禮記〕和〔老子河上注〕配合起來看，雖不能說漢初的中國人已發展出一套整齊劃一的死後世界觀，但大體上確有共同的趨向。無論如何，魂、魄離散，一上天、一入地的思想在當時的文獻中顯然處於主導的地位。而這種思想恰好可以解釋馬王堆三號漢墓的表面矛盾：帛畫描寫死者升天，而木牘卻表示死者入地。

漢代死後世界觀的最大變化起於漢武帝的求仙。自神仙思想盛行以後，魂魄的歸宿便不能不隨着而有所改變。漢代流行的仙的觀念包括兩個要素，一是肉體不死，二是升天。這是武帝以來方士們的傑作。但是從此以後天上世界便成爲神仙的世界，不再是魂的去處了。〔論衡〕「道虛篇」和〔太平經〕都說到仙人不死，而白日升天之事，可爲明證。〔太平經〕說：

「今天地實當有仙不死之法，不老之方，亦豈可得耶？」

「善哉，真人問事也。然，可得也。天上積仙不死之藥多少，比若太倉之積粟也；仙衣多少，比若太官之積布白也；衆仙人之第舍多少，比若縣官之室宅也。常當大道而居，故得入天。」⑲

⑲ 王明編，〔太平經合校〕，中華書局，一九六〇年，頁一三八。

可見天上全是不死不老的神仙，並無魂的存在餘地。死後的魂則只能到地下世界去。這在〔太平經〕便叫做「土府」：

> 為惡不止，與死籍相連，傳付土府，藏其形骸，何時復出乎？精魂拘閉，問生時所為，辭語不同，復見掠治，魂神苦極，是誰之過乎⑳？

成仙始能上天，神魂則下「土府」，這是十分明白的。湯錫予先生斷定〔太平經〕大體爲東漢作品以來，這個結論現在已爲一般研究者所接受㉑。由此可見中國的天堂和地獄觀念早在佛教傳入以前卽已成立了。而且此處所言土府「掠治」魂神的情形實已與後世地獄無大分別。敦煌發現〔老子想爾注〕中也有「天曹」和「死者屬地官」之說，更可證明天堂地獄不是佛教帶進來的思想㉒。

自從天上世界被神仙獨佔之後，魂便不能不另找去處。這便是泰山治鬼說的起源。武帝封泰山、禪梁父便因爲泰山最高，乃人間世界與天上世界相距最近之一點。〔白虎通〕「封禪篇」

---

⑳ 同上，頁六一五。

㉑ 見湯用彤，「讀〔太平經〕書所見」，〔國學季刊〕五卷一號（一九三五年三月），現收入〔往日雜稿〕，中華書局，一九六二年。日本學者研究〔太平經〕者最多，如福井康順、大淵忍爾、吉岡義豐諸人都是名家。所以西方學者往往接受日本學者關於〔太平經〕年代考證的見解。如法國的Max Karltenmark的"The Ideology of the T'ai-p'ing ching"開頭便引上列三家之說(見Holmes Welch and Anna Seidel, eds., *Facets of Taoism, Essays in Chinese Religion*, Yale University Press, 1979,頁十九，註一○。) 其實錫予先生「讀〔太平經〕書所見」一文才真是開創性的作品。

㉒ 饒宗頤，〔老子想爾注校箋〕，「天曹」見〔錄注〕頁三十三，「地官」見頁二二—四六，並可參看〔箋證〕關於此兩詞的解說，頁七七—七八。

說：「所以必於泰山何？萬物所交代之處也。升封者、增高也。……故增泰山之高以放天。」泰山仿天，魂既不能上天，便只有去泰山了。〔孝經援神契〕（馬國翰輯本）云：「泰山、天帝孫也，主召人魂。東方、萬物始，故知人生命之短長。」我們必須注意，〔援神契〕說泰山所召的是人之「魂」，而不是「魄」。曹植「驅車篇」：「神哉彼泰山……魂神所繫屬。」〔後漢書〕「烏桓傳」也說：「中國人死者魂神歸岱山也。」這兩處都仍說「魂神」，不言「魂魄」。後世魂魄的分別已沒有早期那樣嚴格，所以也有東漢的鎮墓文說：「黃神生五嶽，主死人錄，召魂召魄，主死人籍。」㉓但是我們有理由相信最早的神話必是魂上泰山。〔援神契〕以泰山爲「天帝」之「孫」也是有道理的。此處泰山其實是指泰山府君。漢代郡國官署稱「府」，故府君即相當於郡太守的地位。「地下主」的地位當然不能和「人主」相等。「天孫」則仿「天子」而降一等，也就是府君。漢初「地下主」的稱號終於爲「泰山府君」所取代，其原因卽在此。

如果說在地下世界觀念轉變的初期只有魂才能上泰山，那麼魄又往何處去呢？這就要涉及「蒿里」的問題了。最早以蒿里爲死人聚處的文獻似是〔漢書〕「武五子傳」。傳載廣陵厲王劉胥死前自歌有云：「蒿里召兮郭門閱，死不得取代庸，身自逝。」顏師古注說：「蒿里、死人里。」「閱」卽〔古辭〕「怨詩行」「各（疑當作「名」）繫泰山錄」之「錄」。劉胥自殺在宣帝五鳳三年（公元前五三年），而蒿里爲「死人里」的觀念已普遍流行了，則其起源當更早。〔漢書〕「武帝記」太初元年（公元前一〇四年）十二月「禪高里」。伏儼曰：「山名、在泰山

㉓ 引自吳榮曾，「鎮墓文中所列的東漢道巫關係」，〔文物〕，一九八一年三月，頁五十九。）

下。」顏師古注：「此高字自作高下之高，而死人之里謂之蒿里，或呼爲下里也，字則爲蓬蒿之蒿。」沈欽韓注（見〔漢書補注〕）引〔玉篇〕：「薨里，黃泉也，死人里也。」可見蒿里原是高里山，在泰山之下，當時人傳爲「下里」或「黃泉」。換言之，蒿里是地下世界。我猜想蒿里即「柏」的所在地，大概是因爲泰山主生死的神話流行以後逐漸演變出來的。這一推測雖無法直接證明，但是我們仍可從陸機「泰山吟」中依稀看到魂魄同途而殊歸的情況。「泰山吟」曰：

泰山一何高，迢遞造天庭。峻極周已遠，曾雲鬱冥冥。梁甫亦有館，蒿里亦有亭。幽塗延萬鬼，神房集百靈。長吟泰山側，慷慨激楚聲。（見郭茂倩〔樂府詩集〕卷四十一）

此詩中「幽塗延萬鬼，神房集百靈」頗像分指魄與魂。鬼卽魄，故在地下的「幽塗」，靈卽魂，則集于「神房」。詩中以梁甫與蒿里兩地並舉，尤其值得注意。蒿里是「下里」、「黃泉」，自屬「幽塗」無疑。梁父則是小山，在高處。〔史記〕「封禪書」說：

二曰地主，祠泰山梁父。蓋天好陰，祠之必於高山之下，小山之上。

〔漢書〕「郊祀志上」王先謙「補注」則說：「祠二山」，意卽同祠地主於泰山與梁父兩處。恐不可信。泰山是大地名，梁父則是小地名。這是說在「泰山之梁父」祠地主。故「封禪書」後來說武帝「至梁父，禮祠地主」，並不提泰山。〔資治通鑑〕元封元年（公元前一一〇年）夏四月「禮祠地主於梁父」條，胡三省注曰：「梁父縣在泰山郡。」這是正確的。梁父的「地主」卽是「地下主」。〔緯書〕「遁甲開山圖」說：「泰山在左，亢父在右；亢父知生，梁父知死。」最能說明「地主」的性質。這個「地主」後來便變成了泰山府君。爲甚麼叫「泰山府君」而不是「梁父府君」呢？理由很簡單：一則泰山是大地名，二則「地下主」的地位必須相當於郡太守。而梁父則是縣，無稱「府君」的資格。漢代鎮墓文有時出現「地下二千石」的名詞，也是指「地下主」，與泰山府君職位相等。由此可知，泰山府之「泰山」不指山言，乃指郡言。泰山本身是登天成仙的所在，決不在泰山府君的治下。我們如果要正確地認識漢代地下世界的觀念，便必須嚴格地把泰山和泰山郡分別開來，否則便把天堂和地獄混爲一談了。這兩個泰山的觀念在後世民間思想中造成了混亂，那是很自然的。但是最初兩者之間有明確的界線則是不容懷疑的，「泰山府君」這一名稱便是強有力的證據。現在再回到陸機的詩句。陸詩的蒿里在地下，梁父在高處，恰好和「幽塗延萬鬼、神房集百靈」相應，前者是魄的歸宿之地，而後者當然是魂的去處了。所以更正確地說，「魂神歸泰山」最初應是指魂去泰山郡的梁父山，而蒿里所召的則當是魄。必須指出，我並不是說陸機本人對於神魂與鬼魄眞有如此清楚的分別。「萬鬼」和「百靈」在他的潛意識中也許並無不同，不過一在途中，一宿館舍而已。但是詩中對「蒿里」、「梁父」和「鬼」、「神」的用法無意間卻反映了早期流傳下來的一種地下世界觀。這正是社會心理學家所說的「集體的下意識」(the collective unconscious)，故特別值得注意。這種「集體的下意識」在後世其他文字中也隱約可見。「樂府解題」曰：「『泰山吟』言人死精魄歸於泰山」，恐怕源于早期魄去泰山郡蒿里的傳說。〔古辭〕「蒿里」：「蒿里誰家地，聚斂魂魄無賢愚。鬼伯一何相催促，人命不得少踟躕。」又崔豹〔古今注〕也說：「人死魂魄歸于蒿里。」這兩處雖都混入了魂，但魄歸蒿里的觀念仍然是很清楚的。魂魄所去的地方最初雖有梁父與蒿里之別，但此兩地自始卽同屬泰山郡，因此在民間傳說中逐漸混淆了。鎮墓文中有「召魂召魄」之語至少可見魂魄還是分別被召的。而且「蒿里」古辭中「鬼伯」的名稱也依稀露出「魄」的痕跡。鎮墓文中常見「冢伯」、

「墓伯」，恐怕與「形魄歸于地」的觀念有淵源。〔說文解字〕段玉裁注「伯」字說：「古多假柏爲之。」則伯、柏、魄三字似可互相通假。〔三國志〕「蔣濟傳」注引〔列異傳〕所謂「今在地下爲泰山伍佰」也許是蒿里的「五魄之長」（漢代鄉里組織中有「伍長」。）這是最低級的小吏，所以死者覺得「困辱」不堪，希望轉調到一個較好的崗位上去。蒿里也有官僚組織，鎮墓文中有「蒿里君」、「蒿里父老」、「中蒿長」等名稱㉔，看起來似比泰山府君低一級，大概相當於縣廷的組織。這更可以說明蒿里是「鬼之廷」，即「柏」的變相。正如郡署稱「府」一樣，漢代的縣署一般正是稱作「廷」的㉕。

地下世界觀的演變是非常複雜難測的。東漢以後魂與魄、梁父與蒿里的界線也許已逐漸模糊了。但是我相信在西漢中期以前「魂氣歸于天，形魄歸于地」的分別確是存在的。否則在主死的梁父以外，還出現一個「地下、黃泉」的蒿里便很難索解了。我已說過，本文所提出的只是一種假設性的解釋。這個假設則是由最新考古材料逼出來的。我決不敢認爲本文的觀點一定正確，我希望以後考古學的發現可以進一步證明或推翻這個假設㉖。

原載香港〔明報月刊〕，第十八卷第九期（一九八三年九月號）

㉔ 同上，頁六〇。

㉕ 見嚴耕望，〔中國地方行政制度〕上編，臺北，一九八一年，第一冊，頁二一六。

㉖ 關於本文所討論的問題，我近來又有進一步的研究，詳細論證和文獻見英文論文 "'O Soul, Come Back!'——A Study in the Changing Conceptions of the Soul and Afterlife in Pre-Buddhist China." 此文將刊於一九八七年十二月出版的〔哈佛亞洲學報〕(*Harvard Journal of Asiatic Studies*, Vol. 47, No. 2)，讀者可以參看。

儒家「君子」的理想

依照傳統的說法，儒學具有修己和治人的兩個方面，而這兩方面又是無法截然分開的。但無論是修己還是治人，儒學都以「君子的理想」為其樞紐的觀念：修己即所以成為「君子」；治人則必須先成為「君子」。從這一角度說，儒學事實上便是「君子之學」。這一傳統的「君子理想」在今天看來似乎帶有濃厚的「精選分子」的意味。（即所謂elitism）。不可否認地，在歷史上儒家的「君子」和所謂「士大夫」之間往往不易劃清界線。但是從長期的發展來看，「君子」所代表的道德理想和他的社會身分（此即儒家所說的「德」與「位」）並沒有必然的關係。相反地，「德」的普遍性是可以超越「位」的特殊性的。因此「君子」的觀念至孔子時代而發生一大突破（見後），至王陽明時代又出現另一大突破。（陽明云：「與愚夫愚婦同的，是謂同德。」其後更有「滿街皆是聖人」之說。）從普遍性的方面著眼，今天討論「君子」的問題還是有意義的。

我們的討論自不能僅以儒家經典中「君子」這一名詞爲限。他如「士」、「仁者」、「賢者」、「大人」、「大丈夫」以及「聖人」等觀念也都和「君子」可以互通。甚至儒家關於人生境界的一般議論也是和君子的理想分不開的。限於篇幅，本文大致以先秦爲斷。雖然嚴格言之，每一時代都各有其特殊的「君子理想」，但其大體規模在先秦時代已經定型，後世儒者也並未能遠越先秦的範圍。

一

我們可以從「君子」一詞的涵義開始討論。這個名詞的最早而且最正式的定義出現在東漢的〔白虎通義〕。其文曰：

或稱君子者何？道德之稱。君之爲言，羣也；子者，丈夫之通稱也。故〔孝經〕曰：「君子之教以孝也，所以敬天下之爲人父者也。何以知其通稱也？以天子至於民。故〔詩〕云：「愷悌君子，民之父母。」〔論語〕曰：「君子哉若人。」此謂弟子，弟子者，民也。

〔白虎通義〕本來是要解答何以「帝王」、「天子」也「或稱君子」的問題。但當時白虎觀諸儒在檢討了經典文獻之後卻不能不承認「君子」早已成爲男子的一種「通稱」。這一定義確是合乎當時的實際狀況的。淸儒陳立在他的〔疏證〕中曾列舉了許多文獻根據來支持這一論斷。他說：

〔易〕「繫辭傳」：「是故君子所居而安者。」〔集解〕引虞注云：「君子謂文王。」

是天子稱君子也。〔荀子〕「大略篇」：「君子聽律習容而後士。」注：「君子，在位者之通稱。」「在位」則兼及諸侯也。〔儀禮〕「士相見禮」：「凡侍坐於君子。」註：「君子謂卿大夫及國中賢者也。」是卿大夫稱君子也。〔禮記〕「玉藻」：「古之君子必佩玉。」註：「君子，士已上。」是士亦稱君子也。〔詩〕「東門之池序」：「而思賢女，以配君子。」疏：「妻謂夫為君子。」又「小戎」云：「言念君子。」是庶人亦稱君子也。是其通稱自天子以至於民也。

陳立更進一步指出〔白虎通義〕原文中所引的文獻來源說：

〔詩〕見「洞酌」，「毛詩序」謂為召康公戒成王詩。是謂天子也。〔論語〕見「公冶長」篇，為孔子稱子賤語，是謂弟子。弟子卽民。此上舉天子下舉民，以見君子為通稱也。

〔白虎通義〕以「君子」爲「通稱」雖然有堅強的根據，但此中仍有一歷史發展的過程而爲原文所未及，陳立的〔疏證〕也沒有談到。我們禁不住要問：「君子」一詞是不是一開始便是「道德之稱」呢？又是不是從來卽是「自天子至於民」的「通稱」呢？

準以西方 nobility 和 gentleman 的例證，我們有充足的理由相信「君子」最初是專指社會上居高位的人，後來才逐漸轉化爲道德名稱的；最初是少數王侯貴族的專號，後來才慢慢變成上下人等都可用的「通稱」的。由於史料不完備，我們今天已無法追溯這一演變的過程。但先秦文獻中依然清楚地留下了演變的痕跡。〔左傳〕襄公二十九年吳公子札對叔孫穆子說：

吾聞「君子務在擇人」。吾子爲魯宗卿，而任其大政，不愼舉，何以堪之？禍必及子。

此文「君子務在擇人」是一句自古相傳的成語，其「君子」乃指「任大政」的「宗卿」，是十分明白的。又如〔國語〕「晉語八」叔向答藉偃「君子有比乎？」之問，說：

君子比而不別。比德以贊事，比也；引黨以封己，利己而忘君，別也。

「君子」在此乃特指各國朝廷上居高位的人，也毫無可疑。而尤其值得注意的則是「君子」和「小人」相提並論時，前者指在位的貴族，後者指供役使的平民。這種例子多至不勝枚舉，姑引兩條於下。〔詩經〕「谷風之什・大東」：

君子所履，小人所視。

孔穎達〔正義〕云：

此言君子、小人，在位與民庶相對。君子則引其道，小人則供其役。

〔左傳〕襄公九年十月條知武子曰：

君子勞心，小人勞力，先王之制也。

這一條又見於〔國語〕「魯語下」所記公父文伯之母的一番議論之中，不過「先王之制」作「先王之訓」，僅一字之異而已。（〔孟子〕「滕文公上」論「勞心」、「勞力」之分卽本此「古制」或「古訓」。）

以上兩例可證「君子」在最初旣非「道德之稱」，更不是「天子至民」的「通稱」，而是貴族在位者的專稱。下層庶民縱有道德也不配稱爲「君子」，因爲他們另有「小人」的專名。「君子」之逐漸從身分地位的概念取得道德品質的內涵自然是一個長期演變的過程。這個過程大概在孔子以前早已開始，但卻完成在孔子的手裏。〔論語〕一書關於「君子」的種種討論顯然偏重在

「道德品質」一方面。不過自古相傳的社會身分的涵義也仍然保存在「君子」這個名稱之中。例如〔論語〕「顏淵」：

君子之德風，小人之德草，草上之風，必偃。

此處的「君子」和「小人」兩個名詞當然是指「位」而言，「德」字也與「道德」之「德」有別。孔子在這裏也許只是不自覺地沿用了它們的習俗用法，不能與〔論語〕中其他處自覺地賦予「君子」、「小人」以新的道德意義者混爲一談。〔論語〕以下儒家經典中的「君子」雖然不免「德」、「位」兼用（其中有分指一義，也有兼具兩義者），但是就整個方向說，孔子以來的儒家是把「君子」盡量從古代專指「位」的舊義中解放了出來，而強調其「德」的新義。〔白虎通義〕時代的儒者以「道德之稱」來界定「君子」自然是合乎實際的。這是古代儒家，特別是孔子對中國文化的偉大貢獻之一。

二

「君子」到了孔子的手上才正式成爲一種道德的理想。所以孔子對於「君子」的境界規定得非常高，僅次於可望而不可即的「聖人」。〔論語〕「述而」：

子曰：「聖人，吾不得而見之矣；得見君子者，斯可矣。」

我們都知道，孔子不敢自居「聖與仁」（「述而」）。其實他也同樣不敢自許已達到了圓滿的「君子」境界。他說：

文莫吾猶人也。躬行君子，則吾未之有得。（「述而」）

此節上句中「莫」字，何晏解爲「無」，故以全句是「凡文皆不勝於人」。（見皇侃〔論語集解義疏〕）這恐怕是錯的。朱子〔集註〕以「無」爲「疑辭」，而解此句爲「尚可以及人」，則可信從。所以孔子的意思是說：君子的修養有兩個部分，一是學習「詩書六藝文」；（此「文」字當與「學而」的「行有餘力，則以學文」之「文」同義。）一是躬行實踐。在前一方面，他大概可以和其他的人相比，但在後一方面，他也還沒有完全成功。關於「君子」必須兼具此兩方面，以下這一段話表示得最明白：

子曰：「質勝文則野，文勝質則史。文質彬彬，然後君子。」（「雍也」）

此處的「文」字涵義較廣，大致相當於我們今天所說的「文化教養」，在當時卽所謂「禮樂」，（卽「憲問」篇子路問「成人」，子曰：「文之以禮樂，亦可以爲成人矣。」）但其中也包括了學習「詩書六藝之文」。「質」則指人的樸實本性。如果人但依其樸實的本性而行，雖然也很好，但不通過文化教養終不免會流於「粗野」。（道家的「返璞歸眞」，魏晉人的「率性而行」卽是此一路。）相反地，如果一個人的文化雕琢掩蓋了他的樸實本性，那又會流於浮華。（其極端則歸於虛僞的禮法。）前者的流弊是有內容而無適當的表現形式；後者的毛病則是徒具外表而無內涵。所以孔子才認爲眞正的「君子」必須在「文」、「質」之間配合得恰到好處。

孔子論「文質彬彬」是和他所持的中心理論——「仁」與「禮」互相通貫的。「顏淵」篇：

顏淵問仁。孔子曰：「克己復禮爲仁。一日克己復禮，天下歸仁焉。爲仁由己，而由人乎哉！」顏淵曰：「請問其目。」子曰：「非禮勿視，非禮勿聽，非禮勿言，非禮勿動。」顏淵曰：「回雖不敏，請事斯語矣。」

孔子曾稱讚顏淵「其心三月不違仁」（「雍也」）。按：「三月」之「三」是虛數，僅言其多。）所以他的答顏淵問「仁」，與答其他弟子者（如樊遲，見「雍也」、「顏淵」、「子路」諸篇）不同，不涉及「仁」的內涵，而強調實踐「仁」的方式——「禮」。這是孔子對一個「質」已有餘而「文」或不足的弟子的特別教導。「君子」的本質是「仁」，這一點孔子曾有明白的陳述：

君子去仁，惡乎成名？君子無終食之間違仁，造次必於是，顛沛必於是。（「里仁」）

孔子又說：

君子義以爲質，禮以行之，孫以出之，信以成之。君子哉！（「衛靈公」）

此處「義以爲質，禮以行之」一語透露出「仁」與「禮」二者在君子的實踐中決不能分開。〔論語〕中雖未明言「仁」與「義」是何種關係，但我們大致可以把「義」看作「仁」的發用。（卽〔孟子〕「盡心下」所謂「居仁由義」。）所以，比較全面地看，孔子理想中的「君子」是以內心的「仁」爲根本而同時在外在的行爲方面又完全合乎「禮」的人。「仁」固然必須通「禮」而表現出來，然而「禮」若不以「仁」爲依據則也失去其所以爲「禮」之意。故曰：

人而不仁，如禮何？人而不仁，如樂何？（「八佾」）

又曰：

禮云禮云，玉帛云乎哉？樂云樂云。鐘鼓云乎哉？（「陽貨」）

由於「君子」的本質是「仁」，故「君子之道」事實上卽是「仁道」。孔子說：

君子道者三，我無能焉：仁者不憂，知者不惑，勇者不懼。（「憲問」）

這是後世所謂「智、仁、勇三達德」（見〔中庸〕），亦卽儒家「君子」理想的三要素。孔子說「我無能焉」，自然是謙詞。子路認爲這幾句話正是「夫子自道」。這大概是可信的。但仁、知、勇雖分爲三，其實都可以統一在「仁」這一最高概念之下。所以「君子」達到了最高境界便和「仁者」沒有分別了。

宰我問曰：「仁者，雖告之曰：『井有仁焉』，其從之也？」子曰：「何爲其然也？君子可逝也，不可陷也；可欺也，不可罔也。」（「雍也」）

宰我說的是「仁者」，而孔子答語則易爲「君子」，可見在這一章中，「君子」與「仁者」完全是同義的。孔子又說：

君子而不仁者有矣夫，未有小人而仁者也。（「憲問」）

此章的「君子」與「小人」顯指德，不指位，似乎「君子」也不必然都能達到「仁者」的地步。但是我相信此語的本意當依下引王弼所解：

假君子以甚小人之辭，君子無不仁也。（皇侃〔論語集解義疏〕引）

「君子」旣是「仁者」，則欲爲「君子」必自修養自己內在的仁德始。所以「克己」、「自省」成爲入德的基礎功夫。孔子說：

見賢思齊焉，見不賢而內自省也。（「里仁」）

他的弟子曾參也說：

吾日三省吾身：爲人謀而不忠乎？與朋友交而不信乎？傳不習乎？

說得再深一層便是上面已引過的「克己復禮爲仁」、「爲仁由己，而由人乎哉」那一段話了。孔子又把這種「自省」、「由己」的精神加以普遍化，而成爲下面的公式：

君子求諸己，小人求諸人。（「衛靈公」）

「君子」在培養個人的道德品質這一點上完全是對自己負責，而不在求得他人的稱譽，甚至瞭解。故〔論語〕開章明義便說：

人不知而不慍，不亦君子乎？

此外如「不患人之不己知」這句話更是孔子所反覆強調的。（見「學而」、「憲問」、「衞靈公」。）從反面說，「君子」尤當隨時自察過失而嚴格地自責：

子曰：「已矣乎！吾未見能見其過，而自訟者也。」（「公冶長」）

「君子」在道德修養方面必須不斷地「反求諸己」，層層向內轉。但是由於「君子之道」即是「仁道」，其目的不在自我解脫，而在「推己及人」，拯救天下。所以「君子之道」同時又必須層層向外推，不能止於自了。後來〔大學〕中的八條目之所以必須往復言之，卽在說明儒學有此「內轉」和「外推」兩重過程。這也是後世所說的「內聖外王」之道。簡單地說，這是以自我爲中心而展開的一往一復的循環圈。一部中國儒學史大體卽是在此循環圈中活動，其中因爲各家畸輕畸重之間的不同，對「內」「外」之間的關係的理解不同，所持的理論根據的不同以及各時代具體的社會背景的不同，儒學史上先後曾出現了種種不同的流派。但這一切的不同都沒有跳出上述的循環圈。而這一循環圈遠在孔子的時代便已開始了。上文已指出孔子「反求諸己」的內轉一面。現在讓我們再看看他「外推」的一面。

子路問君子。子曰：「修己以敬。」曰：「如斯而已乎？」曰：「修己以安人。」曰：

「如斯而已乎？」曰：「修己以安百姓。修己以安百姓，堯舜其猶病諸？」（「憲問」）

孔子以「修己以敬」來界定「君子」的涵義，顯然是從內在本質著眼。這和「克己復禮」、「為仁由己」、「反求諸己」是一貫的。但是「好勇」過於孔子的子路卻不以此為滿足，因為他是一個行動型的人物，所最關心的是「君子」如何才能有益於社會。孔子針對他的特殊關懷而推到「修己以安人」。此「人」字所指或尚是「君子」左右的家人親友鄉黨之類。故子路仍不滿足。最後孔子才推到「百姓」，這在當時乃是指全「天下」的人而言。若用〔大學〕的語言來表示，便是由修身推到齊家、治國、以至於平天下了。孔子此處對「君子」的層層外推和下面有關「君子」的一章形成有趣的對照：

司馬牛問君子。子曰：「君子不憂不懼。」曰：「不憂不懼，斯謂之君子已乎？」子曰：「內省不疚，夫何憂何懼？」（「顏淵」）

此章在問答的形式上與上引「憲問」章一致，但內容卻截然相反，孔子答案的方向是「內轉」而不是「外推」，這與孔子的「因材施教」有關，因為司馬牛是一個「多言而燥」的人。（見〔史記〕卷六十七「仲尼弟子列傳」）一個「燥」的人常不免於憂懼。（參看「顏淵」篇「司馬牛憂曰」章）故孔子對症下藥，要他「內省不疚」，此卽告之以為「仁」之方。（「仁者不憂」、「勇者不懼」。）孔子雖然在隨機指點時或內轉或外推，但他的理想中的「君子」則確然有一條明白的「外推」線索。他說：

夫仁者，己欲立而立人，己欲達而達人。（「雍也」）

這是孔子關於「君子」理想的一種最簡單扼要的規劃，內外兩面都照顧到了。事實上，這便是他的「一貫之道」：

子曰：「參乎！吾道一以貫之。」曾子曰：「唯」。子出，門人問曰：「何謂也？」曾子曰：「夫子之道，忠恕而已矣。」（「里仁」）

朱子〔集注〕曰：

盡己之謂忠，推己之謂恕。

甚爲精當。淸儒劉寶楠更加以引申曰：

是故仁者，己欲立而立人，己欲達而達人。己立己達，忠也，立人達人，恕也。二者相因，無偏用之勢。（〔論語正義〕卷五）

劉氏以忠恕解「己立立人」「己達達人」是很順理成章的。這是積極意義的「君子」。但是孔子又是最善於行「恕」道的，他並不強人所難，要求每一個「君子」都達到積極的標準。因此他又提出了一種消極意義的「君子」理想：

子貢問曰：「有一言而可以終身行之者乎？」子曰：「其恕乎！己所不欲，勿施於人。」（「衞靈公」）

「己欲立而立人，己欲達而達人」是「己所欲，施於人」，用意雖好，但未必人人都能做得到。「己所不欲，勿施於人」則是「君子」的最低標準，這應是人人都能做得到的。故孔子以爲這是「一言而可以終身行之者」。如果連這一點也做不到，那當然便不能算是「君子」了。

「君子」是「道德之稱」，儒學也一向被視爲「君子」的「成德」之學。這一看法自然是有堅強的根據的。但問題則在於「成德」的意義究竟何指。若專指個人的「見道」、「聞道」、「

悟道」、「修道」等「內轉」方面而言——雖然這確是儒學的始基所在——則不免往而不返，「君子」的循環圈亦將由此而中斷。故「君子」必須往而能返，層層「外推」，建立起人倫道德的秩序，才算盡了「修己以安百姓」的本分。

然而「內轉」和「外推」有一最大相異之點，卽前者可由「君子」自作主宰，所謂「爲仁由己」是也。其關鍵僅在個人能否「立志」，如孔子的「吾十有五而志於學」（〔論語〕「爲政」），以及「立志」之後又能否持之以「恒」，如孟子所謂「無恒產而有恒心者，唯士爲能。」（〔孟子〕「梁惠王上」）。但後者——「外推」——卻遇到了一個不是個人意志所能隨便轉移的外在世界。這是儒家自始以來所面臨的最大難題。〔論語〕「堯曰」的末章記孔子論「君子」之言曰：

> 不知命，無以爲君子也；不知禮，無以立；不知言，無以知人也。

「命」、「禮」、「言」三者都外在於「君子」，但都是「君子」所必須瞭解的。其所以如此，正因爲「君子」非具備此類客觀知識卽無從行其「道」。此處「禮」卽經長期歷史演變而來的人倫秩序；「知言」大概和〔孟子〕的「知言」相近，卽所謂「詖辭知其所蔽，淫辭知其所陷，邪辭知其所離，遁辭知其所窮。」（「公孫丑上」）「命」字則不易確解，不過應與〔論語〕「五十而知天命」（「爲政」）和「道之將行也與？命也。道之將廢也與？命也。」（「憲問」）在意義上可以互通。孔安國註「五十而知天命」曰：

> 知天命之終始也。

皇侃疏云：

終始卽是分限所立也。（見〔論語集解義疏〕卷一）

邢昺疏「不知命，無以爲君子」則曰：

天之賦命，窮達有時。當待時而動。若不知天命而妄動，則非君子也。（見十三經注疏本〔論語注疏〕卷二十）

合起來看，此「命」卽指當時能否行「道」的客觀條件。這大致相當於後來釋氏所謂「道假眾緣，復須時熟；非分強求，死而無證。」（慧皎〔高僧傳〕卷一「曇摩耶舍傳」）總之，「命」、「禮」、「言」三者皆構成「君子」的認知的對象。這是儒學因道德實踐的要求而逼出來的客觀知識問題。「博學於文」、「多聞而識」、「致知在格物」等等論端都由此衍生。限於篇幅，此處姑不旁及。朱子〔集注〕在〔論語〕這最後一章引尹氏（焞）曰：

知斯三者，則君子之事備矣。弟子記此以終篇，得無意乎？

〔論語〕的編纂次第是否出於孔門弟子的刻意安排，已不可知。但孔子論「君子」而終於此章則確有象徵的意義。

三

繼孔子而起的先秦儒家對「君子」的理想續有發揮者，當推孟子與荀子，但兩家重點頗有不同。孟子正式討論「君子」問題的有以下一段話：

孟子曰：「君子所以異於人者，以其存心也。君子以仁存心，以禮存心。仁者愛人，有禮者敬人。愛人者，人恒愛之；敬人者，人恒敬之。有人於此，其待我以橫逆，則君子必自反也：我必不仁也，必無禮也，此物奚宜至哉？」（「孟子」「離婁下」）

孟子以「仁」與「禮」爲「君子」的特質顯是上承孔子而來。但孟子畢生的努力主要在發展「仁」的內在根據，卽性善論。因此他對於外在的「禮」似不像孔子那樣重視。（孔子早年卽以禮學專家著稱；孟子則生在「禮壞樂崩」以後的戰國時代。）孟子對於「禮」的興趣也偏重於它在人的內心起源方面。他的仁、義、禮、智四端說卽由此而起。所以孟子的理想「君子」也是內心最有修養的人。他說：

君子深造之以道，欲其自得之也。自得之，則居之安；居之安，則資之深；資之深，則取之左右逢其源，故君子欲其自得之也。（「離婁下」）

這種「君子」卽相當於他所謂「從其大體」的「大人」：

心之官則思，思則得之，不思則不得也。此天之所與我者，先立乎其大者，則其小者不能奪也。此爲大人而已矣。（「告子上」）

與孟子相較，荀子則顯然偏向「禮」的一面，卽注重外在道德規範對君子的陶鑄作用。這當然和他所持的性惡論有關。他在「勸學」篇說：

學惡乎始？惡乎終？曰：其數則始乎誦經，終乎讀禮；其義則始乎爲士，終乎爲聖人。眞積力久則入，學至乎沒而後止也。故學數有終，若其義則不可須臾舍也。爲之人也，舍之禽獸也。故「書」者，政事之紀也；「詩」者，中聲之所止也；「禮」者，法之大分類之綱紀也。故學至乎「禮」而止矣。夫是之謂道德之極。

此段所言卽是荀子的「君子之學」。「始乎爲士，終乎爲聖人」者，言其中間則全是「君子」的階段。故下文有「君子之學也，入乎耳，著乎心，布乎四體，形乎動靜。」云云。王先謙〔荀子集解〕在「終乎爲聖人」之下註曰：

荀書以士、君子、聖人爲三等，「修身」、「非相」、「儒效」、「哀公」篇可證。故云：始士終聖人。

這個觀察是完全正確的。「聖人」自是可望而不可卽的最高境界，故事實上荀子是敎人如何成爲「君子」。他說「學至乎禮而止矣。夫是之謂道德之極。」其精神偏重外在「禮」的一面已透露無遺。但荀子的時代，一方面社會要求秩序的重建，另一方面各家都在提倡內心的修養。（除孟子、莊子之外，還有〔管子〕「白心」、「內業」等篇所代表的修養說。）他自然不能完全不受影響。所以他在注重禮的規範的同時，也特別在「修身」篇中強調「治氣養心之術」。什麼是「治氣養心之術」呢？他說：

凡治氣養心之術，莫經由禮，莫要得師，莫神一好。夫是之謂治氣養心之術也。

可見他的「治氣養心」仍歸之於「禮」的訓練。此外則是老師的指導和自己的專心一致。從孟子的觀點看，這正是所謂「外鑠」，而非「我固有之也。」（「告子上」）由於荀子主張「外鑠」，他的「君子」便必須博學（「君子博學而參省乎己」，見「勸學」），必須有「虛壹而靜」的認知「心」（見「解蔽」）。這便使荀子在儒門中特別發展了注重文獻知識的「學統」。後世儒家追溯經學傳授往往溯其源至荀子。汪中「荀卿子通論」說：

蓋自七十子之徒旣歿，漢諸儒未興，中更戰國暴秦之亂，六藝之傳賴以不絕者，荀卿也。周公作之，孔子述之，荀卿子傳之，其揆一也。（「述學」「補遺」）

汪中考證諸經傳衍過程不盡可從；其結論也不免過當。但荀卿之所以成為傳說中的傳經大師則不是沒有道理的。不過我們也必須指出，荀子的「君子」仍以追求「道德之極」為最後的目的。他主張「君子」「始乎誦經，終乎讀禮」是由於他特別注重外在規範的作用。儒家的君子在道德實踐中不能不面對以人倫為中心的客觀世界，並因此而產生一種特殊的知識要求。上文已指出，這一點早在孔子時代卽已見端倪。荀子對儒家君子理想的貢獻則偏重在這一方面。

孟、荀以後，儒家文獻中論「君子」理想最精到者當推「中庸」。但「中庸」成書甚晚，大抵為秦以後之作，故其中兼有孟、荀的影響。茲僅擇錄其最具代表性的一則如下：

> 故君子尊德性而道問學，致廣大而盡精微，極高明而道中庸。溫故而知新，敦厚以崇禮。是故居上不驕，為下不倍。國有道，其言足以興；國無道，其默足以容。「詩」曰：「旣明且哲，以保其身。」其此之謂與！（第二十七章）

此節所言都可以分別在孔、孟、荀三家思想中獲得印證，故不妨看作原始儒家關於「君子理想」的一個最後的綜合。

四

以上討論儒家君子的理想，偏於靜態的分析。現在我們不妨再從動態的觀點對儒家「君子」的整體精神略作觀察。胡適在「說儒」一文中曾表示過一種意見，他認為孔子的最大貢獻是把殷遺民那種「柔順取容」的「儒道」改造爲「弘毅進取」的「新儒行」（見「胡適論學近著」）。胡氏的歷史推論似不可信，此處不必旁涉。但他用「弘毅進取」來刻劃孔子以下儒家理想「君子」的精神卻是有根據的。孔子說：

「剛毅木訥近仁。」（「子路」）

又說：

「吾未見剛者。」或對曰：「申棖。」子曰：「棖也慾，焉得剛？」（「公冶長」）

孔子的「仁」是剛性的，但只有在「仁者」或「君子」淨化了一己的種種不正當的私欲之後才能挺立起來。具備了這種剛毅的精神，「君子」便能在「仁」的實踐方面永不息止地勇猛精進。所以孔子又特別推重「進取」的精神。

子曰：「不得中行而與之，必也狂狷乎！狂者進取，狷者有所不爲也。」（「子路」）

「中行」當然是「君子」最理想的境界，但是並不能期望人人都能達到。退而求其次，則是「狂」與「狷」，前者是積極地「進取」，而後者則是消極地「有所不爲」。而在孔子的心目中，「進取」又是比「有所不爲」更高的一種價值。關於這一點，孟子曾有明確的詮釋。孟子說：

孔子不得中道而與之，必也狂獧（同「狷」）乎！狂者進取，獧者有所不爲也。孔子豈不欲中道哉？不可必得，故思其次也。……狂者又不可得，欲得不屑不潔之士而與之，是獧也，是又其次也。（「孟子」「盡心下」）

所以在「進」與「止」之間，孔子毫不遲疑地選擇「進」，而不取「止」。

子曰：「譬如爲山，未成一簣，止，吾止也。譬如平地，雖覆一簣，進，吾往也。」（

「子罕」）

他慨歎顏回早死，也說：

惜乎！吾見其進也，未見其止也。（「子罕」）

這種剛毅進取的精神已充分地體現在孔子一生的道德實踐之中。

葉公問孔子於子路，子路不對。子曰：「女奚不曰，其爲人也，發憤忘食，樂以忘憂，不知老之將至云爾。」（「述而」）

這是孔子最確切的自道，正可以和他「吾十有五而志於學」（「爲政」）的自述合參。當時一般人雖未必瞭解孔子一生努力不懈的意義，但終不能對他這一精神完全視而不見：

子路宿於石門。晨門曰：「奚自？」子路曰：「自孔氏。」曰：「是知其不可而爲之者與？」（「憲問」）

「知其不可而爲之」是旁觀者的話，但比出自孔子之口還更有力量。借用孔子自己的話說，「我欲載之空言，不如見之於行事之深切著明也。」（「史記」「太史公自序」）孔子的弟子和後世儒者都謹守此一精神而各有不同的發揮。曾子說：

士不可以不弘毅，任重而道遠。仁以爲己任，不亦重乎？死而後已，不亦遠乎？（「泰伯」）

孟子說：

居天下之廣居，立天下之正位，行天下之大道；得志，與民由之；不得志，獨行其道。富貴不能淫，貧賤不能移，威武不能屈，此之謂大丈夫。（「滕文公下」）

朱子〔集註〕曰：「廣居，仁也。正位，禮也。大道，義也。與民由之，推其所得於人也；獨行其道，守其所得於己也。」這是確解。而「富貴」以下三句也恰可爲孔子「無慾則剛」的說法作註腳。荀子也說：

> 君子敬其在己者，而不慕其在天者，是以日進也。（「天論」）

這也是儒家「剛毅進取」的精神的一種具體表現。〔易經〕乾卦的「象」辭曾有下面這句形容「君子」的話：

> 天行健，君子以自強不息。

這是後世儒家以「人道」上配「天道」後的說法，這就爲「君子」的「剛毅進取」增添了一重「天道」的保證，但在精神上仍是孔子「吾見其進，未見其止」的繼續。（最近馬王堆帛書〔周易〕上，「健」是「乾」的同音假借字。因此有人以爲「天行」是卦象，「健」是卦名。此處斷句當作「天行。健。君子以自強不息。」見韓中民「帛書〔周易〕釋疑一例——『天行健』究竟如何解釋」，〔文物天地〕一九八四年第五期，頁三四—三五。但即使帛書可從，也不影響全句的涵義。）

在西方思想史上，自柏拉圖、亞里斯多德以來即有「靜觀的人生」（vita contemplativa）和「行動的人生」（vita activa）之分，而前者高於後者。這一分別在中古時代因基督教的興起而加深，其涵義也頗有變化。大體上說，兩者的關係在近代發生了顛倒，「行動的人生」逐漸凌駕於「靜觀的人生」之上。但極其所至，動而不能靜，行而不能思，又發生了新的流弊。這便激起現代某些西方思想家的新憂慮：怎樣才能使人「思其所行」（"to think what we are doing"）

不致於長期陷於〔中庸〕所謂「人莫不飲食，鮮能知味」的困境。（可參看 Hannah Arendt, *The Human Condition* 一書。）儒家自始卽未走上此一動靜兩分的途徑。它以自我爲中心而展開的循環圈具有卽靜卽動、卽思卽行的性格。西方的靜觀瞑想（contemplation）乃以絕對的眞理(truth)爲對象。這在古希臘卽是「存有」（Being），在中古則是上帝（God）。人必須完全靜止，卽斷絕一切身體和靈魂的活動（包括言語與思維），然後眞理方能顯現。這種觀點是從西方的兩個世界——「此世」與「彼世」——截然分離而衍生出來的。中國的「此世」與「彼世」大體上是不卽不離的關係，故此一思路不是主流。道家偶然一見，釋氏頗有近似之論。儒家則除王陽明末流懸空想像「本體」一段略與之相近外（內容與意義仍不同），取徑截然有異。〔中庸〕「道不遠人」一段，朱子〔集註〕云：

> 道者率性而已，固衆人之所能知能行者也，故常不遠於人。若爲道者，厭其卑近以爲不足爲，而反務爲高遠難行之事，則非所以爲道矣。（第十三章）

王陽明「別諸生」詩形容「良知」也說：

> 不離日用常行內，直造先天未畫前。（四部備要本〔陽明全書〕卷二十）

這都足以表示儒家的兩個世界之間的關係。由於儒家的「道不遠人」，故理想中的「君子」卽靜卽動、卽思卽行；其剛毅進取、自強不息的精神便導源於此。西方「靜觀的人生」和「行動的人生」在歷史上顯有相互取代的趨向。在很長一段期間，西方人認爲「行動人生」是近代的性格，自文藝復興以來便逐漸取代了傳統的「靜觀的人生」，但最近幾十年來，西方人又開始爲「行動的人生」所帶來的「不思不想」而擔憂。這也許是因爲西方已進入「現代以後」（post-modern）

的階段了。從西方的觀點看，儒家「君子」的剛毅進取的精神既非純「傳統的」，也非純「現代的」，而是介乎兩者之間，且兼而有之。這種精神在今天是不是能給我們一點新的啟示呢？這是一個值得深思的問題。

原載香港〔明報月刊〕，第二〇卷第十一期

漢代循吏與文化傳播

一、中國文化的大傳統與小傳統

本文的主題是闡釋漢代的循吏在中國文化的傳佈方面所發揮的功用。在正式進入主題之前，我覺得有必要對本文的研究取向略加說明。

近幾十年來，許多人類學家和歷史學家都不再把文化看作一個籠統的研究對象。相反地，他們大致傾向於一種二分法，認為文化可以劃分為兩大部份。他們用各種不同的名詞來表示這一分別：在五十年代以後，人類學家雷德斐（Robert Redfield）的大傳統（great tradition）與小傳統（little tradition）之說曾經風行一時，至今尚未完全消失①。不過在最近的西方史學界，精

① 見 Robert Redfield, *Peasant Society and Culture* (University of Chicago Press, 1956)，特別是第三章。

英文化（elite culture）與通俗文化（popular culture）的觀念已大有取而代之的趨勢。名詞儘管不同，實質的分別卻不甚大。大體說來，大傳統或精英文化是屬於上層知識階級的，而小傳統或通俗文化則屬於沒有受過正式教育的一般人民。由於人類學家和歷史學家所根據的經驗都是農村社會，這兩種傳統或文化也隱涵著城市與鄉村之分。大傳統的成長和發展必須靠學校和寺廟，因此比較集中於城市地區；小傳統以農民爲主體，基本上是在農村中傳衍的。

以上所描述的當然衹是一個粗略的輪廓，如果仔細分析起來，則無論是大傳統或小傳統都包括著許多複雜的成份。通俗文化的內容尤其不簡單，可以更進一步分成好幾個層次。例如歐洲中古以來的通俗文化中便有所謂「俗文學」（chap-book）一個層次，相當於中國的「說唱文學」。主持這種俗文學的人也受過一點教育，不過程度不高，不能精通拉丁文而已。所以有的史學家甚至把這種「俗文學」看作大、小傳統之間的另一文化層②。但是大體而言，上述的二分法還是爲文化史的研究提供了一個有用的概念架構。

本文討論中國文化也接受大、小傳統分化的前提，而著重點則和時下一般的研究稍有不同。西方目前的潮流是以通俗文化爲主要的研究對象。研究者雖然也注意精英文化和通俗文化之間的複雜關係，但他們的重心顯然在後者而不在前者③。本文的研究對象則是中國的大傳統及其對通俗文化的影響。但是這並不是存心立異，而是受到中國的特殊的歷史經驗所限，不得不如此。

② 見 Peter Burke, *Popular Culture in Early Modern Europe* (Harper Torchbooks, 1978), pp. 62-63.

③ 例如 Robert Muchembled, *Popular Culture and Elite Culture in France, 1400-1750*, translated by Lydia Cochrane (Louisiana State University Press, 1985)，討論 elite culture 的部分極少；N.Z. Davis, *Society and Culture in Early Modern France* (London, 1975) 也是以通俗文化爲主體。

中國文化很早便出現了「雅」和「俗」的兩個層次，恰好相當於上述的大、小傳統或兩種文化的分野，〔論語〕「述而」：

> 子所雅言〔詩〕、〔書〕執禮，皆雅言也。④

「雅」與「夏」音近而互通，故「雅言」原指西周王畿的語音，經過士大夫加以標準化之後成爲當時的「國語」。但是標準化同時也就是「文雅化」；因此到了孔子的時代，「雅言」一詞已漸取「夏聲」而代之，原始義終爲後起義所掩了。（「夏聲」見〔左傳〕襄公二十九年條。）〔荀子〕「榮辱篇」云：

> 越人安越，楚人安楚，君子安雅。

正可見「雅言」是士大夫的標準語，以別於各地的方言⑤。但是「雅言」並不是單純的語言問題，而涉及一定的文化內容。孔子「〔詩〕、〔書〕、執禮，皆雅言也」，而禮、樂、詩、書在古代則是完全屬於統治階級的文化。這不恰好說明，所謂「雅言」便是中國的大傳統嗎？中國的「雅言」傳統不但起源極早，而且一脈相承，延續不斷，因此才能在歷史上發揮了文化統一的重大效用。這在世界文化史上可以說是獨步的。卽使在政治分裂的時代，中國的大傳統仍然繼續維繫著一種共同的文化意識。所以東晉南朝的士大夫和寒人，無論是北人、或南人，都用洛陽語音來保存並傳播他們的典雅文化。陳寅恪在「東晉南朝之吳語」中說：

---

④ 此「執禮」之「執」字大約原是「埶」字。見陳夢家，〔尚書通論〕（商務印書館，一九五七），頁一二註一。但方以智〔通雅〕和〔東西均〕中早已指出。

⑤ 見繆鉞「周代的『雅言』」一文，現收入〔冰繭盦叢稿〕（上海古籍出版社，一九八五）。

> 除民間謠諺之未經文人刪改潤色者以外，凡東晉南朝之士大夫以及寒人之能作韻者，依其籍貫，縱屬吳人，而所作之韻語則通常不用吳音，蓋東晉南朝吳人之屬於士族階級者，其在朝廷論議社會交際之時尚且不操吳語，豈得於其摹擬古昔典雅麗則之韻語轉用土音乎？至於吳之寒人旣作典雅之韻語，亦必依仿勝流，同用北音，以冒充士族，則更宜力避吳音而不敢用⑥。

這個歷史結論正足以說明中國的「雅言」傳統是多麼的強固。

如果「雅言」傳統僅僅保存在「君子」、「士大夫」階層的手中，和一般下層人民毫無關係，那麼它在文化統一上的功能仍然是很有限的。以歐洲史爲例，它的「雅言」是拉丁文，其傳授則在學校，是屬於上層貴族的文化。至於各地的人民則都用方言，可以和拉丁文互不相涉。歐洲的大傳統和一般人民比較隔閡，成爲一種「封閉的傳統」(closed tradition)，是不難理解的⑦。一般地說，大傳統和小傳統之間一方面固然相互獨立，另一方面也不斷地相互交流。所以大傳統中的偉大思想或優美詩歌往往起於民間；而大傳統旣形成之後也通過種種管道再回到民間，並且在意義上發生種種始料所不及的改變⑧。但理論上雖然如此，在實際的歷史經驗中這兩個傳統的關係卻不免會因每一個文化之不同而大有程度上的差異。和其他源遠流長的文化相較，我們可以肯定地說：中國大、小傳統之間的交流似乎更爲暢通，秦漢時代尤其如此。這種特殊情況的造成當然有許多複雜的因素。其中最重要的一點便是上面所提到的「雅言」傳統。中國的方言雖

⑥ 收入〔金明館叢稿二編〕（臺北：里仁書局版，一九八一），頁二七一。
⑦ Burke，前引書，頁二八。
⑧ Redfield，前引書，頁四二—四三。以漢代而論，〔孝經〕和〔太平經〕都可爲例。

多，但文字的演變自商周以來大體上則一脈相承。王國維斷定戰國時六國用「古文」，屬於東土系統，秦用「籀文」，屬西土系統。但是他又說這兩個系統。「其源皆出於殷周古文」⑨。秦統一之後，李斯推行「書同文」的政策，更加強了文字統一的趨勢。這個看法並不否認六國文字各有地方色彩的事實，更不是說中國文字在任何時期已取得完全的統一。這裏所強調的只是中國文字遠從商周以前起，大體上是沿著一個共同的系統而發展的。而且一直到今天，我們還沒有考古的證據可以斷定它不是起源於本土的⑩。所以有不少中國字，古今的寫法仍相去不遠，例如古文中的「文」、「字」兩個字，今天依然一望可識。中國的「雅言」傳統不能與歐洲拉丁文相提並論，其道理是很顯然的。自六、七世紀蠻族入侵以來，相對於歐洲各地的方言來說拉丁實不啻爲一種外國語文。沒有受過教育的人不但不會讀，不會寫，而且也不會聽⑪。中國的「雅言」則是本國語文的標準化或雅化。例如〔詩經〕中「楊柳依依」、「雨雪霏霏」、「牛羊下來」之類的句子，卽使是不識一字的人也可以完全聽得懂。中國大、小傳統之間互相通流恐怕和這一特殊的語文情況很有關係。漢代流行的兩部字書——〔爾雅〕與〔方言〕——也有助於說明問題。〔爾雅〕所釋的是「雅言」，屬於大傳統的範圍；〔方言〕所釋的是各地方的土語，自屬小傳統無

⑨ 見〔觀堂集林〕卷七「戰國時秦用籀文六國用古文說」。
⑩ 見 Cheung Kwong-Yue, "Recent Archaeological Evidence Relating to the Origin of Chinese Characters," in David N. Keightley, ed., *The Origins of Chinese Civilization* (University of California Press, 1983).
⑪ 見 Gilbert Highet, *The Classical Tradition, Greek and Roman Influences on Western Literature* (Oxford University Press, 1957), pp. 558-9.

疑。這兩部字書正是溝通大、小傳統的重要工具。〔爾雅〕不但以今語釋古語，而且還以俗名釋雅名，尤可見漢儒對小傳統的重視⑫。

更值得注意的是中國人很早便已自覺到大、小傳統之間是一種共同成長、互爲影響的關係。〔論語〕「先進」：

子曰：先進於禮樂，野人也；後進於禮樂，君子也。如用之，則吾從先進。

此處「野人」指一般農民，「君子」指貴族士大夫，似無可疑⑬。「禮樂」自是古代的大傳統。所以孔子這句話可以理解爲大傳統起源於農村人民的生活。〔論語〕「八佾」孔子說：「繪事後素」。子夏聽了，舉一反三地問：「禮後乎？」孔子大爲稱讚。禮屬後起，即起於生活的內在要求。總之，根據中國人的一貫觀點，大傳統是從許多小傳統中逐漸提煉出來的，後者是前者的源頭活水。大傳統（如禮樂）不但源自民間，而且最後又往往回到民間，並在民間得到較長久的保存。至少這是孔子以來的共同見解。像「緣人情而制禮」、「禮失求諸野」之類的說法其實都蘊涵著大、小傳統不相隔絕的意思。

若以古代大傳統中的經典而言，此一中國文化的特色更爲顯著。〔左傳〕襄公十四年條說：「自王以下，各有父兄子弟以補察其政：史爲書，瞽爲詩，工誦箴諫，大夫規誨，士傳言，庶人謗，商旅于市，百工獻藝。故夏書曰：遒人以木鐸徇於路。」〔國語〕「周語上」也說：「故天子聽政，使公卿至於列士獻詩，瞽獻曲，史獻書，師箴，瞍賦，矇誦，百工諫，庶人傳語，近臣

⑫ 〔觀堂集林〕卷五「爾雅草木蟲魚鳥獸名釋例」上下兩篇。

⑬ 見傅斯年，「周東封與殷遺民」一文，收入〔傅孟真先生集〕第四冊，頁二八。

盡規，親戚補察，瞽史教誨，耆艾修之，而後王斟酌焉。」這種記載雖不免理想化之嫌，但可見〔詩〕、〔書〕等經典中確反映了一些民間各階層人的思想和情感。無論我們是否相信周代有「采詩」之事，〔詩經〕國風中有不少詩起源於各地的小傳統，在今天看來已成定論。至於漢武帝設立樂府之官，有系統地在各地搜集民間歌謠，則更是盡人皆知的歷史事實。今天文學史家大概都不否認現存漢代樂府中，有許多源出民間的作品。承擔大傳統的統治階層對於各地的民間小傳統給予這樣全面而深切的注意，這在古代世界文化史上眞可謂別具一格。〔漢書〕「藝文志」在「詩賦家」之末論之曰：

> 自孝武立樂府而采歌謠，於是有代、趙之謳，秦、楚之風，皆感於哀樂，緣事而發，亦可以觀風俗，知薄厚云。

可見樂府采詩主要是因爲中央政府想要瞭解各地的風俗，而觀察風俗則又是爲「移風易俗」作準備的。這是整個儒家「禮樂教化」的理論中的一個重要環節，與本文所研究的循吏關係甚大，下文當續有討論。〔孝經〕「廣要道」章記孔子之語曰：「移風易俗，莫善於樂」，此即漢代樂府制度的理論根據。漢儒所最重視的是文化統一，故宣帝時王吉上疏有云：

> 春秋所以大一統者，六合同風，九州共貫也。（〔漢書〕卷七二本傳）

自董仲舒以來，所謂「春秋大一統」都是指文化統一而言，與政治統一雖有關而實不相同。用現代的觀念說，移風易俗便是用大傳統來改造小傳統，以收所謂「道一風同」之效。移風易俗不能訴諸政治強力，祇有通過長時期的教化才可望有成。但「百里不同風，千里不共俗」，倘不先深知各地小傳統之異，而加以疏導，則大傳統的教化亦終無所施。所以「觀風俗」在漢代是一項極重要的政治措施，樂府采詩不過是其中一個環節而已。應劭〔風俗通義〕「序」說：「爲政之要，辨風正俗，最其上也。」這是完全符合歷史實際的⑭。〔漢書〕「地理志下」之末所輯各地的風俗便是成帝時丞相張禹使屬下朱贛整理出來的。這是漢代中央政府的檔案中藏有大量的風俗資料的明證。「觀風采謠」在漢代決不僅是「空言」，而確已「見諸實事」。班固〔漢書〕中所記是根據西漢時代的官方文書，而東漢以下各地風俗政府仍在隨時搜集。〔後漢書〕「方術・李郃傳」載：

和帝卽位，分遣使者，皆微服單行，各至州縣，觀採風謠。

舉此一例卽可見漢代「觀風采謠」制度的推行是極其普遍而認眞的。使者「微服單行」便是爲了掩飾他們的官方身份；唯有如此，各地人民才肯無所顧忌地說出他們內心的感情和想法。這個例子也爲儒家理論在漢代的實踐提供了眞憑實據。

前已指出，「觀風采謠」是儒家「禮樂教化」的預備工作，其目的在推動文化的統一。這種文化統一的努力當然有助於政治統一，因此才獲得漢廷的積極支持。但是我們又不能把它簡單地看作是專爲便於皇帝專制而設計的制度。卽使皇帝的動機是基於政治利益的考慮，我們也不應據此而否定儒家理論別有超越政治之上的更深涵義。〔漢書〕卷五十一「賈山傳」載他在文帝時所上的「至言」有云：

古者聖王之制，史在前書過失，工誦箴諫，瞽誦詩諫，公卿比諫，士傳言諫，庶人謗於道，商旅議於市，然後君得聞其過失也。

⑭〔風俗通義〕最好的版本是王利器的〔校注〕（中華書局，一九八一）。

賈山的話顯然本於前引〔左傳〕襄公十三年條及〔國語〕「周語上」所記邵公關於「防民之口」的議論。〔左傳〕在前引文之後說：

天之愛民甚矣，豈其使一人肆於民上，以從其淫，而棄天地之性（按：即「生」），必不然矣。

可證「觀風采謠」也涵有限制帝王「一人肆於民上」的用意。所以「至言」特別強調「今人主之威」不止「雷霆萬鈞」，必須通過「觀風采謠」以防止其濫用。

總之，儒家基本上是主張文化統一的，即以禮樂的大傳統來化民成俗。這個教化的過程是以漸不以劇的。〔漢書〕卷四十三「叔孫通傳」引魯國兩個儒生的話云：

禮樂所由起，百年積德而後可興也。

顏師古注曰：

言行德教百年，然後可定禮樂也。

這兩個儒生謹守孔子的舊義，所以終不肯曲學阿世，隨叔孫通到漢廷去定朝儀。儒家關於禮樂教化的原始教義決不是帝王專制的緣飾品，這可以從上引賈山的「至言」和魯兩生的言論中獲得確切的證明。至於漢代朝廷實際上曾通過種種方式來以「儒術緣飾吏事」，那當然是另一個問題。

漢代儒家的大傳統在文化史上顯然有兩重意義：一是由禮樂教化而移風易俗，一是根據「天聽自我民聽，天視自我民視」的理論來限制大一統時代的皇權。「觀風采謠」在這兩方面都恰恰發揮了關鍵性的作用。由於古代中國的大、小傳統是一種雙行道的關係，因此大傳統一方面固然超越了小傳統，另一方面則又包括了小傳統。周代〔詩經〕和兩漢樂府中的詩歌都保存了大量的民間作品，但這些作品之所以成爲經典，其一部份的原因則在於它們已經過上層文士的藝術加工或「雅化」⑮。這是中國大傳統由小傳統中提煉而成的一種最具體的說明。漢代大、小傳統之間的交流尤其活潑暢遂，文人學士對兩種傳統的文獻都同樣加以重視。事實上，由於漢代的大一統開創了一個「布衣君相」的新局面，古代貴族社會已告終結，代之而起的則是以士、農、工、商爲主體的四民社會。這一新局在文化上所表現的特殊形態便是大、小傳統互相混雜，甚至兩者之間已無從截然劃清界線。祇要我們細讀〔漢書〕「藝文志」中的劉歆〔七略〕即可對當時的文化狀態有一清楚的概念。

〔七略〕之中，術數和方技兩類顯然是民間小傳統中的產品。六藝、諸子、詩賦三類似乎應該劃在上層大傳統之內。但一究其內容，則幾乎沒有一類不受到小傳統的侵蝕。漢代的六經整個地在陰陽五行的籠罩之下，而陰陽五行似是長久以來流行在民間的觀念，不過到戰國晚期才受到系統化的處理而已。舉例來說，〔易〕爲六經之首，「藝文志」便明言「及秦燔書，而〔易〕爲筮卜之事，傳者不絕。」孟喜是漢初易學大師，〔漢書〕「儒林傳」卻告訴我們：「喜……得易家候陰陽災變書，詐言師田生（王孫）且死時枕喜厀，獨傳喜，諸儒以此耀之。」本文開始時引人類學家之說，大傳統流入民間便會在意義上發生始料所不及的變化。漢代的六經便提供了一個典型的例證。〔易經〕如此，〔詩經〕亦然。「藝文志」說漢初訓詩，「采雜說，咸非其本義」。這也是由於受到小傳統的干擾，並不完全是因爲一切「聖典」（sacred text）傳衍既久必然因適

⑮ 見錢穆，「讀詩經」一文，收入〔中國學術思想史論叢〕㈠（臺北：東大圖書公司，一九七六）和屈萬里，「論國風非民間歌謠的本來面目」，〔歷史語言研究所集刊〕第三十四本（臺北，一九六三）。

應新情況而發生新解所致⑯。再就諸子九家而言，其中小說家是「街談巷語，道聽塗說」，純屬小傳統。故注引如淳曰：「王者欲知閭巷風俗，故立稗官使稱說之。」至於詩賦類中的樂府采自民間，上文已經討論過了。

漢代以後，中國大、小傳統逐漸趨向分隔，但儒家關於兩個傳統的關係的看法則沒有發生根本的改變。十七世紀的劉獻廷對於這一點有最明白的陳述。他在〔廣陽雜記〕卷二說：

余觀世之小人，未有不好唱歌看戲者，此性天中之詩與樂也；未有不看小說聽說書者，此性天中之書與春秋也；未有不信占卜祀鬼神者，此性天中易與禮也。聖人六經之教，原本人情。而後之儒者乃不能因其勢而利導之，百計禁止遏抑，務以成周之芻狗，茅塞人心，是何異壅川使之不流？無怪其決裂潰敗也。

從理論上說，劉獻廷的話並不算新穎。〔中庸〕云：「君子之道費而隱。夫婦之愚，可以與知焉，及其至也，雖聖人亦有所不知焉。」王陽明說「與愚夫愚婦同的便是同德。」後來章學誠「原道」篇也說：「學於眾人，斯為聖人。」聖人之「道」源出於百姓的人倫日用，這一點是古今儒家所一致肯定的。但是在劉獻廷之前，從未有人能這樣明確而具體地把六經分指為小說、戲曲、占卜、祭祀的前身。由於他的點破，儒家大傳統和民間小傳統之間的關係便非常生動地顯露出來了。而劉獻廷之所以有此妙悟，則又有其時代的背景。十六世紀以來，由於商人階層的興起，城市的通俗文化有了飛躍的發展；戲曲小說便是這一文化的核心，因此才引起了士大夫的普遍注

⑯ 見 Edward Shils, *Tradition* (University of Chicago Press, 1981), pp. 45-46.

意。中國的大、小傳統之間也再一次發生了密切的交流⑰。

二、漢代大傳統與原始儒教

漢代大、小傳統之間的關係既明，循吏的特殊功能才可獲得深一層的理解。雷德斐指出，所有的大傳統都要通過教師（teachers）傳播到一般人民。他並且舉出印度教和伊斯蘭教的傳教人物和方式來說明他的論點⑱。但是漢代的大傳統和有組織的宗教不同；它的教師也不是專業的宗教人物，如印度寺廟中的「誦經者」（reciters）或伊斯蘭教的「聖者」（saints）。本文的重點便是討論漢代大傳統的傳佈究竟具有那些中國的特性。漢代的循吏毫無可疑地曾扮演了文化傳播者的角色。但這正是問題的關鍵所在。爲什麼傳播大傳統的責任在中國竟會落在循吏的身上呢？

首先我們必須從澄清漢代大傳統的基本性質開始。雷氏所謂大傳統主要指在某一社會中佔據著主導地位的價值系統而言；這種價值系統往往托身於宗教，如西方的基督教或阿拉伯人的伊斯蘭教。但漢代大傳統的形態則頗有不同；它不是通常意義下的「宗教」，尤其與有正式的教會組織、專業的傳教士、以及嚴格的教條（dogmas）那種形態的宗教截然有別。〔史記〕「太史公自序」中列舉了陰陽、儒、墨、名、法、道德爲漢初的六大思想流派，這大概可以代表當時的大傳統。不過嚴格地說，在社會、政治、文化思想上佔據統治地位的則只有儒、道、法三家。由於漢

⑰ 詳見本書所收「中國近世宗教倫理與商人精神」一文。

⑱ 見 Redfield，前引書，頁四七—四九。

代思想界已趨向混合，差不多已沒有任何一家可以完全保持其純潔性，而不受其他各家的影響。其中陰陽五行的觀念則尤其如水銀瀉地，無所不在。不過陰陽五行說所提供的主要是一個宇宙論的間架；儒、道、法三家雖都採用其間架，基本上卻並未改變它們關於文化、政治、社會的理論內容。墨、名兩家在漢代則已退居支流可以存而不論。

儒、道、法三家之間也早已發生了交互影響，其間的關係甚為複雜。例如在政治思想方面不但黃、老與申、韓已合流，儒家也有法家化的傾向⑲。但以文化、社會價值而言，則我們不能不承認儒家在漢代大傳統中的主流地位，道、法兩家似不能與之爭衡。顧炎武論「秦紀會稽山刻石」，特別指出：

> 然則秦之任刑雖過，而其坊民正俗之意固未始異于三王也。（「日知錄」卷十七）

顧炎武根據泰山、碣石門及會稽等地的刻石，指出秦始皇提倡三代禮教以矯正各地小傳統中的風俗。這個結論是建立在堅強的歷史證據之上。可見在文化、社會政策方面，秦始皇仍不能不捨法家而取儒家。應劭「風俗通義」云：

> 然文帝本修黃老之言，不甚好儒術，其治尚清淨無為，以故禮樂庠序未修，民俗未能大化，苟溫飽完結，所謂治安之國也。（卷二「正失」篇）

這是指摘漢文帝的黃老之治未能發揮移風易俗的積極功效。這一論斷也是有根據的，雖然道家「我無為而民自化」的態度曾為儒家的教化導其先路。總之，從文化史的觀點看，儒教在漢代確居於主流的地位，因此我們有充足的理由用它來代表當時的大傳統。但是從政治史的觀點看，我們

⑲ 詳見余英時，「反智論與中國政治傳統」，收入「歷史與思想」（臺北：聯經出版事業公司，一九七六年）。

卻不能輕率地斷定自漢武帝「獨尊儒術」以後，中國已變成了一個「儒教國家」(Confucian state)。儒教對漢代國家體制，尤其是中央政府的影響是比較表面的，當時的人已指出是「以經術潤飾吏事。」以制度的實際淵源而言，「漢承秦制」在〔漢書〕「百官公卿表」上有明白而詳細的記載；法家的影響仍然是主要的。漢宣帝的名言云：

漢家自有制度，本以霸王道雜之，奈何純任德教，用周政乎？(〔漢書〕「元帝本紀」)

這是漢代政治未曾定於儒家之一尊的明證。儒教在漢代的效用主要表現在人倫日用的方面，屬於今天所謂文化、社會的範疇。這是一個長期的潛移默化的過程，所以無形重於有形，民間過於朝廷，風俗多於制度。在這些方面，循吏所扮演的角色便比卿相和經師都要重要得多，因為他們是親民之官。

儒教在中國史的不同階段中曾以各種不同的面貌出現。漢代的儒教究竟具有什麼特點？這是我們必須進一步說明的問題。從唐代的韓愈以來，很多人都相信以孔、孟為代表的儒家「道統」在漢代中斷了，因為以心性論為中心的儒家思想已被陰陽五行的系統取而代之。這個看法當然有相當的歷史根據。不可否認的，〔孟子〕、〔中庸〕以及〔大學〕中都有所謂心性論的成份。但同樣不可否認的是，韓愈以來儒家心性論的再發現是受佛教的刺激而起。我們是否有充足的理由以心性論為決定儒家道統的唯一標準呢？

本文不能討論儒家道統論是否可以成立這個大問題。我們只想指出一個簡單的歷史事實，即從戰國到漢代，不但心性論尚未成為儒教的中心問題，孟子也還沒有取得正統的地位。〔史記〕「孟、荀列傳」和「儒林列傳」都是第一手的證據。〔史記〕「太史公自序」云：

獵儒、墨之遺文，明禮文之統紀，絕惠王利端，列往世興衰。作孟子、荀卿列傳第十四。

這一段話的解釋向來爭論很多，此處不能詳及。但梁玉繩〔史記志疑〕卷三十六說：

孔、墨同稱，始於戰國，孟、荀齊號，起自漢儒，雖韓退之亦不免。（原註：見「進學解」）蓋上二句指荀卿，卽傳所謂荀子推儒、墨道德行事興壞著數萬言者，下二句指孟子，「儒林傳」言孟子、荀卿咸遵夫子之業，非孟、荀並列之證歟？夫荀況常非孟子矣，豈可並吾孟子哉！

梁玉繩的話所以特別值得注意是因爲他已毫不遲疑地接受了後世孔、孟正統的觀念。因此在情緒上他無法承認批評孟子的荀況「可並吾孟子」。但是他是〔史記〕的專家，客觀的證據逼使他不能不得出「孟、荀齊號，起自漢儒」的結論。〔史記〕「儒林列傳」上所載「孟子、荀卿之列，咸遵夫子之業而潤色之」的事實是沒有辦法否認的。不但如此，以西漢一代而論，荀子在儒教中的重要性恐怕還在孟子之上⑳。

本文是歷史的研究，孟、荀孰得孔子的嫡傳，在此無關緊要。我們所重視的則是司馬遷所說的，孟、荀「咸遵夫子之業」那句話。換句話說，在漢代人的理解中，孟、荀兩家都承繼了孔子的儒教，他們之間的相同處遠比相異處爲重要。本文論漢代儒教則根據兩個標準：第一、在先秦儒教傳統中孔、孟、荀三家的共同點是什麼？第二、漢儒接受先秦儒教並且見之於行事的究竟是那些部份？祇有通過這兩個標準的檢驗，我們才能比較有把握地確定漢代儒教的基本內容；也祇

⑳ 見繆鉞，「論荀學」，收入〔冰繭盦叢稿〕。

有這樣的儒教才有資格被稱爲「大傳統」。中國思想自始卽不以抽象思辯見長，儒家尤其如此。所以孔子說：「我欲載之空言，不如見之行事之深切著明。」㉑儒家教義的實踐性格及其對人生的全面涵蓋使它很自然地形成中國大傳統中的主流。這個大傳統不但事實上在漢代沒有中斷，而且儒教之所以能成爲中國文化的支配力量，其基礎正是在漢代奠定的。漢代儒教和陰陽五行之說相混雜確屬事實。例如董仲舒以後，儒家多說「天人相應」，並以陰陽配情性、五行配五常。凡此之類，不可勝數，其大異於先秦儒家的立論是無可諱言的。從嚴格的哲學觀點看，我們當然可以說儒家已「失傳」了。但是從文化史或廣義的思想史的觀點看，這種情形恰足以說明儒教在漢代是一個有生命的大傳統，因爲它眞正和小傳統或通俗文化合流了。前面已經指出，依人類學家的觀察，大傳統一旦落到下層人民的手上便必然會發生意想不到的變化，因而失去其原義。不但漢代如此，明代的王學也是一樣。黃宗羲說：「陽明先生之學，有泰州、龍溪而風行天下，亦因泰州、龍溪而漸失其傳。」又說：「泰州之後，其人多能以赤手搏龍蛇，傳至顏山農、何心隱一派，遂非復名教之所能羈絡矣。」（見〔明儒學案〕卷三十二「泰州學案」序）黃宗羲從嚴格的哲學觀點爲陽明惋惜，但是我們卻正可由此而斷定王學在晚明是充滿著活力的大傳統。而且更深一層分析，陰陽五行說對先秦儒教的歪曲其實僅限於它的超越的哲學根據一方面，至於文化價值，如仁、義、禮、智、信之類，則漢儒大體上並沒有改變先秦舊說。事實上，孝弟觀念之深入中國通俗文化主要是由於漢儒的長期宣揚。漢儒用陰陽五行的通俗觀念取代了先秦儒家的精微的哲學論證，但儒教的基本教義也許正因此才衝破了大傳統的藩籬，成爲一般人都可以接受的道

㉑ 漢代儒生特別強調孔子不尚「空言」，如王吉疏：「孔子曰：安上治民，莫善於禮。非空言也。」見〔漢書〕卷七二本傳。

理。

以上我們試圖從大、小傳統的關係著眼，說明漢代儒教何以是一個有生命的大傳統。從純哲學的觀點說，漢代儒教自是「卑之毋甚高論」，但它確曾發揮了「移風易俗」的巨大作用。中國文化流佈之廣、持續之久和凝聚力之大是世界文化史上獨一無二的現象；而儒教在這一文化系統中則無疑是居於樞紐的位置。無論我們今天對儒教持肯定或否定的態度，這個歷史事實都是無法抹殺的。〔中庸〕描寫儒家的「至聖」有云：

> 溥博如天，淵泉如淵。見而民莫不敬，言而民莫不信，行而民莫不說。是以聲名洋溢乎中國，施及蠻貊，舟車所至，人力所通，天之所覆，地之所載，日月所照，霜露所墜，凡有血氣者，莫不尊親。

這在〔中庸〕作者的時代尚不過是一種高遠的想像，然而自漢代以來，孔子和他所開創的儒教在中國甚至東亞的世界中幾乎已達到了這個想像的境界。在這一化想像爲現實的歷史進程中，兩漢的儒家，包括循吏在內，是一批最重要的先驅人物。

根據上面所設立的兩個標準，我們可以毫不遲疑地指出，從孔、孟、荀到漢代，儒教的中心任務是建立一個新的文化秩序。孔子以前的中國大傳統是所謂三代的禮樂，即〔論語〕「爲政」所說「周因於殷禮、殷因於夏禮」的文化系統。這個系統在春秋時代已陷於「禮壞樂崩」的局面，但孔子仍然嚮往周代盛世的禮樂秩序；他一生最崇拜的古人則是傳說中「制禮作樂」的周公。所以他說：

> 周監於二代，郁郁乎文哉！吾從周。（〔論語〕「八佾」）

但孔子深知「禮」是隨著時代的變動而必然有所「損益」的，所以他的「從周」決不能理解爲完全恢復周公的禮制。從「其或繼周者，百世可知也」的話來看，他不過是主張繼承周文的精神以推陳出新而已。他曾這樣描寫理想中的文化秩序：

> 道之以政，齊之以刑，民免而無耻；道之以德，齊之以禮，有耻且格。（〔論語〕「爲政」）

「刑法」是孔子時代所出現的新事物，但孔子在這裏僅指出「政」與「刑」之不足，而不是完全否定它們的功效。孔子的理想秩序則是「道之以德，齊之以禮」，這是他「繼周」而加以「損益」之所在。這兩種秩序並不是互相排斥的關係，而是最低限度與最高限度的分別。用現代的觀念說，孔子所希望重建的主要是道德、文化的秩序；這是最高限度的秩序，超越但同時也包括了最低限度的政治、法律的秩序。所以對孔子和儒家而言，文化秩序才是第一義的，政治秩序則是第二義的。孟子、荀子以至漢代的循吏都接受這一共同的原則。

如所週知，孔子明確地提出「仁」爲「禮」的超越根據是一個最重要的貢獻。正是由於這一貢獻，他才能在古代禮樂的廢墟上創建了儒教。「仁」是「禮」的內在的精神基礎；「禮」是「仁」的外在的形式表現。這是孔子以來儒教的通義。後起的孟、荀兩家雖有畸輕畸重的差異，然皆莫能自外於此一通義。但是禮治或德治的秩序究竟通過何種具體的程序才能建立呢？傳統的看法是用〔大學〕的格物、致知、誠意、正心、修身、齊家、治國、平天下八條目說明儒教從「內聖」到「外王」的具體步驟。前四條是戰國中晚期各家修身論競起的結晶，此處姑且置之不論

㉒。但修、齊、治、平之說則在〔論語〕、〔孟子〕、〔荀子〕中都可以獲得印證。照這個看法，似乎儒家的德治秩序完全是從統治者個人的道德修養中逐步推出來的。自〔莊子〕「天下」篇提出「內聖外王」的觀念以後，儒家的德治論便普遍地被理解為「內聖」必然導致「外王」或「內聖」是「外王」的先決條件。我們必須承認，儒教的確要求統治階層的所有成員都「以修身為本」。在先秦至兩漢的儒家議論中，我們可以清楚地看出，所謂「修身」是特別針對著「士」而設的說教。對於「士」以及「士」以上的人來說，修、齊、治、平是一個必要的程序。漢代以「孝弟」為取士的最重要的標準，便是根據「欲治其國者，先齊其家」的邏輯推衍出來的。無可諱言，儒家堅信「士」是文化的「先覺」，具有特殊的歷史使命——即「以此道覺此民」，而「自任以天下之重。」（〔孟子〕「萬章」下）從現代的觀點看，這當然可以說是一種「文化精英論」（elitism）。在儒教的支配之下，士在中國文化的長期發展中扮演了一個非常特殊的角色；這是世界史上絕無僅有的現象。

但是修、齊、治、平的程序並不適用於一般「後知」、「後覺」的人民。從社會的整體的角度出發，儒家德治秩序的建立則依循另一套程序。〔論語〕「子路」：

> 子適衛，冉有僕。子曰：「庶矣哉！」冉有曰：「既庶矣，又何加焉？」曰：「富之。」曰：「既富矣，又何加焉？」曰：「教之。」

這個「先富後教」說才是孔子政治思想的核心，而先後為孟、荀所承繼㉓。孟子曾一再向當時的

㉒ 見余英時，「中國知識份子的古代傳統——兼論『俳優』與『修身』」，收在〔史學與傳統〕（臺北：時報出版公司，一九八二年）。

㉓ 參看蕭公權，〔中國政治思想史〕增訂本（臺北：聯經出版事業公司，一九八二），第三章「孟子與荀子」論「養」各節。

國君強調「仁心」，又曾明說：「君子之守，修其身而天下平。」（「盡心」下）這都合於修、齊、治、平的程序。但是他向齊宣王論「仁政」卻說：

明君制民之產，必使仰足以事父母，俯足以畜妻子，樂歲終身飽，凶年免於死亡；然後驅而之善，故民之從也輕。

今也制民之產，仰不足以事父母，俯不足以畜妻子；樂歲終身苦，凶年不免於死亡。此惟救死而不贍，奚暇治禮義哉？（「梁惠王」上）

這正是對「先富後教」說的進一步的發揮。孟子在他對堯的時代加以理想化的時候，也說：

后稷敎民稼穡，樹藝五穀；五穀熟而民人育。人之有道也，飽食、煖衣、逸居而無敎，則近於禽獸。聖人有憂之，使契爲司徒，敎以人倫——父子有親，君臣有義，夫婦有別，長幼有序，朋友有信。（「滕文公」上）

可見從人民的羣體生活著眼，儒家的德治秩序必須首先建立在「飽」、「煖」的基礎之上。祇有在「黎民不饑不寒」（此語兩見於「梁惠王」上）以後才能談得到「禮義」的敎化。「先富後敎」是儒家的通義，也可以從〔尙書〕「洪範」中得到證實。「洪範」成篇的時代在此無需討論；作爲一篇重要的儒家文獻，它的眞實性是無可懷疑的。在「洪範」的「八政」之中，「食」居首位，「貨」爲其次，「司徒」則列第五。據鄭玄注，「此數本諸其職先後之宜也。」所以「八政」的次序是出於有意義、有計劃的安排，與「先富後敎」完全一致，更和上引〔孟子〕「滕文公」之說若合符節。不但儒家如此，受有儒家影響的〔管子〕「牧民」篇也開宗明義地說：「倉廩實則知禮節，衣食足則知榮辱。」

荀子的「禮治」論與孟子的「仁政」說雖有外傾與內傾之別，但荀子對「修身」的重視則並不在孟子之下。他在「君道」篇說：「聞修身，未嘗聞爲國。」他的「修身」篇更是完全針對「士」而發，故有「士欲獨修其身」之語。可見從「修身」推到「治國」也是荀子所肯定的程序。近人多以〔大學〕出於荀子的系統，似乎是有根據的。但是荀子講「修身」，其出發點仍然是在「君」或「士」的個人。荀子生活在秦代統一中國的前夕，因此他最關心的問題是怎樣才能建立一個「相與羣居而無亂」（「禮論」）的社會。他所提出的答案則是「禮」。「禮論」說：

禮起於何也？曰：人生而有欲，欲而不得，則不能無求，求而無度量分界，則不能不爭。爭則亂，亂則窮。先王惡其亂也，故制禮義以分之，以養人之欲，給人之求。使欲必不窮乎物，物必不屈於欲，兩者相持而長，是禮之所起也。

這是最廣義的「禮」，也就是一種禮治秩序。在這個秩序中，荀子所強調的則是「養人之欲，給人之求」，即滿足人民的物質欲望。但是爲了使人人的欲望都能獲得適當的滿足，「禮」的節制作用是不可少的。換句話說，祇有寓「養」於「禮」才能建立起一個「羣居而無亂」的秩序。禮治的目的既在於「養」，因此「富國」必然歸結到「富民」。「富國」篇說：

足國之道，節用裕民，而善臧其餘。節用以禮，裕民以政。彼裕民（按：當是「節用」之訛）故多餘，裕民則民富。

尤其重要的是他所說的「民」是一般老百姓。「王制」篇說：

故王者富民，霸者富士，僅存之國富大夫，亡國富筐篋，實府庫。筐篋已富，府庫已實，而百姓貧；夫是之謂上溢而下漏。

這是儒家「藏富於民」的主張。財富不但不應該集中在任何特殊階級之手，而且更不應該集中在政府之手。「府庫實而百姓貧」乃是「亡國」的象徵。在「王制」的「序官」一節中，荀子也先列「治田」，次及「養林」，然後才說到「教化」。他論「鄉師」云：

> 順州里，定廛宅，養六畜，閒樹藝，勸教化，趨孝弟，以時順修，使百姓順命，安樂處鄉，鄉師之事也。

這是荀子理想中農村的禮治秩序。故「王制」序官之法與「洪範」之首序食、貨之官，後及司徒教民之職，在精神上是完全一致的。（按：〔荀子〕「王制」中的「司徒」不掌教民，與〔孟子〕、「洪範」的「司徒」不同。讀者宜注意。）

我們在上文討論儒家德治或禮治秩序的建立，指出其中有兩個相關但完全不同的程序。第一個程序是從「反求諸己」開始，由修身逐步推展到齊家、治國、平天下。第二個程序則從奠定經濟基礎開始，是「先富後教」。前者主要是對於個別的「士」的道德要求。這是因爲「士志於道」（〔論語〕「里仁」），「無恒產而有恒心者，唯士爲能。」（〔孟子〕「梁惠王」上）而後者則是維繫人民的羣體秩序的基本條件。正如荀子所說，「以從俗爲善，以貨財爲寶，以養生爲己至道，是民德也。」（「儒效」篇）對於一般人民而言，只有「先富後教」的程序才是他們所能接受的。這兩種程序當然有內在的關聯性：「士」是四民之首，平時在道德和知識方面都必須有充份的準備，在機會到來時才能執行「富民」、「教民」的任務。孟子說得最清楚：

> 故士窮不失義，達不離道。窮不失義，故士得己焉；達不離道，故民不失望焉。古之人，得志，澤加於民；不得志，修身見於世。窮則獨善其身，達則兼善天下。（「盡

心」上）

所以儒家「修身」的最後目的永遠是「澤加於民」。

但是在實踐中，這兩種程序決不可加以混淆。關於這一點董仲舒早已給予一個最透澈的分析。他把這兩種程序分別稱之爲「仁」與「義」。〔春秋繁露〕「仁義法二十九」開頭便說：

〔春秋〕之所治，人與我也。所以治人與我者，仁與義也。以仁安人，以義正我。……眾人不察，乃反以仁自裕，而以義設人，詭其處而逆其理，鮮不亂矣。……是故〔春秋〕爲仁義法：仁之法在愛人，不在愛我；義之法在正我，不在正人。

「仁義法」在實踐中究竟怎樣區別呢？他說：

君子求仁義之別，以紀人我之間，然後辨乎內外之分，而著於順逆之處也。是故內治反理以正身，據祉（原註：一作「禮」）以勸福（原註：一作「贍」）；外治推恩以廣施，寬制以容眾。孔子謂冉子曰：治民者先富之而後加教；語樊遲曰：治身者先難後獲，以此之謂。治身之與治民，所先後者不同焉矣。〔詩〕云：「飲之食之，教之誨之。」先飲食而後教誨，謂治人也。又曰：「坎坎伐輻，彼君子兮，不素餐兮！」先其事後其食，謂之治身也。

可見「修身」是「內治」的程序；「先富後教」則是「外治」的程序。這兩個程序之間的界線一旦混亂了，便會發生可怕的社會後果：

是故以自治之節治人，是居上不寬也；以治人之度自治，是爲禮不敬也。爲禮不敬則傷行而民弗尊；居上不寬則傷厚而民弗親。弗親則弗信；弗尊則弗敬。

「內治」與「外治」兩個程序的混淆一直是中國儒教史上一大問題，到今天還沒獲得澈底的澄清。從上引董仲舒的議論中，我們不難看到這種混淆早在漢初便已存在了。宋、明理學的內傾性格更加深了一般人對儒教的誤解。「存天理、滅人欲」以「希聖希賢」是「內治」或「治身」的語言，只有對於個別的「士」才有意義；如果誤用在「外治」或「治民」的程序上，便必然流於戴震所謂「以理殺人」了㉔。原始儒教在理論上承認「人皆可以為堯舜」或「塗之人皆可以為禹」，但是決不要求人人都成聖成賢。因此，在「治民」的程序上，它的主張祇是「寬制以容眾」，「先富之而後加教」。

但漢代畢竟去古未遠，當時的儒者大體上仍對原始儒教的基本方向有比較親切的瞭解。這種瞭解使他們明確地意識到，他們的歷史使命是建立一個「道之以德、齊之以禮」的文化秩序；其具體的進行程序則是「先富之而後加教」。荀子說：「儒者在本朝則美政，在下位則美俗。」（「儒效」篇）一般地說，漢代的儒者至少在觀念上接受了這個規定。循吏則恰好為我們提供了一個典型的例證；他們的「教化」工作便是對儒家原始教義的實踐。用現代的觀念說，循吏是大傳統的承擔者；在政治統一的有利條件下，他們把大傳統廣泛地傳佈到中國的各地區。但是他們從事文化傳佈的努力是出於自覺的，因為他們的工作的內容和方式與原始儒家教義之間的一致性已達到了驚人的程度。這決不能以偶然的巧合視之。我們在上文之所以詳論孔、孟、荀以至董仲舒諸家的思想便是為了說明這一點。

以下我們將轉入漢代循吏的研究。

㉔ 近代學者論此點最深刻的是章炳麟，見〔太炎文錄初編〕卷一「釋戴」。

三、「循吏」概念的變遷

「循吏」之名始於〔史記〕的「循吏列傳」，而爲班固〔漢書〕和范曄〔後漢書〕所承襲。從此「循吏」便成爲中國正史列傳的一個典型，直到民國初年所修的〔清史稿〕仍然沿用不變。但〔史記〕、〔漢書〕、〔後漢書〕三史中的「循吏」，若細加分析，其涵義仍各有不同，尤以〔史〕、〔漢〕之間的差別爲最值得注意㉕。〔史記〕「太史公自序」說：

> 奉法循理之吏，不能伐功矜能，百姓無稱，亦無過行，作循吏列傳。

同書「循吏列傳」開宗明義說：

> 法令所以導民也；刑罰所以禁姦也。文武不備，良民懼。然身修者，官未曾亂也。奉職循理，亦可以爲治，何必威嚴哉！

這兩段話大致可以代表司馬遷的循吏觀。但在進一步分析之前，我們必須對〔史記〕「循吏列傳」在傳統史學上所引起的若干重要疑點略加疏解。梁玉繩〔史記志疑〕卷三十五「循吏列傳」條云：

> 史公傳循吏無漢以下，傳酷吏無秦以前，深所難曉。

明末陳子龍已說過同樣的話，不過他的結語是「寄慨深矣」四個字。（見瀧川龜太郎〔史記會注考證〕卷一一九所引。）〔史記〕「循吏列傳」共收五人，都是春秋、戰國時代的人。這一點曾

㉕ 見岡崎文夫，「三史循吏傳を讀む」，〔支那學〕第二卷第六號（一九二二年二月）。

引起各種推測。司馬遷著史必有「微言大義」在內，這是後代專家大致都承認的。這一看法自然是有根據的，因爲司馬遷在「自序」中不但提出了〔史記〕是否上承〔春秋〕的問題，並且故作「唯唯否否」之辭。但是我們雖然可以肯定「循吏列傳」的特殊寫法涵有某種「微言」，卻已無法確定這個「微言」究竟是什麼了。方苞〔史記評語〕「循吏列傳」條說：

> 循吏獨擧五人，傷漢事也。……史公蓋欲傳酷吏，而先列古循吏以爲標準。……然酷吏恣睢實由武帝侈心，不能自克，而倚以集事。故曰：身修者官未曾亂也。（〔方望溪先生全集〕「集外文補遺」卷二）

這是說，司馬遷寫循吏傳故意祇列古代人物以反照漢代但有酷吏。所以「循吏列傳」事實上是史公對漢武帝的「侈心」表示一種深刻的批評。另一種見解則恰好與此相反。〔史記會注考證〕卷一百二十「汲、鄭列傳」引宋代葉夢得之言曰：

> 循吏傳後即次以黯，其以黯列于循吏乎？而以鄭當時附之。黯尚無爲之化，當時尚黃老言，亦無爲云㉖。

這是以汲黯、鄭當時爲漢代的循吏，故「循吏列傳」並不是「無漢以下」，如梁玉繩或方苞所云。日本學者頗有相信此說者。瀧川氏在同書卷六十一「伯夷列傳」卷首「考證」下即說：

> 「循吏傳」後敍汲黯、鄭當時者，以二人亦循吏也。

岡崎文夫也推斷汲、鄭兩人是「奉職循理」的循吏，並特別指出他們之間的共同點是「好黃老

㉖〔史記會注考證〕引宋代葉夢得說當係轉引自後世著作，〔會注考證〕引用書目中亦未列葉夢得。今村城太郎，「漢代の循吏」，〔東方學〕第三十輯（一九六五年七月），頁四討論此文竟誤稱葉夢得為「清代春秋學者」。

言」㉗。但此外還有第三個看法。〔史記志疑〕卷三十五引陳仁錫〔史詮〕云：

漢之循吏，莫若吳公、文翁，子長不為作傳，亦一缺事。

這是以〔史記〕無漢代循吏乃出於史料搜集之疏漏，未必是司馬遷有意如此。

以上三種看法各有理由，但也各有困難，此處不能詳說。本文不想在〔史記〕無文字之處再添一種推測；茲就〔史記〕本文略加分析，以澄清司馬遷的循吏觀。我們試讀上引「太史公自序」中「奉法循理之吏，不伐功矜能，百姓無稱，亦無過行」幾句話，便可發現他對循吏的描寫完全是負面的；他祇強調循吏在消極方面不做什麼，卻無一語道及他們在積極方面究竟做什麼。他在「循吏列傳」記述魯相公儀休也說：

奉法循理，無所變更，百官自正，使食祿者不得與下民爭利，受大者不得取小。

這仍然是強調「無」、強調「不」，全從反面落筆。我們看了這些文字，似乎可以推斷司馬遷心中的循吏是漢初文、景之世黃老無為式的治民之官。我們必須記住一個重要的事實：司馬遷生活在酷吏當令的武帝時代，因此他沒有機會看到昭、宣以下那種「先富後教」型的循吏。他對酷吏的深惡痛絕確是情見乎辭的，故不但「循吏列傳」有「何必威嚴」之語，「酷吏列傳」的序論更是立場鮮明。序文是這樣開端的：

孔子曰：「導之以政，齊之以刑，民免而無恥；導之以德，齊之以禮，有恥且格。」老氏稱：「上德不德，是以有德；下德不失德，是以無德。法令滋章，盜賊多有。」太史公曰：「信哉是言也！法令者治之具，而非制治清濁之源也。」

㉗ 岡崎文夫，前引文，頁七〇。

司馬遷引孔、老兩家之說，顯然是針對武帝過分重視政刑法令而發。但是他自己的政治傾向似乎仍是在道家的一邊，所以「導之以德」之「德」在他的理解中卽是「上德不德」。換句話說，他是主張「我無爲而民自化」的。〔莊子〕「大宗師」：「以德爲循」，〔淮南子〕「詮言篇」：「則動靜循理」；都可證「循」和「循理」確是道家的基本觀念。後人惋惜〔史記〕「循吏列傳」不收吳公、文翁兩人則是因爲受了〔漢書〕「循吏傳」的影響。班固說：

至於文、景遂移風易俗。是時循吏如河南守吳公、蜀守文翁之屬皆謹身帥先，居以廉平，不至於嚴，而民從化。

但事實上，吳公其人正是由於〔史記〕才流傳下來的。〔史記〕「屈原、賈生列傳」云：

孝文皇帝初立，聞河南守吳公治平爲天下第一，故與李斯同邑而常學事焉，乃徵爲廷尉。

可見吳公是李斯弟子，淵源在法家。司馬遷提到吳公主要是因爲他是賈誼的推薦者。他究竟是否符合史公心中的循吏標準，今已不可知。無論如何，史公並沒有稱他爲循吏；稱吳公爲循吏的是東漢的班固。文翁爲蜀郡太守則始於景帝末，與史公同時而稍早，且其人終身在蜀，位亦未至公卿。司馬遷撰史時或尚不詳其事跡，故「司馬相如列傳」中也沒有提及文翁。總之，詳考〔史記〕本文，我們祇能獲得一個比較確定的結論，卽終司馬遷之世，積極從事於教化工作的循吏尚未成爲普遍的典型。所以司馬遷所謂「循吏」主要是指文、景時代黃老無爲式的人物，後來儒家型的循吏觀念在他的心中似乎尚未十分明晰。司馬談論六家要旨有云：

道家無爲，又曰無不爲，其實易行，其辭難知。其術以虛無爲本，以因循爲用。

此處「因循」兩字卽是〔史記〕「循吏」之「循」的確詁。

〔漢書〕「循吏傳」云：

孝武之世……少能以化治稱者。惟江都相董仲舒、內史公孫弘、兒寬，居官可紀。三人皆儒者，通於世務，明習文法，以經術潤飾吏事，天子器之。仲舒數謝病去，弘、寬至三公。

可見漢武帝完全是從粉飾太平的觀點來提倡儒教的，至於儒家「養民」、「教民」的基本教義則好像並沒有博得他的同情。〔漢書〕「循吏傳」續言：

及至孝宣，繇仄陋而登至尊，興于閭閻，知民事之艱難。……常稱曰：「庶民所以安其田里而亡歎息愁恨之心者，政平訟理也。與我共此者，其唯良二千石乎！」以為太守、吏民之本也，數變易則下不安，民知其將久，不可欺罔，乃服從其教化。故二千石有治理效，輒以璽書勉厲，增秩賜金，或爵至關內侯，公卿缺則選諸所表以次用之。是故漢世良吏，於是為盛，稱中興焉。……王成、黃霸、朱邑、龔遂、鄭弘、召信臣等，所居民富，所去見思，生有榮號，死見奉祀，此廩廩庶幾德讓君子之遺風矣。

上引班固兩段敍事自是實錄。教化型的循吏輩出確在宣帝之世。〔史記〕中的循吏和宣帝以下的循吏雖同名而異實，其中一個最顯著的分別便在前者是道家的無為，而後者則是儒家的有為。「所居民富，所去見思」決不是僅僅「奉法循理」所克倖致，而是祇有通過積極的努力才能取得的收穫。

兩漢書論循吏和酷吏的消長以及政風的變遷都歸因於個別君主的政治傾向與不同時期的社會狀態。而後世論者尤重視君主的影響力。這兩者之間的關係當然是很密切的。否則何以酷吏多出現在武帝之世而循吏卻偏偏以宣帝之世爲最盛㉘？但是除了帝王個人和時代的因素之外，我們也必須注意地域性的差異。中國各地風俗不同，有宜於寬治而用循吏者，有宜於嚴治而用酷吏者；更有宜先嚴後寬或先寬後嚴者，則循吏、酷吏交互爲用。如衞地的東郡，據〔漢書〕「地理志下・風俗篇」云：

其俗剛武，上氣力。漢與，二千石治者亦以殺戮爲威。宣帝時韓延壽爲東郡太守，承聖恩、崇禮義、尊諫爭。至今東郡號善爲吏，延壽之化也。

這便是先嚴後寬的一例。〔後漢書〕「循吏列傳」序論說：

若杜詩守南陽，號爲杜母，任延、錫光移變邊俗，斯其績用之最章章者也。

後漢的循吏在邊郡的成績確很突出，這也和地域性有關。但他們的任用並不限於邊郡，南陽在後漢是所謂「帝鄉」，當然不能算是邊郡。〔漢書〕「地理志下」韓地風俗條下云：

南陽好商賈，召父（召信臣）富以本業；潁川好爭訟分異，黃（霸）、韓（延壽）化以篤厚，君子之德、風也；小人之德、草也。信矣！

尤可證雖同爲循吏，但因有地域性之別，敎化之道也隨之而各有不同。所以班固在〔漢書〕卷一百下「敍傳」中說：

誰毀誰譽，譽其有試。泯泯羣黎，化成良吏。淑人君子，時同功異。沒世遺愛，民有餘思。述循吏傳。

循吏之所以「時同功異」，正由於他們的具體工作是因地制宜、不拘一格的。但是班固對循吏的

㉘ 見王應麟〔困學紀聞注〕（翁元圻輯，光緒八年閒雲精舍本）卷十五「循吏酷吏之出視上趨向」條引紹興間李誼的話。

讚詞卻給我們提出了一個最值得深思的問題：爲什麼漢代會出現這許多以「化民成俗」爲己任的「淑人君子」呢？我們能滿意於已有的一些簡單答案，例如說這是漢武帝「罷黜百家，獨尊儒術」的結果或者說這是「吏治視上之趨向」所使然嗎？像循吏這樣的人物是僅僅由於朝廷的提倡獎勵便能在短期內塑造得出來的嗎？

四、循吏教化與漢廷政策

中外學者研究漢代循吏都是從政治制度的觀點出發，所以往往以酷吏與循吏相對照。漢家制度自始便是「以霸王道雜之」，漢高祖十一年二月詔書並舉周文王與齊桓公爲典範（〔漢書〕「高帝紀」下）實已露王霸兼采的端倪㉙。終兩漢之世，循吏和酷吏兩大典型雖因各時期的中央政策不同而互爲消長，但始終有如二水分流，未曾間斷。從思想源流的大體言之，循吏代表了儒家的德治，酷吏代表了法家的刑政；漢廷則相當巧妙地運用這兩種相反而又相成的力量逐步建立了一個統一的政治秩序。

關於漢代循吏的政治功能，已經有人討論過了，本文不想多說㉚，本文所特別重視的則是循吏的文化功能。與酷吏相比較，循吏顯然具有政治和文化兩重功能。循吏首先是「吏」，自然也

㉙ 見同上書卷十二「漢世王霸雜用」條。

㉚ 除上引岡崎文夫、今村城太郎兩文外，尚可參看鎌田重雄，〔秦漢政治制度の研究〕（東京：日本學術振興會，一九六二）第二篇第八章「循吏と酷吏——地方官の二型とその配置」及好並隆司，〔秦漢帝國史研究〕（東京：未來社，一九七八）第四篇第二章第五節「循吏の意義」。

和一般的吏一樣，必須遵奉漢廷的法令以保證地方行政的正常運作。但是循吏的最大特色則在他同時又扮演了大傳統的「師」(teacher)的角色。上篇已說明，漢代的大傳統以儒教爲主體，而儒教的基地則在社會而不在朝廷。因此循吏在發揮「師」的功能時，他事實上已離開了「吏」的崗位；他所奉行的不復是朝廷法令，而是大傳統的中心教義。由於中國的大傳統並非寄身於有組織的宗教，所以它的傳播的任務才落到了俗世人物的循吏的肩上。漢代大傳統的傳播者，借用〔周禮〕的名詞，可稱之爲「師儒」；循吏便是以「師儒」的身分從事「教化」工作的。循吏自然不是大傳統的唯一傳播者，但在漢代「師儒」之中，循吏卻是教化成績最爲卓著的一型。

在上一節中，我們曾指出，〔史記〕中的「循吏」基本上是黃老一派的道家觀念；司馬遷撰史時，〔漢書〕所載的儒家型的循吏尚未引起普遍的注意。〔漢書〕「循吏傳」中所載雖僅寥寥數人，但多在宣帝之世。那麼我們是不是可以斷言儒家型循吏的出現完全是漢武帝「罷黜百家，表彰儒術」的結果呢？我們當然不能否認漢武帝正式提倡儒學對於儒家型循吏的出現可能發生了激勵的作用。但是事實具在，循吏畢竟另有獨立的文化傳統，不能簡單地看作漢廷政策的產品。在這一節裏，我們將根據文翁、兒寬、韓延壽三人的傳記資料來說明漢代循吏教化的起源及其與漢廷之間的複雜關係。

〔漢書〕「循吏・文翁傳」說：

> 文翁、廬江舒人也，少好學，通〔春秋〕，以縣吏察舉。景帝末爲蜀郡守，仁愛好教化。見蜀地辟陋，有蠻夷風，文翁欲誘進之，乃選郡縣小吏……遣詣京師受業博士或學律令……數歲，蜀生皆成就還歸，文翁以爲右職。……又修起學官於成都市中，招縣下

> 子弟以爲學官弟子，爲除更繇。高者以補郡縣吏，次爲孝弟、力田。常選學官僮子，使在便坐受事。每出行縣，益從學官諸生明經飭行者與俱，使傳教令，出入閨閤。縣邑吏民見而榮之。數年，爭欲爲學官弟子，富人至出錢以求之。繇是大化，蜀地學於京師者比齊、魯焉。至武帝時乃令天下郡國皆立學校官，自文翁爲之始云。文翁終於蜀，吏民爲立祠堂，歲時祭祀不絕。至今巴蜀好文雅，文翁之化也。

漢代循吏「所居民富」，卽執行孔子「富之」而後「敎之」的規劃，文翁自然也不是例外。〔漢書〕未記其「富民」的事跡，但〔華陽國志〕卷三云：

> 孝文帝末年以廬江文翁爲蜀守，穿湔江口，灌溉繁田千七百頃。

〔華陽國志〕大約根據地方記載，足補〔漢書〕之略，不過文中誤「景帝」爲「文帝」而已。所以把〔漢書〕與〔華陽國志〕合起來看，文翁完全合乎宣帝以後儒家型循吏的標準。

但是文翁守蜀郡在景帝之末和武帝初年，尚在漢廷正式定儒學於一尊之前，他的推行敎化決不可能是奉行朝廷的旨意。文翁和汲黯、鄭當時約略同時，如果說那時已有循吏，則汲黯、鄭當時比文翁更具有代表性。以汲黯爲例，他任東海太守「治官理民，好清靜」，後來位列九卿也依然遵守「治務在無爲」的原則。（見〔史記〕本傳）這種循吏合乎〔史記〕所謂「奉職循理」、「百姓無稱」的標準，但顯然與〔漢書〕所謂「所居民富，所去見思」的典型截然不同。換句話說，在文翁的時代，循吏的特徵是「因循」和「無爲」，因爲這才符合文、景兩朝崇尚黃老之治的要求。文翁在蜀實行敎化則是本於他個人平素所持的信念；這種信念祇能源於當時在社會上流行的儒敎大傳統。嚴格地分析，上引「文翁傳」中所描述的設施已不在郡守職務的範圍之內；文翁所發揮的也不是「吏」的功能，而是「師儒」的作用。文翁的例子使我們清楚地看到循吏兼具「吏」與「師」的雙重身分。文翁的郡守職權雖然曾給他的教化工作提供了很大的便利，但「吏」與「師」兩種功能卻又不是混而不分的。「吏」的基本職責是維持政治秩序，這是奉行朝廷的法令；「師」的主要任務則是建立文化秩序，其最後動力來自保存在民間的儒教傳統。用漢代的語言來表示，這一分別卽是「政」與「教」的不同。漢代有關地方行政的文獻往往以「政」與「教」並提，其中「教」字的涵義頗不簡單，下文將另有分疏。本文討論循吏的文化意義，其重點則放在「教」的方面。

「文翁傳」說漢武帝「令天下郡國皆立學校官，自文翁爲之始。」這一點十分重要，足以說明文化對政治的影響。文翁設立郡學顯然是根據古代的庠序傳統，當時的漢廷還沒有制定一套普遍的教育政策。相反地，後來武帝立天下郡國學官倒是聞文翁之風而起的㉛。不但如此，我們還有理由相信，漢代的太學制度也有取於文翁郡學的規模。公孫弘請爲博士置弟子員事在元朔五年（公元前一二四），是爲太學之始。（見〔漢書〕「武帝紀」）據〔漢書〕「儒林傳序」，博士弟子「一歲皆輒課，能通一藝以上補文學掌故缺，其高第可以爲郎中。」太學將學生分爲兩等，高第爲郎、次補文學掌故，和文翁所訂「學官弟子……高者以補郡縣吏，次爲孝弟、力田」的規章幾乎如出一轍。這一制度上的相合恐非出於偶然。武帝立太學與立郡國學官同時，而郡國學官的實行則「自京師始，繇內及外」（亦見「儒林傳序」），所以我們推測太學曾取法於文翁的規

㉛ 關於漢代郡縣學官，可看嚴耕望〔中國地方行政制度史〕（臺北：中央研究院，一九六一）。上編，卷上「秦漢地方行政制度」，上册，第七章。

制，根據是相當堅強的。總之，文翁的例子不但說明了循吏的歷史淵源，而且也透露了漢武帝「獨尊儒術」的文化背景。戰國以來，儒教已逐漸在中國的大傳統中取得了主導的地位，「先富後教」早已成爲漢代一般儒生的天經地義。袁文（一一一九—九〇）〔甕牖閑評〕卷一云：

漢儒記鄭子產之事曰：「子產猶眾人之母也，能食之而不能教之。」〔左氏傳〕乃云：「我有子弟，子產誨之。」

袁文這條筆記的本意是在糾正漢儒對子產的誤解，指出子產不僅「富民」，而且也「敎民」。但是我們卻恰可從漢儒的誤解中看出他們的「敎化」意識植根之深。董仲舒的「獨尊儒術」、公孫弘的倡立太學和文翁的化蜀都來自一個共同的源頭，卽大傳統的儒敎。漢代的皇帝終於承認儒敎的正統地位與其說是由於儒敎有利於專制統治，毋寧說是政治權威最後不得不向文化力量妥協。儒敎大傳統對於皇權的壓力早在漢初便已見端倪。〔史記〕卷九十七「陸賈傳」載：

陸生時時前說稱〔詩〕、〔書〕。高祖罵之曰：「迺公居馬上而得之，安事〔詩〕、〔書〕？」陸生曰：「居馬上得之，寧可以馬上治之乎？……鄉使秦已幷天下，行仁義、法先聖，陛下安得而有之？」高帝不懌，而有慙色。

這個著名的故事極富於象徵的意義，最能顯示帝王對儒敎所持的兩難心理。「不懌」是不甘向儒敎低頭，「慙色」則是不得不承認儒敎所代表的價値觀念是具有深厚的社會基礎的。出身「無賴」的漢高祖尚且如此，早年已接觸過儒敎的武帝更可想而知。武帝接受儒敎也許主要是出於「緣飾」的動機，但肯定儒敎在各家之中最具「緣飾」的作用卽是承認它是大傳統中的支配力量。歐洲中古的「君權神授說」也與此相類。俗世君主同樣假基督敎爲「緣飾」之用。但是換一個角度看，這正好證明基督教已取得大傳統的主宰地位，以致政治勢力也不得不借重它的精神權威。

漢武帝時兒寬任左內史，領京畿諸縣；他的設施完全合乎循吏的典型。〔漢書〕卷五十八本傳說：

寬既治民，勸農桑，緩刑罰，理獄訟，卑體下士，務在於得人心。擇用仁厚士，推情與下，不求名聲，吏民大信愛之。寬表奏開六輔渠，定水令以廣溉田。收租稅時裁闊狹與民相假貸，以故租多不入。後有軍發左內史，以負租，課殿當免。民聞當免，皆恐失之，大家牛車，小家擔負，輸租繈屬不絕。課更以最。上由此愈奇寬。

循吏具有「吏」和「師」的雙重身份。「吏」的身份要求他執行朝廷的法令，「師儒」的身份則要求他以「仁愛」化民。但這兩重身份發生抵觸時，他往往捨「法令」而取「仁愛」。這是漢代循吏的特徵。所以兒寬收租稅時「與民相借貸」，不能完成「法令」所規定的任務，要受到免職的處分。相反地，酷吏則不惜用嚴厲的刑罰以執行朝廷的「法令」。宣帝時代酷吏嚴延年的母親斥責其子曰：

幸得備郡守，專治千里，不聞仁愛教化，有以全安愚民。顧乘刑罰，多刑殺人，欲以立威，豈為民父母意哉！（見〔漢書〕「酷吏・嚴延年傳」）

這位嚴老太太所根據的正是儒教大傳統中的「循吏」理想，認為郡守的最主要的責任是「仁愛教化」。可見兒寬在左內史任內的施政方針，其動力乃來自當時的大傳統而不是號稱「獨尊儒術」的朝廷。兒寬的儒家背景在〔漢書〕本傳中有清楚的說明：

治〔尚書〕事歐陽生，以郡國選，詣博士，受業孔安國。貧無資用，嘗為弟子都養。（

> 顏師古注：「供諸弟子烹炊也。」）時行賃作，帶經而鉏，休息輒誦讀，其精如此。以射策爲掌故，功次，補廷尉文學卒史。……時張湯爲廷尉，廷尉府盡用文史法律之吏，而寬以儒生在其間，謂不習事，不署曹，除爲從史，之北地視畜數年。（並可參看〔史記〕「儒林傳」）

可知武帝時代的漢廷尚是「文史法律之吏」的天下，以致兒寬以「儒生」側身其間，落落寡合。武帝後來對他的賞識顯然是由於他竟能由「負租，課殿當免」一躍而爲「課更以最」。左內史治下的人民自動向政府繳租稅，使他能超額完成「吏」的任務，這是武帝始料所不及的。換句話說，他受知於武帝仍在於他是一個能執行法令的能吏，而不是因爲他是一個「仁愛教化」的循吏。不但武帝時如此，下逮宣帝之世，情況依然未變。〔漢書〕「循吏傳」中人物雖多出宣帝一朝，但這祇是表象，不足以爲宣帝認眞獎勵循吏之證。韓延壽的事跡頗能說明禮樂教化和朝廷法令之間的緊張關係。

韓延壽名不列〔漢書〕「循吏傳」，但以推行教化而論，他的成績和影響在西漢循吏中卻是無與倫比的。他出身郡文學，深受儒教的薰陶，因此每出守一郡必以移風俗、興禮樂爲治民的先務。〔漢書〕卷七十六本傳記他任潁川太守云：

> 潁川民多怨讎，延壽欲更改之，教以禮讓。恐百姓不從，乃歷召郡中長老爲鄉里所信向者數十人，設酒具食，親與相對，接以禮意；人人問以謠俗，民所疾苦。爲陳和睦親愛，銷除怨咎之路。長老皆以爲便，可施行，因與議定嫁娶喪祭儀品，略依古禮，不得過法。延壽於是令文學校官諸生，皮弁執俎豆，爲吏民行喪嫁娶禮，百姓遵用其教。

本傳又記他稍後任東郡太守時的業績云：

延壽爲吏，上禮義，好古敎化，所至必聘其賢士，以禮待用，廣謀議，納諫爭；舉行喪讓財，表孝弟有行；修治學官，春秋鄉射，陳鍾鼓管弦，盛升降揖讓，及都試講武，設斧鉞旌旗，習射御之事。

可證韓延壽確是一直非常認眞地在實行著儒家的禮樂敎化；他的一切設施完全符合孔子所謂「導之以德，齊之以禮」的原則。不但如此，他還深信當時大傳統中「良吏爲民之表率」的理論。所以史載他在東郡，

接待下吏，恩施甚厚而約誓明。或欺負之者，延壽痛自刻責：「豈其負之，何以至此？」吏聞者自傷悔，其縣尉至自刺死。

最後在左馮翊任內，行縣至高陵，適民有兄弟爲田產爭訟，韓延壽自責「爲郡表率，不能宣明教化」，乃「入臥傳舍，閉閤思過。一縣莫知所爲，令丞、嗇夫、三老亦皆自繫待罪。」一直到這兩個弟兄悔過息訟之後，他才「起聽事」。本傳說他在左馮翊時，

恩信周徧二十四縣，莫復以辭訟自言者。推其至誠，吏民不忍欺紿。

〔論語〕「衞靈公」：

躬自厚而薄責於人。

又「顏淵」篇：

政者、正也，子帥以正，孰敢不正？

又同篇：

聽訟，吾猶人也，必也使無訟乎！

韓延壽正是自覺地實踐了這一類的教言。毫無可疑地，他自始至終都是以「師儒」自居的，如制訂喪祭嫁娶之禮、止兄弟之訟、「痛自刻責」、「閉閤思過」之類的舉措都和他的「吏」的功能無直接關係。漢代郡守的主要職責，除了前引「兒寬傳」所說的徵收租稅外，則以典刑獄、緝盜賊、制豪強爲重點所在㉜。這些都是維持政治秩序的基本工作。但是韓延壽「爲吏上禮義，好古教化」，顯然是以建立文化秩序爲中心的旨趣。嚴格地說，他在各郡的設施已遠超出「吏」的職務，其歷史的意義祇有從大傳統的「師」的角度才能獲得適當的理解。

以西漢的循吏教化而言，韓延壽的影響最爲深遠。〔漢書〕「地理志」風俗篇潁川條云：

韓延壽爲太守，先之以敬讓，黃霸繼之，教化大行。

又東郡條也說：

宣帝時韓延壽爲東郡太守，承聖恩，從禮義，尊諫爭。至今東郡號善爲吏，延壽之化也。

風俗篇是潁川朱贛奉丞相張禹之命而輯成，即在河平四年與鴻嘉元年之間(公元前二五—二〇)。其時上距韓延壽之死（五鳳元年，公元前五七）不過三十多年，且朱贛即潁川人，所記本鄉近事斷無不可信之理。黃霸是宣帝時代最著名的循吏，且以治潁川爲天下第一，累遷至丞相。今據「地理志」此條，則知潁川的教化已先在韓延壽任內奠定了基礎。「韓延壽傳」也明說：

㉜ 嚴耕望，上引書，頁七四。按：漢代太守往往以調解民間的爭鬥爲己任，不鼓勵人民互訟。〔周禮〕「地官」（「司徒下．調人」）鄭司農注云：「和之，猶今二千石以令解仇怨。後復相報，移徙之。」鄭衆此注最有史料價值，足證漢代太守奉行儒家「無訟」之教已成普遍風氣。韓延壽的「止訟」也提供了一個實例。

> 黃霸代延壽居潁川，霸因其迹而大治。

不但如此，劉向（公元前七九—八）與韓延壽同時而稍後；他在〔新序〕中也特別表揚趙廣漢、尹翁歸、和韓延壽三人在三輔的治績㉝。〔新序〕旨在「正綱紀、迪敎化」，可見韓延壽的敎化成績在當時確是有目共睹的㉞。

漢宣帝雖說過「霸王道雜之」的名言，但是他其實並不很欣賞「王道」。〔漢書〕「元帝紀」明言「宣帝所用多文法吏，以刑名繩下」；「蕭望之傳」則說他「不甚從儒術，任用法律」。此外類似的記載也見於蓋寬饒與匡衡兩傳。而且如果不是受到嫡庶制度的阻撓，他早已捨「柔仁好儒」的元帝，而改立「明察好法」的淮陽王爲太子了。（見「元帝紀」及「韋玄成傳」）所以宣帝表面上對循吏敎化的敷衍正可看作政治勢力不得不和代表著大傳統的儒教取得妥協。他在循吏之中獨取黃霸也是別有隱情的。「循吏黃霸傳」云：

> 霸少學律令，喜爲吏。……爲人明察內敏，又習文法，然溫良有讓，足知善御衆。爲丞處議，當於法，合人心。

這正合乎宣帝所賞識的「文法吏」的典型，而與韓延壽那種「上禮義，好古敎化」儒家型的循吏，截然異趣。

㉝〔漢書〕卷七十六末班固「贊」曰：「然劉向獨序趙廣漢、尹翁歸、韓延壽。」注引張晏曰：「劉向作新序，不道王尊。」今本〔新序〕在宋代已是殘本，故原文已不可見。嚴可均輯〔全漢文〕所收〔新序〕佚文亦無此條。（卷三九「劉向五」）但班固和曹魏時的張晏都讀過原本，所言必可信據。

㉞關於劉向〔新序〕的思想傾向，可參看〔四庫全書總目提要〕「子部・儒家類一」及余嘉錫〔四庫提要辨證〕（香港：中華書局，一九七三年）卷十，子部一，儒家類一，「新序」條。頁五四四—五五四。

韓延壽的悲劇結局尤足以說明循吏的敎化和朝廷法令之間是存在著某種內在矛盾的。據〔漢書〕本傳，韓延壽最後在左馮翊任內和御史大夫蕭望之發生了嚴重衝突，彼此互揭罪狀。但是他敗訴了，結果是「誣愬典法大臣，欲以解罪，狡猾不道。天子惡之，延壽竟坐棄市。」這是西漢時代一件大獄，所以稍後揚雄在〔法言〕中還特別舉「韓馮翊之愬蕭」爲「臣自失」之一例。（卷十「重黎」篇）我們今天已無法判斷此案的眞相㉟。但是「狡猾不道，天子惡之」的話則特別値得注意。韓延壽的罪狀中以下列兩項最爲重要：第一是他在東郡太守任內爲「都試講武」之禮，竟成爲「僭上不道」。韓延壽因「好古敎化」而推行禮樂，不料反因此引起了宣帝的疑忌。漢代郡守權重，本已使朝廷不安。這一點後文當另有說明。韓延壽以敎化而頗得吏民之心，自然更容易招禍了。他的第二大罪狀是「取官錢帛，私假徭役吏民。」㊱顏師古解此句的「假」字爲「顧賃」，這和他注「食貨志上」「分田刼假」之「假」作「賃」，大體一致，但其意義尚欠明晰。其實「假」字當解爲「假貸」之意，與前引「兒寬傳」中「收租稅時裁闊狹與民相假貸」之「假貸」，意義完全相同㊲。所以這句話的意思是說韓延壽擅將公家的錢假貸給吏民以供繇役。從儒家敎化的觀點說，這正是一種愛民的德政，但是以朝廷法令而言，則反而成爲郡守假公濟私以收買民心的一大罪狀了。韓延壽受刑的動人一幕尤其顯示出他是怎樣得到吏民的衷心愛戴。〔漢書〕本傳記載道：

㉟ 據〔漢書〕本傳，韓延壽與蕭望之的交惡是由「侍謁者福」從中挑撥起來的。

㊱ 此句引自荀悅〔漢紀〕卷二十，五鳳元年條，因為〔漢書〕本傳的原文不夠清晰。

㊲ 關於「假」字的解釋，可看賀昌羣〔漢唐間封建土地所有制形式研究〕（上海：人民出版社，一九六四），頁三〇〇—三。

吏民數千人送至渭城，老小扶持車轂，爭奏酒炙。延壽不忍距逆，人人為飲，計飲酒石餘。使掾吏分謝送者，遠苦吏民，延壽死無所恨。百姓莫不流涕。延壽三子皆為郎吏，且死，屬其子勿為吏，以己為戒。子皆以父言，去官不仕。

左馮翊這數千吏民顯然是以集體的行動對朝廷表示了最強烈的抗議。韓延壽的禮樂敎化淵源於當時的大傳統，然而卻與朝廷關於「吏道」的規定發生了基本的抵觸。他以大傳統的「師儒」自居，每治一郡便運用「吏」的職權來建立文化秩序。但是他料不到竟因此而招來「狡猾不道，天子惡之」的大禍，以至「棄市」，難怪他臨刑時心灰意懶，要戒其子「勿為吏」了。由此可見循吏雖兼具「吏」與「師」的雙重身分，但是這兩重身分卻不是永遠融合無間的。概略言之，「吏」代表以法令為中心的政治秩序，「師」則代表以敎化為主的文化秩序；用中國原有的概念說，即是「政」與「敎」兩種傳統，也可以稱之為「政統」與「道統」。這兩種傳統之間的關係是不即不離的，一方面互相支援，一方面又不斷發生矛盾。漢代的循吏恰好處在這兩個傳統的交叉點上，因此循吏的研究特別有助於我們理解中國傳統中的政敎關係。下面我們要接著分析這兩個傳統在「吏道」觀念上的根本分歧。

五、兩種吏道觀的對照

〔尚書〕「泰誓」上云：

天佑下民，作之君，作之師。

〔孔傳〕釋此語說：

天佑下民，爲立君以政之，爲立師以敎之。

古文「泰誓」雖僞，但此語則不僞，因爲〔孟子〕「梁惠王」下早已徵引過它了。又〔國語〕「晉語一」也說：

民生於三，事之如一：父生之，師敎之，君食之。非父不生，非食不長，非敎不知。

可見在中國古代的一般觀念中，君與師是同樣重要的，政與敎也是不容偏廢的。漢代的循吏對於他們治下的「民」而言，便是既「作之君」而又「作之師」，既「食之」而又「敎之」。詳細的情況留待後面再說，現在讓我們先討論君師政敎的分合問題。章學誠〔文史通義〕內篇五「史釋」說：

「以吏爲師」，三代之舊法也；秦人之悖於古者，禁〔詩〕、〔書〕而僅以法律爲師耳。三代盛時，天下之學無不以吏爲師。〔周官〕三百六十，天人之學備矣；其守官舉職而不墜天工者，皆天下之師資也。東周以還，君師政敎不合於一，於是人之學術，不盡出於官司之典守；秦人以吏爲師，始復古制，而人乃狃於所習，轉以秦人爲非耳。秦之悖於古者多矣，猶有合於古者，「以吏爲師」也。

章學誠在這裏對古代文化史的發展提出了一個很有現代眼光的觀察。他的主旨是說：三代時君師政敎是合一的，春秋以後君師政敎便分裂爲二了。這個從合一到分裂的發展是無可置疑的。〔莊子〕「天下篇」所說的「道術將爲天下裂」便是對這一現象的親切的描述。不但中國古代有此突破性的發展，世界其他古文明也多經過這一突破的階段。這也就是近來西方社會學家和哲學家所特別注意的「哲學的突破」(philosophic breakthrough)㊳。章學誠的深刻之處尤在於他已隱約地察覺到這一發展是帶有必然性的。他在「原道上」說：

> 蓋君師分而治教不能合於一，氣數之出於天者也。周公集治統之成，而孔子明立教之極，皆事理之不得不然，而非聖人故欲如是以求異於前人，此道法之出於天者也。

此處所謂「天」卽今語所謂「必然」或「規律」，是不以人的主觀願望爲轉移的。

章氏指出「秦人以吏爲師，始復古制」也是合乎事實的。然而由於受到權威主義觀點的限制，他似乎頗以秦人在這一方面「合於古」爲可取㊴。他好像認爲，如果「以吏爲師」不限於「法律」，而同時也包括〔詩〕、〔書〕等儒家經典在內，那麼秦制便無可訾議了。章氏在這一點上顯然陷於矛盾而不自知，因爲根據他自己的歷史判斷，「君師分而治教不能合於一」乃是「氣數之出於天」和「事理之不得不然」。用現代的話說，在「哲學的突破」發生之後，文化系統和政治系統分化爲二，各具相對的獨立地位，從此便不能契合無間了。

秦人「以吏爲師」在思想上淵源於法家的傳統；從商鞅、韓非、以至李斯都主張用政治系統來消解文化系統。所以商鞅先有「燔〔詩〕、〔書〕而明法令」之舉（見〔韓非子〕「和氏」

㊳ 參看余英時「古代知識階層的興起與發展」，第四節「哲學的突破」，收在〔中國古代知識階層史論〕（臺北：聯經出版事業公司，一九八〇年）較詳細的討論見 Yü Ying-shih, "The 'Philosophic Breakthrough' and the Chinese Mind," in *Bulletin of the Chinese Philosophical Association*, Vol. 3 (June 1985), pp. 151-184.

㊴ 關於章學誠思想中的「權威主義」問題，可看 David S. Nivison, *The Life and Thought of Chang Hsüeh-ch'eng (1738-1801)*, (Stanford University Press, 1966), pp. 149-150, 181-183; 及余英時，〔論戴震與章學誠〕（香港：龍門書店，一九七六）頁七七—七八（註一五）。

篇），而韓非後來更明白地宣言：

故明主之國，無書簡之文，以法為敎；無先王之語，以吏為師。（「韓非子」「五蠹」）

秦始皇三十四年（公元前二一三）丞相李斯的奏議提出「若有欲學法令，以吏為師」（「史記」「秦始皇本紀」），即完全根據商、韓的理論而來。「以吏為師」至此更正式成為秦代的一個基本政策了。總之在法家思想支配之下，不但「吏」與「師」、「政」與「敎」合而為一，而且「師」從屬於「吏」，「敎」也完全由「政」出。這也許比三代的政敎合一更為嚴厲。但是事實證明，政敎既分之後已不是政治勢力所能強使之重新合一的了。李斯奏議說：「私學而相與非法敎之制，人聞令下，則各以其學議之」。這句話生動地反映了當時政敎分途的實況。

秦代「以吏為師」的政策事實上是企圖用政治秩序來取代文化秩序。這個政策在長程的歷史發展中雖歸於失敗，但在當時則帶來了嚴重的後果。從本文的觀點說，我們必須指出，「以吏為師」使循吏的出現在事實上成為不可能。相反地，它卻為酷吏提供了存在的根據。秦代守、令之所以多流於殘酷是和這一背景密切相關的。蒯通在秦末亂起之後對范陽令徐公說道：

秦法重。足下為范陽令十年矣，殺人之父，孤人之子，斷人之足，黥人之首，不可勝數。然而慈父孝子莫敢倳刃公之腹中者，畏秦法耳！今天下大亂，秦法不施，然則慈父孝子且倳刃公之腹中，以成其名。此臣之所以弔公也。（見「史記」卷八九「張耳、陳餘列傳」。參看「漢書」卷四五「蒯通傳」）

秦吏祇知有政治秩序，不知有文化秩序，所以對大傳統中的基本價值如父慈子孝之類往往置之不顧。一旦政治秩序面臨崩潰的危機，秦吏自然便首當其衝，成為人民報復的對象。「史記」

「秦始皇本紀」二世元年條云：

山東郡縣少年苦秦吏，皆殺其守、尉、令、丞反，以應陳涉。

可見上引蒯通的話是絲毫沒有誇張的。

人民之所以對秦吏普遍地不滿則是因為他們對於「吏道」另有一套看法而和秦廷的觀點恰好形成了尖銳的對立。儒家仁愛教化的吏道觀念長期以來早已在大傳統中生根。秦代法令雖嚴苛，卻始終不能把這種根深蒂固的觀念從一般人的心中完全消滅掉。這是政教分立的必然結果。「教」提供了一個超越的支撐點（"Archimedian point"），使人可以「聞令下，則各以其學議之」。秦代的法令確曾在短期內有效地壓制了文化的活力，使它幾乎完全動彈不得。但是以儒教為主體的大傳統仍然不絕如縷，最後還是隨著秦代政治秩序的全面崩潰而重新獲得生機。

秦代存在著兩種不同的「吏道」觀，分別地代表著「政」與「教」兩個方面，這一點已由最近出土的秦代文獻充分證實了。一九七五年湖北雲夢睡虎地十一號墓保存了大量的秦簡。其中絕大部分是秦律，但有兩件文獻和本文的研究有特別密切的關係。第一件是「語書」，一般研究文字中往往稱之為「南郡守文書」；第二件則是「為吏之道」。自發現以來，中外學者對這兩個文件已有不少的討論。本文不擬涉及其中種種枝節的考證。從本文的主旨出發，我們覺得這兩個文件的性質恰好可以說明「政」、「教」兩種「吏道」觀點的分歧。

「語書」是官方文告，以南郡守騰的名義於始皇二十年（公元前二二七）頒發給各縣、道的地方官吏。十一號墓主生前是地方小吏，故得保存一份。這個文告十足地體現了秦代「以法為教」的精神。它說：

古者，民各有鄉俗，其所利及好惡不同，或不便於民，害於邦。是以聖王作爲法度，以矯端民心，去其邪僻，除其惡俗。……凡法律令者，以敎道民，去其淫僻，除其惡俗，而使之之于爲善也。

秦廷也重視「移風易俗」，但不是根據大傳統的禮樂以推行「敎化」，而是用政府所制訂的「法律令」來「敎導民」和「除其惡俗」。可見在秦代體制中「敎」即由「法」出，此外並沒有獨立的源頭。「語書」又說：

凡良吏明法律令，事无不能也。……惡吏不明法律令。

這顯然是以是否「明法律令」作爲判別「良吏」與「惡吏」的第一標準。「良吏」必須「明法律令」，因爲非如此他便不能執行「敎道民」的任務。所以這篇文告完全證實了韓非所謂「無書簡之文，以法爲敎；無先王之語，以吏爲師」的原則。韓非的理論其實也正是從秦代的實際政治經驗中觀察得來的。

「語書」所代表的是秦代官方對於「吏道」的觀點。但是「爲吏之道」的性質則迥然不同。它不是官方文書，而是私人編寫的；其主旨在告訴人怎樣才能做一個合標準的治民之「吏」。「爲吏之道」在思想上的最大特色便是混合了儒、法、道各家的成份。更値得注意的是其中儒家思想還佔據著主要的位置。例如「寬容忠信」、「惠以聚之，寬以治之」等語和上篇所引董仲舒「推恩以廣施，寬制以容眾」的說法幾乎先後如出一口。還有一些句子則十分接近漢代循吏的敎化語言，如「除害興利，慈愛萬姓」以及「民之既敎，上亦毋驕，孰導毋治（怠）」等皆其例。此中「除害興利」四字在漢代常用在地方官的身上。〔漢官解詁〕（見孫星衍校集〔漢官七種〕

本）且列「興利除害」為「太守專郡」的正式職責之一。「為吏之道」也強調地方官的「師」的功能，故說：

凡戾人，表以身，民將望表以戾眞。表若不正，民心將移，乃難親。

「戾」作「帥」解，所以「戾人」卽是「帥人」。這幾句話顯然是來自儒家的傳統，與法家「以吏為師」之意大相逕庭。孔子說：「政者，正也。子帥以正，孰敢不正？」（〔論語〕「顏淵」）又說：「其身正，不令而行；其身不正，雖令不從。」（〔論語〕「子路」）兩相比較，「為吏之道」的話無疑卽是〔論語〕的通俗化翻版。而且引文中的「表」字又與後來漢代常見的「良吏為民之表」的用法完全一致。「為吏之道」的作者同情於儒家關於「吏」的觀點，因此也就連帶地接受了儒家「治人」必先「修己」的前提。「為吏之道」開始第一節卽說：

反赦其身，止欲去慰。

整理者注曰：「赦，疑讀為索，反赦其身卽反求于自己。」「止欲去愿」則註云：「遏止私欲」。這一理解是正確的。不過我們必須指出，這個「修己」的功夫是針對「吏」而發的，並不是要被治的人民反求諸己和遏止私欲。同節又有「正行脩身」一語，這更明顯是儒家的語言了。劉向〔說苑〕卷十「敬愼」篇云：

修身正行，不可以不愼。

又〔漢書〕卷四十四「淮南厲王傳」載文帝令薄昭予厲王書，有云：

大王不思先帝之艱苦，日夜怵惕，修身正行。

都恰可與「為吏之道」的「正行脩身」互證。所以「為吏之道」確預設了儒家修、齊、治、平的實踐程序。下面這一段話則集中地表現了「爲吏之道」中的儒家觀點：

> 术（怵）悐（惕）之心，不可不長。以此爲人君則鬼（懷），爲人臣則忠；爲人父則茲（慈），爲人子則孝；能審行此，旡官不治，旡志不徹，爲人上則明，爲人下則聖（聽），君鬼臣忠，父茲子孝，政之本也；志徹官治，上明下聖，治之紀也。

此段開端「怵惕之心」即指修養而言，上引〔漢書〕「日夜怵惕，修身正行」可證。齊家、治國之道都始於個人修養；君懷、臣忠、父慈、子孝也「一以貫之」。這和儒家「自天子以至庶人，一是皆以修身爲本」之說大致是相通的㊵。

和「語書」相對照，「爲吏之道」所反映的顯然是大傳統中的吏道觀。所以前者祇強調以「法律令」爲唯一根據的政治秩序，而後者則兼重「吏」的教化功能，在政治秩序之外還關心到文化秩序。總之，「爲吏之道」保存了「政」、「教」分離以後的「教」的觀點。秦代「以法爲教」、「以吏爲師」的政策並未能完全截斷儒家的教化思想伏流。由此可見漢代循吏觀念的出現和發展自有其深遠的文化背景；「爲吏之道」便透露了此中的消息。

秦代「以吏爲師」的政治秩序崩解以後，儒教因壓力遽失而開始復甦。儒家強調政治秩序必須建立在文化秩序的基礎之上，因此重「師」更過於重「吏」。根據這一觀點，他們在討論地方

㊵ 此處所用雲夢秦簡釋文係根據〔睡虎地秦墓竹簡〕（文物出版社，一九七八年）。關於「爲吏之道」中的儒家思想，可參看黃盛璋〔雲夢秦簡辨正〕第二節「關於『爲吏之道』等幾種雜抄」，收入〔歷史地理與考古論叢〕（濟南：齊魯書社，一九八二年）及高敏，「秦簡『爲吏之道』所反映的儒法融合傾向」，收在〔雲夢秦簡初探〕（增訂本，河南人民出版社，一九七九年）。

官的功能時，也往往把推行「教化」看得比執行「法令」更爲重要。董仲舒在他的著名的對策中，一方面攻擊秦代「師申、商之法，行韓非之說」及由此而來的「好用憯酷之吏」，另一方面則主張設立太學以培養「教化之吏」。這便給循吏的出現提供了理論的根據。董仲舒說：

臣願陛下興太學、置明師，以養天下之士，數考問以盡其材，則英俊宜可得矣。今之郡守、縣令，民之師帥，所使承流而宣化也。故師帥不賢，則主德不宣，恩澤不流。今吏旣亡教訓於下，或不用主上之法，暴虐百姓，與姦爲市，貧窮孤弱，冤苦失職，甚不稱陛下之意。是以陰陽錯繆，氛氣充塞，羣生寡遂，黎民未濟，皆長吏不明，使至於此也。（「漢書」卷五十六本傳）

董仲舒從「教」的觀點出發，所以強調「郡守、縣令，民之師帥」，卽以「師」爲地方官的第一功能，「吏」的功能反而居於次要的地位。他把「教訓於下」列在「用主上之法」之前，這正表示在他的觀念中，文化秩序比政治秩序更爲重要。事實上，通西漢一代，名臣奏議凡涉及吏治的問題幾乎無不持儒家教化之說。對於祇知奉行朝廷法令以控制人民的地方長吏，議者一概斥之爲「俗吏」。讓我們試舉幾個例子作爲說明。

賈誼在著名的「陳政事疏」中說：

夫移風易俗，使天下回心而鄉道，類非俗吏之所能爲也。俗吏之所爲務在於刀筆筐篋，而不知大體。（「漢書」卷四八本傳，並可參看「新書」卷三「俗激」篇）

王先謙「漢書補註」此條下引周壽昌曰：

刀筆以治文書，筐篋以貯財幣，言俗吏所務在科條徵斂也。

周解甚確。「刀筆筐篋」的「俗吏」卽是前文所引「兒寬傳」所謂「文史法律之吏」。這種「俗吏」祇知道如何去完成朝廷所交給他們的政治任務，如要求人民嚴守法紀和徵斂賦稅，但是對人民的生活則毫不關心。他們把執行「法令」看作自己在宦途上得意的唯一保證，因此往往不免流於嚴酷。「俗吏」和「酷吏」事實上是屬於同一類的，不過程度有別而已；他們都是「循吏」的反面。循吏不但對於人民「先富之而後敎之」，而且在「法令」和人民利益發生正面衝突的時候，他們甚至不惜違抗「法令」。上一節中，兒寬「收租稅時與民相假貸」和韓延壽「取官錢帛，私假徭役吏民」，便是兩個具體的例證。

宣帝時王吉上疏㊶也著重地指出：

今俗吏所以牧民者非有禮義科指，可世世通行者也，獨設刑法以守之。其欲治者，不知所繇。以意穿鑿，各取一切，權譎自在，故一變之後，不可復修也。是以百里不同風，千里不同俗，戶異政，人殊服，詐僞萌生，刑罰亡極，質樸日銷，恩愛寖薄。孔子曰：「安上治民，莫善於禮」，非空言也。王者未制禮之時，引先王禮宜於今者而用之。臣願陛下承天心，發大業，與公卿大臣延及儒生，述舊禮，明王制，敺一世之民濟之仁壽之域，則俗何以不若成、康，壽何不若高宗？（「漢書」卷七二本傳）

元帝時匡衡上疏則說：

今俗吏之治，皆不本禮讓而上克暴，或忮害好陷人於罪，貪財而慕勢，故犯法者眾，姦

㊶ 按：荀悅「漢紀」卷十七繫王吉上書在地節二年（公元前六八），而「資治通鑑」卷二十六則繫於神爵元年（公元前六一）。

邪不止，雖嚴刑峻法，猶不爲變。此非其天性，有由然也。（〔漢書〕卷八一本傳）

顏師古注末語曰：

非其天性自惡，由上失於教化耳。

王、匡二疏都一方面攻擊「俗吏」僅恃「刑法」爲維持政治秩序的工具，另一方面強調「禮義」、「敎化」才是「治民」的根本。所以他們其實是主張用儒家型的「循吏」來取代漢廷所任用的「俗吏」或「酷吏」。

賈誼、董仲舒以來的大傳統一直在強調郡守、縣令必須首先發揮「師」的敎化功能，而將執行「法令」的「吏」功能放在次要的位置。這是漢代循吏的思想淵源之所在。但是從制度史的觀點說，漢代循吏以「敎化」自任則是完全沒有根據的。漢廷並沒有規定守、令有「敎化」的任務。據〔漢書〕「百官公卿表」上，祇有「三老」才是眞正「掌敎化」的人。漢代詔令中也祇承認「三老」是「民之師」。而「三老」則與「孝弟」、「力田」。等同是所謂「鄉官」。他們是地方民眾的代表，與「吏」分屬於兩個完全不同的系統㊷。漢承秦制，故嚴格言之，「吏」的本職仍然是奉行朝廷的法令。不過由於漢廷已公開接受儒敎爲官學，因此不得不默認地方官兼有「師」的功能而已。以下讓我們舉兩個例子來說明：漢代守、令的本職在制度上確是執行「法令」之「吏」而不是推行「敎化」之「師」。〔漢書〕卷八三「薛宣傳」記薛宣答吏職之問云：

㊷ 關於漢代三老的扼要敍述，可看嚴耕望，前引書第六章「鄉官」節。此外尚可參考楊筠如「三老考」，〔國立中山大學語言歷史研究所週刊〕第二集第二十一期（一九二八年三月二十日）及櫻井芳朗，「漢代の三老について」，〔加藤博士還曆紀念東洋史集說〕（一九四一年）。

吏道以法令爲師，可問而知。及能與不能，自有資材，何可學也。

這裏「吏道以法令爲師」一語最能表示漢代的吏職仍然限於執行「法令」，與秦制是一脈相承的。禮樂教化根本不在吏的法令的權限之內。但是更明顯的例子則是成帝時代的琅邪太守朱博。〔漢書〕卷八三本傳說：

博尤不愛諸生，所至郡輒罷去議曹，曰：「豈可復置謀曹邪！」文學儒吏時有奏記稱說云云，博見謂曰：「如太守漢吏，奉三尺律令以從事耳，亡奈生所言聖人道何也！且持此道歸，堯、舜君出，爲陳說之。」其折逆人如此。

朱博是「武吏」出身，似乎對儒生頗爲反感，因此他的作風恰好是循吏的反面。罷除議曹便提供了一個具體的說明。漢代郡守之有議曹，猶如皇帝之有諫大夫、議郎之類。循吏接受儒家的觀念，以受言納諫爲美制，如上一節所討論的韓延壽「所至聘其賢士，以禮待用，廣謀議，納諫爭」。兩漢書中有關議曹的記載不過三四處，但除上引「朱博傳」中一條外，有兩條都見於「循吏傳」㊸。西漢宣帝時龔遂在皇帝召見前夕曾受議曹王生的教戒，他即據王生所教以陳對（〔漢書〕「循吏・龔遂傳」）。東漢初年任延拜會稽都尉，「會稽頗稱多士。延到，皆聘請高行如董子儀、嚴子陵等，敬待以師友之禮。……吳有龍丘萇者隱居太末……乘輦詣府門，願得先死備錄。延辭讓再三，遂署議曹祭酒。」（〔後漢書〕「循吏・任延傳」）我們自不能據此極少數材料而斷定循吏和議曹有什麼特殊關聯。但與「所至郡輒罷議曹」相對照，則朱博的作風和循吏背道而馳是無可置疑的。議曹爲散員，或置或罷皆可由地方長官個人決定，足證漢代郡守頗能自

㊸ 參看嚴耕望前引書，頁一二九。

專。循吏的教化設施多是自出心裁，未必受朝廷指示，也由此益可見。

上引朱博答復文學儒吏的話則尤其重要，應略加分析。第一、他說：「太守漢吏，奉三尺律令以從事。」這句話可以看作漢代太守在法制上的正式定義。「三尺」指法律文書。〔漢書〕卷六十「杜周傳」：「不循三尺法。」孟康注曰：「以三尺竹簡書法律也。」居延漢簡有一簡是詔令目錄，其長度適爲漢三尺，尤爲實證㊹。「杜周傳」又說：「前主所是著爲律，後主所是疏爲令。」所以「律令」統指歷代皇帝所訂之「法」。漢代太守的正式職務便是奉行這些「律令」，以維持政治秩序。朱博此語和薛宣所謂「吏道以法令爲師」是完全一致的。第二、朱博拒絕聽取文學儒吏向他講「聖人道」，即是明白表示他不屑爲「循吏」。文學儒生所稱說的大抵不外禮樂教化之類的儒家觀點，而他對於這一套則完全不感興趣。因此他才以譏諷的口吻要他們把這種說辭留待「堯、舜之君」。漢代太守和屬吏之間有「君臣之義」，故朱博此處以「君」自許。這一點後文還會提及，暫不多說。朱博的例子最能從反面說明，漢代循吏致力於文化秩序的建立完全出於自作主張。秦代之吏多「酷」，上文已加證明。漢代的政策放寬了一大步，對於地方官吏的統治方式，大致採放任的態度，故吏之爲「循」、爲「酷」，可由各人的思想和風格來決定。但漢廷對於「吏」的基本要求則仍是秦代的延續，即必須「奉三尺律令以從事」。試想禮樂教化如果是出於朝廷的旨意，則朱博何敢如此理直氣壯地拒斥「聖人之道」？朱博已是西漢末期的人物；哀帝建平二年（公元前五年）他在一個月之內先後拜御史大夫以至丞相。這時儒教表面上定於一尊已超過了一個世紀，然而像朱博這樣一個鄙薄儒教的人竟能一帆風順地攀登至官僚系統的

㊹　此簡見考古研究所編，〔居延漢簡甲編〕（科學出版社，一九五九年）第二五五二號。

頂峯。這一事實也逼使我們不能不重新思考漢廷和儒教之間的微妙關係。

薛宣和朱博關於「吏道」的界說大體上代表了官方的觀點。但是另一方面，自西漢中葉以後，大傳統中的吏道觀也逐漸深入人心。〔鹽鐵論〕「申韓」第五十六文學曰：

法能刑人，而不能使人廉；能殺人，而不能使人仁。……所貴良吏者，貴其絕惡於未萌，使之不爲非，非貴其拘之囹圄而刑殺之也。今之所謂良吏者，文察則以禍其民，強力則以厲其下；不本法之所由生，而專己之殘心，文誅假法以陷不辜、累無罪，以子及父，以弟及兄，一人有罪，州里驚駭，十家奔亡。

昭帝時鹽鐵爭議，以御史大夫爲首代表朝廷的觀點，以賢良、文學代表民間大傳統的觀點。朝廷以律令爲重，故御史大夫推重法家；大傳統以儒教爲根據，故文學開宗明義便說：「竊聞治人之道……廣道德之端……而開仁義……然後教化可興，而風俗可移也。」（「本議」第一）上引文學之言便列舉了兩種不同的「吏」：「絕惡於未萌，使之不爲非」的「良吏」即是「興教化、移風俗」的循吏；「文察」、「強力」型的「今之所謂良吏」則是朝廷所欣賞的酷吏。漢代兩種吏道觀的對比在〔鹽鐵論〕中是表現得非常清楚的。

以「教化」代替「刑殺」是漢代儒士的共同要求，上起西漢的賈誼、董仲舒，下至東漢的王符無不反覆言之㊺。因此在一般的社會觀念中，「吏道」決非如薛宣所云，只是「以法令爲師」。

㊺ 王符〔潛夫論〕。「德化」第三十三云：「是故上聖不務治民事而務治民心，故曰：『聽訟，吾猶人也。必也使無訟乎！』導之以德，齊之以禮，務厚其情而務明其義，民親愛則無相害傷之意，動思義則無姦邪之心。夫若此者，非法律之所使也，非威刑之所強也，此乃教化之所致也。聖人甚尊禮而卑刑罰，故舜先勅契以敬敷五教，而後命皋陶以五刑三居。是故凡立法者，非以司民短而誅過誤，乃以防姦惡而救禍敗，檢淫邪而內正道爾。」（文字據〔潛夫論箋校正〕校改，中華書局〔新編諸子集成〕本，一九八五年，頁三七六。）王符的時代雖晚，但此節論兩種吏道觀甚為簡明扼要，故備錄之。

相反地，儒教經典在「吏道」中所佔的份量遠比律令爲重。這一點在西漢晚期的一部小學教科書中有極清楚的反映。「急就篇」說：

宦學諷〔詩〕、〔孝經〕、〔論〕。〔春秋〕、〔尚書〕、「律令文」。治禮掌故砥礪身。智能通達多見聞㊻。

「急就篇」相傳出自元帝時代（公元前四八—三三）史游之手，是一部流傳極廣的字書。在西漢末葉，「急就篇」已傳到了邊疆，敦煌和居延出土的漢簡中都有此書的殘簡㊼。所以此書頗能反映當時人的一般觀念。上文所引有關「宦學」一節便是大傳統中吏道觀的具體說明。「宦學」即是「吏學」的同義語，其必讀之書首先是儒家經典。第一句中之〔論〕乃〔論語〕的簡稱，如「魯論」、「齊論」、「古論」之例。成帝時張禹精於〔論語〕，他整理的本子號爲「張侯論」。〔漢書〕卷八一本傳載當時流行語「欲爲〔論〕，念張文」，尤爲〔論〕即〔論語〕之證。「急就篇」論「宦學」先列〔詩經〕、〔孝經〕與〔論語〕三書也許是有意的。因爲〔詩經〕在漢代是「諫書」，即儒生持「道」以議「政」的一部寶典，而〔孝經〕、〔論語〕則是教化思想的總匯。漢儒向朝廷敷陳「德治」往往引此二書之文爲立說的根據。〔春秋〕在漢代被公認爲孔子所自著之書，〔尚書〕則是古史，何以在「急就篇」中反而與「律令文」並列呢？這是因爲這兩部書早已被朝廷用來「斷獄」，具有法律的性質了。〔史記〕「酷吏・張湯傳」說：

㊻「急就篇」文字大體據王國維「校松江本急就篇」，收在〔海寧王靜安先生遺書〕第六册。

㊼參看勞榦，〔居延漢簡〕，「考釋」之部（臺北：中央研究院，一九六〇）附錄「敦煌簡」Ⅰ「急就章」與「考證」庚，「蒼頡篇與急就篇文」條。關於「急就篇」所反映的漢代社會，可看沈元「急就篇研究」，〔歷史研究〕，一九六三年三月。

湯決大獄，欲傳古義，乃請博士弟子治〔尚書〕、〔春秋〕。

可見「急就篇」把〔尚書〕、〔春秋〕和「律令文」放在同一句之內或非偶然。「德治」在前，「刑治」在後，「律令文」列在儒家經典之後，恰和大傳統中的吏道觀相符。此節第三句中的「砥礪身」即指「修身」而言，也是漢代儒吏的常用語。〔漢書〕卷七六「王尊傳」：「又出教敕掾、功曹，各自底厲，助太守爲治。」可以爲證。「修身」是大傳統中吏道觀的一個不可分割的部分，自孔子以來流衍不絕，前引秦簡「爲吏之道」中也有其說。「急就篇」雖是一部啟蒙的字書，其中卻保存了漢代吏學的具體內容，其史料價值是不容忽視的。

總結地說，漢代一直存在著兩個關於「吏道」的不同觀點：一個是朝廷的觀點，上承秦代而來，以「吏」的主要功能只是奉行「律令」；另一個是大傳統的觀點，強調「化民成俗」爲「吏」的更重要的任務，奉行「律令」反在其次。在思想上，前一觀點與法家的關係很深，並爲「酷吏」或「俗吏」的行爲提供了理論的根據。後一觀點則淵源於儒教，「循吏」的禮樂教化論即由此而起。這兩個觀點當然不是完全對立的，但取向（orientation）確有不同：前者可稱之爲「吏」的取向，後者則不妨名之爲「師」的取向。這一分野幾乎在漢代一切文獻中都可以獲得印證，其重要性是不容忽視的。

六、循吏與文化傳播

漢代循吏在文化傳播方面的活動，兩漢書「循吏傳」記之甚詳，此外其他傳記和碑銘中也隨處可見。本文不能詳引一切有關史料以說明循吏的具體教化過程，因爲那樣做便會流爲一部「漢代循吏資料彙編」了。本節祇能採取提要鈎玄的方式，運用一個整體的觀念來闡釋循吏在中國文化史上的意義。不用說，正史和碑文中的記載自不免有溢美的嚴重問題。在絕大多數的情形下，我們都沒有異源的史料足以與碑傳文字互相參證。因此個別的事蹟是否都眞實可信，我們無從判斷。但本文所研究是循吏作爲一種典型人物的活動方式；就這一點言，我們的證據是極其充足的。以下徵引史料僅取其中所透露的一般性的活動方式；至於每一具體事實的眞相究竟如何則只好存而不論。不容諱言，中國史學的語言一向籠罩在一層道德判斷的濃霧之中，但現代的讀者並不難透過這層濃霧去認識客觀的歷史面目。

我們在上篇曾經指出，漢代循吏的治民內容和方式都與儒家的原始教義是一致的。這一事實有力地說明了循吏的推行教化確是出於自覺的實踐儒家的文化理想——建立禮治或德治的秩序。因此，個別循吏的活動雖因時因地而各有不同，但萬變不離其宗，都合乎儒家，特別是孔子的基本教義。現在我們必須證實這一推斷。

五十年前，政治學者張純明曾以英文發表了一篇研究循吏的專著。這篇專著是通論中國史上自漢至清的循吏的。他分析正史中的「循吏傳」，指出他們的成就表現出三個主要特徵：一、改善人民的經濟生活；二、教育；三、理訟。張氏特別注意到教育一項的重要性。他所說的教育則指兩個方面：一是正式的學校教育，如文翁之立郡學；一是社會教育，即對於一般人民的禮樂教化。他並且強調地說：循吏如果僅僅致力於改善人民的經濟生活，而不同時對他們的文化和社會的生活也加以改進的話，那麼他便不成其爲第一流的循吏了㊽。

張氏此文是純從現代地方行政的觀點立論的；他並沒有討論到循吏的文化意義。他甚至根本沒有注意循吏和孔子以來的儒教有任何歷史的關聯。但正因如此，這篇文字才特別值得一提，因爲它的作者絲毫沒有儒家的成見，但它所做的純現象論的描述最後竟和儒家教義不謀而合。讀者不難發現，此文所歸納出來的三大特徵正是孔子所重視的「富之」、「教之」、和「無訟」。這可以旁證我們關於循吏有意識地推行儒教的推斷。以下讓我們舉例稍作說明。

〔漢書〕「循吏・召信臣傳」：

> 召信臣字翁卿，九江壽春人也；以明經甲科爲郎，出補穀陽長，舉高第，遷上蔡長。其治視民如子，所居見稱。……遷南陽太守，其治如上蔡。信臣爲人勤力有方略，好爲民興利，務在富之。躬勸耕農，出入阡陌，止舍離鄉亭，稀有安居時。行視郡中水泉，開通溝瀆，起水門提閼凡數十處，以廣溉灌，歲歲增加，多至三萬頃。民得其利，畜積有餘。信臣爲民作均水約束，刻石立於田畔，以防分爭。禁止嫁娶送終奢靡，務出於儉約。府縣吏家子弟好游敖，不以田作爲事，輒斥罷之，甚者案其不法，以視好惡。其化大行，郡中莫不耕稼力田，百姓歸之，戶口增倍，盜賊獄訟衰止。吏民親愛信臣，號曰召父。

㊽ Chun-ming Chang (張純明), "The Chinese Standards of Good Government: Being a Study of the Biographies of Model Officials' in Dynastic Histories," *Nankai Social and Economic Quarterly*, Vol. VIII, No. 2 (July 1935).

〔後漢書〕卷四十三「何敞傳」云：

歲餘，遷汝南太守。敞疾文俗吏以苛刻求當時名譽，故在職以寬和爲政。立春日，常召督郵還府，分遣儒術大吏案行屬縣，顯孝悌有義行者。及舉寃獄，以〔春秋〕斷之。是以郡中無怨聲，百姓化其恩禮。其出居者，皆歸養其父母，追行喪服，推財相讓者二百許人。（注引〔東觀記〕曰：「高譚等百八十五人推財相讓。」）置立禮官，不任文吏。又修鮦陽舊渠，百姓賴其利，墾田增三萬餘頃。吏人共刻石，頌敞功德。

召信臣是西漢元帝時人（公元前四八—三三），何敞則大約卒於東漢安帝之世（一〇七—一二五），相去一百餘年，但兩人的治民內容和方式大致相同。例如富民、教民、和理訟三項始終構成循吏活動的主要特色。何敞不在「循吏傳」中，正如西漢的韓延壽。但他是一個典型的循吏則毫無問題。此處特別引他爲例，以見研究漢代循吏決不應以兩漢書的「循吏傳」爲限。如果僅據「循吏傳」中少數例子來分別兩漢循吏的前後不同，則不免帶有很大的片面性。

〔漢書〕「循吏傳序」特別強調循吏「所居民富」的特色，我們必須對這一點稍加分析。在循吏的「富民」活動中，自然以水利灌溉和農田開拓最爲重要。前已引西漢文翁、召信臣之例。東漢以下這一類的記載更多至不勝舉，下面是幾個特別有代表性的例子。

杜詩　建武七年（公元三一年），遷南陽太守「又修治陂池，廣拓土田，郡內比室殷足。時人方於召信臣，故南陽爲之語曰：『前有召父，後有杜母。』」（〔後漢書〕卷三十一本傳）這個例子的重要性在於它說明了兩漢循吏「富民」工作的延續不斷。據〔水經注〕（永樂大典影印本，卷十二，頁四）南陽水利「漢末毀廢，遂不脩理。」但酈道元又接著說太康三年（二八二）杜預「復更開廣，利加于民。今廢不脩矣。」〔水經注〕記召信臣的水利工程始於建昭五年（公元前三四年），則前後持續了三個世紀以上。

王景　建初八年（八三）遷廬江太守。「先是百姓不知牛耕，致地力有餘而食常不足。郡界有楚相孫叔敖所起芍陂稻田（注：「陂在今壽州安豐縣東。」）景乃驅率吏民，修起蕪廢，教用犂耕，由是墾闢倍多，境內豐給。遂銘刻誓，令民知常禁。又訓令蠶織，爲作法制，皆著于鄉亭，廬江傳其文辭。」（〔後漢書〕「循吏・王景傳」）我們特別介紹王景在廬江的水利，不僅因爲他是中國史上著名的水利工程師，而且更因爲他的閘壩工程遺址最近已在安徽壽縣安豐塘發現了㊾。

張導　建和三年（一四九年）爲鉅鹿太守。「漳津汎濫，土不稼穡。導披按地圖，與丞彭參、掾馬道嵩等原其逆順，揆其表裏，修防排通正水路。功績有成，民用嘉賴。」（〔水經注〕卷五「濁漳水」，頁六）。

王寵　〔水經注〕卷十一「沔水」條記木里溝爲漢南郡太守王寵所鑿，「故渠引鄢水，灌田七百頃，白起渠溉三千頃。膏粱肥美，更爲沃壤。」（頁二一）

以上兩條見於〔水經注〕是酈道元在五世紀末期調查所得。張導一條即據當時尚存之碑文。我們相信這幾處的記載都近於實錄，證明漢代循吏在水利灌溉方面確有貢獻。

上引「王景傳」中記王景教人民犂耕和蠶織，這也是循吏「富民」工作中常見的部分。〔後

㊾ 見殷滌非，「安徽省壽縣安豐塘發現漢代閘壩工程遺址」，〔文物〕，一九六〇年一月。

漢書」「循吏列傳」中還有任延東漢初年出任九眞太守，「九眞（按：今越南河內、順化一帶）……不知牛耕，民……每致困乏。延乃令鑄作田器，教之墾闢。田疇歲歲開廣，百姓充給。」又有茨充爲桂陽太守「教民種殖桑柘麻紵之屬，勸令養蠶織屨，民得利益焉。」李賢注引〔東觀記〕說：「建武中，桂陽太守茨充教人種桑蠶，人得其利，至今江南頗知桑蠶織屨，皆充之化也。」九眞、桂陽在當時都是邊境，循吏把較高的經濟技術推廣到這些地方是很可能的，雖然記述之詞難免誇張之嫌。讓我們再引「循吏列傳」以外的一個例子。〔後漢書〕卷五十二「崔寔傳」云：

> 出爲五原太守。五原土宜麻枲，而俗不知織績，民冬月無衣，積細草而臥其中，見吏則衣草而出。寔至官，斥賣儲峙，爲作紡績、織絍、練緼之具以教之，民得以免寒苦。

現存〔四民月令〕相傳出自崔寔，也許是可信的。所以他能教五原人民種麻和織績，毫不足異。崔寔可以說是循吏世家，他的父親崔瑗順帝時（一二五—一四四年）曾任汲縣縣令，爲民「開稻田數百頃。視事七年，百姓歌之。」（同上本傳）更值得注意的是崔寔的母親劉氏，「崔寔傳」說：

> 母有母儀淑德，博覽書傳。初，寔在五原，常訓以臨民之政，寔之善績，母有其助焉。

這個故事使我們聯想到前引酷吏嚴延年的母親所說「仁愛教化」的話。循吏教化的觀念在漢代大傳統中植根之深，即此可見。

我們也必須指出，漢代地方官的考績中包括戶口和墾田的增加，這是所謂「興利」的主要部分。人口和田畝的數量是和政府所得的賦役成正比例的，因此完全符合漢廷的勸農政策㊿。當時

㊿ 參看西村元祐，「漢代の勸農政策——財政機構の改革に關連して」，〔史林〕第四二卷第三號（一九五九年五月）。

地方官甚至有虛報田畝的現象。〔後漢書〕卷三十九「劉般傳」載永平十一年（六八年）劉般上言有云：

又郡國以牛疫、水旱，墾田多減，故詔勅區種，增進頃畝，以爲民也。而吏擧度田，欲令多前，至於不種之處，亦通爲租。可申勅刺史、二千石，務令實覈，其有增加，皆使與奪田同罪。

卽是明證。所以我們決不能把所有興水利灌溉及鼓勵農桑的地方官都一律看成實行儒家敎化的循吏。事實上，酷吏也有「敎民耕田種樹理家之術」的（見〔後漢書〕「酷吏・樊曄傳」）。而且地方官興水利的傳統由來已久，早起於戰國之世，魏文侯時代的鄴令西門豹和秦昭王時代的蜀守李冰都是著名的先例。（見〔史記〕「河渠書」）但我們在前面所擧的例證則顯然不能和普通地方官執行政府法令的情況相提並論。他們的功績在數百年之後尙爲當地人民所懷念，則其間必貫注了不少心力。而且循吏的「富民」也不限於水利農田，他們對於商業也同樣加以保護。我們也擧兩個例子。〔後漢書〕「循吏・孟嘗傳」記孟嘗爲合浦太守事云：

郡不產穀實，而海出珠寶，與交阯比境，常通商販，貿糴糧食。先時宰守並多貪穢，詭人採求，不知紀極，珠遂漸徙於交阯郡界。於是行旅不至，人物無資，貧者餓死於道。嘗到官，革易前敝，求民病利。曾未踰歲，去珠復還，百姓皆反其業，商貨流通，稱爲神明。以病自上，被徵當還，吏民攀車請之。嘗旣不得進，乃載鄉民船夜遁去。隱處窮澤，身自耕傭。鄰縣士民慕其德，就居止者百餘家。

這是有名的「合浦還珠」的故事，〔水經注〕（卷十四，頁一一）也記載孟嘗爲守，「有惠化，去珠復還。」第二個例子見於「桂陽太守周憬功勳碑」(收在〔全後漢文〕卷一〇三)此碑立於熹平三年(一七四年)三月,原文甚長,又多闕字,不能詳引。大旨是稱述周憬疏鑿水道之功。碑文說桂陽與「南海接比,商旅所臻」,但水路極險,舟行困難。周憬既「傷行旅之悲窮,哀舟人困戹」,於是效法蜀守李冰的故事,命良吏率壯夫加以治理。最後大功告成,「抱布貿絲,交易而至。」「船人歎於水渚,行旅語於途陸。」這兩處的記載在文字層面或不免誇張,但其中所透露的基本事實則是不容置疑的。

循吏的特色不僅是「富民」,而尤在於「先富而後教」,前引召信臣、何敞兩例已足以為證。現在讓我們再舉一例以說明循吏的「先富後教」確是自覺地實踐孔子之言。〔三國志〕卷十六「杜畿傳」記杜畿在建安時(一九六—二二〇)任河東太守事曰:

> 是時天下郡縣皆殘破,河東最先定,少耗減。畿治之,崇寬惠,與民無為。民嘗辭訟,有相告者,畿親見為陳大義,遣令歸諦思之,若意有所不盡,更來詣府。鄉邑父老自相責怒曰:「有君如此,奈何不從其教?」自是少有辭訟。班下屬縣,舉孝子、貞婦、順孫,復其繇役,隨時慰勉之。漸課民畜牸牛、草馬、下逮雞豚犬豕,皆有章程。百姓勤農,家家豐實。畿乃曰:「民富矣,不可不教也。」於是冬月修戎講武,又開學宮,親自執經教授,郡中化之。

裴松之注引〔魏略〕曰:

> 博士樂詳,由畿而升。至今河東特多儒者,則畿之由矣。

杜畿在河東的表現足以當循吏的典型而無愧。他不但盡力實行孔子「導德齊禮」和「必也使無訟」（「論語」「顏淵」）的理想，而且明確地表示他的行動根據是來自「論語」的「既富矣，教之」。至於他親自執經教授的成績，則又有「魏略」爲之證實。所以杜畿的例子集中地顯露了漢代循吏的特色，特別是在「師」重於「吏」這一點上。

西漢末期以來，由於儒教已深入社會，循吏之中頗有人更自覺到「師」是他們的主要功能，因此地方官親自與生徒講學之事也更爲普遍。上引杜畿「親自執經教授」便是在這一風氣下所形成的。「後漢書」「儒林上・牟長傳」記他建武初年任河內太守云：

> 及在河內，諸生講學者常千餘人，著錄前後萬人。著「尚書章句」，皆本之歐陽氏，俗號爲「牟氏章句」。

同書「儒林下・伏恭傳」記他建武時

> 遷常山太守，敦修學校，教授不輟。由是此州多爲伏氏學。

牟、伏兩人名列「儒林傳」，可見身後定論他們都是經師。但他們講學成學竟都在太守任內，這可以看出漢代儒吏雖一身兼具「吏」與「師」兩重身分，但二者並未合一。對於牟、伏兩人而言，他們的最後認同更顯然在「師」而不在「吏」。同書卷二十五「魯丕傳」：

> 元和元年（八四）徵，再拜趙相。門生就學者常百餘人。關東號之曰：五經復興魯叔陵。

則魯丕也有資格和牟、伏同入「儒林傳」。同書同卷「劉寬傳」記他在桓帝時，

> 典歷三郡，溫仁多恕，雖在倉卒，未嘗疾言遽色。常以爲「齊之刑，民免而無恥」。吏人有過，但用蒲鞭罰之，示辱而已，終不加苦。事有功善，推之自下。災異或見，引躬

> 克責。每行縣止息亭傳，輒引學官祭酒及處士諸生執經對講。見父老慰以農里之言，少年勉以孝悌之訓。人感德興行，日有所化。

劉寬也是一個典型的循吏。王先謙〔後漢書集解〕本傳引華嶠〔後漢書〕云：「爲南陽太守，教民種柘、養蠶、織履，生民之利。」可見他的治民方針也是「先富後教」。不過他的「教」包括學校教育和社會教育兩個部分：一方面他以「經師」的身分與學官諸生講經，另一方面他又以「教化之師」的身分對民間父老子弟宣揚大傳統中的道德觀念。劉寬熹平五年（一七六）爲太尉，故洪适〔隸釋〕十一有「太尉劉寬後碑」。而這個碑便是他的門生潁川殷苞等「共所興立」的。由此可知他的「師」的身分比「吏」更受重視[51]。

以上都是郡守一級的循吏，下面再舉幾個縣令長的例子。〔後漢書〕「文苑下・劉梁傳」說：

> 桓帝時，舉孝廉，除北新長。告縣人曰：「昔文翁在蜀，道著巴漢，庚桑瑣隸，風移碨磥。吾雖小宰，猶有社稷，苟赴期會，理文墨，豈本志乎！」乃更大作講舍，延聚生徒數百人，朝夕自往勸誡，身執經卷，試策殿最，儒化大行。此邑至後猶稱其教焉。

劉梁的例子最能說明漢代循吏對於「吏」、「師」之分的自覺。「赴期會，理文墨」祇是發揮「吏」的功能，這是他所不能滿足的。因此他把主要的精神放在聚徒講學上面。他在「吏」與「師」之間的抉擇是非常清楚的。光和六年（一八三）所立的「漢咸陽令唐扶頌」（〔全後漢文〕卷一〇四）有云：

---

[51] 東漢地方官的墓碑有很多都是他們的「故吏」與「門生」合立的。這一事實恰可說明他們兼具「吏」與「師」的雙重身分，而兩者又不是合一的。例證可看楊樹達，〔漢代婚喪禮俗考〕（上海：商務印書館，一九三三年），頁一九五—六。

> 摳衣受業，著錄千人。朝益暮習，衎衎誾誾。尼父授魯，何以復加？

這裏頌揚的正是縣令唐扶的興學授徒。弟子著錄先後至有千人之多，則學校規模可想而知。縣令講學的風氣下及三國時代仍然存在。〔水經注〕卷十二「沔水」（頁二）陰縣條下云：

> 縣東有縣令濟南劉憙，字德怡，魏時宰縣，雅好博古。學教立碑，載生徒百有餘人，不終業而夭者，因葬其地，號曰：生墳。

東漢循吏頗多縣令長一級的人物。〔後漢書〕「循吏傳序」曰：

> 自章、和以後，其有善績者往往不絕。如魯恭、吳祐、劉寬及潁川四長（李賢注：謂荀淑爲當塗長，韓韶爲嬴長，陳寔爲太丘長，鍾皓爲林慮長。淑等皆潁川人也。）並以仁信篤誠，使人不欺。

此所舉七人之中，除吳祐、劉寬以外，都是縣令長。此外尚有雍丘令劉矩和東平陵令劉寵（均見〔後漢書〕「循吏傳」）也都是有名的循吏。又有西漢末年密令卓茂，在東漢初特別受到表揚。（〔後漢書〕卷二十五）卓茂和魯恭兩人更是所謂「死見奉祀」的典型，其祠至五世紀末尚存在，分見〔水經注〕卷九「洧水」及「潧水」條。不但郡守、縣令長推行教化，甚至亭長也有化民成俗的事。〔後漢書〕「循吏．仇覽傳」：

> 仇覽字季智，一名香……補爲蒲亭長，勸人生業，爲制科令。至於果菜爲限，雞豕有數。農事既畢，乃令子弟羣居，還就黌學。其剽輕游恣者，皆役以田桑，嚴設科罰。躬助表事，賑恤窮寡。朞年稱大化。覽初到亭，人有陳元者，獨與母居，而母詣覽告元不孝。覽驚曰：「吾近日過舍，廬落整頓，耕耘以時。此非惡人，當是教化未及至耳。母

守寡養孤，苦身投老，柰何肆忿於一朝，欲致子以不義乎？」母聞感悔，涕泣而去。覽乃親到元家，與其母子飲，因為陳人倫孝行，譬以禍福之言。元卒成孝子。鄉邑為之諺曰：「父母何在在我庭，化我鳴梟哺所生。」

仇覽後來在太學時為郭林宗所賞識，故他的事跡流傳甚廣，頗有異辭。如李賢注引謝承〔後漢書〕說，覽「責之以子道，與一卷〔孝經〕，使誦讀之。」袁宏〔後漢紀〕卷二十三建寧三年（一七〇）條並詳引仇香（即覽）告陳元母之語。但其人其事的大體應無可疑。〔後漢書〕中的循吏頗多縣令長一級的人物是一個值得注目的現象；它似乎顯示儒教大傳統確在逐漸滲透到民間日常生活之中。〔漢書〕中也有朱邑為桐鄉嗇夫和召信臣為上蔡長，並在這些較低級的職位上表現了循吏的特色。但他們最後的成就仍然是在郡守的任上。（見「循吏傳」）西漢末年以來的循吏則多有在縣令任上即完成其教化任務者，如卓茂、魯恭、潁川四長、劉矩、劉梁等都是顯例。仇覽的教化成績且僅止於亭長之任，因為他自太學卒業之後便拒絕出仕了。總之，〔後漢書〕中的循吏人數遠多於〔漢書〕（不限於「循吏傳」），而且縣令級循吏的大量出現更是一個明顯的特色。這一歷史記載上的差異在一定的程度上反映了歷史實際的變化，使我們具體地看到在儒教社會化的過程中兩漢循吏究竟起了什麼樣的作用。

循吏不但逐步把大傳統注入中國民間，而且也曾努力將中國的生活方式傳播到邊疆地區和少數民族的社會，因而不斷地擴大了中國文化的影響範圍。限於篇幅，這裏只能舉一二例稍作說明。據〔後漢書〕「循吏・衞颯傳」，他在建武初年遷桂陽太守。

> 郡與交州接境，頗染其俗，不知禮則。颯下車修庠序之教，設婚姻之禮，期年間邦俗從

化。

這個記載顯然過分誇大了衞颯的教化效果，但他曾在桂陽從事教化的努力大概是可信的。同書「任延傳」更爲重要。傳云：

> 建武初……徵爲九眞太守，光武引見賜馬、雜繒，令妻子留洛陽。九眞俗以射獵爲業，不知牛耕，民常告糴交阯，每致困乏。延乃令鑄作田器，教之墾闢，田疇歲歲開廣，百姓充給。又駱越之民無嫁娶禮法，各因淫好，無適對匹，不識父子之性，夫婦之道。延乃移書屬縣，各使男年二十至五十，女年十五至四十，皆以年齒相配。其貧無禮聘，令長吏以下各省奉祿以賑助之，同時娶者二千餘人。是歲風雨順節，穀稼豐衍，其產子者始知種姓，咸曰：使我有是子者任君也，多名子爲任。於是徼外蠻夷夜郎等慕義保塞，遂止罷偵候戍卒。初平帝時漢中錫光爲交阯太守，教導民夷，漸以禮義，化聲侔於延……嶺南華風始於二守焉。

不用說，這一記載中頗有渲染和漢民族的偏見。但是其中也有可以辨識的基本史實。例如光武令任延的妻子留洛陽，〔後漢書〕並無解釋。其實這是漢代的「質任」制度。據〔三國志〕卷二十四「王觀傳」，凡郡爲「外劇」則太守須有任子。時王觀爲涿郡太守，爲了降低人民差役的等級，自動定涿郡爲「外劇」，「後送任子詣鄴」[52]。九眞在東漢初當是「外劇」，所以光武帝要留任延的妻子在洛陽爲人質。證實了這一點，我們便可相信此事的大體輪廓是眞實的。任延在九

---

[52] 關於「質任」問題，可看 Lien-sheng Yang, "Hostages in Chinese History," in *Studies in Chinese Institutional History* (Harvard-Yenching Institute, 1961).

眞所推行的卽是一般循吏的「先富後敎」政策，毫不足異。他大概也和衞颯一樣，曾在九眞「設婚姻之禮」，至於駱越之民是否「無嫁娶禮法」，或有其法但與漢民族不同，我們只好存疑。關於效果方面的描寫，原文無疑是誇張得過度了。不過我們確有理由相信「嶺南華風」始於錫光、任延兩人的敎化。〔三國志〕卷五三「薛綜傳」載綜上疏孫權論交州事有云：

> 及後錫光爲交阯，任延爲九眞太守，乃敎其耕犂，使之冠履；爲設媒官，始知聘娶；建立學校，導之經義。由此已降，四百餘年，頗有似類。

據「薛綜傳」，綜曾任合浦、交阯太守，又隨呂岱越海南征，親到九眞。所以他的話是本之實地考察，自較可信。他在疏中只說「頗有似類」，語極平實，也無誇大之嫌。要而言之，我們固不能輕信儒敎具有史書上所渲染的那種「化民成俗」的神奇力量，但是事實具在，我們也不能完全否認循吏的敎化確有助於中國文化的傳播。南方在中國史上的逐漸「儒敎化」便是一個有力的見證(53)。任延後來又出任武威太守，他也同樣在河西地區推行一貫的敎化工作。本傳說：

> 河西舊少雨澤，乃爲置水官吏，修理溝渠，皆蒙其利。又造立校官，自掾吏子孫皆詣學受業，復其徭役。章句旣通，悉顯拔榮進之。郡遂有儒雅之士。

由於〔後漢書〕「循吏傳序」中有「移變邊俗」之語，因此有人以爲這是東漢循吏的特色所在(54)。但是從本篇所引東漢循吏的活動來看，實際情形並非如此。內地的循吏事實上仍然比邊郡爲

(53) 見Hisayuki Miyakawa（宮川尚志），"The Confucianization of South China," in Arthur F. Wright, ed., *The Confucian Persuasion*, (Stanford University Press, 1960).

(54) 此說見鎌田重雄前引書，頁三五〇。

多。而且西漢循吏也未嘗不以「移變邊俗」爲己任，如最早的文翁在蜀郡推行教化便是因爲「蜀地僻陋，有蠻夷風」。東漢邊郡的循吏比西漢爲多大致可歸於兩個原因：第一是西漢末葉以來循吏的總人數逐漸在增加。由於儒教的影響日益擴大，爲吏者頗多以爭作循吏爲榮。二世紀初班固〔漢書〕開始流傳，西漢循吏的事跡更發生了示範的作用，「循吏」一詞也成爲對地方官的最高禮讚。例如熹平二年（一七三）所立的「漢故司隸校尉忠惠父魯君碑」便說：

> 遷九江太守……行循吏之道。統政口載，穆若清風，有黃霸、召信臣在潁南之歌。（〔全後漢文〕卷一〇二）

這種頌詞似乎是受了〔漢書〕「循吏傳」的影響。熹平是靈帝年號，服虔、應劭爲〔漢書〕注音義即在這個時期。循吏的總人數既增，邊郡自然也相應而出現較多的教化活動。第二個原因是兩漢的邊郡情況頗有不同。東漢的政策是儘量把「內屬」的少數民族包括在帝國的境內，並儘可能地置他們於郡縣系統之內。例如涼州漢人與羌人雜處的情況早在東漢初年便已極爲嚴重。這也是東漢何以特別有「移變邊俗」的問題(55)。

漢代循吏雖是大傳統的「教化之師」，然而這並不表示他們可以隨心所欲地用大傳統來取代各地的小傳統，或以上層文化來消滅通俗文化。我們在上篇已指出，中國的大傳統和小傳統之間或上層文化和通俗文化之間是互相開放的，因而彼此都受對方的影響而有所變化。其結果是一方面大傳統逐漸在民間擴散其移風易俗的力量，而另一方面小傳統中的某些成分也進入了大傳統，使它無法保持其本來面目。現在讓我們以循吏爲例對這一情況作一點具體的解說。〔後漢書〕「

(55) 詳見 Ying-shih Yü, *Trade and Expansion in Han China*, (University of California Press, 1967).

循吏・王景傳」說：

初，景以為〔六經〕所載，皆有卜筮，作事舉止，質於蓍龜，而眾書錯糅，吉凶相反，乃參紀眾家數術文書，冢宅禁忌，堪輿日相之屬，適於事用者，集為〔大衍玄基〕云。

從現代的眼光看，王景的〔大衍玄基〕竟可說是一部集迷信之大成的書。即使在東漢，王充〔論衡〕中「四諱」、「讕時」、「譏日」、「卜筮」、「辨祟」等篇便已針對這些迷信而發。那麼我們是否應該懷疑循吏的「移風易俗」的功能呢？首先我們願意指出，循吏如王景對於世俗迷信的注意和王充的批評恰好可以看作漢代大、小傳統互相溝通的證據。以王充而言，他曾屢為州、郡、縣的屬吏（功曹掾、州從事、治中等），注意民間各種禁忌，並搜集一切有關的記載。因此〔論衡〕中才保存了大量的漢代風俗信仰。此外他還寫了〔譏俗〕和〔政務〕兩書（據「自紀」篇），也都與他的地方吏職有關。他寫這一方面的文字正是出於「移風易俗」的動機，故曰：「〔譏俗〕之書，欲悟俗人。」（「自紀」）從王充的著作中我們不難看到漢代小傳統中禁忌之多及其入人之深。郡縣守令如果不注意這些民間的風俗信仰，便根本不能和人民之間發生任何交通了。王景的〔大衍玄基〕特別重視「適於事用者」，大概便是一種因勢利導的工作。風俗信仰之事是不可能用政治強力來加以禁絕的，循吏所能做的不過是禁止其中對人民生活極端有害的部分，如宋均在九江禁巫為山神取百姓男女，周舉在太原禁民寒食（均見〔後漢書〕本傳）。至於那些無傷大雅的部分也只好採用董仲舒所謂「寬制以容眾」的辦法。而且循吏既不能完全不受時代思潮的影響，大傳統也不能免於小傳統的侵蝕，漢代陰陽五行的觀念瀰漫於整個儒家經典之中，〔易經〕尤其如此。王景早年即專治〔易〕，再看其書名及本傳「以為〔六經〕所載，皆有卜筮」之語，即可知他是想以他所理解的大傳統來改造民間的小傳統。甚至王充也未能完全免俗，〔論衡〕駁斥世俗忌諱最後往往折衷於儒家經典。他也接受當時通俗文化中的某些信仰，如土龍求雨、如服藥導引之類，不過予以較近於常識的解釋而已(56)。讓我們再舉一證，以澄清大、小傳統的關係。〔後漢書〕卷六十五「張奐傳」：

(延熹六年，一六三)拜武威太守，平均徭賦，率厲散敗，常爲諸郡最，河西由是而全。其俗多妖忌，凡二月、五月產子及與父母同月生者，悉殺之。奐示以義方，嚴加賞罰，風俗遂改，百姓生爲立祠。

張奐在武威的作風也足當循吏之稱，而他所改的風俗則見於〔論衡〕「四諱篇」之第四諱，即「以爲正月、五月子，殺父與母，不得舉也。」其中「二月」與「正月」之異，不知是否〔後漢書〕輾轉傳抄有誤。(王充所記乃「正月」，則由下文可定，決不會錯。)但傳末又說：

初，奐爲武威太守，其妻懷孕，夢帶奐印綬登樓而歌。訊之占者，曰：「必將生男，後臨弦邦，命終此樓。」旣而生子猛……卒如占云。

可見至少張奐之妻信「占」，與世俗不異。但這兩種不同的「迷信」則絕不可同日而語，前者直接引起殺嬰的社會問題，後者則無論驗與不驗都沒有嚴重的後果。循吏以建立和維持一個穩定而健全的文化秩序爲第一要務，因此對前者自不能不嚴禁，對後者則不妨隨俗。事實上以占卜爲「迷信」是現代人的觀念，漢人限於當時的知識水平，則並未有此想法。王充在「卜筮篇」也說「

(56) 王符〔潛夫論〕「卜列」第二十五也用「聖人」的議論來改造民間信仰。此外東漢儒生完全不信時日諱忌者也大有人在，見〔後漢書〕卷四十六「郭躬傳」。

夫卜筮非不可用；卜筮之人，占之誤也。」又說：「蓋兆數無不然；而吉凶失實者，占不巧工也。」其他漢代大傳統中人信占卜者更比比皆是，〔白虎通〕「蓍龜篇」、〔潛夫論〕「卜列篇」皆可作證。何況占卜星相之類的民間信仰一直到今天仍或多或少流行在每一文化之中。所以研究通俗文化史，尤其不能以「科學」爲藉口而持一種非歷史的態度。上引王景、張奐之例，從文化史的觀點看，正足以說明漢代循吏在溝通大、小傳統方面所發生的作用。

最使我們感到興趣的則是近數十年來秦、漢簡牘的發現對於漢代大、小傳統的關係提供了絕好的證據。一九五九年甘肅武威縣磨嘴子六號漢墓出土了大批木、竹簡，其中最重要的是〔儀禮〕四百六十九簡。此外還有日忌、雜占木簡十一枚。據推測，墓主大概是武威郡學官中的經師，死在王莽時代。〔武威漢簡〕的編者考證此十一簡云：

> 敦煌、酒泉、居延等漢代烽燧遺址所出木簡，多爲屯戍文書，亦間有少數典籍、律令、曆譜、醫方並占書、日禁之書等。漢俗于日辰多忌諱，又信占驗之術，王充譏之。（中引「張奐傳」從略）不信民間之忌而信占驗之術，此所以此墓主雖爲飽學經師而于日禁之書有死生不能忘者，故與所習儒書同殉焉。

又說：

> 日忌簡則綜列諸事于日辰之下，編以韻語，乃民間書也。〔論衡〕「辯祟篇」所舉漢俗避日者有「起功、移徙、祭祀、喪葬、行作、入官、嫁娶」等事，而日忌簡所舉有治宅、納財、置衣、渡海、射侯及蓋屋、飲藥、裁衣、召客、納畜、納婦等事[57]。

---

[57] 見〔武威漢簡〕（文物出版社，一九六四），頁一三八。

武威漢墓中禮經和日禁之書同殉是非常值得注意的現象。若持以與王景、張奐事相參證，更可見漢代大、小傳統之間有一種並行不悖的關係。武威的日忌究竟是反映了墓主個人的信仰，還是和他生前的職務有關，今已不能確定。漢俗日忌如上引簡文所舉者都和人民的日常生活有關，所以地方長官及其屬吏對此不能不加以密切的注意，王充便是以屬吏而搜集卜筮、日忌之書的例子。〔武威漢簡〕的編者推測其主人可能是「禮掾」之類，除據〔儀禮〕、「喪服」簡外，主要是因爲日忌木簡背後有「諸文學弟子」一語。這一推測自甚合理。但此簡是河平年間所書，下距其卒尚有數十年。故編者又說：「自河平中至其卒年，其官秩應有所改變。」假定他後來轉任郡屬吏如功曹、主簿之類，則日忌簡便和他的職務有關了[58]。我們之所以如此推測是因爲受到雲夢秦簡的啟示。簡的主人喜是與法律有關的地方小吏（安陸令史、鄢令史），所殉之簡大致有三類：法律文書（包括「語書」）、「爲吏之道」、和〔日者〕等卜筮日忌之書。前兩項都和死者生前的職務有關，〔日書〕似不應單獨反映死者的信仰。而且何以秦末和西漢末兩個死者恰好不約而同地都以日忌之書殉葬？秦漢民間各種信仰甚多，又何以兩人都特別選上日忌一種？如果此一推測不誤，那麼前文論秦代地方官已與移風易俗有關，便更是信而有徵了。西漢中葉以後，循吏越來越以「師」自居，視「教化」爲治民的首務，他們之終於成爲大、小傳統的中介人物，可以說是一種必然的歸趨。

---

[58] 顧炎武〔日知錄〕卷八「掾屬」條指出「漢時掾屬，無不用本郡人者。」可知墓主必是武威人。且漢代風俗，死於他鄉者率多歸葬。墓主如為他郡人，似不可能葬在武威。（參看楊樹達，〔漢代婚喪禮俗考〕第二章第九節「歸葬」，頁一九七—二一〇。）

七、循吏與條教

最後，我們必須討論一下漢代循吏何以能自出心裁以推行教化的問題。從較大的歷史背景說，我們首先自然要考慮到社會經濟的一般狀況。漢代是中國史上第一個獲得長治久安的統一王朝，無論是社會結構和經濟形態都處於歷史轉型的時期。以社會言，漢代正在從古代封建貴族體制蛻變爲士、農、工、商的四民體制；以經濟言，農業和商業也是處在上升發展的新階段。漢代循吏因此有較多的活動餘地，可以從事於「富民」、「教民」的努力。這是後世地方官吏所缺乏的有利條件。但是這一社會經濟的背景牽涉的問題甚廣，此處無法詳說，只可點到爲止。

其次，較爲具體的是政治制度的背景。秦漢的郡縣制代古代的封建制而起，直接統屬於中央政府。但另一方面，郡縣守令也繼承了封建王侯獨攬一方的大權。哀帝時王嘉上疏說：

> 今之郡守重於古諸侯。（〔漢書〕卷八十六本傳）

武帝時嚴安上書說得更爲嚴重：

> 今郡守之權非特六卿之重也，地縱千里非特閭巷之資也，甲兵器械非特棘矜之用也，以逢萬世之變，則不可勝諱也。（同書卷六十四下本傳）

這是說郡守集地方的政權、財權、和軍權於一手，遇到變亂的機會是可以背叛朝廷的。嚴安的話並非誇張，漢代郡守確於一郡政務無所不統，是一元首性的地方長官。甚至縣令長的治縣之權也是既專且重。關於制度方面的實際情況，嚴耕望〔中國地方行政制度史〕上編秦漢部分已有十分詳盡的硏究。我們現在則要進一步說明漢代循吏怎樣運用這種龐大的權力來推行敎化。所以本節特別提出「條敎」的觀念來作一檢討。

「條敎」這個名詞雖然是讀漢史的人都熟悉的，但其確切涵義則仍待澄淸。〔漢書〕卷八十三「薛宣傳」：

> 出爲臨淮太守，政敎大行。

〔三國志〕卷七「臧洪傳」廣陵太守張超之兄邈謂超曰：

> 聞弟爲郡守，政敎威恩，不由己出。

漢代郡守常與「政、敎」連言，以上不過聊舉兩則示例而已。「政」指朝廷政令，但「敎」是何義？〔資治通鑑〕卷一六六「梁紀」二十二敬帝太平元年（五五六）十二月周迪爲衡州刺史「政敎嚴明」下胡注曰：

> 敎，謂敎令，州郡下令謂之敎。

按：胡注甚確。〔風俗通義〕卷四「過譽」記

> 司空潁川韓稜，少時爲郡主簿，太守（葛）興被風病，恍忽誤亂，稜陰輔其政，出入二年，置敎令無愆失。

可證「敎」是郡守所出之「令」，也可稱「敎令」。胡注稍須補充者，〔三國志〕卷五五「黃蓋傳」記蓋出長石城縣，向縣吏下令，有「敎曰」云云，可知縣令長下令也可稱「敎」，不止胡注所言州郡。

「敎」的意義既明，則「條敎」必與之相關。我們可以推測「條敎」大概便是地方長官所頒

佈的教令而分條列舉者。〔漢書〕用「條教」兩字最早似見於卷五六「董仲舒傳」：

仲舒所著皆明經術之意，及上疏、條教，凡百二十三篇。

董仲舒曾先後爲江都、膠西相，本傳明說他「教令國中，所居而治。」可見他所著「條教」若干篇必是在國相任內所出的教令，因爲其教令是出之以條列的方式，故稱爲「條教」。董仲舒的「條教」不傳，我們無從知其內容。漢代較早而又清楚的「條教」見於〔漢書〕「循吏・黃霸傳」。傳云：

霸爲潁川太守……爲選擇良吏分部宣布詔令，令民咸知與意。使郵亭鄉官皆畜雞、豚，以贍鰥寡貧窮者。然後爲條教，置父老師帥伍長，班行之於民間，勸以爲善防姦之意，及務耕桑，節用殖財，種樹畜養，去食穀馬。米鹽靡密，初若煩碎，然霸精力能推行之。

傳文自「條教」以下都是描寫其「教」的內容。原「教」當是條分縷析，所以稱之爲「煩碎」。黃霸的「條教」顯然是名符其實的「教化」，不出「富之」、「教之」的範圍。我們已不能確定郡縣守令下「令」爲什麼要稱之爲「教」，也不知道這一習慣始於何時。但是我們所能見到的最早用法則是文翁。本傳說：

每出行縣，益從學官諸生明經飭行者與俱，使傳教令，出入閨閤。

其次是董仲舒，已見上文。這兩人都是景、武時代的儒家，並提倡「教化」最力。而且最先以「政」、「教」並舉的是孟子。〔孟子〕「盡心」上：

仁言不如仁聲之入人深也，善政不如善教之得民也。善政，民畏之；善教，民愛之。善政，得民財；善教，得民心。

孟子的話又是發揮孔子的觀念。〔論語〕「爲政」：

季康子問：「使民敬，忠以勸，如之何？」子曰：「臨之以莊，則敬；孝慈，則忠；舉善而教不能，則勸。」

〔論語〕此節末句，漢代人常常引用，斷句作「舉善而教，不能則勸。」清代周壽昌已指出，見王先謙〔後漢書集解〕卷二五「卓茂傳」。所以我們可以推斷漢代郡守下令曰「教」或許淵源於儒教。當然我們也不敢斷然否定它完全與韓非的「以法爲教」、「以吏爲師」無關。不過以漢代「政」、「教」並舉的情形來說，這一用法至少是更接近孟子的。

「條教」的較早的用法也恰好和儒家背景的守、相有關，如上引董仲舒、黃霸之例。下面讓我們再舉幾個循吏型的「條教」。〔漢書〕卷七十九「馮立傳」：

立……遷五原太守，徙西河、上郡。立居職公廉，治行略與（馮）野王相似，而多知有恩貸，好爲條教。吏民嘉美野王、立相代爲太守，歌之曰：「大馮君、小馮君，兄弟繼踵相因循，聰明賢知惠吏民，政如魯、衞德化鈞，周公、康叔猶二君。」

馮氏兄弟都是循吏，歌中「因循」兩字卽是循吏之「循」的原始義。此兩人所立的「條教」大概也是屬於「先富後教」的一類，否則何來「魯、衞德化」之頌？同書卷八十三「薛宣傳」：

宣……所居皆有條教可紀，多仁恕愛利。

〔後漢書〕卷二十七「張湛傳」：

建武初，爲左馮翊。在郡修典禮，設條教，政化大行。

同書「黨錮李膺傳」李賢注引謝承〔後漢書〕：

出補蜀郡太守，脩庠序，設條教，明法令，恩威並行，蜀之珍玩不入於門。益州紀其政化。

另有不名爲「條敎」而實則相同者。同書「循吏童恢傳」：

除不其令，吏人有犯違禁法，輒隨方曉示。若吏稱其職、人行善事者，皆賜以酒肴之禮以勸勵之。耕織種收，皆有條章，一境清靜。

童恢所實行的正是孔子「舉善而敎，不能則勸」之敎。〔後漢書集解〕引〔齊民要術〕云：

恢爲不其令，率民養一猪，雌雄雞四頭，以供祭祀、買棺木。勸人生業，爲制科令，至於果菜爲限，雞豕有數。

可見他的「條章」正和黃霸的「條敎」相同，包括「畜養」在內。同卷「循吏・仇覽傳」中也說：這個「科令」也是一種「條敎」。不知是否因爲這兩個人一是縣令，一是亭長，所以才不用「條敎」？

但是我們決不能說凡設「條敎」者都是推行儒家敎化的循吏。同書卷六十四「史弼傳」李賢注引〔續漢書〕：

（弼父）敞爲京兆尹，化有能名，尤善條敎，見稱於三輔也。

我們並不能僅據「化有能名」四字便斷定史敞是循吏，因爲「史弼傳」明說「父敞，順帝時以佞辯至尙書、郡守。」還有明是酷吏型的郡守也善於「條敎」的。〔漢書〕卷六十六「鄭弘傳」：

鄭弘……兄昌、字次卿，亦好學，皆明經、通法律、政事。次卿爲太原、涿郡太守，弘爲南陽太守，皆著治迹，條敎、法度爲後所述。次卿用刑罰深，不如弘平。

同書卷七十六班固贊曰：

> 張敞……緣飾儒雅，刑罰必行，縱赦有度，條教可觀。

〔後漢書〕「酷吏・周紆傳」：

> 遷齊相，亦頗嚴酷，專任刑法，而善為辭案、條教。

從上引有關「條教」的資料中，我們看到：雖然「條教」似乎和儒家的教化有較密切的關係，但事實上漢代郡守、縣令長，無論其政治傾向是儒是法，都可以在他們的治境之內設「條教」。每一套「條教」都代表一個地方官在他任內的政治設施；這種設施之所以稱為「條教」則是因為它是以分條列舉的方式著之於文字的。所以「條教」對於每一郡內的吏民都具有法律的效力，任何人違犯了其中某一條「教令」是會受到懲罰的。〔三國志〕卷十二「司馬芝傳」，記芝在黃初中（二二〇—六）河南尹任內「為教」與羣下曰：

> 蓋君能設教，不能使吏必不犯也。吏能犯教，而不能使君必不聞也。夫設教而犯，君之劣也；犯教而聞，吏之禍也。

漢代地方長官和他的屬吏有「君臣之義」，故司馬芝所說的「君」即是自稱。我們由此更可見漢代郡守的權力之大；他們事實上可以是地方政府的「立法者」。但「設教」有一最重要的原則，即察人情、度時勢；「教」之為「善」為「劣」由此而判。司馬芝說「設教而犯，君之劣也」，即指一種違背人情和不符合實際情況的「教」。建安初何夔任長廣太守，反對曹操為州郡所制的「新科」，曾指出：

> 所下新科，皆以明罰敕法，齊一大化也。所領六縣，疆域初定，加以饑饉，若一切齊以

科禁，恐或有不從教者。有不從教者不得不誅，則非觀民設教隨時之意也。（「三國志」卷十二本傳）

「觀民設敎隨時」這六個字可以說是漢代「條敎」的基本根據。

漢代郡守既有立法的大權，循吏自然便可以利用這種近乎絕對性的權力來規劃他們的「條敎」了。〔後漢書〕「循吏·秦彭傳」：

> 建初元年（七六年）遷山陽太守。以禮訓人，不任刑罰，崇好儒雅，敦明庠序。每春秋饗射，輒修升降揖讓之儀。乃爲人設四誡，以定六親長幼之禮。有遵奉教化者擢爲鄉三老。常以八月致酒肉以勸勉之。吏有過咎，罷遣而已，不加恥辱。百姓懷愛，莫有欺犯。興起稻田數千頃，每於農月，親度頃畝，分別肥塉，差爲三品，各立文簿，藏之郡縣。於是姦吏跼蹐，無所容詐。彭乃上言，宜令天下齊同其制。詔書以其所立條式，班令三府，並下州郡。

這個例子最便於說明循吏的「條敎」問題。第一、秦彭所設之「敎」是有「條式」的，這是「條敎」的確解。第二、「條敎」確是循吏自動自發地設立的，決非奉朝廷之法令而行。不過由於秦彭對他所設計的一套「條敎」特別有自信，認爲可加以普遍化，因此才建議朝廷，「宜令天下齊同其制」。這套「條敎」雖「並下州郡」，但是否有強制性或曾否爲其他州郡所採用，則不得而知了。

秦彭例子是發生在東漢章帝時代；章帝則是東漢最尊重儒術的皇帝，因此他對循吏的「條敎」特別同情。但是循吏的「條敎」和皇帝的意向並不是常常相合的。讓我們再回頭看看宣帝的態度。五鳳三年（公元前五五年）黃霸爲丞相，張敞上奏說：

「竊見丞相請與中二千石、博士雜問郡國上計長吏守丞，爲民興利除害成大化條其對，有耕者讓畔，男女異路，道不拾遺，及舉孝子、弟弟、貞婦者爲一輩，先上殿，舉而不知其人數者次之，不爲條教者在後叩頭謝。丞相雖口不言，而心欲其爲之也。……臣敞非敢毀丞相也，誠恐羣臣莫白，而長吏守丞畏丞相指，歸舍法令，各爲私教，務相增加，澆淳散樸，並行僞貌，有名亡實，傾搖解怠，甚者爲妖。假令京師先行讓畔、異路、道不拾遺，其實亡益廉貪貞淫之行，而以僞先天下，固未可也；卽諸侯先行之，僞聲軼於京師，非細事也。漢家承敝通變，造起律令，所以勸善禁姦，條貫詳備，不可復加。宜令貴臣明飭長吏守丞，歸告二千石，舉三老、孝弟、力田、孝廉、廉吏務得其人，郡事皆以義法令撿式，毋得擅爲條教；敢挾詐僞以奸名譽者，必先受戮，以正明好惡。」天子嘉納敞言，臺上計吏，使侍中臨飭如敞指意。霸甚慙。（「漢書」「循吏・黃霸傳」）

張敞這篇奏議對於我們瞭解漢代「條教」問題有無比的重要性。首先必須指出：張敞此奏事實上完全合乎宣帝「漢家自有制度」的口味。他上此奏究竟是事先得到指示，還是因爲他善於迎合上意，今已不得而知。但看「天子嘉納敞言」和「霸甚慙」的敍述，則當時情事宛然如在目前。黃霸因爲在郡守任內實行循吏的「條教」得到宣帝的特別的賞識而位至丞相，所以一旦身居相位便鼓勵天下郡守都照他的「條教」辦法治民。從奏文所引的內容，我們確知黃霸心目中的「條教」完全是儒家的「禮樂敎化」。他在郡國上計時分長吏守丞爲三等，而以「不爲條教者」居殿，其意向確是很明顯的。他的本意當然也是要討好宣帝，但想不到反觸其忌。我們不難想像，這次丞相、九卿等接見各地計吏的特殊安排在當時必引起了極大的政治風暴，「不爲條敎」的郡國計吏事後自不免怨聲沸騰。「並行僞貌，有名亡實」之類的說法也許便是他們對「條敎」所提出的控訴，而張敞卽據之以上奏。這種控訴也未必毫無根據，但「條敎」眞正遭忌的地方則在「卽諸侯先行之，僞聲軼於京師，非細事也。」此「諸侯」可以指劉氏宗室諸王，也可以指一般郡守。前引嚴安上書已說明郡守之權太重，未嘗不可能爲亂。如果他們行「條敎」的名聲太大，對漢廷是可以構成政治威脅的。例如上面所引馮野王、馮立的「好爲條敎」，竟被當地吏民頌之爲「魯、衞之政」、比之爲「周公、康叔」。在這種誦聲中，吏民顯然是祇知有太守而不知有皇帝了。

張敞奏文中之尤其重要的是將「漢家法令」和郡守「私敎」之間的矛盾提升到對抗性的高度。這裏也透露了漢代「政」與「敎」、「吏」與「師」之間的內在緊張。所以張敞最後提出「郡事皆以義法令撿式，毋得擅爲條敎」。這便是後來朱博所說的，「太守漢吏，奉三尺律令以從事耳。」郡守設「條敎」則是以「師」自居，這似乎並不能博得宣帝的同情。所以張敞奏文特別鄭重叮嚀郡守「舉三老、孝弟等務得其人」。我們在前面已指出，三老、孝弟等是屬於「鄉官」的系統，卽民間代表。從漢廷的立場說，三老才是眞正「掌敎化」的人。這個例子至少證明漢宣帝並不像表面上那樣重視循吏的「敎化」。我們在上文曾說漢廷對循吏抱著一種明褒暗貶的態度，其根據便在這裏。又奏文中「毋得擅爲條敎」一語也不能看得太死；它的涵義並不是禁絕一切「敎條」，祇是不要郡守設不符合「漢家法令」的「條敎」而已。否則何以前引班固的「張敞傳贊」竟說張敞本人「條敎可觀」呢？通過以上的分析，這篇奏文所顯示的意義是非常重大的，本文的若干主要論點如朝廷與儒教對「吏」的不同觀點、如文化秩序與政治秩序之分野、如眞正有成效的「教化」多出於個別儒吏的文化使命感而非上承朝廷的旨意等，都可以從這篇奏文中獲得不同程度的證實。

漢代循吏的「條教」都已失傳，我們最多只知道其大概的內容，但不知究竟是怎樣分「條」的。幸而〔漢書〕「地理志下」保存了下面一條材料，可資參證。其文曰：

殷道衰，箕子去之朝鮮，教其民以禮義，田蠶織作。樂浪朝鮮民犯禁八條（顏師古注：八條不具見）：相殺以當時償殺；相傷以穀償；相盜者男沒入爲其家奴，女子爲婢，欲自贖者，人五十萬。雖免爲民，俗猶羞之，嫁取無所讎，是以民終不相盜，無門戶之閉，婦人貞信不淫辟。其田民飲食以籩豆，都邑頗放效吏及內郡賈人，往往以杯器食。郡初吏以遼東，吏見民無閉臧，及賈人往者，夜則爲盜，俗稍益薄。今於犯禁寖多，至六十餘條。可貴哉，仁賢之化也！

這條材料又可以與下面兩條記載相參證。〔三國志〕卷三十「東夷傳」「濊」條下則云：

昔箕子旣適朝鮮，作八條之教以教之，無門戶之閉而民不爲盜。

〔後漢書〕卷七十五「東夷列傳」「濊」條也說：

昔武王封箕子於朝鮮。箕子教以禮義、田蠶、又置八條之教。其人終不相盜，無門戶之閉，婦人貞信。飲食以籩豆。……巳後風俗稍薄，法禁亦浸多，至有六十餘條。

箕子入朝鮮事是一個古代傳說，無可考證。我們依史家時代先後羅列這一傳說，旨在說明這個傳說和「條教」的關係。〔漢書〕所記是代表最早的傳說，〔三國志〕和〔後漢書〕則是根據〔漢書〕原文而重述。朝鮮史學家李丙燾討論「箕子八條敎」的問題，指出〔漢書〕並未言八條是箕子所「作」，陳壽和范曄都誤讀原文「織作」之「作」與下句相連。因此他認爲所引「八條」中的三條是東夷民族的原始法禁59。李氏說八條爲東夷古法自是可能，但指責陳、范讀破句則頗嫌牽強。〔漢書〕原文雖未明言箕子「作八條之敎」，但讀者若依上下文義而作此推斷，也不能必證其出於誤解。但我們所特感興趣的則在於三家所用的都是漢代「條敎」的語言，而班固和范曄更是通過漢代循吏「先富後敎」的觀點去理解箕子的傳說的。〔漢書〕所言「今於犯禁寖多，至六十餘條」則已不是傳說而是漢代的事實了。這六十餘條自是漢代郡守所設之「敎」。所以由三書所記「箕子八條之敎」，我們可以確切地知道漢代的「條敎」大致是怎樣一種形式。傳說本身可信與否是另一問題。但傳說終不能不通過某一特定的語言方式而存在。祇要我們能確定其語言的時代背景，再無稽的傳說也會留下明顯的歷史痕跡的。

我們已指出，「條敎」在漢代並不是循吏的專利品。但是通兩漢的記載而言，「條敎」終是與循吏的關係較深。最低限度，少數受儒敎薰陶的循吏曾企圖運用守令的龐大權力把「條敎」導入「先富後敎」的方向，使「條敎」之「敎」名符其實。無論如何，後世的儒家大致是如此理解這個概念的。讓我們引兩條宋明新儒家的用法來結束關於「條敎」的討論。〔河南程氏遺書〕附錄「門人朋友敍述」曰：

> （明道）先生爲政，條教精密，而主之以誠心。

59 見李丙燾「所謂箕子八條教に就いて」，〔市村博士古稀記念東洋史論叢〕（東京，一九三三年），頁一一八五—一二〇二。

明代宋儀望「贈邑矦任菴陳公入覲序」曰：

吾吉守湘澤周公以廉明仁愛爲諸令先。諸所條敎，動以儒雅飾吏治。（「華陽館文集」卷二）⑥⓪

這兩處「條敎」的涵義自然是和循吏的觀念分不開的。

八、餘論

以上我們大致討論了漢代循吏在傳播文化方面所發揮的歷史作用。我們必須緊接著指出，漢代循吏的人數畢竟是很少的，遠不及酷吏和俗吏那樣人多勢眾。所以我們決不能說，中國文化的傳播主要是少數循吏的貢獻。事實上，循吏不過是漢代士階層中的一個極小的部分而已。但是由於他們能利用「吏」的職權來推行「師」的「敎化」，所以其影響所及較不在其位的儒生爲大。漢代處士而德化一鄉者也不乏其人，如皇甫謐「高士傳」中人物，如「後漢書」中隱逸、獨行之士，如黨錮傳中人物（蔡衍即是一例）。漢末避難的士人也把中國文化傳播到邊區如交州、河西、遼東都因此而保存了中原的大傳統。「三國志」卷十一「管寧傳」引「傅子」云：

寧往見（公孫）度，語惟經典，不及世事。還乃因山爲廬，鑿坏爲室。越海避難者，皆來就之而居，旬月而成邑。遂講「詩」、「書」，陳俎豆，飾威儀，明禮讓，非學者無見也。由是度安其賢，民化其德。

---

⑥⓪ 這條材料承陳淑平檢示。

這不過是偶舉一例而已。循吏是士的一環，其影響主要是在文化方面；這種潛移默化的效用也不是短期內所能看得見的。循吏在表面上是「吏」，在實質上則是大傳統的傳播人。這是中國文化的獨特產品。所以西方學者稍一接觸這一型的人物，便可以立刻看出他們身負著「文化使命」(civilizing mission)㊶。漢王朝滅亡之後，中國統一的觀念並未隨之而去，因此下面仍有隋、唐的繼起。但是羅馬帝國崩潰之後，歐洲便再也沒有看到第二度的統一了，所謂「神聖羅馬帝國」不過一個空殼子而已。如果說歐洲中古以後仍統一於「基督天下」(Christendom)，那也是「教」的功用。漢帝國和羅馬帝國確有不少相似之處，但有一點極明顯的不同，即羅馬的「郡守」(provincial governor) 中從來沒有出現過「循吏」。羅馬史的專家毫不遲疑地指出：我們必須牢記一件事實，即羅馬人從未意識到將自己的文化加諸屬民。他們的成功主要是由於他們以寬容的態度對待語言、宗教、以至政治組織方面的事。他們在這些事上是不肯加以干涉的。這種寬容當然也有一個限度，即和平得以維持，屬民照常納稅並滿足政府對於服兵役的合理要求㊷。但是必須聲明：我們在這裏只是指出異同，而不是判斷優劣。

〔朱子語類〕卷一三五曰：

> 漢儒初不要窮究義理，但是會讀、記得多。便是學。

朱子的觀察是相當深刻的，漢儒在哲學理論上確是「卑之無甚高論。」他們只讀了少數幾部經

㊶ Arthur F. Wright, "Introduction" in *Confucian Persuasion*, p. 5.

㊷ G.H. Stevenson, *Roman Provincial Administration till the Age of the Antonines* (Basil Blackwell, Oxford, 1939), p. 121.

典，深信其中的道理，然後便儘量在日常人生中身體力行。循吏便是其中的一個典型。他們相信「教」比「政」更重要，因此不但以「師」自許、自榮，更崇敬社會上人人景仰的經師、人師。孔融爲北海相，「崇學校，設庠序，舉賢才，顯儒士」（見〔三國志〕卷十一「崔琰傳」引〔續漢書〕）。這是典型的循吏風範。但他「告高密縣爲鄭玄特立一鄉，名爲鄭公鄉」。同書又引司馬彪〔九州春秋〕曰：「融在北海……不肯碌碌如平居郡守，事方伯、赴期會而已。……高密鄭玄，稱之鄭公，執子孫禮。」重「師」遠過於重「吏」，即孔融之例可見。孔融不須高談道統高於政統的理論，他的行動已說明了他的價值取向何在㊸。這種風氣並不限於循吏，而遍及朝廷公卿。歐陽修〔集古錄〕二「孔宙碑陰」條下云：

漢世公卿教授，聚徒常數百人，親受業者爲弟子，轉次相傳授者爲門生。

我們當然也可以對這種現象提出一種社會學的解釋，譬如說這是因爲門生弟子構成公卿的社會、政治基礎。但是這種解釋雖有理據，卻仍不足以取消另一個重要的事實，即它所造成的社會後果

㊸ 按：袁宏〔後漢紀〕卷二十九建安三年條和〔後漢書〕卷三十五「鄭玄傳」都記載了黃巾禮敬鄭玄及不擾其鄉里的故事。這一故事在漢晉之際流傳很廣，或非出於虛構。詳見王利器〔鄭康成年譜〕（齊魯書社，一九八三年，頁一五六—七）。但王〔譜〕又引〔白氏六帖事類集〕卷八黃巾不入袁宏（三二八—三七六）之廬的記載，以為是「黃巾尊重士人」的另一證據。以時代考之，袁宏與漢末黃巾並不相及。故此處「黃巾」只能指晉代五斗米道之徒而言，否則即是鄭玄故事的誤傳。無論如何，儒教的價值觀念在兩漢四百年間確已逐漸滲透至社會的下層。「重教」和「尊師」至漢末已成為通俗文化中一個重要部分，遵奉儒教的士大夫和信仰道教的平民都莫能自外。在這一大傳統流播到民間的過程中，儒家的教化意識顯然也發揮了相當重要的作用。例如〔太平經〕卷九十七「妒道不傳處士助化訣第一百五十四」中便特別強調「道德教化」的觀念。（見王明編〔太平經合校〕，中華書局，一九六〇年，頁四二九—四三四。）又如〔老子想爾注〕「執大象，天下往」句注也說：「上聖之君，師道至行，以教化天下。」（見饒宗頤〔老子想爾注校箋〕，香港，一九五六年，頁四七。）不用說，漢末道教的「教化」說又是和循吏的範例分不開的。

是「師」重於「吏」、「教」高於「政」。換句話說，儒家的價值觀念也不知不覺地隨著這種風氣的激盪而滲透到社會意識的深處。循吏本身所產生的直接社會影響也許是微弱的，他們所樹立的價值標準則逐漸變成判斷「良吏」或「惡吏」的根據。我們已經看到漢碑上對「循吏之道」的公開頌揚。現在讓我們再從反面看看酷吏的社會形象。〔漢書〕「酷吏・嚴延年傳」：

> 後左馮翊缺，上欲徵延年，符已發，爲其名酷，復止。

宣帝的內心是欣賞嚴延年的，但是他終不能不向大傳統公認的價值標準低頭。「酷吏」究竟是見不得人的。

漢代循吏在中國文化史上的長遠影響還是不容低估的。宋、明的新儒家在義理的造詣方面自然遠越漢儒。但是一旦爲治民之官，他們仍不得不奉漢代的循吏爲最高準則。別的不說，他們以「師」而不以「吏」自居便顯然是直接繼承了漢代循吏的傳統。程、朱、陸、王無不是一身而兼爲兩種「師」：大傳統的「傳道、授業」之師和小傳統的「教化」之師。朱子重建白鹿洞書院便是師法循吏的成規，不是出於「吏職」的要求。陸象山在荊門講「洪範」則是用大傳統來改造小傳統。這一類的例子是不勝枚舉的。若以治民而言，呂坤〔實政錄〕卷二「民務・養民之道」云：

> 養道、民生先務，有司首政也。故孔子答子貢之問政曰：足食。答冉有之在衛曰：富之。王道有次第，舍養而求治，治胡以成？求教，教胡以行？無恒產有恒心，士且不敢人人望，況小民乎？成周養道，不可及矣！

這豈不正是漢代循吏言論的翻版嗎？洪榜「戴先生行狀」曰：

> 先生抱經世才，其論治以富民爲本。如常稱〔漢書〕云：「王成、黃霸、朱邑、龔遂、

召信臣等，所居民富，所去民思，生有榮號，死見奉祠，廪廪庶幾德讓君子之遺風。」

先生未嘗不三復斯言也。（『戴震文集』附錄，趙玉新點校，中華書局本）

戴震生平與宋儒爭義理是非，呶呶不休，然而他的一瓣心香卻永遠在漢代的循吏。這是大足發人深省的。

原始儒教不尙「空言」，但求「見之行事」。孔子所講的都是一些當時人人可以懂得的人生大道理。儒教當然也有它的系統，但是至少從中國人的觀點看，其中自然的脈絡似乎多於人爲的建構。「夫子之言性與天道，不可得而聞」，所以儒教不求「最後之因」、不問「第一原理」。孔子也許對「性與天道」都有自己的深刻瞭解，但那也是「但可自怡悅，不堪持贈君」。孔子所始終關心的則在天下是有道還是無道。他把變無道爲有道的責任首先加於「士」的身上，這便是所謂「士志於道」。總之，原始儒教要求「士」根據人人共見共喻的大道理，努力將我們的世界改得更好一點。天下愈是無道、愈是昏暗，「士」的改造世界的責任也愈大。馬克思說：「哲學家從來都在以各種方式來解釋世界；但眞正的關鍵是改變它。」這個名言也許適用於西方史上的哲學家，但對於中國史上的「士」而言，則適得其反。如果我們從西方的觀點來批評中國思想，特別是儒家，我們可以說儒家的最大缺點正在於對世界的解釋工作做得不够，特別是邏輯系統嚴整的解釋。但是對於人的世界而言，解釋是永遠落後著的：等到哲學家把世界解釋清楚了，這世界卻早已變了。黑格爾認爲祇有在眞實世界已衰落的時候，哲學才會開始，大概便是指著這種「落後著」的情況而言的。中國的「士」則不能坐視世界的衰落而無動於衷，他們無論在平時或在亂世，都不能忘情於怎樣變無道爲有道。漢代儒教的最大功效便在於塑造了第一批這樣的「士」。

循吏則代表了其中比較獨特的一型。顧炎武〔日知錄〕卷十七「兩漢風俗」條說：

> 漢自孝武表章六經之後，師儒盛而大義未明，故新莽居攝，頌德獻符者徧於天下。光武有鑒於此，故尊崇節義，敦厲名實，所舉用者莫非經明行修之人，而風格爲之一變。至其末造，朝政昏濁，國事日非，而黨錮之流，獨行之輩，依仁蹈義，舍命不渝，風雨如晦，鷄鳴不已。三代以下，風俗之美，無尚於東京者！故范曄之論，以爲桓、靈之間，君道粃僻，朝綱日陵，國隙屢啟。故自中智以下靡不審其崩離，而權強之臣，息其闚盜之謀，豪俊之夫屈於鄙生之議，所以傾而未顛，決而未潰，皆仁人君子心力之爲。可謂知言者矣！

亭林對漢代儒敎興起的解釋未必恰當，且其言復別有所感，這裏都毋須深究。不過他對於東漢「士」的精神則把握得非常深刻。他引用〔詩經〕「風雨如晦，鷄鳴不已」以象徵儒敎薰陶下的中國的「士」，尤爲傳神。這使我們聯想到黑格爾在〔權利哲學〕序中對西方哲學所作的象徵性的刻劃。他的話如果仿照〔詩經〕體翻譯成中文，大概可以說是「暮色既晦，智梟展翼。」（"The owl of Minerva spreads its wings only with falling of the dusk."）[64]。這兩個象徵的對比生動地顯示出中西文化的不同風格。中國的「士」和西方的「哲學家」畢竟各自形成了獨特的傳統。爲什麼循吏出現在漢帝國而不見於羅馬帝國？這至少是一個耐人深思的問題。

一九八六年八月三日於美國康州之橋鄉

---

[64] *Hegel's Philosophy of Right*, tr. by T.M. Knox (Oxford University Press, 1967), p. 13.

中國近世宗教倫理與商人精神

序論

韋伯（Max Weber）在今天西方的社會科學界和史學界上顯然是處於中心的位置。在近代西方哲學史上，哲學家中有人向康德立異，也有人和他同調，但決沒有人能够完全不理會他的學說①。今天韋伯的情況便和康德十分相似。研究現代東亞社會和歷史變遷的人則特別注重韋伯的〔中國宗教〕（*The Religion of China*）和〔新教倫理與資本主義的精神〕（*The Protestant*

① 見 Robert Paul Wolff 在他所主編 *Kant, A Collection of Critical Essays*（Doubleday Anchor Books 本，1967）"Introduction", p. 1.

Ethic and the Spirit of Capitalism，以下簡稱〔新教倫理〕）兩部著作。後一部書雖純以西方的歷史為對象，但其結論仍對東亞史的研究有反照的作用。韋伯關於西方資本主義的興起的解釋涵蘊着一種理論的力量，可以從反面說明東亞——尤其是中國——何以沒有發展出資本主義的經濟形態。

但是近二三十年來，主要由於東亞地區（包括日本、臺灣、香港、南韓、新加坡）經濟成長的特殊經驗，不少社會學家和經濟學家開始注意到儒家倫理的積極功用。他們覺得韋伯對於儒家思想所持的否定看法也許有修正的必要。因此儒家——或者更廣義地說，中國文化——是否曾對東亞的經濟發展發生了積極的推動作用，目前已引起海外中國學術界的注意了②。

中國為什麼沒有發展出資本主義？這可以說是近幾十年來世界史學界所共同關注的一個中心問題。從歐、美、日本、到中國，我們都可以在歷史論著和學報中找得到有關這一問題的大量的專題研究。但是對於這個共同關注的問題，史學界尋求答案的方式顯然可以分為兩個主要流派：第一派從理論上斷定資本主義必然會在中國史上出現，並且實際上已經萌芽，不過由於為種種特殊因素所阻，未能充分成長而已。第二派則並不預斷資本主義是中國社會發展的必經階段，而是從事實出發，探討傳統中國為什麼產生不出西方式的現代資本主義。第一派所持的自然是馬克思主義的觀點。根據這個觀點，歷史五階段論是適用於一切人類社會的普遍規律，中國當然不可能

② 見金耀基，「儒家倫理與經濟發展：韋伯學說的重探」，收入〔金耀基社會文選〕（臺北：幼獅文化事業公司，一九八五）；于宗先，「中國文化對臺灣經濟成長的影響」，刊在于宗先、劉克智、林聰標主編，〔臺灣與香港的經濟發展〕（臺北：中央研究院經濟研究所，一九八五年五月再版）。這兩篇文章都討論到現代西方學人如 Harold Kahn, Robert Bellah, Peter L. Berger 等人關於東亞經濟與宗教倫理的看法，可供參考。

成爲例外。五十年代以來中國大陸上關於「資本主義萌芽問題」的無數討論都是這一歷史觀點的產物。第二派的史學家並不完全根據韋伯的理論，卻都直接或間接地受了韋伯的一些影響。因此我們不妨說他們代表「韋伯式的」（Weberian）觀點。在西方和日本研究這個問題的史學家大致都可歸之於這一派。

在更進一步地分析這兩派的異同之前，我們有必要略略交代一下韋伯觀點和馬克思主義的關係。〔新教倫理〕這篇專論是否如帕森思（Talcott Parsons）所說，乃駁斥馬克思的唯物史觀之作③？這是一個頗有爭論的問題。在十九世紀九十年代的德國史學界，喀爾文教派與資本主義之間的關係本是一個討論得非常熱烈的題目。韋伯的研究正是聞風而起並有特殊突破的一個範例④。不僅如此，恩格斯在一八九二年爲他的〔社會主義從空想到科學〕一書英文版所寫的導論中，也明白地指出，喀爾文的信條是適合新興資產階級需要的一種最大膽的主張。其「選民前定論」（**predestination**）的意義便在於說明：在競爭的商業世界中，一個人的成功或失敗往往不繫於他的活動和聰明，而繫於他所無法控制的外在情況⑤。

這樣看來，韋伯〔新教倫理〕一書似不能理解爲專駁馬克思主義的史觀而作。但是往深一層

---

③ 見 Talcott Parsons, "Capitalism in Recent German Literature, II. Max Weber", *Journal of Political Economy*, Vol. 37, (1929), p. 40.

④ 見 Guenther Roth, "Introduction" in Guenther Roth and Claus Wittich 主編，Max Weber, *Economy and Society* (University of California Press, 1978) Vol. 1, LXXII-LXXIII; LXXVI-LXXVIII.

⑤ 見 Friedrich Engels' "Introduction" to *Socialism: Utopian and Scientific in Marx and Engels on Religion* (New York: Schocken, 1964), pp. 300-301.

看，這篇專題研究又確是和唯物史觀針鋒相對的。韋伯基本上是反對唯物史觀的。就與本文有關的部分而言，我們可以舉出以下幾個論點：第一，韋伯不同意任何歷史單因說，因此他也不能同情經濟決定論。第二，他不取社會進化論，而馬克思主義的歷史觀正是社會進化論的一種最嚴格的表現方式。韋伯並不相信歷史上有什麼必然的發展階段，當然更不能接受唯物史觀的五階段論了。第三，唯物史觀基本上以上層的政治、文化結構是由下層的經濟基礎所決定的。韋伯則堅持同樣的下層基礎可以有不同的上層建築。不但如此，他顯然認定文化因素——如思想——也可以推動經濟形態的改變。這正是〈新教倫理〉一書的主旨所在。上引恩格斯關於喀爾文信條的論斷仍以「選民前定論」是資本主義競爭的一種「表現」（expression），這和韋伯以「前定論」有推動資本主義發展之功是大有距離的。無論馬克思主義者後來怎樣企圖賦予思想以主動的功能，他們都絕不可能承認思想在歷史發展中的作用可以達到如〈新教倫理〉所强調的程度⑥。從這一點說，〈新教倫理〉事實上確是對唯物史觀的一種有力的反駁。

但是一旦把馬克思或韋伯的觀點應用到中國史的研究上面，我們立刻便遭遇到一些幾乎是無法克服的困難。馬克思關於資本主義發生的論斷是完全根據西歐的歷史經驗而得來的。他的五階段論也祇是西歐社會經濟史的一個總結。他把古代亞洲的社會經濟形態含混地稱之爲「亞細亞生產方式」，正是要使它和希臘、羅馬的奴隸社會區別開來。總之，馬克思本人從來沒有說過，他

⑥ 見 Guenther Roth, "The Historical Relationship to Maxism", in Reinhard Bendix and Guenther Roth, *Scholarship and Partisanship: Essays on Max Weber* (University of California Press, 1971), 特別是 pp. 239-246.

的唯物史觀是「放之四海而皆準」的。一八七七年他在「答米開洛夫斯基書」（"Reply to Mikhailovsky"）中特別强烈地反對有人把他關於西歐資本主義發生的研究套用在俄國史的上面。他毫不遲疑地指出，他的研究決不能變成一般性的「歷史哲學的理論」(historic-philosophic theory)，更不能推廣爲每一個民族所必經的歷史道路。他最後强調，在不同的社會中，卽使表面上十分相似的事件，由於歷史的處境相異，也會導致截然不同結果。每一個社會的歷史進化的形式都必須分別地加以研究，然後再互相比較，庶幾可獲得一種共同的理解線索。但是世界上決沒有某種一般性的「歷史哲學的理論」可以成爲開啓一切歷史研究之門的「總鍵」(master key)。因爲任何「一般性的歷史理論」都是以超越歷史經驗爲其最主要的特色的⑦。馬克思晚年之所以特別聲明他「不是一個馬克思主義者」，正是痛感於他的信徒（甚至包括恩格斯的〔反杜林論〕在內）把他的研究結果過度地推廣了⑧。

如果我們尊重馬克思本人的看法，那麼今天馬克思主義史學家企圖在中國史上尋找「資本主義萌芽」的種種努力便是完全沒有理論根據的。馬克思的歷史著作爲現代的史學研究提供了重要的新觀點和新方法，因而具有深刻的啓示性，這已是史學界所久已公認的事實。但他似乎沒有說過，中國傳統社會必然會發展出西方式的現代資本主義。

據韋伯的說法，如果「資本主義」一詞的意義是指私人獲得的資本用之於交換經濟中以謀取

⑦ 見 Karl Marx, "Reply to Mikhailovsky", 收在 L. Feuer 所編 K. Marx, F. Engels, ***Basic Writings on*** *Politics and Philosophy* (New York, 1959), pp. 440f.

⑧ 見 Isaiah Berlin, *Karl Marx*, 第四版 (Oxford University Press, 1978), p. 197.

利潤，那麼不但西方古代和中古，甚至古代東方各國都早已發展了資本主義的經濟⑨。根據這個定義，當然中國從戰國以來也已有「資本主義」了。這相當於我們通常所說的「商業資本主義」(commercial capitalism)。但是西方近代工業革命以後所出現的資本主義則是一種特殊的歷史經驗，是由許多個別歷史因素的特殊組合而造成的。這樣的資本主義在整個人類歷史上只有一個例子，而且也只能發生一次。關於這一點，我已在另一篇文字中有所說明，此處不再重覆⑩。

韋伯〈新教倫理〉的特殊貢獻在於指出：西方近代資本主義的興起，除了經濟本身的因素之外，還有一層文化的背景，此卽所謂「新教倫理」，他也稱之爲「入世苦行」(Inner-worldly asceticism)。他認爲喀爾文派的「入世苦行」特別有助於資本主義的興起。所以他的〈新教倫理〉主要是以此派影響所及的區域爲研究的對象，如荷蘭、英國、及北美的新英格蘭等地。他特別徵引了佛蘭克林(Benjamin Franklin)的許多話來說明「資本主義的精神」。這一精神中包括了勤、儉、誠實、有信用等等美德。但更重要的是人的一生必須不斷地以錢生錢，而且人生便是以賺錢爲目的；不過賺錢既不是爲了個人的享受，也不是爲了滿足任何其他世俗的願望。換句話說，賺錢已成爲人的「天職」或中國人所謂「義之所在」(calling)。韋伯也形容這種特殊的精神是「超越而又絕對非理性的」(transcendental and absolutely irrational)。但更奇

⑨ 見 Max Weber, *The Protestant Ethic and the Spirit of Capitalism*, Talcott Parsons 英譯本 (London: Allen & Unwin, 1930), pp. 19-20; Roth, "Introduction" in Weber's *Economy and Society*, LIII-LIV.

⑩ 見余英時，「韋伯觀點與『儒家倫理』序說」，「中國時報」，人間副刊，一九八五年六月十九日。

妙的則是在這種精神的支配之下，人必須用一切最理性的方法來實現這一「非理性的」目的。據韋伯的研究，喀爾文的教義便是這一精神的來源。以新英格蘭爲例，由於這一精神的出現是先於資本主義的秩序的建立，因此它決不如歷史唯物論者所說，乃是經濟情況的反映或上層建築。相反地，它是資本主義的興起的一個重要原因⑪。

韋伯〈新教倫理〉的主旨雖在闡明西歐和北美資本主義興起的文化背景，但他在此書中仍不忘其比較社會學和比較歷史學的觀點。所以，他認爲一般意義的資本主義雖存在於中國、印度、巴比倫、西方古代和中古，但像上面所刻劃的那種獨特的「資本主義的精神」則起源於近代西方的新教地區。今天主張儒家倫理與現代東亞經濟發展有關的學者因此便不免碰到一個理論上的困難：卽使我們能證實這兩者之間的因果關係，我們仍不足以推翻韋伯的原有理論，因爲無論是日本、臺灣、香港、南韓或新加坡的經濟發展，其資本主義的經營方式都是從西方移植過來的，而非發源於本土。

韋伯關於新教倫理的研究與馬克思派的唯物史觀不同，它自始卽不成其爲一套「放之四海而皆準」的歷史理論，因此也就不可能原封不動地套用在中國史上面。但韋伯的〈新教倫理〉一書卻又和馬克思本人的史學著作一樣，其中含有新觀點和新方法，足以啓發非西方社會的歷史研究。首先，針對着唯物史觀的經濟決定論而言，韋伯認爲思想意識也同樣會在歷史的實際進程中發生推動的作用。但是他又絕對不是一個「歷史唯心論者」，認爲近代西方的資本主義純粹是宗教改革 (Reformation) 的產物。他所要追尋的祇是宗教觀念在資本主義精神的形成和擴展的全

⑪ 見 *Protestant Ethic*, pp. 55-56.

部過程中究竟曾起過何種作用。大體說來，他認定西歐宗教改革中有三大互相獨立的歷史因素，卽經濟基礎、社會政治組織、和當時佔主導地位的宗教思想。西方近代資本主義的興起必須在這三者之間的交互影響中求之，雖然〔新教倫理〕一書僅限於思想背景的分析。這一歷史多因論的觀點比唯物史觀的單因論要複雜得多，其結論自然也不是三言兩語所能概括得盡的⑫。此外，他的「入世苦行」說也蘊涵着一個帶有普遍性的歷史論點，卽在一個社會從「出世的」性格轉向「入世的」性格之際，其經濟形態往往會發生重要的變化。這便是西方學人常常談到的西方近代「俗世化」(secularization)的問題。西方以外的社會（如中國）也有在不同的程度上經過類似的歷史階段的，因此這個問題可以說是帶有普遍性的。但是由於程度上畢竟各有不同，因此史學家又不能用西方的經驗機械地套用在其他社會的歷史過程之上。例如喀爾文教派的「前定論」是一個獨一無二的宗教怪論，我們決不可能在其他文化中找到同樣的東西。如果我們要運用韋伯的觀點研究中國史，我們最多祇能追問：在中國的宗教道德傳統中有沒有一種思想或觀念，其作用與「前定論」有相當的地方，然而又有根本的差異？這是韋伯觀點的啓示性之所在。所以分析到最後，我們祇能提出一般性的「韋伯式的」問題，但無法亦步亦趨地按照韋伯的原有論著的實際內容來研究中國歷史的演變。因爲一涉及實際內容，韋伯的個案研究便變成基本上和中國史不相干了。同樣的原則也適用於馬克思的史學理論（或任何其他西方學人的學說）。我們不妨在中國史上提出「馬克思式」(Marxian)的問題，但同時也千萬要記住馬克思的名言，不要變成「

⑫ 見 *Protestant Ethic*, pp. 91-92，並可參看 Talcott Parsons, *The Structure of Social Action*(The Free Press, 1949) 第三部第十五章論 Weber 及思想的功用。

馬克思主義者」。

本文分爲三個部分：第一節論中國宗教的入世轉向。這一部分主要是研究中唐以來的新禪宗和宋以後的新道教。第二節論儒家倫理的新發展。這一部分起於韓愈，迄於王陽明，但重點在追尋它和禪宗的複雜關係。第三節論中國商人的精神憑藉。這一部分大致以十六至十八世紀爲限。但研究的重點不是商業發展的本身，而是商人和傳統宗教倫理的關係。這三個部分雖是互相涵攝、彼此呼應的，但各部分也自有其獨立性。

我們想追問的是：在西方資本主義未進入中國之前，傳統宗教倫理對於本土自發的商業活動究竟有沒有什麼影響？如果有影響，其具體的內容又是什麼？讀者當不難看出，我所提的正是所謂「韋伯式」的問題。但是在試圖解答問題時，我則儘量要求讓中國史料自己說話。這樣也許可以避免一種常見的毛病，卽用某種西方的理論模式强套在中國史的身上。所以我的問題雖屬於「韋伯式」，我的具體答案卻和韋伯的〈中國宗教〉一書的論斷大相逕庭。

這部專論的積極目標是在開拓中國史研究的新領域，不是消極地與韋伯辯難。其中偶有駁議，也是因爲澄清論點而不得不然。七、八十年後的今天，我們無論在理論上或事實上都沒有理由依然停留在韋伯當年的水平上了，在中國史研究上尤其如此。但是韋伯的某些「灼見」（insight）卻歷久而彌新，在今天仍散發着光芒。若不是因爲他的「灼見」，這篇專論大概也是不會出現的。

第一節 中國宗教的入世轉向

宗教有它超越的一面，也有它涉世的一面。這便是傳統宗教語言所說的「彼世」與「此世」之分。超越的彼世是否永恆不變、歷久彌新？這恐怕永遠是一個「見仁見智」而得不到最後答案的問題。但宗教終不能不與「此世」相交涉，而「此世」則不斷地在流變之中。從宗教與「此世」之間的關涉着眼，我們當然可以討論宗教的歷史演進問題。

韋伯重視西方的宗教革命，特別是喀爾文派的教義，因爲他顯然認定這是西方近代精神的開端。依照他關於「傳統」和「近代」的兩分法，中國與西方的分別卽是前者仍屬傳統社會，而後者則已進入近代階段。工業資本主義、科學和技術便是西方近代精神的最中心、最具體的表現，而這些恰恰是中國所缺少的。他在〈中國宗教〉一書中曾把儒家和清教派作了一番較爲詳細的對比。在這一對比之中，儒家和清教派幾乎顯得處處相反⑬。限於當時西方「漢學」的水平，韋伯關於儒家的論斷在今天看來大部分都是成問題的。但在這一點上我們對他必須從寬發落。不過我們由此以看出，在他的理解中，中國史從來沒有經過一個相當於西方宗教革命的階段。今天宗教社會學家的看法已有基本的改變。例如貝拉（Robert N. Bellah）論「近代早期的宗教」（early modern religion）便承認伊斯蘭教、佛教、道教、儒家等都曾發生過類似西方新教那

⑬ Max Weber, *The Religion of China, Confucianism and Taoism* (The Free Press, 1951) 第八章結論部份關於儒家和清教的比較。

樣的改革運動，不過比不上西方宗教改革那樣徹底和持續發展而已⑭。

如果我們以西方的宗教改革作爲衡量的尺度，中國不但曾發生過同類的運動，而且其時代遠較西方爲早。宗教改革的基本方向是所謂從「出世」到「入世」，也就是從捨棄「此世」變爲肯定「此世」。其中一個重要觀念卽個人與上帝直接相通，不再接受中古等級森嚴的教會從中把持，這便是馬丁路德「唯恃信仰，始可得救」(salvation by faith alone) 之說。與此相隨而來的還有一種自由解釋〈聖經〉的風氣，卽重視〈聖經〉的眞精神而鄙薄文字訓詁。這一風氣也是由路德開端的。韋伯從比較社會學的觀點出發，自然特別强調喀爾文派的社會經濟倫理及其所產生的巨大影響。因爲和後起的喀爾文派相對照，路德的經濟倫理和社會思想的確是遠爲傳統而保守；他的政治觀念更帶有濃厚的權威主義的傾向。但是路德派開風氣之功畢竟不容盡沒。例如「天職」的觀念便是由路德以德文譯〈聖經〉而首先使用的⑮。而且卽使在經濟倫理一方面，路德派也還是有積極的貢獻的。路德派的廢止乞討、鼓勵大衆勞動，及其宗教個人主義都曾有助於經濟生活的發展。一般而言，路德派教區內的人民也是比較更能吃苦耐勞的⑯。從比較歷史的

---

⑭ Robert N. Bellah, "Religious Evolution", 收在 William A. Lessa and Evon Z. Vogt 合編 *Reader in Comparative Religion* (New York: Harper & Row, Second Edition, 1965), pp. 82-84.

⑮ 見 Weber, *Protestant Ethic*, pp. 79-81. 讀者如欲對「天職」觀念作更進一步的了解，則當參看第三章註一至註六的詳細考證，pp. 204-212. 關於「天職」觀念在基督教思想史上的轉變，可看 Ernst Troeltsch, *The Social Teaching of the Christian Churches* (London: Allen & Unwin, 1931), Vol. 2, pp. 609-612. 但 Weber 對於「天職觀念的解釋也不是人人都接受的。可看 Kurt Samuelsson, *Religion and Economic Action* (New York: Basic Books, 1961), pp. 43-47。此書由瑞典文譯成英文，是對 Weber 理論的一部有系統的反駁，但立論似過當。

⑯ Troeltsch, 前引書，pp. 572-73。

觀點討論中國史上的宗教轉向，我們並沒有必要嚴守韋伯的分野，把西方的新教倫理局限於喀爾文一派之內。理由很簡單：我們的主旨是追溯中國宗教倫理的俗世化對商人精神的可能的影響，而韋伯所研究的則是西方近代資本主義精神的宗教來源。這種資本主義，我們已說過，是西方所獨有的。到現在為止，我們還沒有充足的證據相信資本主義是中國歷史上一個必經的階段。我們所追問的是一個「韋伯式的」問題，但是我們毋須乎把韋伯原來的問題搬到中國史研究上面。

今天的社會學家、經濟學家在討論東亞經濟發展的文化因素時，往往祗注意到儒家倫理。這是很自然的想法，因為至少在表面上看，儒家倫理在這些地區的日常生活中是佔有主導地位的。但是從歷史上觀察，中國宗教倫理的轉向則從佛教開始。而且正如陳寅恪所說的，「自晉至今，言中國之思想，可以儒釋道三教代表之。此雖通俗之談，然稽之舊史之事實，驗以今世之人情，則三教之說，要為不易之論。」⑰因此我們討論這一問題便不能不同時涉及三教倫理的新發展。

一、新禪宗

原始的印度佛教本是一種極端出世型的宗教，把「此世」看成絕對負面而予以捨棄。這一性格本來和中國人的强烈入世心理是格格不入的。中國思想自先秦以來即具有明顯的「人間性」傾向⑱。中國古代思想中雖也早有超越的理想世界（即「彼世」）和現實的世界（「此世」）的分化，但這兩個世界之間是一種不即不離的關係，並不像在其他文化（如希臘、以色列、印度）中

⑰ 陳寅恪，〔金明館叢稿〕二編（上海：古籍出版社，一九八〇年），頁二五一。

⑱ 關於中國思想的「人間性」的問題，參看余英時，〔中國知識階層史論〕（臺北：聯經，一九八〇年），頁五四—五七。

那樣形成了鮮明的對照。這是中國思想的重要特徵之一。道家早有「方內」、「方外」之別，但其後的神仙觀念仍從先秦「絕世離俗」的性格逐漸轉變爲秦漢以後的「一人成仙，鷄犬升天」，甚至甘願留在人間的「地仙」⑲。

但是魏晉以來中國大亂，「此世」越來越不足留戀，佛教終於乘虛而入，不但征服了中國的上層思想界，而且也逐漸主宰了中國的民間文化。據我們目前所知，佛教最遲在兩漢之際已傳入中國，其所以必待魏晉以後始發生重大的影響，當然與中國當時的社會變動有密切的關係，一個極端出世型的宗教最後竟能和一個人間性的文化傳統打成一片，其間自不免要經過一個長期的複雜的轉化過程；不但中國文化本身必然因新成分的摻入而發生變化，佛教教義也不能不有相當基本的改變以求得在新環境中的成長與發展。限於篇幅，本文不能討論這一歷史過程⑳。

大體說來，自魏晉至隋唐這七、八百年，佛教（還有道教）的出世精神在中國文化中是佔有主導地位的。儒家雖始終未失其入世的性格，但它的功用已大爲削減，僅限於實際政治和貴族的門第禮法方面。以人生最後的精神歸宿而言，這一時期的中國人往往不歸於釋，卽歸於道。但在這幾百年中，中國社會在劇烈地起着變化，佛教本身也不斷地在變化中。唐代中國佛教的變化，從社會史的觀點看，其最重要的一點便是從出世轉向入世。惠能（六三八—七一三）所創立的新

---

⑲ 中國的「此世」與「彼世」是不卽不離的關係，故可稱之爲「內在超越」。詳見余英時，「從價值系統看中國文化的現代意義」。關於秦漢道教神仙思想的人間傾向，可看 Ying-shih Yü, "Life and Immortality in the Mind of Han China", *Harvard Journal of Asiatic Studies*, Vol. 25, 1964-1965.

⑳ 關於佛教中國化的長期歷史過程，可參考 Kenneth K.S. Ch'en, *The Chinese Transformation of Buddhism.* (Princeton University Press, 1973.)

禪宗在這一發展上尤其具有突破性或革命性的成就。有人稱他爲中國的馬丁路德是不無理由的㉑。惠能立教一向被說成「直指本心」、「不立文字」。後世通行本〈壇經〉「機緣品」記錄他的話尚有「字卽不識，義卽請問」、「諸佛妙理，非關文字」等語㉒。有關惠能生平的傳說和〈壇經〉的流傳當然都有不少問題。不過大體上說，他縱使識字，其教育程度也不會太高。而〈壇經〉雖經後人竄改和增飾，我們現在仍可以敦煌本來代表他的思想。敦煌寫本〈壇經〉第三十一節說：

> 三世諸佛，十二部經，亦在人性中本自具有。不能自悟，須得善知識示道見性；若自悟者，不假外善知識。若取外求善知識，望得解脫，無有是處。識自心內善知識，即得解脫㉓。

可見惠能確是主張「直指本心」的。但是「不立文字」之說則似乎有問題。〈壇經〉第四十六節說：

> 謗法：直言「不用文字」。既言「不用文字」，人不合言語；言語即是文字。

契嵩本在此句之下尚有一句話：「又云直道不立文字，卽此『不立』兩字，亦是文字。」由此看

㉑ 錢穆，「再論禪宗與理學」，收入〈中國學術思想史論叢〉第四冊（臺北：東大圖書公司，一九七八），頁二三二。

㉒ 惠能是否「不識字」，很難斷定，因爲他的傳記中頗多宗教神話的成份。宇井伯壽在〈禪宗史研究〉第二（東京：岩波書店，1941）第二章「六祖慧能傳」中曾詳細比較一切有關傳記。他認爲惠能在青年時代賣柴養母之暇，早已讀過各種佛教經典，所以才有後來的「頓悟」（頁一八八—八九）。最近印順在〈中國禪宗史〉（臺北，一九七一年）中暗駁宇井之說，認爲這是因爲惠能是「利根」，而且不識字通佛法並非不可能（頁一九一—九三）。這個問題不容易獲得真正的解決。不過惠能教育程度不會太高，大概是事實。

㉓ 本文所依據的敦煌本〈壇經〉是郭朋的〈壇經校釋〉（北京：中華書局，一九八三）。

來，說禪宗「不立文字」似是外人的「謗法」之言。惠能的本意當如第二十八節所說：

故知本性自有般若之智，自用知惠觀照，不假文字。

所以禪宗也不是完全不用文字，不過主張「得意忘言」而已。「不假」與「不用」或「不立」之間是有很大的距離的。從「心行轉法華，不行法華轉」（第四十二節）的話判斷，惠能對經典的態度當與馬丁路德相去不遠，卽自由解經而不「死在句下」。更值得注意的則是第三十六節一段話：

善知識！若欲修行，在家亦得，不由在寺。在寺不修，如西方心惡之人；在家若修，如東方人修善。但願自家修清淨，卽是西方。

同條又載有他的「無相頌」，其一曰：

法元在世間，於世出世間，勿離世間上，外求出世間。

這一頌在後世通行本中改作：「佛法在世間，不離世間覺，離世求菩提，恰如覓兎角！」其意義便更清楚了。

惠能「若欲修行，在家亦得，不由在寺」之說，在當時佛教界眞是驚天動地的一聲獅子吼。佛教精神從出世轉向入世便在這句話中正式透顯了出來。後來的禪師們反來覆去講的也都離不開這個意思。所以到了宋代的大慧宗杲便不能不說「世間法卽佛法，佛法卽世間法」了。禪宗大師們要人回向世間當然並不表示佛教已改變了捨離此世的基本立場，不過他們發現了此世對於「解脫」有積極的意義：不經過此世的磨鍊，也就到不了彼岸。用南泉普願的話說：「直向那邊會了，卻來這裏行履」（《古尊宿語錄》卷十二）。這和西方新教諸大師並無不同。路德也好，喀爾文也好，他們也仍然把此世看成是負面的，是人的原罪的結果。但他們不再主張以躲在寺院中靜修的方式來捨離此世。相反地，他們認爲祇有入世盡人的本分才是最後超越此世的唯一途徑。「天職」的觀念卽由此而出，因爲這是符合上帝的意志的。入世苦行的精神之所以在喀爾文教派中發展到最高點，則是由於喀爾文的「天職」觀念更爲積極；他認爲上帝的意思是要信徒從內部征服此世，改造此世，以達到捨離此世的目的。

修行不必在寺再加上「識自心內善知識卽得解脫」，不必外求，這又使禪宗的立場和新教的「唯恃信仰，可以得救」十分接近。如果「個人與超越眞實之間的直接關係」（the direct relation between the individual and transcendent reality）確是近代型宗教的一個特徵的話，那麼禪宗和基督新教無疑同具這一特徵㉔。基督教是外在超越型的宗教，它的「超越眞實」卽是上帝。新教推開了中古的教會，使個人與上帝直接相通。上面已經指出，這一點正是它的革命性之所在。禪宗則走的是內在超越之路，它的「超越眞實」卽是內在於人的「佛性」或「本心」。現在禪宗也把人的覺悟從佛寺以至經典的束縛中解放了出來，認爲每一個人「若識本心，卽是解脫」（《壇經》語，見第三十一節）。僅就這一點來說，我們至少不能不承認惠能的新禪宗確是中國佛教史上的一場革命運動了。

但是禪宗的革命畢竟與西方的宗教革命有大不相同之處。西方的中古的基督教不但通過統一的羅馬教廷而支配了西方人的全部精神生活，而且它與西方的俗世生活——從政治、經濟到風俗——的關係也發展到了無孔不入的境地。所以宗教革命一旦爆發便立刻風起雲湧，掀動了整個西

㉔ Robert N. Bellah, p. 82.

方的基督教世界（Christendom）。新教領袖如路德、喀爾文等人因此必須在他們的教義中全面地對基督教與俗世相關涉的各種問題提出明確的解答。舉凡國家、家庭、經濟、法律、教育、個人道德、社會組織等問題，路德與喀爾文無不分別從他們所持的宗教或神學觀點發表了大量的論述。非如此他們的教派便無法取得社會上有力團體和一般教民的了解和支持。從這一方面看，佛教在中國傳統社會中所扮演的角色便遠不能和西方的基督教相提並論。這是有關宗教與中西文化系統之間的異同問題，本文不能討論。我們在此只需指出一個重要的事實，卽惠能的禪宗革命最初僅限於佛教範圍之內。而且由於唐代佛教宗派甚多，禪宗不過是其中的一支，這一革命實際上是靜悄悄地發生在宗教世界的一個角落之上，並沒有立刻掀動整個俗世社會。因此惠能的〈壇經〉也並不曾談到與俗世有關的問題。他的弟子神會雖然有較濃厚的政治興趣，但他所關心的主要仍是宗教問題——如爲南宗定是非——而不是俗世問題。在敦煌所發現的〈神會語錄〉中，我們看到許多俗世人物和他有來往，其中包括戶部尚書、禮部侍郞、刺史、司馬、長史、別駕、給事中、縣令等等官吏。然而這些人所提出的則完全是關於佛教教義的疑難。所以初期禪宗在社會經濟倫理方面究竟持有什麼見解，今天尙無史料可資說明。但是禪宗的入世轉向是一個長期性的運動，在惠能死後的一個世紀，禪宗的南嶽一派終於在佛教經濟倫理方面有了突破性的發展。這便是百丈懷海（七四九—八一四）的〈百丈淸規〉和他所正式建立的叢林制度。不過這種經濟倫理最初仍是局限在佛教內部，大約經過了相當長的時間才逐漸影響及於佛教以外的社會。

宗教並不能眞正離俗世而存在，故任何宗教都有其俗世史的一面，佛教當然不可能是例外。佛教自晉至唐在中國經濟史上曾發生過重要的影響，無論是莊園經濟、工業、或商業，我們都可以看到佛教所留下的清楚痕跡。關於這一方面，中、日、西方的史學家已有無數的研究可供參考。但佛教對中國經濟的實際影響是一回事，它的經濟倫理則是另一回事。本文所要涉及的則是佛教經濟倫理的入世轉向，而不是佛教經濟史。

原始的佛教經濟倫理出於印度，是主張不勞動。梁武帝時荀濟上疏有云：

佛家遺教，不耕墾田，不貯財穀，乞食納衣，頭陀為務。今則不然。數十萬衆，無心蘭若從教。不耕者衆，天下有饑乏之憂。設法不行，何須此法？（見道宣〔廣弘明集〕卷七所引）

可見據原始印度教律佛徒以乞討爲生，不事農業生產㉕。但是中國是一個農業社會，僧徒完全不耕田事實上是辦不到的。例如法顯是四世紀人，三歲便度爲沙彌；他在寺時「嘗與同學數十人於田中割稻。」（見慧皎〔梁高僧傳〕卷三本傳）所以東晉道恒〔釋駁論〕中已說當時沙門「或墾殖田圃，與農夫齊流；或商旅博易，與衆人競利」了（見〔弘明集〕卷六）。

大致說來，在南北朝至安史之亂之前，佛教在經濟方面是靠信徒的施賜（包括莊田）、工商業經營以及托鉢行乞等等方式來維持的。安史之亂以後，貴族富人的施捨勢不能如前此之盛，佛教徒便不能不設法自食其力了。百丈懷海的清規和叢林制度便是在這種情況下發展出來的。

在百丈懷海所創立的「清規」中，有兩點最和本文主旨有關。據〔宋高僧傳〕卷十「懷海傳」：

朝參夕聚，飲食隨宜，示節儉也。行普請法，示上下均力也。

也就是說，「節儉」和「勤勞」是禪宗新經濟倫理的兩大支柱。「勤勞」已見原文，毋須解釋。

㉕ 可看中村元，「禪における生產と勤勞の問題」(一)，〔禪文化〕第二期，及(二)，〔禪文化〕第三期。

「普請」究是何義？後世通行本〔百丈清規〕卷下「大衆章」第七說：

普請之法，蓋上下均力也。凡安衆處，有合資衆力而辦者……除守寮直堂老病外，並宜齊趣。當思古人一日不作，一日不食之誡。

〔禪林象器箋〕卷九「叢軌門」給「普請」所下的定義如下：

集衆作務曰普請。

「作務」卽是勞動，這是禪門的老傳統，〔壇經〕已記載弘忍「發遣惠能令隨衆作務。」（第三節）現在百丈所訂下的「普請」制度則是寺中一切上下人等同時集體勞動，包括他自己在內。據〔五燈會元〕卷三「百丈懷海章」記載：

師凡作務，執勞必先於衆。主者不忍，密收作具，而請息之。師曰：吾無德，爭合勞於人？旣徧求作具不獲，而亦忘餐。故有「一日不作、一日不食」之語，流播寰宇。

這段記載所引「一日不作、一日不食」一語後來訛傳爲百丈的名言。其實這段話是稍後禪宗中人對他的描寫，而不是出自他本人之口。不過陳詡在元和十三年（八一八）所寫的「唐洪州百丈山故懷海禪師塔銘」（〔全唐文〕卷四六六）已明明說他：

行同於衆，故門人力役，必等其艱勞。

「塔銘」撰於百丈死後四年，正是第一手史料。可見他確表現了「一日不作、一日不食」的精神㉖。

㉖ 關於「一日不作，一日不食」的考證可參看宇井伯壽，前引書，頁三六九—七〇。按：黃庭堅「南康軍開先禪院修造記」云：「藥山以三餞繞腹，一日不作則不食。」（〔豫章黃先生文集〕卷十八）則「不作不食」又傳爲藥山惟儼（七五一—八三四）的故事。但檢贊寧〔宋高僧傳〕卷十七及〔景德傳燈錄〕卷十四均未見其事。惟儼屬青原行思第二世，可見「入世苦行」在北宋已是禪宗各派所共有的精神。

百丈所創的「一日不作、一日不食」的普請法是他決心拋棄原有印度佛教中的「律制」而「別立禪居」(〈宋高僧傳〉卷十「懷海傳」中語)的一種革新。因此當時曾招致內部的批評。這一改變自然會引起教義上的疑難。下面這一段問答最值得注意:

問:斬草伐木,掘地墾土,為有罪報相否?

師云:不得定言有罪,亦不得定言無罪。有罪無罪,事在當人。若貪染一切有無等法,有取捨心在,透三句不過,此人定言有罪。若透三句外,心如虛空,亦莫作虛空想,此人定言無罪。

又云:罪若作了,道不見有罪,無有是處。若不作罪,道有罪,亦無有是處。如律中本迷煞人及轉相煞,尚不得煞罪。何況禪宗下相承,心如虛空,不停留一物,亦無虛空相,將罪何處安著?(〔古尊宿語錄〕卷一「大鑑下三世・懷海」)

我們從百丈和弟子的問答之間顯然可看到這一教義上的革命在佛教徒的內心中確曾造成了高度的緊張。因為以前佛教徒在事實上不能完全免於耕作是一回事,現在正式改變教義,肯定耕作的必要,則是另一回事了。推百丈答語之意,是說只要作事而不滯於事,則無罪可言。後來元、明本的〈幻住清規〉對這一點便有明白的交代:

公界普請,事無輕重,均力為之,不可執坐守靜,拗衆不赴。但於作務中,不可譏呵戲笑,誇俊逞能。但心存道念,身順衆緣,事畢歸堂,靜默如故。動靜二相,當體超然,

> 雖終日爲而未嘗爲也㉗。

這是用一種超越而嚴肅的精神來盡人在世間的本分，也就是龐蘊居士所謂「神通並妙用，擔水及砍柴」了。〔五燈會元〕卷九記潙山與仰山師弟之間的問答也非常有意義：

> 師夏末問訊潙山次，潙曰：子一夏不見上來，在下面作何所務？師曰：某甲在下面鉏得一片畬，下得一籮種。潙曰：子今夏不虛過。

潙山靈祐（八五三卒）是百丈懷海的法嗣。他現在說鉏畬、下種不是「虛過」，這不但肯定了世間活動的價值，而且更明白給予後者以宗教的意義。基督新教所謂「天職」，依韋伯的解釋，其涵義正是如此㉘。如果我們再聯想到喀爾文特別引用聖徒保羅（St. Paul）的「不作不食」（If a man will not work, neither shall he eat.）之語，則禪宗「入世苦行」的革命意義便更無可疑了。

㉗ 亦見於〔禪苑清規〕九，二書均收入〔續藏經〕第二冊。中村元在上引文㈠中認爲禪宗和尚轉向勞動以四祖道信（五八〇—六五一）爲一大關鍵，因爲盧山大林寺和五祖的黃梅雙峯寺都有數百至千人，其地又遠離城市，不能靠行乞爲生。安祿山亂後，寺廟也不再能仰賴貴族施捨莊園爲生，百丈懷海「一日不作，一日不食」的新規卽在此種背景下產生。（〔禪文化〕二，頁二七—三五）。按：中村元的說法似出推測，與事實不符。安史亂後，貴族捨田爲寺以及寺院大量置田產之事仍時有所見。南方如蘇州、杭州、天臺等未受戰亂波及，其例更多。可看陶希聖主編〔唐代寺院經濟〕（臺北：食貨出版社，一九七四年）「寺觀莊田」所收諸例，並可參考 Jacques Gernet, *Les aspects économiques du Bouddhisme, dans la société du Ve au Xe Siéclé*(Paris, 1956), pp. 112-138 所引敦煌及其他有關寺田的史料。安史亂以後，唐代之社會經濟發生了重要變化，固屬事實，但究竟是否足以解釋「百丈清規」的出現，恐怕還有待於進一步研究。關於〔百丈清規〕所表現的中國佛教經濟思想，可見道端良夫，〔中國佛教と社會との交涉〕（京都，一九八〇），頁四五—六七及 Kenneth Ch'en 前引書，頁一四五—五一。

㉘ Weber, *Protestant Ethic*, p. 80; Troeltsch, 前引書，頁六〇九—六一〇。

百丈懷海的新宗教倫理到了宋代已傳佈到整個中國社會，因此關於此一轉變的記載決不限於佛教文獻。朱熹在討論〈孟子〉的「遁辭」時曾屢次引以為例證。茲舉兩條如下：

> 如佛家初說剃除髭髮，絕滅世事。後其說窮，又道置生產業，自無妨礙。
>
> 如佛學者初有桑下一宿之說。及行不得，乃云：種種營生無非善法。皆是遁也。（均見〔朱子語類〕卷五十二）

這個「遁辭」其實便是從百丈懷海開始的。而且「一日不作、一日不食」這句話也從宋代以來變成了家喻戶曉的「俗語」，一直流傳到近代。所以清人翟灝在〈通俗篇〉（卷十二「行事」）中便把此語收了進去。現代禪宗史專家特別看重「百丈清規」的「歷史的意義」，是非常有道理的㉙。

二、新道教

道教與佛教之間的關係從來是十分複雜的，一方面是互相競爭、互相衝突，另一方面又互相交涉。但在互相交涉言，道教往往吸取佛教的教義、戒律、儀式等以為己用。這當然是因為佛教的組織遠較中國本土的宗教為發達。以宗教性格而言，道教又遠比佛教為入世，因此道教自漢代以來也不斷吸收儒家的教義。「三教合一」可以說是道教的一貫立場。唐代皇室特別尊崇老子，故道教在上層貴族階級中甚為流行；這種官方道教，宋代以下依然繼續存在。但這不是本文所要

㉙ 見宇井伯壽，「百丈清規の歷史的意義」，收在他的〈佛教思想研究〉（東京：岩波書店，一九四三），頁六二八—四五。此文詳溯「百丈清規」在佛教史上的起源和發展，並且特別重視它對日本禪宗的影響。關於最後一點可參考今枝愛真〔中世禪宗史の研究〕（東京大學出版會，一九七〇）第三章第三節「清規の傳來と流布」，頁五六—七二。

討論的。眞正對中國一般社會倫理有影響的則是民間道教。可惜我們現在對安史之亂以後民間道教的情況尚不甚了解。這一方面仍有待於專家的研究。

以我們目前對於道教史的知識而言，新道教的興起當以兩宋之際的全眞教最爲重要，其次則有眞大道教、太一敎、與稍後的淨明教。這四派都來自民間，而且也對一般社會倫理有比較廣泛的影響。新道教和當時的理學與禪宗鼎立而三，都代表着中國平民文化的新發展，並取代了唐代貴族文化的位置㉚。

但以入世苦行的新宗教倫理而言，惠能以下的禪宗是這一個偉大的歷史運動的發端，儒家和道教則都是聞風而起的後繼者。關於儒家的新動態，我們將在第二節討論。此節僅追溯新道教的發展，尤其着眼於禪宗的影響。

關於全眞教的創立，元好問「紫微觀記」說得最清楚：

> 貞元、正隆（一一五三—六〇）以來，又有全真家之教，咸陽人王中孚倡之，譚、馬、丘、劉諸人和之。本於淵靜之說，而無黃冠禳禬之妄；參以禪宗之習，而無頭陀縛律之苦。畊田鑿井，從身以自養，推有餘以及之人，視世間擾擾者差為省便然。（【遺山先生文集】卷三五）

元遺山此文中「參以禪定之習，而無頭陀縛律之苦」一語最値得注意。此語所指卽是百丈懷海創設的叢林制度。〔續高僧傳〕卷十記其事如下：

> 或曰：〔瑜伽論〕、〔瓔珞經〕是大乘戒律，胡不依隨乎？

㉚ 見吉岡義豐，〔道教の研究〕（京都：法藏館，一九五二），頁一三二。

海曰：吾於大小乘中，博約折中，設規務歸於善焉。乃創意不循律制，別立禪居。

全眞教不但在組織上效法百丈的規模，而且在宗教倫理上更吸收了百丈「一日不作、一日不食」之教。元遺山上文所謂「畊田鑿井，從身以自養」便是明證。但袁桷「野月觀記」論及全眞教時對這一層刻劃得更爲生動：

北祖全真，其學首以耐勞苦、力耕作，故凡居處飲食，非其所自爲不敢享。蓬垢疏糲，絕憂患羨慕，人所不堪者能安之。（〔清容居士集〕卷十九）

全眞教雖然後來在元代發展出「末流貴盛」的現象，但在初起時以自食其力、勤苦節儉爲號召。王重陽及譚、馬、丘、劉諸子是否在創教時已正式參考過百丈的叢林制度和清規，因史料不足，不能輕斷。不過上引元遺山的話應可視爲間接證據，使我們相信全眞教至少曾受到禪宗的影響。此外還有兩個重要的事實也足以加强我們的推斷。第一是全眞教的道觀不但後來也有「叢林」的稱呼，而且它也有類似「百丈清規」的戒律。北京白雲觀的前身是唐玄宗勅建的天長觀，在元代改名長春宮，遂成全眞教的根本重地。白雲觀中藏有〔全眞元範清規〕一部，二十年代和四十年代日本學者曾研究過。據他的報告，這部全眞教的〔清規〕基本上是採用了北宋的〔禪苑清規〕，也就是〔百丈清規〕的修訂本。所以全眞教的組織仿自百丈所創立的「禪居」，確是「信而有徵」的㉛。第二、王磐「誠明眞人道行碑」說：「全眞之教，以識心見性爲宗，損己利物爲行，不資參學，不立文字。」（見〔甘水仙源錄〕卷五）這完全是用禪宗的語言來描寫全眞的教旨。

㉛ 宇井伯壽，〔禪宗史研究〕第二，頁三九五（「附記」）引大谷湖峯的話。

〈仙源錄〉是全眞教人李道謙所輯的歷史，非教外人的誣詞，自然是可信的。

我們雖然强調百丈懷海的禪宗革新對於新道教的興起有深刻的影響，但是我們並不因此而否定新道教自有其內在的精神。這種精神也許可以看作是從晚唐到宋代的一種普遍的時代精神，不但見之於禪宗，也同樣表現在新儒家和新道教的身上。新道教在方法上、組織上都可能受到禪宗的感染，然而精神則必須從內部發展出來，不能向禪宗借取。所以專從道教傳統的本身來看，全眞教是一個嶄新的發展。至少當時的人是如此看待它的。王惲在「大元奉聖州新建永昌觀碑銘」中說：

自漢以降，處士素隱，方士誕誇，飛昇煉化之術，祭醮禳禁之科，皆屬之道家。稽之於古，事亦多矣。徇末以遺本，凌遲至於宣和極矣。弊極則變，於是全真之教興焉。淵靜以明志，德修而道行，翕然從之，實繁有徒。……耕田鑿井，自食其力；垂慈接物，以期善俗，不知誕幻之說為何事。敦純朴素，有古逸民之遺風焉。(見「秋澗先生大全文集」卷五八)

此文明白指出全眞教既不同於漢代以來的隱士，更不同於朝廷所崇信的方士「誕幻之說」，而尤厭惡後者。宣和當指宋徽宗時林靈素之事。林靈素自政和三年(一一一三)至汴京，宣和元年(一一一九)放歸，六七年間道教傾動一世。南宋周煇〈淸波雜志〉卷三已云：

宣和崇尚道教，黄冠出入禁闥，號「金門羽客」，氣燄赫然，林靈素為之宗主。

可見王惲「凌遲至於宣和」必指林靈素一派的道教而言，其意顯然以全眞教之興卽是對這種官方道教的一種革命㉜。

但另一方面，全眞敎的宗旨也不在避世，而是「耕田鑿井，自食其力；垂慈接物，以期善俗」。這恰好說明它是從遁世的態度轉爲入世苦行。王惲對全眞敎的苦行尙另有說明。〔秋澗先生大全文集〕卷六十一「提點彰德路道教事寂然子霍君道行碣銘」云：

> 全真家禁睡眠，謂之消陰魔，服勤苦，而曰打塵勞。

這種「打塵勞」的教法是王重陽創敎時便已設立的。尹志平〔北遊語錄〕載：

> 長春師父（按：即丘處機）言：俺與丹陽（按：即馬鈺）同遇祖師學道，祖師令俺重作塵勞，不容少息，而與丹陽默談玄妙。一日，閉戶，俺竊聽之，正傳谷神不死調息之法。久之，推戶入，即止其說。俺自此後，塵勞事畢，力行所聞之法。

可見全眞敎有兩條入路：一是「默談玄妙」，卽上引王磐所說的「識心見性爲宗」；另一則是「打塵勞」，卽王磐所謂「損己利物爲行」。王重陽雖因人施敎，其旨歸則一。因此，「識心見性」和「打塵勞」缺一不可。若無前者卽終生在塵勞中打滾，永無超越的可能；若無後者，則空守一心，也不能成道。王志謹〔盤山語錄〕記載：

> 長春真人云：心地下功，全抛世事；教門用力，大起塵勞。若無心地功夫，又不教門用

㉜ 關於宋代官方道教的一般狀況，可看窪德忠〔道教史〕（東京：山川出版社，一九七七）頁二五八—八七；專論宋徽宗與道教的關係的，則有金中樞，「論北宋末年之崇尚道教」，〔新亞學報〕第七卷第二期（一九六六年八月）及第八卷第一期（一九六七年二月）。我們當然也不能過信王惲的話，真以為新道教全無「幻誕之事」。「幻誕」、「祭醮」全真教也仍偶見。這是民間宗教所不能完全避免的。但他們確以「入世苦行」為立教的精神所在，則大致不成問題。參看柳存仁「全真教和小說西遊記(二)」，〔明報月刊〕，第二十卷第六期（一九八五年六月），頁五九—六〇。

力，請自思之，是何人也。……昔在山東十有餘年，終日杜門，以靜為心，無人觸著，不遇境，不遇物，此心如何見得成壞？便是空過時光。夫天不利物則四時不行，地不利物則萬物不生，不能自利利他，有何功行？故長春真人曰：動則安人利物，與天地之道相合也。

這段語錄說明「塵勞」便是入世去做「利他」的「功行」。但「功行」本身並無目的，最後的目的仍在成「道」。〈北遊語錄〉又說丘處機「教人積功行，存無爲而行有爲」。這句話很重要，因爲「無爲」即指「道」言。所以「無爲」不是消極的「靜」，而是積極的「動」。這種思想在全眞教創立時已出現了，王重陽的〈立教十五論〉中，有兩條最與入世苦行有關。第十二論「聖道」，認爲入聖道必須「苦志多年，積功累行」，此即入世的「功行」。第十五論「離凡世」則謂離凡世者不是「身」離，而是「心」離。他以藕根喻身，須在泥中，以蓮花喻「心」，開虛空之美。所以得道之人是「身在塵世，心遊聖境」㉝。這便是所謂以出世的精神做入世的事業。稍知喀爾文教義者不難看出這正符合「以實際意識和冷靜的功利觀念與出世目的相結合」。（combination of practical sense and cool utilitarianism with an other-worldly aim）㉞。

全眞教的發揚光大以丘處機的貢獻爲最大，決不是偶然的。而且即使是比較偏向於「靜」的一邊的馬鈺，也同樣肯定「塵勞」的價值，並賦予入世事業以宗教的意義。〈盤山語錄〉記錄他

㉝ 關於王重陽的〈立教十五論〉，可看吉岡義豐，前引書，頁一七六—八〇。
㉞ Troeltsch，前引書，p. 609.

的話有如下一段：

> 修行人若玄關不通，當於有為處用力立功立德，久久緣熟，自有透處，勝如兩頭空擔，不能無為，不能有為，因循度日㉟。

「無爲」和「有爲」卽是出世和入世的「兩頭」。對於一般常人而言，出世的「玄關」是不容易通的；他們必須從「立功立德」的入世之路求道，這樣才不致於兩頭落空。馬鈺恐人「因循度日」，丘處機怕人「空過時光」，這也表現了唐宋以來的新宗教運動中極值得注目的一種緊張的心理。上節引溈山禪師之語，認爲「鉏得一片畬，下得一籮種」便不是「虛過」時光，其用意與此正相同。而且更有趣的是，在十七世紀英國清教倫理中，我們也看到同樣的心理，例如：浪費時間是最大的罪惡，睡眠過長是極不道德的事，人在世間盡職時必須勤勞，食色之慾必須儘量節制等等。這簡直和全眞教的倫理東西輝映，古今一轍。韋伯在討論清教倫理時認爲「勞動」（labor）是西方教會所特有的苦修方法，不僅與東方宗教恰形成最尖銳的對照，而且也是世界一切寺院戒律所未有㊱。這一論斷正是適得其反。我們當然無法苛責韋伯，不過我們必須由此領取一個極深刻的教訓：卽他的「理想型」(ideal type) 研究方式本身實涵有極大的危險性。無

㉟ 以上尹志平〔北遊語錄〕和王志謹〔盤山語錄〕各條都從錢穆「金元統治下之新道教」一文中轉引，見〔中國學術思想史論叢〕第六冊（臺北：東大圖書公司，一九七八），頁二〇一—一一。

㊱ Weber, *Protestant Ethic*, p.158，又王惲「大元故清和妙道廣化真人玄門掌教大宗師尹公道行碑銘」（見〔秋澗先生大全文集〕卷五十六）記尹志平的修行要訣，有云：「修行之害，食睡色三欲爲重。多食卽多睡，睡多情欲所由生。人莫不知，少能行之者。必欲制之，先減睡欲。」這也可以證實前引「禁睡眠」、「服勤苦」之語確是全真教的一貫教法。此碑之末又說尹志平的弟子仇志隆「居終南四十餘年，潔以修己，耕而後食」，更可證明全真教三傳之後仍守「服勤苦」和「一日不作、一日不食」之戒。

論多麼圓熟的理論家或多麼精巧的方法論者，如果他缺乏足夠的經驗知識終不免是會犯嚴重的錯誤的。

全眞教與新禪宗也有不同之處，它的入世傾向自始便比較顯著。因此它對當時一般社會倫理的影響也比禪宗來得直接而深切。山東鄒縣有陳繹曾「重修集仙宮碑」特別對丘處機在「塵勞」方面的成就加以推崇。碑文說：

> 予聞全真之道，以真為宗，以朴為用，以無為為事，勤作儉食，士農工賈因而器之，成功而不私焉。……在金之季，中原板蕩，南宋孱弱，天下豪傑之士，無所適從……而重陽宗師長春真人，超然萬物之表，獨以無為之教化有為之士，靖安東華，以待明主，而為天下式㊲。

碑文中「勤作儉食，士農工賈因而器之」和「爲天下式」等語決非虛詞溢美，一部全眞教史可以爲證。中國新宗教的入世轉向具有重大的社會意義是不可否認的。

眞大道教在入世苦行方面和全眞教完全一致，但它與禪宗的關係則較全眞更爲明顯。王惲「遊嬀川水谷太玄道宮」詩：「雲封石上鉢」句之下有注曰：

> 初大道酈五祖者，逃難此山，衆追及，棄衣鉢石上而匿，其物重，衆莫能舉，異焉，遂請主其教，今道院蓋酈所創也。（「秋澗先生大全文集」卷五）

眞大道教五祖酈希成是金元之際的人。這個衣鉢故事顯然是禪宗惠能神話的再版（見「壇經」「行由品」）。陳垣說：「大道教宮觀，始亦稱庵，墓亦稱塔，法物有衣鉢，與釋氏同。其初固

㊲ 此碑未著錄，文從陳垣「南宋初河北新道教考」（北京：中華書局，一九六二年）頁四一轉引。

介乎釋道之間，不專屬道教。」㊳這一論斷是正確的，由此可見它確實受到了新禪宗的直接影響。

關於眞大道教的興起，吳澄在「許州天寶宮碑」中記其宮中道士的話如下：

> 吾教之興，自金人得中土時，有劉祖師避俗出家，絕去嗜慾，屛棄酒肉，勤力耕種，自給衣食，耐艱難辛苦，朴儉慈閔，志在利物，戒行嚴潔，一時翕然宗之。（「吳草廬集」卷二六）

劉祖師名德仁，見〔元史〕卷二〇二「釋老傳」。稍後虞集在「眞大道教第八代崇玄廣化眞人岳公之碑」中對該教的源流及其社會影響有更詳細的敍述。碑曰：

> 眞大道者以苦節危行為要，不妄求於人，不苟侈於己，庶幾以徇世夸俗為不敢者。昔者金有中原，豪傑奇偉之士往往不肯嬰世故，蹈亂離，輒草衣木食，或佯狂獨往，各立名號，以自放於山澤之間。當是時，師友道喪，聖賢之學湮泯澌盡。惟是為道家者多能自異於流俗，而又以去惡復善之說以勸諸人。一時州里田野各以其所近而從之。受其教戒者風靡水流，散在郡縣，皆能力耕作，治廬舍，聯絡表樹，以相保守，久而未之變也。
>
> （「道園學古錄」卷五十）

這一節文字的重要尤在於它所描寫的並不限於眞大道一教，而是所有新興的道教。這些教派不但都以「力耕作，治廬舍，聯絡表樹，以相保守」爲其特色，而且也都能號召附近的人民來「受其教戒」。新道教的起源與當時北方淪於異族統治有關是毫無可疑的。不過這些教派的發展都先後

㊳ 同上書，頁九一一。

經歷了一百年以上而「末之變」，這却不是完全從政治的因素便能得到解釋的了。以眞大道教的擴張而言，虞集在碑文之末又告訴我們：

其徒云：西出關、隴至於蜀，東望齊、魯至於海濱，南極江淮之表，皆有奉其教戒者，皆攻苦力作，嚴祀香火，朔望晨夕望拜，禮其師之為真人者如神明然。信非有道行福德者多不足當其任。而真人時常使人行江南，錄奉其教者已三千餘人，庵觀四百，其他可概知矣。

眞大道教之所以傳佈得如此之廣，其一部分的原因自然是由於它的教義適合於亂世人民的需要。眞大道教的原始教義現在尚有九條保存在宋濂的「書劉眞人事」一文中。這九條是：

一曰視物猶己，勿萌戕害兇嗔之心。二曰忠於君，孝於親，誠於人；辭無綺語，口無惡聲。三曰除邪淫，守清靜。四曰遠勢力，安貧賤，力耕而食，量入為出。五曰毋事博奕，毋習盜竊。六曰毋飲酒茹葷；衣食取足，毋為驕盈。七曰虛心而弱志，和光而同塵。八曰毋恃強梁，謙尊而光。九曰知足不辱，知止不殆。（【宋學士文集】卷五五）

除了最後三條顯然取自〔老子〕之外，其餘都近乎儒家入世的教訓，而尤以忠孝勤儉爲宗旨所在。此外趙清琳所撰，至元二十六年（一二八九）所立的「大道延祥觀碑」也記載了教祖劉眞人的基本教義。此碑接近原始史料，更可信賴。碑文說：

其教以無為清靜為宗，真常慈儉為寶。其戒則不色、不慾、不殺、不飲酒、不茹葷，以仁為心，恤困苦，去紛爭，無私邪，守本分，不務化緣，日用衣食，自力耕桑贍足之。有疾者符藥針艾之事悉無所用，惟默禱虛空以至獲愈，復能為人除邪治病。平日恬淡，無他技。彼言飛昇化鍊之術，長生久視之事，則曰吾不得而知，惟以一瓣香朝夕懇禮天地。故遠近之民願為弟子，隨方立觀者不少焉㊴。

上引碑文的後半段說明眞大道教也和全眞教一樣，是對於唐宋官方道教的一種革命，卽完全不靠各種「方術」來吸引人。此文的前半段則寫出一種典型的入世苦行的宗教倫理，不但和全眞教的倫理幾乎沒有什麼差別，而且其戒律和淸教倫理也有不少共同之點。陳垣特別强調「不務化緣」是眞大道教的特色㊵。其實這也不妨看作是〈百丈淸規〉的進一步的發展。其「日用衣食，自力耕桑贍足之」卽是「一日不作，一日不食」的宗旨的一種具體表現。百丈懷海以後，禪宗並未中止化緣托鉢之事。眞大道教自始便和禪宗有密切的關係，已如上述。但它在立教之初竟一再把「不務化緣」列爲敎規之一，足見它在入世苦行方面比禪宗走得更遠了。

限於篇幅及材料，本文不能對新道教的其他流派如太一教和淨明教加以詳細的討論了。大體說來，這兩派也都具有濃厚的入世傾向。據王惲記太一教中人言：

道家者流雖崇尚玄默，而太一教法專以篤人倫、翊世教為本。至於聚盧托處，似疏而親，師弟子之間，傳度授受，實有父子之義焉。（見〔秋澗先生大全文集〕卷六十一「太一三代度師先考王君墓表」）

則太一教倫理的入世性格，不可言喻。文中「師弟子之間，傳度授受，有父子之義」一語，需要略加解釋。太一教始祖蕭抱珍立下一條特別規定：嗣法繼位的人必改從蕭姓，如二祖蕭道熙本姓

㊴　此碑亦未著錄，引自同上書，頁八七。

㊵　同上書，頁八八。

韓，三祖蕭志冲本姓王。陳垣以爲這是「效法釋氏」。但據「父子之義」一語，則更可能是借用儒家的宗法制度以加强宗教組織的嚴密性。而且若「效法釋氏」則必須教中道士都改從蕭姓，這似乎不然。淨明教是劉玉在一二九七年創立的，《玉眞劉先生語錄》「內集」說：

> 或問：古今之法門多矣，何以此教獨名淨明忠孝？先生曰：別無他說。淨明只是正心誠意；忠孝只是扶植綱常。但世儒習聞此語爛熟了，多是忽略過去。此間却務真實踐履。

（《淨明忠孝全書》卷三）

可見淨明教更是直接以儒家的倫理爲立教的根據。在這一方面淨明教確與上述三派同屬於新道教，卽以强調日常倫理的實踐爲其最主要的特色㊶。不過關於太一教，我們還應該指出它與全眞教和眞大道教之間有一個顯著的差別。據上引王惲「三代度師王君墓表」及另一篇「故太一二代度師先考韓君墓碣銘」（同書六十一卷），太一教自創教之日起卽得到「望族」、「鉅家」的支持。所以二祖和三祖的父祖最初都是傾家產以奉「香火」的教徒。相反地，全眞教則對窮人吸引力更大，元遺山「惰窳之人翕然從之」之語足爲明證（見前引「紫微觀記」）。也許正由於這一經濟背景的差異，所以太一教才沒有强調「自食其力」的原則吧㊷！

總結地說，新道教各派的興起和發展充分地說明了一個重要事實：中國的宗教倫理自新禪宗以來卽一直在朝着入世苦行的方向轉變。新道教基本上是民間宗教，這一點在大多數道教史家之間已取得共同的認識。正因如此，這一新的宗教倫理才逐漸地隨着新道教的擴展而滲透到社會各

㊶ 見秋月觀瑛，前引書，頁一七九。

㊷ 按陳垣在「新道教考」頁四說：「三教祖乃別樹新義，聚徒訓衆，非力不食。」其實此語只能用之於全真與真大道兩教，不能施之於太一教。

個階層中去。南宋以來〈太上感應篇〉之類的道教「善書」不斷地出現並廣泛地流行。這也是與新道教以俱來的一個重要的歷史現象，大有助於新倫理在民間的傳播㊸。新道教的宗教倫理在肯定此世、肯定日常人生方面比新禪宗更向前跨進了一步。禪宗已承認「鉏得一片畬，下得一籮種」是不虛過時光，已承認「砍柴擔水，無非妙道」。但是他們還不能承認「事父事君」也是「妙道」。用現代的話說，他們還不能肯定社會組織的正面價值。新道教一方面沿襲了新禪宗所開始的入世苦行的方向，另一方面又受了儒學的影響。所以他們才更進一步地講「事父事君」。眞大道教「專以篤人倫、翊世教爲本」和淨明教以「忠孝」立教都是明證。這是新道教的「三教合一」。王重陽開宗明義，依據〈孝經〉、〈道德經〉、和〈般若心經〉三部經典，尤其具有象徵的意義㊹。

新道教的倫理對中國民間信仰有深而廣的影響，其中一個特別值得注意的思想便是天上的神仙往往要下凡歷刼，在人間完成「事業」後才能「成正果」、「歸仙位」（如〈玉釧緣〉彈詞中的謝玉輝）。同時凡人要想成仙也必須先在人間「作善事」、「立功行」。〈太上感應篇〉卷上說：「所謂善人，……所作必成，神仙可冀。欲求天仙者當立一千三百善；欲求地仙者當立三百

㊸ 關於〈太上感應篇〉的研究，可參考吉岡義豊，前引書第二章「感應篇と功過格」。

㊹ 見吉岡義豊，前引書，頁一三一。有關全真教混合儒、禪、道三教及其入世苦行的特色，並可參看窪德忠〈中國の宗教改革——全真教の成立〉（京都：法藏館，一九六七）。奥崎裕司撰「民衆道教」一章（見福井康順等共同監修，〈道教〉，第二卷，東京，一九八三）曾對上文所論四派新道教有綜合論述。其大旨謂四大新道教都有三教融合的强烈傾向，其中全真較受禪宗影響，真大道與淨明則以儒家倫理爲主。此說似略嫌簡化，但所言三教混合的趨勢是不錯的。關於全真教的「三教歸一」說，更可參看柳存仁「全真教和小說西遊記㈤」，〈明報月刊〉第二十卷第九期（一九八五年九月），頁七一。柳先生發現全真教確與〈西遊記〉有關，從宗教史的觀點看，也是有重大意義的。

善。」即是這一思想的通俗化的表現。其實全眞教的「打塵勞」、丘處機說「不遇境、不遇物，此心如何見得成壞？」便是神仙下凡歷刼之說的一個遠源。馬鈺教人「當於有爲處用力立功立德，久久緣熟，自有透處。」和丘處機教人「積功行，存無爲而行有爲」，也與立善成仙的說法相去不遠。這種思想正是要人重視人世的事業，使俗世的工作具有宗教的意義。人在世間盡其本分成爲超越解脫的唯一保證。如果說這種思想和基督新教的「天職」（calling）觀念至少在社會功能上有相通之處，大概不算誇張吧！

第二節　儒家倫理的新發展

儒家從來便是入世之教，因此並不發生所謂「入世轉向」的問題。但是從韓愈、李翺到宋明理學，儒家確然進入了一個新的歷史階段，即是今天中外學人所共同承認的「新儒家」（Neo-Confucianism）。在上一章論宗教的轉向時，我們曾强調惠能以下新禪宗的歷史意義。事實上，如果我們想要在中國史上尋找一個相當於韋伯所說的「新教倫理」的運動，則從新禪宗到新儒家的整個發展庶幾近之。這一運動之所以從佛教發端則是因爲佛教在唐代是中國思想和信仰的主流，在一般人的日常生活中佔據着中心的位置。我們要進一步討論的是：韓愈、李翺所首倡的新儒學和佛教的轉向之間究竟有沒有關係？如果有關係，其關係又屬何種性質？

一、新儒家的興起與禪宗的影響

首先必須指出，儒家雖然是入世之教，但唐代的儒學則已與中國人的日常生活脫節了。從兩唐書的「儒學傳」來看，唐代的儒學只是南北朝以來繁瑣的章句之學的延續。以儒家經典的研究而言，唐代治三禮的人尚多專家。這也是上沿南北朝的風氣而來，和門第禮法頗有關係㊺。但安史之亂以後，門第漸趨衰落，因此與維持門第生活有關的禮學也不免失去其現實的意義。至於施之於郊廟、朝廷的禮樂，則誠如歐陽修所言：「由三代而下，治出於二，而禮樂爲虛名。」（〔新唐書〕卷十一「禮樂一」）換句話說，便是和現實人生毫無關係了。韓愈在「原道」這篇劃時代的大文字中便是要使儒學能重新全面地指導中國人的社會生活。所以他說：

> 夫所謂先王之教者，何也？博愛之謂仁，行而宜之之謂義，由是而之焉之謂道，足乎己無待於外之謂德。其文詩、書、易、春秋；其法禮、樂、刑、政；其民士、農、工、賈；其位君臣、父子、師友、賓主、昆弟、夫婦；其服麻、絲；其居宮室；其食粟米、果蔬、魚肉。其為道易明，其為教易行也。（見〔朱文公校昌黎先生集〕卷十一「原道」）

可見在韓愈的心目中，儒家之道是無孔不入、無所不包的。祇有這樣的「道」才能眞正取佛教和道教而代之。因此他在一首斥道教的古詩中也說：

> 人生有常理，男女各有倫。寒衣及饑食，在紡績耕耘。下以保子孫，上以奉君親。苟異於此道，皆為棄其身。（同上卷一「謝自然詩」）

合起來看，可知韓愈所倡導的正是後來宋明新儒家所謂「人倫日用」的儒學，與南北朝以來章句

㊺ 趙翼〔廿二史劄記〕卷二十「唐初三禮漢書文選之學」；陳寅恪〔隋唐制度淵源略論稿〕（北京：中華書局，一九六三）第二章「禮儀」。

和門第的禮學截然異趣。從這一點上說，韓愈的努力也未嘗不表現着儒家的「入世轉向」，也就是使儒學成爲名符其實的「世教」。這一轉向毫無疑問是受新禪宗的啓示而來的。陳寅恪認爲韓愈「直指人倫，掃除章句之繁瑣」乃取法於新禪宗的「直指人心，見性成佛之旨」。這是一個很有根據的論斷㊻。

但是從韓愈以至宋代的新儒家明明都是全力排斥佛教的。現在我們却强調新儒家是繼承了新禪宗的入世精神而發展出來的。這兩種說法是不是有基本的矛盾呢？其實此中並無矛盾。新禪宗雖已承認「擔水及砍柴」都是「神通與妙用」，甚至也承認「種種營生，無非善法」，但是它並沒有、也不可能改變其否定「此世」、捨離「此世」的基本態度。他們對於儒家所最重視的「事父事君」的人倫世界仍不能正面地予以肯定。他們所能達到的極限是不去破壞「世教」而已。神會門下的大照在《大乘開心顯性頓悟眞宗論》中說：

> 世間所有森羅萬象，君臣父母，仁義禮信，此即世間法，不壞。是故經文：「不壞世法，而入涅槃。」若壞世法，即是凡夫。

所以朱熹一再批評佛教的敷衍「世教」是「遁辭」。他說：

> 釋氏論理，其初既偏，反復譬喻，非不廣矣。然畢竟離於正道，去人倫，把世事為幻

㊻ 陳寅恪「論韓愈」，現收入《金明館叢稿初編》（上海：古籍出版社，一九八二），頁二八七。陳氏指出韓愈排斥佛教諸論點皆前人所已發（頁二八九），也是正確的，見湯用彤《隋唐佛教史稿》（北京：中華書局，一九八二），第一章第五節「韓愈與唐代士大夫之反佛」，頁三一一—四〇。本書初稿發表後，承蔡墨涵先生（Charles Hartman）寄贈新著 *Han Yü and the T'ang Search for Unity* (Princeton University Press, 1986) 與我所見不謀而合。蔡書據新資料（《祖堂集》）推證陳寅恪先生之說，尤爲重要。見 pp. 5-15, 93-99。

妄，後來亦自行不得。到得窮處，便說走路，如云治生產業，皆與實相不相違背，豈非遁辭乎？

又說：

佛氏本無父母，却說父母經，皆是遁辭。（均見〔朱子語類〕卷五十二）

按：「治生產業，皆與實相不相違背」是雲門文偃（八六四－九四九）的話，見〔五燈會元〕卷十五。可見新儒家正是要在新禪宗止步之地，再向前跨出一步，全幅地肯定「人倫」、「世事」是眞實而非「幻妄」。從這一點來看，新儒家在終極歸趣的方面是和新禪宗處於截然相反的位置，但就整個歷史進程而論，則又是因爲受到新禪宗「入世轉向」的衝擊而激發了內在的動力。

韓愈「原道」劃分儒釋的疆界說：

古之所謂正心而誠意者，將以有為也。今也欲治其心，而外天下國家，滅其天常，子焉而不父其父，臣焉而不君其君，民焉而不事其事。

韓愈在新儒家中最早發現〔大學〕的新意義，因爲此篇從正心、誠意直接通向修、齊、治、平，內外一以貫之。正心、誠意雖是佛教的根本重地，但佛教的「治心」却是爲了捨離「此世」。〔大學〕的「治心」則恰恰相反，是爲「入世」、「經世」作準備的。韓愈以「治心」爲始點而重振儒學，正是入佛教之室而操其戈。關於這一點，我們下面將續有討論，此處暫不多說。

但是韓愈的「入室操戈」尚遠不止此。「原道」說：

斯道也，何道也？曰：斯吾所謂道也，非向所謂老與佛之道也。堯以是傳之舜，舜以是傳之禹，禹以是傳之湯，湯以是傳之文、武、周公，文、武、周公傳之孔子，孔子傳之孟軻，軻之死不得其傳焉。

這是最著名的新儒家的道統論，但在韓愈之前並無人公開提倡過這種個人之間代代相傳的「道統」。那麼這一觀念他是從何處得來的呢？陳寅恪對此有明確的解答。他說：

> 退之從其兄會謫居韶州，雖年頗幼小，又歷時不甚久，然其所居之處為新禪宗之發祥地，復值此新學說宣傳極盛之時，以退之之幼年穎悟，斷不能於此新禪宗學說濃厚之環境氣氛中無所接受感發。然則退之道統之說表面上雖由〈孟子〉卒章之言所啓發，實際上乃因禪宗教外別傳之說所造成，禪學於退之之影響亦大矣哉㊼！

所謂「教外別傳」卽五祖弘忍將衣和法傳給惠能，「衣將爲信稟，代代相傳；法以心傳心，當令自悟。」（敦煌本〈壇經〉第九節）而惠能以下則傳法不傳衣㊽。後來宋儒比韓愈更進一步，遂有「虞廷傳心」之說。

韓愈在另一篇著名的「師說」中說：

> 古之學者必有師，師者，所以傳道、授業、解惑也。人非生而知之者，孰能無惑？惑而不從師，其為惑也，終不解矣！生乎吾前，其聞道也，固先乎吾，吾從而師之。生乎吾後，其聞道也亦先乎吾，吾從而師之。吾師道也，夫庸知其年之先後生於吾乎？是故無貴、無賤、無長、無少，道之所存，師之所存也。嗟乎！師道之不傳也，久矣。欲人之

㊼ 〈論韓愈〉，頁二八六。但韓愈借用禪宗的傳心說反為後世佛徒所乘。例如契嵩卽謂禹、湯以下年代都不相及，「烏得相見而親相傳稟耶？」見〈鐔津文集〉（日本大正新修〈大藏經〉本，第五二卷史傳部四）卷十四「非韓上」第一。

㊽ 見〈景德傳燈錄〉卷五「吉州青原山行思禪宗」條。〈傳燈錄〉卷三「菩提達磨傳」云：「內傳法印，以契證心；外付袈裟，以定宗旨。」以傳衣傳法始於達磨之傳慧可，但此恐是後世追造之說。

無惑也，難矣！（「昌黎先生集」卷十一）

我們必須稍知唐代儒家師道的衰微情況，才能懂得「師說」的背景。我們可以引用兩位與韓愈同時的作者的話來加以說明。柳宗元（七七三—八一九）的「師友箴」序說：

今之世，為人師者衆笑之。舉世不師，故道益離。（「柳河東集」卷十九）㊾

呂溫（七七一—八一一）「與族兄皐請學春秋書」所言更爲沉痛：

魏晉之後，其風大壞，學者皆以不師為天縱，獨學為生知。譯疏翻音，執疑護失，率乃私意攻乎異端。以風誦章句為精，以穿鑿文字為奧。至於聖賢之微旨，教化之大本，人倫之紀律，王道之根源，則蕩然莫知所措矣。其先進者亦以教授為鄙，公卿大夫恥為人師，至使鄉校之老人，呼以先生則勃然動色。痛乎風俗之移人也如是！（「呂和叔文集」卷三）

可見唐代儒家只有「章句之師」，而無「傳道之師」；這種「師」是社會上一般人所鄙視的。至於唐代上層社會所重視的師生關係則是科舉制度之下的「座主」與「門生」的關係。這是與政治利害有關的「師」，與儒家之「道」是風馬牛不相及的㊿。

韓愈「師說」中所嚮往的「傳道、授業、解惑」之「師」其實也是以新禪宗中的師弟關係爲範本的。首先，師與道合而爲一，這與「章句」、「文字」之「師」是恰恰相反的。這種「傳道之師」在韓愈、呂溫的時代只能見之於「以心傳心」的新禪宗，而不能求之於儒家。在上引「師

㊾ 並可參看「柳河東集」卷三四「答韋中立論師道書」、「答嚴厚輿秀才論師道書」及「報袁君陳秀才避師名書」等篇。

㊿ 陳寅恪，「唐代政治史述論稿」（上海：商務印書館，一九四七），頁六〇—六一。

說」之文中，韓愈反覆强調「解惑」，這更顯然是禪宗所常說的「迷惑」，其反面卽是「悟解」。所以達磨偈語說：「吾本來茲土，傳法救迷情。」而後來禪宗和尚則說：「菩提達磨東來，只要尋一個不受人惑的人。」韓愈所謂「傳道、解惑」卽是「傳法救迷」的另一說法。這又是他「入室操戈」的一大傑作。

不但「師說」的整體精神取法於新禪宗，其中還有兩個具體的觀點也是受到新禪宗的啓示而發展出來的。第一是「無貴無賤，無長無少，道之所存，師之所存」。「無貴無賤」是惠能以來的新禪宗的特色。惠能以一個不識字的嶺南「獦獠」，在得「道」之後竟得到士庶的共同禮敬。而惠能一系的傳道也和神秀的北宗不同，卽「無貴無賤」，而不是專靠帝室和上層貴族的支持[51]。「無長無少」也是新禪宗的特色。例如印宗和尚（六二七—七一三）在廣州法性寺講《涅槃經》，「遇六祖能大師，始悟玄理，以能爲傳法師」（《景德傳燈錄》卷五「印宗傳」）。但印宗尚比惠能（六三八—七一三）年長十歲。後世禪宗中徒長於師之例也時有所見[52]。可證韓愈以「道之所存」卽「師之所存」，不論地位和年齒，是淵源於禪宗的。

第二是「師說」後半段所說的「弟子不必不如師，師不必賢於弟子」的論點。韓愈雖引孔子「無常師」爲表面的根據，但按之實際，又和禪宗的風氣有關。與韓愈同時的潙山靈祐（七七一—八五三）曾說：

---

[51] 參看長部和雄，「唐代禪宗高僧の士庶教化に就いて」，刊於《羽田博士頌壽紀念東洋史論叢》（京都，一九五〇），頁二九三—三一九。

[52] 見陳垣，《釋氏疑年錄》（北京：中華書局，一九六四），頁四四二。北宋也有僧人之父爲「法孫」之例，見《河南程氏遺書》卷二二上「伊川雜錄」。

見與師齊，減師半德；見過於師，方堪傳授。（「古尊宿語錄」卷五「臨濟禪師語錄之餘」）

這是說弟子的見識必須超過老師才能有被傳授的資格，如果僅僅和老師相等，則只能達到老師的一半成就。「見過於師」一語在後來的禪宗語錄和一般用法中也有改作「智慧過師」的，意義仍然一樣（見〔景德傳燈錄〕卷十六「全豁傳」）。韓愈的「弟子不必不如師」和此語是有思想淵源的。（韓愈自然不必直接得之於溈山。而溈山也可能是引用了新禪宗的流行說法。）總之，韓愈和呂溫等人都因受到新禪宗的刺激而欲為儒家重立師道的尊嚴[53]。他們的努力在當時雖沒有發生顯著的效果，但後來經過宋初儒家自胡瑗以下的繼續努力而終於有成，其中尤以程明道、伊川兄弟之功為不可沒。二程語錄中有一條云：

善修身者，不患器質之不美，而患師學之不明。……師學不明，雖有受道之質，孰與成之？（「遺書」卷四「游定夫所錄」）

這正是上承韓愈、呂溫對於儒門師道的關懷而來，也間接地受到了新禪宗的影響。明道並且對伊川說：

異日能尊師道，是二哥。若接引後學，隨人才成就之，則不敢讓。（「程氏外書」卷十二引「上蔡語錄」）

新禪宗的後期發展對宋代新儒家的「傳道」方式也有直接的影響。宋代的書院與唐代佛寺有很深

[53] 關於唐代儒家的提倡師道，可看錢穆「雜論唐代古文運動」第八節，收入〔中國學術思想史論叢〕，頁六七—六九。關於「師說」中有禪宗成分，亦可參看 Hartman 前引書，pp. 162-66。

的淵源，這一點已由嚴耕望的研究而獲得充分的證實，其中不少寺院是新禪宗的叢林(54)。在上一章中，我們已指出新道教曾襲用了《百丈清規》。現在我們要更進一步說明《百丈清規》對新儒家的示範作用。宋代書院的規制與百丈的叢林制度有關，近人也早已提及，但僅根據一般情況加以推測，而無確證(55)。下面我要舉出兩條直接的證據來支持此說。據呂本中《呂氏童蒙訓》言：

明道先生嘗至禪寺，方飯，見趨進揖遜之盛，歎曰：「三代威儀，盡在是矣。」（《程氏外書》卷十二引。吳曾《能改齋漫錄》「禪寺」作「天寧寺」，見卷十二「三代威儀盡在是」條）

這是程明道公開表示他對禪林制度的傾服(56)。他肯用「三代威儀，盡在是矣」的話來形容禪規，當然是表示有意仿效了。不過二程雖有私人講學，尚未正式建立書院。南宋的朱熹和陸九淵弟兄才以書院為新儒學的根據地。所以下面這段朱子和陸子壽（九齡）的對話尤其重要：

陸子壽言：古者教小子弟，自能言能食，即有教，以至灑掃應對之類皆有所習。故長大則易語。今人自小即教作對，稍大即教作虛誕之文，皆壞其性質。某嘗思欲做小學規，使人自小教之便有法。如此亦須有益。先生曰：只做《禪苑清規》樣做亦好。（《朱子語類》卷七）

按：《禪苑清規》十卷乃北宋末長蘆宗賾所撰，有崇寧二年（一一〇三）序。這是因為《百丈清

---

(54) 詳見嚴耕望，「唐人習業山林寺院之風尚」，收在《唐史研究叢稿》（香港：新亞研究所，一九六九），尤其是頁四二一—二四。

(55) 盛朗西，《中國書院制度》（臺北：華世出版社重印本，一九七七），頁二一—二四。

(56) 南懷瑾，「禪宗叢林制度與中國文化教育的精神」（收在《禪與道概論》，臺北：真善美出版社，一九六八，）頁一二〇，似誤以程明道為程伊川。

規〉傳至北宋已多散逸，宗賾不得不根據百丈的原意重新編次，並有所損益。以對後世及日本禪林的影響而言，〈禪苑清規〉實最爲重要(57)。此書的流傳正值南宋初年，朱子已詳加研究，足見他對禪宗的發展隨時都在密切注意之中。朱、陸代表南宋新儒家的兩大宗派，現在他們建立儒門學規竟以〈禪苑清規〉爲範本。僅此一端，卽可說明佛教的入世轉向和新儒家的興起之間是如何地息息相通了。

二、「天理世界」的建立——新儒家的「彼世」

但是新儒家和南北朝隋唐以來舊儒家的最大不同之處則在於心性論的出現。韓愈雖首倡復興儒道，但對於心性論方面並無貢獻。從他的「原性」一文（〈昌黎先生集〉卷十一）關於性、情問題的討論來看，他顯然距離宋儒所謂「鞭辟近裏」的境地尚遠。朱子說得好：

> 及唐中宗時有六祖禪學，專就身上做工夫，直要求心見性。士大夫才有向裏者，無不歸他去。韓公當初若早有向裏底工夫，亦早落在中去了。（〈朱子語類〉卷一三七）

在韓愈的時代，禪宗最以心性工夫見長，儒家在這一方面是完全空白的。新禪宗對俗世士大夫的吸引力便在這裏，因爲「求心見性」給他們提供了一個精神上的最後歸宿之地，也就是所謂「安身立命」。朱子認爲韓愈幸而未「向裏」追索，否則也必然要被禪宗吸引過去了。朱子這樣說也是有根據的，卽韓愈在「與孟尙書書」中對大顚和尙所表現的傾服（〈昌黎先生集〉卷十八）。由此可見新儒家要想從佛教手上奪回久已失去的精神陣地，除了發展一套自己的心性論之外，實

(57) 見今枝愛真，〈中世禪宗史の研究〉，頁五六—六四。

別無其他的途徑可走。宋明理學便是這樣形成的。與韓愈同時的李翺則是爲新儒家的心性論開先河的人。李翺有〔復性書〕三篇（見〔李文公集〕卷二），首先企圖以〔中庸〕、〔易傳〕爲根據，建立儒家的心性學說。他的觀點雖然沒有完全擺脫佛教的影響，其開創的功績則是不容否認的[58]。事實上與韓愈相較，李翺的「入室操戈」對新禪宗具有更大的威脅性。正因如此，後世禪宗之徒才造出他最後終爲藥山惟儼所折服的故事[59]。

李翺的〔復性書〕既是由入新禪宗之室而操其戈而來，則其論點不能完全脫盡佛教的糾纏自然是無足爲異的。新儒家心性論要等到宋代才發展至成熟之境。但我們由此可以看出一個重要的歷史事實：新禪宗對新儒家的最大影響不在「此岸」而在「彼岸」。儒家自始卽在「此岸」，是所謂「世教」，在這一方面自無待於佛教的啓發。但是自南北朝以來，佛教徒以及一般士大夫幾乎都認定儒家祇有「此岸」而無「彼岸」。以宋儒習用語言表示，卽是有「用」而無「體」，有「事」而無「理」。這當然是一個極其嚴重的問題。智圓（九七六—一〇二二）〔閑居編〕卷十九「中庸子傳」說：

> 儒者飾身之教，故謂之外典；釋者修心之教，故謂之內典也。蚩蚩生民，豈越於身心

---

58 朱子也承認李翺「有些本領」，並說〔復性書〕「有許多思量」，不過「道理是從佛中來」。〔朱子語類〕（臺北：正中書局，一九七三），卷一三七。

59 見贊寧〔宋高僧傳〕卷十七「唐朗州藥山惟儼傳」及〔景德傳燈錄〕卷十四「澧州藥山惟儼禪師」。但這類故事雖僧徒之有識者亦未盡信。如契嵩〔鐔津文集〕卷一「勸書第一」便對〔宋高僧傳〕此說表示懷疑。〔四庫全書總目提要〕卷一五〇「集部三」及余嘉錫〔四庫提要辯證〕（香港：中華書局，一九七四，下冊，頁一二八六—九）均詳辨李翺問道惟儼之事，但未引〔僧傳〕及〔鐔津集〕。〔僧傳〕成於端拱元年（九八八），較〔燈錄〕爲早，而不載李詩，則此詩來歷可疑。

哉！嘻！儒乎？釋乎？豈共為表裏乎？世有限於域內者，故厚誣於吾教，謂棄之可也。世有滯於釋氏者，往往以儒為戲。豈知夫非仲尼之教則國無以治，家無以寧，身無以安，釋氏之道何由而行哉？

智圓年輩在周、張、二程之前，其時新儒家尚未建立其心性論系統。所以他以修身、齊家、治國歸之於儒，而獨以「修心」屬之佛教。這是「佛教為體、儒學為用」的兩分論。從「三界（欲界、色界、無色界）唯一心」的觀點說，儒家的世界其實「虛妄」的，是是由「一心」而造的。而唯一眞實的「心」却落在佛教的手中。這便是宋代新儒家不得不努力建立自己的「彼岸」的基本原因。〔程氏粹言〕中有一段話云：

昨日之會，談空寂者紛紛，吾有所不能。噫！此風旣成，其何能救也！古者釋氏盛時，尚只崇像設教，其害小爾。今之言者，乃及乎性命道德，謂佛為不可不學，使明智之士先受其惑。（卷一「論學篇」。參看〔遺書〕卷二上「昨日之會，大率談禪」條）

新儒家因新禪宗的挑戰而發展自己的「心性論」，這是最明白的證據。以佛教內部對於「心」雖有種種不同的說法，但以究竟義言，它還是歸於空寂的，因為佛教的最後目的是捨「此岸」而登「彼岸」。新禪宗也不可能是例外。新儒家的「彼岸」因此決不能同於佛教的「彼岸」，它只能是實有而不是空寂，否則將無從肯定「此岸」。朱子說：

儒釋言性異處只是釋言空、儒言實，釋言無、儒言有。

吾儒言雖虛而理則實；若釋氏則一向歸空寂了。（〔朱子語類〕卷一二六）

所以新儒家最後所建立的「彼岸」必然是一個「理」的世界或「形而上」的世界。程伊川對判劃儒釋的疆界曾提出一個極具影響力的說法。他說：

> 天有是理，聖人循而行之，所謂道也。聖人本天，釋氏本心。（「河南程氏遺書」卷二十一下）

此處在「理」上添出一個「天」字卽爲保證此世界爲客觀實有而設。儒家不能採取佛教的立場，把客觀世界完全看作由「無明所生」。程明道說：「仁者以天地萬物爲一體。」（同上卷二上）這句話中的「天地萬物」必須是實有的，不然此「仁者」將不必是「經世」的儒家，而可以是「出世」的禪師了。（禪宗和尚也說「天地與我同根，萬物與我一體。」）所以宋明的新儒家無論其對「理」字持何種解釋，都無法完全丢開「天」字。程朱一派認爲「在天爲氣者，在人爲心；在天爲理者，在人爲性。」（黃宗羲（明儒學案）卷四十七「諸儒中之一」）這是「性卽理」的立場，其中「天」是價值之源，分量之重，可不待論。主張「心卽理」的陸王一派，雖極力要把價值之源收歸於「心」，但也不能眞將「理」與「天」切斷。象山、陽明都自覺上承孟子，但孟子的「四端」之「心」仍然是「天之所以與我者」。故陽明也常說「良知卽天理」或「天理之良知」之類的話，不過此中「天」字的意義較空靈而已。

此處不能詳論這兩派在理論上的得失[60]。總之，這兩派雖各有其內在的困難，但皆欲建立一超越的「理」的世界，以取代新禪宗之「道」，則並無二致。契嵩（一〇〇七—七二）批評韓愈說：

> 韓子何其未知夫善有本而事有要也，規規滯迹，不究乎聖人之道奧耶？韓氏其說數端，

---

[60] 詳見 Ying-shih Yü, "Morality and Knowledge in Chu Hsi's Philosophical System", in Wing-tsit Chan ed., *Chu Hsi and Neo-Confucianism* (forthcoming, University of Hawaii Press, 1986).

大率推乎人倫天常與儒治世之法，而必欲破佛乘道教。嗟夫！韓子徒守人倫之近事，而不見乎人生之遠理。豈暗內而循外歟？（「鐔津文集」卷十四「非韓上」第一）

這是新禪宗一方面的說法。（契嵩是雲門四世孫，爲北宋禪宗的代表人物。）照這一說法，儒家「守事」而「不見理」，「循外」而「暗內」。宋代新儒家的理論建構便以展示「人生之遠理」爲其中心任務，以破「佛敎爲體，儒學爲用」之說。其具體結果之一則是上面所提到的「釋氏本心，聖人本天」的判劃。「天理」是超越而又實有的世界，它爲儒家的「人倫近事」提供了一個形而上的保證。我們也可由此看出程、朱的「性卽理」何以在宋代成爲新儒家主流的一點消息。陸象山「心卽理」的「心」雖也與禪宗的「心」有動靜之別、實虛之分，但「宇宙便是吾心」之說（見「象山先生全集」卷三十六「年譜」紹興二十一年條）畢竟和釋氏將萬有收歸一心的立場太相近。不但如此，「心卽理」的提法又直接出於禪宗。契嵩「治心」篇云：

夫心即理也。物感乃紛；不治則汩理而役物。物勝理則其人殆哉！（「鐔津文集」卷七）

可見象山「心卽理」的觀點很容易滑入禪宗的境界。王陽明的「致良知敎」落到「心體」上也不免有此危險。其關鍵卽在對客觀世界的存在無所保證。這不是僅持一種「入世」的主觀精神便能解決問題的。象山、陽明自然不是禪。但象山之後有楊慈湖，陽明之後又有王龍溪，則顯然都流入禪，這是決不能以偶然視之的。

新儒家因新禪宗的挑戰而全面地發展了自己的「天理」世界。這是新儒家的「彼世」，與「此世」既相反而又相成。他們用各種不同的語言來表示這兩個世界：以宇宙論而言，是「理」與「氣」；以存有論而言，是「形而上」與「形而下」；在人文界是「理」與「事」；在價值論領域內則是「天理」與「人欲」。此外當然還有別的說法，不必一一列擧了。「此世」與「彼世」一對觀念旣相對而成立，則其中便必然不能無緊張（tension）。不過由於中國文化是屬於「內在超越」的一型，因此這兩個世界之間的關係是不卽不離的，其緊張也是內在的，在外面看不出劍拔弩張的樣子。韋伯因爲幾乎完全沒有接觸到新儒家，在這一方面便發生了嚴重的誤解。他認爲所有宗教都持其必然而又應然之「理」（rational, ethical imperatives）以對待「此世」，因而和「此世」的一切不合理之事形成一種緊張的狀態。這自然是不錯的。但是他卻斷定儒家對「此世」的事物，抱着一種「天眞」的態度，與淸教倫理，恰成一强烈的對照。後者將它與「此世」的緊張關係看得極其巨大而嚴重。相反地，儒家倫理至少在主觀意向上是要將與「此世」的緊張減少到最低限度。因爲儒家一方面相信「此世」卽是一切可能的世界中最好的一個世界，另一方面又相信性善論。總之，他認爲儒家對「此世」的一切秩序與習俗都採取「適應」(adjustment)的態度[61]。

以我們今天的理解來說，韋伯所犯的並不是枝節的、事實的錯誤，而是有關全面判斷的基本錯誤。但基本判斷的錯誤仍然起於對歷史事實缺乏充足的知識。儒家對「此世」決非僅是「適應」，而主要是採取一種積極的改造的態度；其改造的根據卽是他們所持的「道」或「理」。所以他們要使「此世」從「無道」變成「有道」，從不合「理」變成合「理」。關於這一點，下面將有討論，暫且不多說。不過儒家的「此世」確是以「人間世」爲其主要內容，對自然界則比較傾向於「適應」的一邊。因此之故，「天理」與「人欲」之間的緊張在新儒家的倫理中才特別顯

61 Weber, *The Religion of China*, pp. 227-28。並可參看 pp. 152-54。

得嚴重，無論程朱派或陸王派都是如此。程朱一派之所以提出「天命之性」和「氣質之性」的分別便是要通過對性善、性惡之爭的消解以安頓「天理」與「人欲」的問題。其實「天命之性」，卽是孟子的「性善」，「氣質之性」卽是荀子的「性惡」。朱子說「孟子只論性，不論氣」，「荀、楊雖是論性，其實只說得氣」（〔朱子語類〕卷四）可爲明證。這二者的關係完全和「天理」與「人欲」一樣，是永遠在高度緊張之中，但又是不卽不離的。朱子說：「人之爲學卻是要變化氣稟，然極難變化。」（同上）陳淳說得更明白：「雖下愚亦可變而爲善，然工夫最難，非百倍其功者不能。」（〔北溪字義〕「性」字條）。「天命之性」和「氣質之性」永不能分離，然而前者却又必須不斷地去征服後者，則其間的緊張情況可以想見。這便是「天理」克制「人欲」的具體下手之處。朱子雖說過「聖賢千言萬語只是教人明天理、滅人欲」（〔語類〕卷十二）的話，我們卻不能以詞害意，認爲他要消滅人的一切生命欲望。正當的生命欲望卽是天理。這一點他交代得極其清楚：

問：「飲食之間，孰為天理，孰為人欲？」曰：「飲食者，天理也；要求美味，人欲也。」（〔語類〕卷十三）

可見此處他是以過分的欲望稱作人欲。有時他也稱之爲「私欲」。所以他用「人欲」一詞有兩重涵義：一是正當的生命欲望，這是符合天理的，所以可以說「人欲中自有天理」（同上）。另一涵義則是不正當的或過分的生命欲望，這是和天理處於互相對立的地位的。「明天理、滅人欲」一語中的「人欲」便屬於後一類。以第二涵義的「人欲」（卽「私欲」）而言，則它是和「天理」永遠處於高度的緊張狀態。朱子說：

人只有箇天理人欲。此勝則彼退，彼勝則此退，無中立不進退之理。凡人不進便退也。譬如劉項相拒於滎陽、成皐間，彼進得一步，則此退一步；此進一步，則彼退一步。初學者則要牢劄定脚，與它捱。捱得一豪去，則逐旋捱將去。此心莫退，終須有勝時。勝時甚氣象！（『朱子語類』卷十三）

〈語類〉中此類描述甚多（參看卷五十九「孟子九」「五穀種之美者章」），但以上引一條形容得最爲淋漓盡致。朱子把天理和人欲（私欲）的關係描寫成一種長期的拉鋸戰爭。試問新儒家的這種倫理會在「初學者」的心理上造成多麼深刻的緊張狀態？而且這種緊張也並不限於天理與人欲之間；它可以推廣到理與氣的一般關係上。〈語類〉卷十二：

又問：若氣如此，理不如此，則是理與氣相離矣。曰：氣雖是理之所生，然既生出則理管他不得。如這理寓於氣了，日用間運用都由這箇氣。只是氣強理弱。……聖人所以立教，正是要救這些子。

這個「理弱氣强」的觀點最能顯出新儒家倫理與「此世」之間的緊張是何等巨大、何等嚴重。復由於理世界與氣世界是不卽不離的，無從截然分開，新儒家倫理又不容許人效道家的「逃世」，更不容許人爲釋氏的「出世」。這是一種「連體孿生」(Siamese twins) 式的緊張，自生至死無一刻的鬆弛。「聖人立教」則正是要人助「理」以制「氣」。人能「贊天地之化育」、「與天地參」，其根據卽在此。但新儒家的「此世」畢竟偏重人間，因此朱子又說：

水之氣如何似長江、大河，有許多洪流？金之氣如何似一塊鐵恁地硬？形質也是重，被此生壞了後，理終是拗不轉來。（『語類』卷四）

朱子在這裏便沒有再說「聖人所以立教，正是要救這些子。」如果儒家的「聖人」也要「拗轉」自然界「理弱氣强」的局面，那就變成西方人「征服自然」的態度了。中國沒有發展出現代的科學和技術，和新儒家的「理」的偏向是不無關係的。但是整體地看，上引韋伯的看法則顯然是處處適得其反。新儒家是以極其嚴肅的態度對待「此世」的負面力量的，時時有一種如臨大敵的心情。通過對於「天命之性」和「氣質之性」的發展，他們的新人性觀事實上已綜合了孟子的性善和荀子的性惡，而且其中惡的分量還遠比善爲重。他們決不像韋伯所說的那樣，天眞地相信人性自然是向善的。善出於「理」，惡來自「氣」，但「理弱」而「氣强」，這便需要修養功夫。從個人推到社會，其情形也是一樣；政治和風俗都必須通過士的大集體而不斷的努力才能得到改善。儒家（尤其是新儒家）對「此世」的基本態度從來不是消極的「適應」而是積極的「改變」。在內在超越的文化型態之下，新儒家更把他們和「此世」之間的緊張提高到最大的限度。韋伯又說儒家認爲「此世」是一切可能的世界中最好的世界。以新儒家而言，這也是完全不符事實的。〈朱子語類〉卷一：

> 問：「天地會壞否？」曰：「不會壞，只是相將人無道極了，便一齊打合，混沌一番，人物都盡，又重新起。」

朱子在這裏明明表示「此世」不必然是一個最好的世界。「此世」是好是壞完全繫乎人。如果「人無道極了」，則這個世界也可以整個毀滅掉而重新出現一個新的世界。朱子這樣說，正可見他對於「此世」是極爲不滿的。

韋伯的「可能的世界」說當然是來自萊布尼茲（Leibniz）的理論。萊氏立論的前提則是上帝創造世界之前曾精打細算，最後才在各種可能的世界之中選擇了最好的一個，也就是現在我們所有的世界。萊氏即持此說以解釋人的自由意志和惡的存在。這是外在超越的西方文化對於價值之源的一種玄想。新儒家則不能把價值之源歸於外在化的「上帝」。朱子說：

而今說天有箇人在那裏批判罪惡，固不可說。道全無主之者又不可。這裏要人見得。

（〔語類〕卷一）

在這一段話中，朱子無法接受西方式的「上帝」的觀念，顯然可見。但從西方的觀點看，朱子的玄想也同樣難以使人「見得」。天上既無「上帝」，如何又不能說「全無主之者」？此處不能詳論這個困難的問題。簡單地說，朱子所謂「主之者」其實就是「理」，但理又是「無情意、無計度、無造作」的（同上）。換言之，理生氣之後便管不得氣。此所以必須說「理弱氣强」。分析到最後，「天」（或「天地」）作為「理」來說只有一個功能，即是「生」。因此他說：

天地別無勾當，只是以生物為心。（〔語類〕卷一）

天生萬物之後，即「以此心普及萬物，人得之遂為人之心，物得之遂為物之心。」（同上）這也就是所謂「理一分殊」、「物物一太極」。由於人的「心」最靈，也最能明「理」，所以「此世」是否合「理」主要便是由人來負責了。戴震說宋儒以「理得於天而藏於心」，這是一個十分正確的刻劃（見〔孟子字義疏證〕卷上「理」字條）。這樣一來，「理」雖有「天」的遠源，但「天」已不再管事，一切價值問題都收歸人的「心」中，由「分殊之理」來處理了。這是「內在超越」的一個特色。由此可見在新儒家倫理中，「此世」對每一個人都構成更大的負擔，也造成更深刻的緊張。儒家沒有「創世紀」，也沒有「世界末日」，但是隨時都可以是「創世紀」或

「世界末日」：

或問明道先生：「心如何是充擴得去的氣象？」曰：「天地變化草木蕃。」「充擴不去時如何？」曰：「天地閉，賢人隱。」（〔河南程氏外書〕卷十二）

荀子也早已說過：「天地始者，今日是也。」（「不苟」篇）這是〔大學〕引「湯盤」所謂「苟日新，日日新，又日新」的古老傳統。朱子〔集註〕說：

湯以人之洗濯其心以去惡，如沐浴其身以去垢。故銘其盤，言誠能一日有以滌其舊染之汙而自新，則當因其已新者，而日日新之，又日新之，不可略有間斷也。

「此世」是一氣所化，但氣中有理。理本身又不造作，一切要靠人心中之「理」作主宰。所以此世界無所謂「最好」，而是可好可壞；壞則極處便會毀滅。人心能明「理」，這是「心」的自由，但又和基督教的「自由意志」不同。西方的上帝給人「自由意志」，使人可以爲善，也可以爲惡。新儒家的「理」則祇給人以爲善的自由。根據理氣論，惡源於氣，因爲氣不循理而動便成惡。所以惡是被決定的，並無自由可言。陸象山的「本心」和王陽明的「良知」則更是爲善的自由了。陽明也說：「循理便是善，動氣便是惡。」（〔傳習錄〕卷上第一〇一條）[62]這話是針對「心」而發的。儘管嚴格言之，他的「理」與「氣」都和朱子有別，但惡是被決定的，善始可說爲自由，在這一點上他和朱子仍無不同。其實追溯上去，其源在孔子的「爲仁由己」，也是儒家的古老傳統。人只有爲善去惡的自由，這一自由卽是「此世」能繼續存在的唯一保證。朱子之所以斷言「人無道極了」，則此世界將毀滅而重新開始，並非一時激憤之語，而是以上述的全部理

62 條目編號乃依陳榮捷〔王陽明傳習錄詳註集評〕（臺灣學生書局，一九八三）。

論爲根據的(63)。

以上我們追溯了新儒家倫理中「彼世」與「此世」的觀念的發展。不可否認地，新儒家的「彼世」雖有古代經典的根據，但它之所以發展成爲宋明理學那種特殊的形態則是和佛教的轉向——新禪宗——分不開的。在形式上新儒家借鏡於佛教（禪宗之外還有華嚴宗）而建立了自己的「理世界」和「事世界」，但是在實質上，他們則從內部根本改造了佛教的兩個世界。用最簡單的話來表示，這種改造是把佛教的「空幻」化爲儒家的「實有」。新儒家的「此世」是一個理氣不相離、但「理弱氣强」的「存有」，不像佛教的「此世」乃由「心」的負面（卽「無明」）所生。新儒家的「彼世」也不是最後歸於「空寂」的「心體」，而是「本於天」的「實理」。更重要的是新儒家的「彼世」是面對「此世」的，與「此世」不相隔絕的。這尤其與佛教的「彼世」之背離「此世」，在方向上恰恰相反。新儒家的兩個世界的關係如此，所以他們才能發展出一種更積極的「入世作事」的精神。

三、「敬貫動靜」——入世作事的精神修養

新儒家與新禪宗之間的關係具有微妙的多重性：一方面，新儒家乃聞新禪宗而起，但另一方

---

(63) 朱子此說必須從他的理氣論求得解釋。「天地以生物爲心」，此卽是「理」。但「理」與「氣」不相離，而氣化又無一息之停，所以「天地」不會壞。「此世」則以「人」爲主體，如果「人無道極了」，一任「氣」逆「理」而行，在「氣强理弱」的情況下，「理」終「拗不轉來」，於是「此世」便因「氣」的盲動而淪爲一混沌之局，使「理」不能存于其中。「此世」既無「理」自然便歸于毀滅。如果核子戰爭的威脅是真實的，那麼朱子此語便將成爲可怕的預言了。又本篇旨在說明新儒家倫理的哲學根據。至於其中理論上的困難則存而不論。

面新儒家又批判並超越了新禪宗，而將入世精神推到了盡處。新儒家不但參照新禪宗的規模而重新調整了自己的思想結構，並且在修養方法以至俗世倫理各方面也都根據自己的需要而吸收了新禪宗的成分。以修養而論，程明道曾說：

孟子曰：「盡其心者，知其性也。」彼所謂「識心見性」是也。若「存心養性」一段事則無矣。（「程氏遺書」卷十三）

這是說禪宗只有「識心見性」，而無「存心養性」。但〈朱子語類〉云：

近看石林〈過庭錄〉載上蔡說，伊川參某僧後有得，遂反之。偷其說來做己使，是為洛學。某也嘗疑如石林之說固不足信，却不知上蔡也恁地說。……但當初佛學只是說，無存養底工夫。至唐六祖始教人存養工夫。當初學者亦只是說，不曾就身上做工夫，至伊川方教人就身上做工夫。所以謂伊川偷佛說為己使。（卷一二六）

上蔡（謝良佐）是程門高弟，居然坦承程伊川偷某僧之說爲己使。朱子則更進一步說明伊川的「存養工夫」確是從惠能那裏轉手得來。這更是和上引程明道的話直接衝突。朱子不諱言新儒家的修養工夫出自禪宗，正是因爲這是方法層面的事，無關雙方在精神方向上的根本不同。

在世俗倫理方面，新儒家也頗多與新禪宗相通之處。二程語錄中有一條云：

得此義理在此，甚事不盡？更有甚事出得？視世之功名事業，甚譬如閑。視世之仁義者，甚煦煦孑孑，如匹夫匹婦之為諒也。自視天來大事，處以此理，又曾何足論？（「程氏遺書」卷二上）

這裏所說的是「理」與「事」的關係。其基本意思是：只要人能「順理」以「應事」，則再大的事也不難應付。儒家是「世教」，自然重視「事」。但是若完全陷溺在此世的「事」中而無超越此世的「理」爲依據，這便是隋唐時代的庸俗儒家了。宋代新儒家强調超越之「理」的重要即從佛教的超越的「心」移形換步而來。在上一節中，我們曾引了《幻住清規》論「普請」的一段話。其中有云：「但心存道念，身順衆緣，事畢歸堂，靜默如故。動靜二相，當體超然，雖終日爲而未嘗爲也。」新儒家的「順理以應事」也是「終日爲而未嘗爲」。然而此中又有重要的不同。佛教的「靜」與「動」在方向上是相反的。「靜」是「存心養性」，歸於空寂；「動」是「身順衆緣」，而「心」不在焉。朱子說：

惟動時能順理，則無事時能靜；靜時能存，則動時得力。……動靜如船之在水，潮至則動，潮退則止；有事則動，無事則靜。（〔語類〕卷十二「學六」：「持守」）

表面上，「有事則動，無事則靜」與新禪宗的「動靜二相，當體超然」甚爲相似。但往深一層看，朱子以船與潮水爲喩，卽表明新儒家的「動」、「靜」同其方向。其「靜時能存」的「理」是肯定「此世」，並爲「此世」的存在作最後保證的。新禪宗的「心存道念」之「道」則是捨離「此世」的，其「動」、「靜」顯然分成兩橛，背道而馳。所以新儒家必須更進一步把「理世界」與「事世界」之間的隔閡打通，這就落到了修養論層次的「敬」字頭上，用朱子的話說，卽所謂「敬貫動靜」（見〔語類〕卷十二）。「涵養須用敬」本是程伊川立敎的第一要目。但「敬」並不限於「存心養性」，以通向價值之源的超越境域，它也是成就此世之「事」的精神憑藉。二程語錄有一條說：

君子之遇事，無巨細，一於敬而已。簡細故以自崇，非敬也；飾私智以為奇，非敬也。

要之無敢慢而已。語曰：「居處恭，執事敬，雖之夷狄，不可棄也。」然則「執事敬」者，固為仁之端也。推是心而成之，則「篤恭而天下平」矣。（『程氏遺書』卷四）

由於「敬貫動靜」，「敬」也必須成爲入世做事的行動原則。朱子說：

二先生所論敬字，須該貫動靜看方得。夫方其無事而存主不懈者，固敬也；及其應物而酬酢不亂者，亦敬也。故曰「毋不敬」、「儼若思」，又曰「事思敬」、「執事敬」。豈必以攝心坐禪而謂之敬哉！（『朱文公文集』卷四五「答廖子晦」第一書）

朱子又在別處解釋「敬」的涵義說：

敬不是萬事休置之謂，只是隨事專一，謹畏不放逸耳。（『語類』卷十二）

依此解釋，則「敬」在入世活動中實爲一種全神貫注的心理狀態。後世中國社會上所强調「敬業」精神便由此而來。這是新儒家倫理中的「天職」觀念，頗有可與喀爾文教相比觀之處，以下當隨文附及。

如上節所論，新禪宗和新道教的入世苦行都强調勤勞、不虛過時光、不作不食等美德。這些美德當然也隨着「執事敬」的精神而出現於新儒家的倫理之中。克勤克儉、光陰可惜，這些都是儒家的古訓，本無待外求。但是門第時代的儒家倫理對這一方面則重視不足。宋代以來的新儒家重彈古調不但有新的社會涵義，而且也很可能受到了新禪宗入世運動的某些暗示。張載論「勤學」有云：

學須以三年為期。……至三年，事大綱慣熟。學者又須以自朝及晝至夜為三節，積累功夫。更有勤學，則於時又以為限。（『張子全書』卷十二「語錄抄」）

這裏他不是泛論「勤學」，而是具體指示學者要把一天分爲三節，不間斷地「積累功夫」。這似乎是取法於禪宗的「三時坐禪」（黃昏、早晨、晡時）或「三時諷經」（朝課、日中、晚課）。後來朱子屢說工夫須積累、不可間斷，又說「早間」、「午間」、「晚間」都可分別「做工夫」（〔語類〕卷八）。這和張載在精神上是完全一致的。清代「理學名臣」曾國藩也把他的一天治事和讀書的時間分爲「上半日」、「下半日」、和「夜間」三節(64)。新儒家對勤勞實具有更深刻的體認。與張載同時的蘇頌（一〇二〇—一一〇一）說：

> 人生在勤，勤則不匱。戶樞不蠹，流水不腐，此其理也(65)。

蘇氏則更擴大了「勤」的範圍，使它成爲整個人生的基礎。從「勤則不匱」一語來看，他所指的已不限於「勤學」，而包括士、農、工、商各階層的人了。與「勤」相隨而來的還有愛惜時光的意識。石介（一〇〇五—一〇四五）嘗以愛日勉諸生曰：

> 白日如奔驥，少年不足恃。汲汲身未立，忽焉老將至。子誠念及此，則晝何暇乎食，夜何暇乎寐。（〔宋元學案補遺〕卷二「徂徠門人」附錄）

這種忙迫感在朱子教訓門人時更是反覆言之。例如他說：

> 光陰易過，一日減一日，一歲無一歲。只見老大，忽然死着。思量來這是甚則？劇恁地

---

(64) 見 Lien-sheng Yang, "Schedules of Work and Rest in Imperial China", 現收在 *Studies in Chinese Institutional History* (Harvard-Yenching Institute, 1961), pp. 26-27. 此文通論二千年來中國各階層的勤勞工作習慣，極爲重要。

(65) 見王梓材、馮雲濠〔宋元學案補遺〕卷二「蘇先生頌」附錄所引「談訓」。朱子對於蘇頌十分推重，見〔朱文公文集〕卷七七「蘇丞相祠記」及卷八六有關蘇丞相祠三文。

悠悠過了。（「語錄」卷一二一「訓門人九」）

新儒家把浪費時間看成人生最大的罪過，和清教倫理毫無二致。在這一問題上新儒家其實也受到了佛教的刺激。所以朱子又說：

佛者曰：「十二時中除了着衣喫飯，是別用心。」夫子亦曰：「造次必於是，顛沛必於是。」須是如此做工夫方得。公等每日只是閑用心，問閑事、說閑話的時節多。問緊要事，究竟自己事底時節少。若是真箇做工夫底人，他是無閑工夫說閑話、問閑事。（同上）

朱子引佛家的話尚在引「論語」之前，則新儒家所受新禪宗的啓發更無可疑。朱子不但反對「閒」，而且尤其反對「懶」。他說：

某平生不會懶，雖甚病，然亦一心欲向前。做事自是懶不得。今人所以懶，未必是真箇怯弱。自是先有畏事之心，纔見一事，便料其難而不為。（同上，卷一二〇「訓門人八」）

朱子不但對門人如此說，對他的兒子也是一樣。他在「與長子受之」（「朱文公文集」續集卷八）的家書中再三叮嚀其子「不得怠慢」、「不得荒思廢業」，必須「一味勤謹」，「夙興夜寐，無忝爾所生」。新儒家這種倫理對後世有莫大的影響。明初吳與弼「居鄉躬耕食力，弟子從遊者甚衆」。有一次，

陳白沙自廣來學，晨光纔辨，先生手自簸穀，白沙未起。先生大聲曰：「秀才若為懶惰，即他日何從到伊川門下？又何從到孟子門下？」（「明儒學案」卷一「崇仁一」）

新儒家的倫理是針對一切人而發的。通過「鄉約」、「小學」、「勸農」、「義莊」、「族規」多方面的努力，他們儘量想把這種倫理推廣到全社會去。明末清初朱用純（伯廬）的「治家格

言」便是根據程朱倫理而寫成的一篇通俗作品，在清代社會中流傳極廣。新儒家也有相當於「一日不作，一日不食」的倫理觀念。范仲淹曾說：

> 吾遇夜就寢，即自計一日食飲奉養之費，及所為之事。果自奉之費及所為之事相稱，則鼾鼻熟寐；或不然則終夕不能安眠，明日必求所以稱之者。（【邵氏聞見後錄】卷二二）

朱子也說：

> 在世間喫了飯後，全不做得些子事，無道理。（【語類】卷一〇五）

范、朱的「做事」自然不是指生產勞動。但儒家自孟子以來便强調社會分工，所以只要所做的是對全社會有益之事，而且取予相稱，則接受奉養自可無愧。這和清教徒的分工論和工作觀依然是很近似的。清教徒認為人都必須工作，必須有「常業」(fixed calling)，然而不是所有的人都從事同一種行業。因此富人也可以提供其他更有用的服務以代替體力勞動，只要他為上帝而努力「做事」就行了[66]。我們只要把「上帝」換成「天理」，便可發現新儒家的社會倫理有很多都和清教若合符節。例如上面所指出的不可浪費光陰，不可說閑話、問閑事，不可懶惰，要夙興夜寐等等，恰好也是韋伯所特別强調的清教倫理中的要項[67]。其最大不同之處僅在超越的根據上面。清教徒以入世苦行是上帝的絕對命令，上帝的選民必須以此世的成就來保證彼世的永生。新儒家則相信有「天理」（或「道」）。但「理」既在「事」上，又在「事」中，所以人生在世必

---

[66] Weber, *The Protestant Ethic*, pp. 159-163 所論可資比觀，又 p. 265 註 28 所引 Richard Baxter 的話更當一讀。

[67] 同上書，pp. 157-58。

須各在自己的崗位上「做事」以完成理分，此之謂「盡本分」(68)。但「做事」並不是消極的、不得已的應付或適應此世。相反地，做事必須「主敬」，卽認眞地把事做好。這是一種積極的、動態的入世精神。天理不爲堯存、不爲桀亡，天地也不會壞，但「人若無道極了」，「此世」又未嘗不能毀滅。因此人只有努力成就「此世」，或立德、或立功、或立言，才能保證「不朽」。「彼世」在內而不在外；心安理得，卽登天堂；此心不安，卽入地獄。新儒家重視此世的成就，但其正統理論則不以「事」的成敗爲判斷「理」之有無的標準。清教徒的「選民前定論」則流於以事業的成功爲「德的表徵」(symptom of virtue)(69)。朱子和陳亮（同父）有關王霸的爭論，其中心意義卽在於此。陳傅良在「答陳同父」第一書中曾對雙方的論點有極扼要的說明。其言曰：

> 功到成處，便是有德；事到濟處，便是有理。此老兄之說也。如此則三代聖賢枉作工夫。功有適成，何必有德；事有偶濟，何必有理。此朱丈之說也。如此則漢祖、唐宗賢於盜賊不遠。（【止齋先生文集】卷三十六）(70)

清教徒的觀點便有些近於「功到成處，便是有德；事到濟處，便是有理。」這是它與新儒家倫理的另一重要分歧之點。不過我們也必須指出，陳亮的觀點雖未能取得正統的地位，但在新儒家倫理中始終不失爲一伏流，其影響力還是不容忽視的。

---

(68) 二程都重視「守本分」和「盡分」，見〔河南程氏外書〕卷十二引「尹和靖語」。

(69) Weber, *The Religion of China*, p. 245.

(70) 關於陳亮和朱熹的爭論，可看 Hoyt C. Tillman, *Utilitarian Confucianism: Ch'en Liang's Challenge to Chu Hsi* (Council on East Asian Studies, Harvard University, 1982).

「選民前定論」使喀爾文教派涵有一種精神貴族的意味。根據這一理論，社會上的人分爲兩大類：一類是少數上帝的選民，他在「此世」替上帝行道；另一類是芸芸衆生，他們是永遠沉淪的罪人。但在最後審判未到來之前，只有上帝才知道誰已入「選」。因此人人都必須努力爭取在此世的成就以證實自己的「選民」身分。早期的喀爾文教徒（和後來的淸教徒）都對自己的人格有絕大的自負和自信。他們的目的是要在此世建立一個「神聖的社羣」（Holy Community）。這一神聖的使命是上帝特別恩賜給他們的(71)。新儒家並沒有「選民」的觀念，更不承認世界上大多數人是命定要永遠沉淪的(72)。但是從另一角度看，新儒家也未嘗沒有與喀爾文教徒共同之處，這便是他們對社會的使命感。新儒家不是「替上帝行道」，而是「替天行道」；他們要建立的不是「神聖社羣」，而是「天下有道」的社會。他們自己不是「選民」，而是「天民之先覺」；芸芸衆生也不是永遠沉淪的罪人，而是「後覺」或「未覺」(73)。正是在這種思想的支配之下，新儒家才自覺他們必須「自任以天下之重」（朱子語）。他們對自己的「先覺」角色誠然看得極重，但是他們却不以小我的「先覺」自了爲滿足，更重要的是「將以此道覺此民」，「足以治天下國家」（二程語）。這和喀爾文教對「選民」的看法極爲相近。「選民」的小我也是全心全意而永無息止地沉浸於塑造世界和社會的任務之中。不過在這一方面新儒家又與喀爾文教徒有一大不同

(71) Weber, *The Protestant Ethic*, pp. 121-22.

(72) 道教的「種民」略與「選民」觀念相近，但仍不同。孔子「天生德於予」的觀念在後世甚爲淡薄，所以王安石曾借此語開玩笑說：「天生黑於予，園荽其如予何！」見魏泰〔東軒筆錄〕卷十二第一條。

(73) 關於「先覺」之說，詳見〔程氏遺書〕卷二上「天民之先覺」條及〔朱子語類〕卷一三〇「本朝四」，「東坡聰明，豈不曉」條論伊尹「天民之先覺」一段。

的地方。後者相信上帝的「恩寵」(grace)一得卽不再失，因此不必戰戰兢兢地從事性情修養。新儒家則反而接近路德敎派的立場，因爲路德派强調性情必須不斷修養才能長保「恩寵」不致得而復失(74)。但是新儒家的心性修養又不是爲了個人的解脫，而是爲「自任以天下之重」做精神的準備。

四、「以天下爲己任」——新儒家的入世苦行

宋代新儒家中范仲淹是最先標擧這種「先覺」精神的人。朱子評論本朝人物，獨以范仲淹「振作士大夫之功爲多」，並說：

> 范文正公自做秀才時便以天下為己任，無一事不理會過。一旦仁宗大用之，便做出許多事業。(《語類》卷一二九「本朝三」)

歐陽修撰「范公神道碑」也說：

> 公少有大節……慨然有志於天下。常自誦曰：「士當先天下之憂而憂，後天下之樂而樂也。」(《歐陽文忠公文集》卷二十)

從宋代以來，大家一提起范仲淹幾乎便會想到上引兩條關於他的描述。「以天下爲己任」是朱子對於范仲淹的論斷(75)。但這句話事實上也可以看作宋代新儒家對自己的社會功能所下的一種規範

(74) Ernst Troeltsch, *The Social Teaching*, pp. 588–89.

(75) 「以天下爲己任」語並不見於歐陽修「范公神道碑」及〔五朝名臣言行錄〕卷七。〔宋史〕卷三一四本傳敍仲淹生平曾用此語，或受朱子影響。俟再考。

性的定義（normative definition）。朱子用此語來描述范仲淹則是因爲後者恰好合乎這一規範。「士當先天下之憂而憂，後天下之樂而樂」則是范仲淹自己的話，出於他的「岳陽樓記」。其中「當」字更顯然是規範性的語詞了。這裏我們不妨引用一段西方學人對於喀爾文教徒的描述作爲對照：「喀爾文教徒充滿着對於自己的人格價值的深刻自覺，對於此世界所負的神聖使命有一種崇高的意識；他自許爲千萬衆生中獨蒙上帝恩寵的人，並承擔着無限的責任。」(76) 兩相對照，可見新儒家和喀爾文教徒對於自己的期待之高是完全一致的。所不同者，前者把對社會的責任感發展爲宗教精神，而後者則把宗教精神轉化爲對社會的責任感。新儒家以「先覺」自居，他們的社會身分則是「士」（「士」如果作了官便是「士大夫」），所以他們才在主觀方面發展出這樣高度的自負。這種「士」的宗教精神是新儒家的一個極其顯著的特色，這是在南北朝隋唐的儒家身上絕對看不到的。我這樣說，其用意決不是美化新儒家。我只是要指出這一精神的出現確是一個無可否認的歷史事實。然而這又不等於說，宋代以來每一個自許爲新儒家的人都在道德實踐上合乎他們所立下的規範。同樣地，我們也不能說每一個喀爾文教徒（或淸教徒）都在宗教實踐上符合了上面所引的典型。更具體地說，范仲淹本人是否隨時隨地都做到了「以天下爲己任」或「先憂後樂」在這裏是一個次要的問題。這個問題只有在研究他本人的生命史時才會眞正出現。但是他提出了這一新的「士」的規範之後，很快地便在宋代新儒家之間得到巨大的回響，以致朱子竟斷定他「振作士大夫之功爲多」。這一客觀事實的本身便充分說明一個嶄新的精神面貌已浮現於宋代的儒家社羣之中。後代所指的「宋代士風」不是研究了每一個「士」的個人生命史之後所

(76) Troeltsch, 前引書, p. 617.

獲得綜合斷案，而是「觀其大略」的結果。在方法論上，這正是所謂「整體研究法」（holistic approach），也就是韋伯的「理想型」(77)。

新儒家的特殊精神面貌爲什麼會不遲不早地單單出現在宋代呢？本章不能全面地解答這一歷史問題。簡單地說，此中有外在的和內在的兩方面因素。外在的因素是社會變遷，而尤以中古門第的崩潰爲最重要的關鍵(78)。內在的因素包括了古代儒家思想的再發現。曾子的「仁以爲己任」，孟子的「樂以天下，憂以天下」，以及東漢士大夫以「天下風教是非爲己任」的精神都對宋代的新儒家有新的啓發(79)。但是從本文的觀點說，我們還要考慮到佛教的入世轉向對新儒家這一特殊精神的可能影響。萊特（Arthur F. Wright）曾提出一個有趣的見解。他認爲范仲淹的「先天下之憂而憂，後天下之樂而樂」來自大乘佛教的菩薩行。菩薩未度己、先度人，願爲衆生承受一

(77) 宮崎市定「宋代の士風」一文（收入〔アジア史研究〕第四，京都東洋史研究會，一九六四，頁一三〇—一六九）專駁朱子〔名臣言行錄〕中所美化的「士風」，意在建立客觀的史實，自無可厚非。但他根據有問題的〔碧雲騢〕而致疑於范仲淹（頁一三三—一三四），則仍不免輕信。劉子健「梅堯臣〔碧雲騢〕與慶曆政爭中的士風」一文已加駁正。（收在〔宋史研究集〕第二輯，中華叢書編審委員會，一九六四，頁一四一—一五五）范仲淹的人格當然未必「完全無缺」，但他所樹立的風範在當時影響甚大，似無可否認。黃庭堅（一〇四五—一一〇五）「跋范文正公詩」云：「范文正公在當時諸公間第一品人也。故余每於人家見尺牘寸紙，未嘗不愛賞，彌日想見其人。所謂先天下之憂而憂，後天下之樂而樂，此文正公飲食起居之間先行之而後載於言者也。」（〔豫章黃先生文集〕卷三十）黃山谷不是理學家又與范年代相接，所言應有相當根據。宮崎氏想從「士大夫史觀」中擺脫出來，但他所根據的材料（如〔碧雲騢〕）仍出士大夫之手。不但其文爲孤證，其人更有可疑。此何能獲得「客觀史實」？這是實證方法（positivistic method）所無可避免的內在限制。

(78) 參看孫國棟，「唐宋之際社會門第之消融」，收在〔唐宋史論叢〕（香港：龍門書店，一九八〇），頁二一一—三〇八。

(79) 余英時，〔中國知識階層史論〕，頁二一四，註7。

切苦難。「先憂後樂」的名言便是菩薩行的俗世翻版(80)。上面已指出，「憂以天下，樂以天下」原見於儒典。但「先後」之說確與菩薩行的精神相近，萊特的說法雖不免以偏概全，但仍值得作更進一步的分析。范仲淹早年曾在僧舍讀書三年(81)：守鄱陽時，以母忌，預請芝山寺僧誦〈金剛經〉(82)；守杭州時鼓勵諸佛寺大興土木(83)；平時且與高僧有往來(84)。以此推之，如果他受有佛教影響自是情理中事。不過僅憑這一句話，我們還不能遽下斷語。但是惠洪（覺範，一〇七一—一一二八）〈冷齋夜話〉却保存了一則王安石的語錄，對於我們所要討論問題大有幫助。據我所知，這則語錄似乎沒有受到史學家的重視，所以值得加以介紹。原文共說三件事，茲摘抄其中與佛教有關的兩條如下：

> 朱世英言：「予昔從文公定林數夕，聞所未聞。」……曰：「成周三代之際聖人多生吾儒中，兩漢以下聖人多生佛中。」此不易之論也。又曰：「吾止以雪峯一句語作宰相。」世英曰：「願聞雪峯之語。」公曰：「這老子嘗為衆生作什麼？」(85)

(80) Arthur F. Wright, *Buddhism in Chinese History* (Stanford University Press, 1959), p. 93.

(81) 見〈五朝名臣言行錄〉卷七之二引〈東軒筆錄〉及江少虞〈宋朝事實類苑〉卷七引〈湘山野錄〉。

(82) 洪邁〈夷堅志〉（何卓點校，中華書局，一九八一）支癸卷十「古塔主」條，第三冊，頁一二九五—九六。

(83) 沈括〈夢溪筆談〉（胡道靜校註，中華書局，一九五七）卷十一第二〇四條。

(84) 〈范文正公集〉（萬有文庫本），「尺牘」卷下，「文鑒大師」。關於范仲淹與佛教的關係及其義莊經營所受佛教常住田的影響，可看 Denis Twitchett, "The Fan Clan's Charitable Estate, 1050-1760", in David S. Nivison and Arthur F. Wright, eds., *Confucianism in Action* (Stanford University Press, 1959)，特別是 pp. 102-105。

(85) 惠洪〈冷齋夜話〉（學津討原本），卷十「聖人多生儒佛中」條。按：末句有誤字（殷禮在斯堂叢書本亦同），此參照丁傳靖〈宋人軼事彙編〉卷十所引校改。

惠洪為江西人，王安石死時（一〇八六）已十六歲，是有名的詩僧，後來王安石次女（蔡卞妻）曾戲呼他為「浪子和尚」[86]。朱世英也是王安石的同鄉[87]，大約年長於惠洪，故能在安石晚年從遊於金陵定林寺[88]。惠洪與朱世英關係甚密，〈石門文字禪〉卷十五有贈朱世英詩三首可證。所以這則所記王安石之語是可信的[89]。上引語錄第一條認為漢以後聖人多出於佛教，恐是安石平時持論如此。否則何以曾鞏會疑心安石「所謂經者，佛經也」（見〈臨川先生文集〉卷七十三「答曾子固書」）。語錄第二條尤其重要。王安石在此已明白承認他肯出任宰相是受了新禪宗的精神感召。「嘗為眾生作什麼」正是菩薩行的精神。雪峯是雪峯義存（八二二—九〇八），錫號「真覺大師」，乃青原五世法孫（見〈景德傳燈錄〉卷十六及〈宋高僧傳〉卷十二）。雲門文偃（八六四—九四九）是他的法嗣，創雲門宗，大盛於北宋。雪峯本人尤以愛眾生著稱，惠洪撰「送僧乞食序」，也特別說到「愛眾如雪峯」[90]。王安石這一思想在他的詩詞中可以獲印證。「題半山寺壁二首」之二的末兩句云：

---

[86] 見吳曾〈能改齋漫錄〉卷十一「浪子和尚」條。

[87] 〈冷齋夜話〉卷十一「歐陽修何如人」條。

[88] 王安石罷相（一〇七六）後居定林寺，見胡仔〈苕溪漁隱叢話〉前集卷五七「贊元」條引〈僧寶傳〉。定林寺有二，安石所居乃下定林寺，見沈欽韓〈王荊公詩文沈氏註〉卷二「定林院」條引〈建康志〉。

[89] 〈苕溪漁隱叢話〉前集卷三七「俞清老」條引〈詩選〉說「〈冷齋夜話〉中數事皆妄」。但此條似無可疑，詳下文。

[90] 惠洪〈石門文字禪〉卷二四。同書卷二三「昭默禪師序」中明言「雪峯真覺禪師」，則必指雪峯義存無疑。宋代雲門宗強調愛眾生，如該宗福昌知信（一〇三〇—一〇八八）以入世苦行、開墾耕田著稱。他曾說：「一切聖賢，出生入死，成就無邊眾生行。願不滿，不名滿足。」（〈豫章黃先生文集〉卷二四「福昌信禪師塔銘」）知信與王安石是同時代人，可窺儒、釋精神滙通之消息。

衆生不異佛，佛即是衆生。（「臨川文集」卷三）

「望江南歸依三寶讚」第一首曰：

歸依衆，梵行四威儀。願我遍遊諸佛土，十方賢聖不相離。永滅世間癡。

第四首云：

三界裏，有取總災危。普願衆生同我願，能於空有善思惟。三寶共住持。（同上卷三十七）

在這些詩詞中，他不但表現了尊敬「衆生」、普度「衆生」的願望，而且也明說佛、菩薩是「賢聖」。有了這些直接證據，我們便可以毫不遲疑地承認上引兩條語錄確出自王安石之口了[91]。王安石和范仲淹一樣，也是一個「以天下爲己任」自許的人。他爲了禪宗和尚一句話而「作宰相」，從此引起了一番驚天動地的改革事業，這豈不正是「先天下之憂而憂」的精神的具體表現嗎[92]？

范仲淹和王安石是北宋新儒家的典範人物，但他們都間接或直接地受到佛教入世轉向的激動。范仲淹的「先憂後樂」之說如果眞與佛教有牽涉，其來源恐怕還不是大乘菩薩行的一般影響，而是新禪宗對菩薩行的入世化，如雪峯所說：「這老子嘗爲衆生作什麼！」宋代的新禪宗仍然有極大的影響力，而且比唐代更入世了。北宋契嵩和南宋大慧宗杲（一〇八九—一一六三）甚

[91] 蔡上翔（王荆公年譜考略）專爲王安石辨誣，但也並不能否認王氏晚年「喜看佛書」（卷首二）。蔡書亦未提及（冷齋夜話）此條。

[92] 王安石說：「由其道而言，謂之神，由其德而言，謂之聖，由其事業而言，謂之大人。」又說：「故神之所爲當在於盛德大業……世蓋有……以爲德業之卑不足以爲道，道之至者在於神耳。於是棄德業而不爲。夫如君子者皆棄德業而不爲，則萬物何以得其生乎？」（「臨川文集」卷六六「大人論」）。這番話極爲重要，充分顯示了他的入世精神。他的「道」雖「存乎虛無寂寞不可見之間」（亦上引文中語），但已不是佛教的背離此世，而是儒家的面對此世了。所以「道」必須轉化爲「事業」。

至已更進一步肯定了「事父事君」⑬。總之，到了宋代，新禪宗和新儒家已二流滙合，以入世苦行的精神而言，已愈來愈不容易清楚地劃分界線了。所以比較全面地看，中國近世的宗教轉向，其最初發動之地是新禪宗。新儒家的運動已是第二波；新道敎更遲，是第三波。新道敎一方面繼承了新禪宗的入世苦行，如「不作不食」、「打塵勞」（「塵勞」也是禪宗用語），另一方面又吸收了新儒家的「敎忠敎孝」。這便是唐宋以來中國宗敎倫理發展的整個趨勢。這一長期發展最後滙歸於明代的「三敎合一」，可以說是事有必至的⑭。從純學術思想史的觀點說，「三敎合一」的運動也許意義並不十分重大。然而從社會倫理和通俗文化（popular culture）的觀點說，則這一運動確實是不容忽視的⑮。

宋代的新儒家已不復出自門第貴族，他們的「天下」和「衆生」是指社會上所有的人而言

⑬ 契嵩〔鐔津文集〕卷八「西山移文」云：「彼長沮桀溺者，規規剪剪，獨善自養，非有憂天下之心，未足與也……與其道在於山林，曷若道在於天下？與其樂與猿猱麋鹿，曷若樂與君臣父子？」此文撰於康定元年（一○四○）以後，其「憂天下」云云當是有關於范仲淹的名言。契嵩此文勸一位道家不要避世，希望他「道在天下」、「樂與君臣父子」，可見他的入世精神已比以前的禪宗更進了一步。後來大慧宗杲也說「世間法卽佛法」、「父子天性一而已」、及「予雖學佛者，然愛君愛國之心，與忠義士大夫等」，更可見新儒家對新禪宗也發生了影響力。參看錢穆「再論禪宗與理學」，收在〔中國學術思想史論叢〕（四），臺北：東大圖書公司，一九七八，頁二四五—四七。

⑭ 「三敎合一」的運動早已萌芽於宋元之際，見沈曾植〔海日樓札叢〕（中華書局，一九六二）卷六「三敎」條，頁二五八—二五九；Liu Ts'un-yan and Judith Berling, "The 'Three Teachings' in the Mongol-Yüan Period", 收在 Hok-lam Chan and Wm. Theodore de Bary, eds., *Yüan Thought, Chinese Thought and Religion Under the Mongols* (Columbia University Press, 1982), pp. 479-512.

⑮ 明代林兆恩（一五一七—九八）的三敎運動影響最大，詳見 Judith A. Berling, *The Syncretic Religion of Lin Chao-en* (Columbia University Press, 1980)。

的，包括所謂士、農、工、商的「四民」。士自然仍是「四民之首」，其社會地位高於其他三民，但至少像南北朝以來「士庶區別，國之章也。」（〈南史〉卷二三王球語）那種情況已不存在了。張載「西銘」中的「民吾同胞」四字便是新儒家這一思想的最扼要的陳述。從新儒家的理論說，四民只代表職業上的分化，而不足以表示道德品質的高下。以「天民之先覺」自居的新儒家對於四民中之未「覺」者是一視同仁的。范仲淹的「四民詩」（〈范文正公集〉卷一）可為明證。此詩不但對「士」中的「小人」有很嚴厲的斥責，而且對「吾商苦悲辛」也表示深厚的同情。總之，新儒家倫理中關於理欲、義利之辨是具有普遍性的，決不是為某一特殊社會階層或集團的利益而特別設計的。至於它事實上曾如何為某些人羣所利用，那應當是另外一個問題。新教倫理確曾有助於資本主義的發展，但喀爾文和其後的英國清教徒在立教時所考慮的也還是普遍性的宗教道德問題。清教徒文獻中譴責追求財貨的說詞是數之不盡的。他們可以說和新儒家同樣地嚴於理欲、義利之辨。他們所提倡的勤儉、誠實、嚴肅等等美德也許適合了資本主義的需要，可是他們的倫理系統決不是為資產階級而特別設計的(96)。事實上，任何宗教或道德系統，以至社會理論都可以被某些人羣利用，以致完全違背了它原來的意向，馬克思主義也不是例外。澄清了這一點，我們便不必急於為新儒家尋找某一特定的社會根源，譬如把它籠統地看作是屬於某一特殊社會階層的意識形態。然而這又不是說個別的新儒家的社會屬性完全不會影響到他對於新儒家倫

(96) 參看 Kurt Samuelsson, *Religion and Economic Action* 第二章。據此書的分析，清教倫理毋寧是反資本主義的。又據 R.H. Tawney 在 *Religion and the Rise of Capitalism* (A Pelican Book, 1938, pp. 311-313) 的分析，韋伯對喀爾文教和清教倫理的討論都失之簡化。如清教徒中有貴族、工匠、商人、地主、窮人等各種社會成分的人；清教也沒有一個統一的社會理論可以把他們都包括進去。

理某些方面的理解。在這個層面上，沒有任何一般性的公式可以取代具體的個案研究。

新儒家立教必須以四民爲對象也和佛教的挑戰有關。佛教在中國社會上是無孔不入的。朱子說得最透徹：

佛氏乃為逋逃淵藪。今看何等人，不問大人、小兒、官員、村人、商賈、男子、婦人，皆得入其門。最無狀是見婦人便與之對談。如杲老與中貴、權要及士大夫皆好。湯思退與張魏公如水火，杲老與湯、張皆好。又云：杲老乃是禪家之俠。（『語類』卷一二六）

這一段話頗足說明佛教的社會基礎之廣大。新儒家起而與新禪宗相競，自不能不爭取社會上各階層、各行業的人民，包括絕大多數不識字的人在內。所以早在宋代新儒學初興時，張載已說：

凡經義不過取證明而已，故雖有不識字者，何害為善？（『張子全書』卷六「義理」）

這種說法不但開陸象山一派的先河，而且明顯地表示新儒家立教的對象是所有的人，不是某一特殊階層。張載又說：

利之於民，則可謂利。利於身、利於國，皆非利也。利之言利，猶言美之為美。利誠難言，不可一概而論。（同書卷十四「性理拾遺」）

這番話是答覆學生的問題，可見他所關懷的對象不是「士」階層而是所有的「民」。張載不但不許「士」本身謀「利」，也不許國家（卽政府）與「民」爭「利」。祇有「利」於全「民」者才是正當的「利」。這是和他的「民吾同胞」的用意一貫的。新儒家內部雖有各種流派的分歧，但在「民吾同胞」這一基調上卻是完全一致的。

新儒家倫理的普遍性不但表現在對「衆生」一視同仁的態度上，而且也表現在重建社會秩序的全面要求上（用他們的名詞說，即所謂「經世」）。程、朱以〔大學〕爲「初學入德之門」，其用意顯然是要首先確定革新世界的規模，因爲〔大學〕從格致誠正一直推到修齊治平，對天下之事無一件放過。程、朱硬改「親民」爲「新民」，尤足以顯示其建立新秩序的意向。朱子〔集注〕曰：

新者，革其舊之謂也。

這是新儒家全面「革新」的正式宣言，決不可等閒視之。陸象山和王陽明對〔大學〕的解釋雖與程、朱大異，但無不接受這一基本綱領[97]。陸象山常說「道外無事，事外無道」（〔象山先生全集〕卷三四），又說「宇宙內事是己分內事」（卷二二），也出於同一用心。就這一點說，新儒家的「經世」也許更接近喀爾文教派重建「神聖社羣」（Holy Community）的積極精神。喀爾文派要在此世建立一個全面基督化的社會；從教會、國家、家庭、社會、經濟生活、到一切公和私的個人關係，無一不應根據上帝的意旨和〔聖經〕而重新塑造[98]。當然，由於客觀條件的不同，更由於喀爾文教有嚴密的組織，與新儒家根本不同型，雙方改造世界的具體內容、過程和成績都無從比較。但僅以主觀嚮往而言，我們不能不承認兩者之間確有肖似之處。新儒家的「經世」在北宋表現爲政治改革，南宋以後則日益轉向教化，尤以創建書院和社會講學爲其最顯著的特色[99]。由於這一轉變，新儒家倫理才逐漸深入中國人的日常生活之中而發揮其潛移默化的作用。在

[97] 陸象山接受〔大學〕的綱領，並以「格物」爲下手處，見〔象山先生全集〕卷二「學說」及卷三五「語錄」下。王陽明特別重視〔大學〕以致引起以下無數的爭論。這是盡人皆知的事實。

[98] Troeltsch, *Social Teaching*, pp. 590-92.

[99] 余英時，「清代學術思想史重要觀念通釋」（〔史學評論〕第五期，一九八三年一月），「經世致用」篇，頁三二—四五。

這一關鍵上，我們必須略略交代一下程朱和陸王這兩大宗派分化的意義。

五、朱陸異同——新儒家分化的社會意義

朱陸思想的異趣不在本篇的討論範圍之內。上文已指出，新儒家各派的「經世」理想是一致的，他們都想在「此世」全面地建造一個儒家的文化秩序。同時，他們也同樣都以「天民之先覺」自居，把「覺後覺」（包括士、農、工、商四民）看作是當仁不讓的神聖使命。但是在怎樣去進行「覺後覺」的具體程序上，各家之間卻存在着嚴重的分歧。以所謂朱陸異同而言，朱子可以說是專以「士」爲施教的直接對象。他認爲祇有先使「士」階層普遍覺醒，然後才能通過他們去教化其他的三「民」。他的「理欲之辨」、「義利之辨」首先便是對「士」所施的當頭棒喝。在有機會的時候，譬如上封事和經筵講義，他當然也不放棄向皇帝講「正心誠意」。不過這種機會畢竟不多。無論如何，我們可以斷定，朱子的直接聽衆是從「士」到大臣、皇帝的上層社會。他的文集和語錄都可以爲這一論斷作證。他在「行宮便殿奏劄二」說：

> 蓋為學之道莫先於窮理，窮理之要必在於讀書。讀書之法莫貴於循序而致精，而致精之本則又在於居敬而持志。此不易之理也。（『朱文公文集』卷十四）

這是他的「讀書窮理」的基本教法。這種話祇能是對「士」和「士」以上的人而說的，對於不識字或識字很少的人便毫無意義了。陸象山則顯與朱子不同，他是同時針對「士」和一般民衆而立教。不可否認地，象山的注意力主要還是集中在「士」的身上，但是他也常常直接向社會大衆傳教。以他的兩次著名的公開演講爲例：第一次是淳熙八年（一一八一）應朱子之請在白鹿洞書院

講「君子喻於義，小人喻於利」。這是專對「士」的訓誡，其意在勸勉諸生「辨其志」，不要為科舉利祿而讀聖賢之書[100]。第二次是紹熙三年（一一九二）給吏民講「洪範」五皇極一章。這是羣衆大會上的講話，除了官員、士人、吏卒之外，還有百姓五六百人。其主旨謂爲善卽是「自求多福」，不必祈求神佛。但值得注意的是：他的主要哲學理論也在這次通俗演講中透露了出來，卽要人「復其本心」。他在講詞中特別指出：

> 若其心正、其事善，雖不曾識字亦自有讀書之功。其心不正、其事不善，雖多讀書有何所用？用之不善，反增罪惡耳！（《象山先生全集》卷二三）

這是他信仰極堅的話；他從內心深處感到「士大夫儒者視農圃間人不能無愧」（同上卷三四）。在這種地方，他非常像馬丁路德，後者也深信一個不識字的農民遠比神學博士更能認識上帝[101]。所以他居鄉講學也是面對社會大衆。〈年譜〉淳熙十三年條記載：

> 旣歸，學者輻輳。時鄉曲長老亦俯首聽誨。每詣城邑，環坐率二三百人，至不能容徙（按：疑是「膝」字之誤）寺觀。縣官為設講席於學宮，聽者貴賤老少溢塞途巷。從游之盛，未見有此。（同上卷三六）

我們必須知道他的聽衆中有許多不識字的人，才能眞正了解他爲什麼堅持要立一種「易簡」之教。他的哲學理論也像禪宗和尚所說的，是「佛法無多子」。但是他的巨大的吸引力並不來自理

---

[100] 《象山先生全集》卷二三「白鹿洞書院講義」。又據卷三四「語錄」上「傅子淵自此歸其家」條，象山也以「義利之辨」是他的教法上的重點。這是特別針對「士」的說教。其實這也就是「復其本心」或「先立其大」。

[101] 見 Myron P. Gilmore, *"Fides et eruditio,* Erasmus and the Study of History", 收在他的 *Humanists and Jurists, Six Studies in the Renaissance* (Harvard University Press, 1963), p. 11.

性的思辨。而來自眞摯動人的情感。這是後世讀他的文字的人所無法感受得到的。他在白鹿洞講演時「說得來痛快，至有流涕者。元晦深感動，天氣微冷而汗出揮扇。」（見〔年譜〕淳熙八年條）他在荆門講「洪範」也使人「有感於中，或爲之泣」（同上紹熙三年條）。他的學生記他講學的情形說：

> 所講諸生皆俛首拱聽，非徒講經，每啓發人之本心也。間舉經語為證，音吐清響，聽者無不感動興起。（同上淳熙十五年條）

他自己也明白地承認：

> 吾之與人言，多就血脈上感動他。故人之聽之者易。（同上）

訴諸情感而不訴諸理智，這是他的社會講學的特色，也是他的眞本領之所在。以傳教的方式而言，他太像一個基督教的牧師了。這和朱子的「讀書窮理」形成了强烈的對比！他對自己的「易簡之敎」具有無比的信念，因爲它的眞實性已在羣衆的情感反應上獲得了無數次的證驗。這種信念決不是朱子「先博後約」的理智取向所能撼得動的。他說朱子「學不見道，枉費精神」（〔全集〕卷三四），也使我們自然聯想到馬丁路德對伊拉斯莫斯（Erasmus）的態度[102]。總之，朱子的聽衆是「士」，所以必以「致知窮理」爲新儒學的入手處；陸象山的聽衆包括了不識字的大衆，所以他强調只要人信得及「先立其大者」一句話便已優入聖域。多讀書不但無用，甚至「反增罪惡」。朱陸的分歧並不反映任何階級利益的差異，但卻可能和他們兩人的家庭背景與社會經驗的

---

[102] 參看 E. Harris Harbison, *The Christian Scholar in the Age of the Reformation* (New York: Charles Scribner's Sons, 1956) 第四章 "Luther"。

不同有關。朱子出身於士大夫的家庭，他的生活經驗始終未出「士」的圈子之外。陸象山則「家素貧，無田業，自先世爲藥肆以養生」（同上卷二八「宋故陸公墓志」）。不但如此，據他的回憶，「吾家合族而食，每輪差子弟掌庫三年，某適當其職，所學大進」（同上卷三四）。可見陸家是商人出身，象山也富於管家的經驗，直接和不識字的下層人民打過交道。如果他的回憶可信，那麼他的學問並不是完全從書本上得來的。朱子和他的學生曾討論到陸家的社會背景：

> 問：吾輩之貧者，令不學子弟經營，莫不妨否？曰：止經營衣食亦無甚害。陸家亦作鋪買賣。（『語類』卷一一三「訓門人一」）

宋代商業已相當發達，士商之間的界限有時已不能劃分得太嚴格。因此新儒家也不得不有條件地承認「經營衣食」的合法性了。不過朱子在這條語錄的後半段仍然多少流露了他對「以利存心」的戒懼心理。這本不足爲異，清教徒的態度也是如此。從社會史的角度看，朱陸異同並不能在純哲學的領域內求得完滿的解答。早在南宋時代，新儒家的倫理已避不開商人問題的困擾了。

但南宋畢竟仍是士階層居於領導位置的社會。陸象山一派在缺乏社會組織的支持的情形下，是不容易在民間大行其道的。程朱一派專在士階層中求發展，終於成爲新儒家的正統。直到明代王陽明出現以後，陸王才眞正能和程朱分庭抗禮，並且威脅到程朱的正統地位。但這一新形勢的造成也同樣不能孤立地從思想史上得到完整的說明。最重要的是明代中葉以後四民關係已發生了實質上的改變。關於這一點，我們將留在下節中討論。以下略述王陽明時代儒家倫理的新傾向以結束本篇。

王陽明的「致良知」敎也是以「簡易直接」爲特色。但他的思想並不是直接從陸象山的系統中發展出來的。相反地，他的「良知」二字是和朱子「格物致知」的理論長期奮鬬而獲得的。朱子的「格物致知」本以讀書爲重點，是對於士階層所立的教法。但天下的書是讀不盡的，外在的事物更是格不盡的。若必待格物至一旦「豁然貫通」之境才能明理，才能做聖人，那麼不但一般不識字的人將永遠沉淪，絕大多數讀書人恐也終生無望。所以王陽明二十一歲格竹子失敗之後便只好「嘆聖賢是做不得的，無他大力量去格物」了（見〈王文成公全書〉卷三二「年譜」弘治五年條及〈傳習錄〉三一八條）。但三十七歲時他在龍場頓悟還是起於「格物致知」四字。這時他「始知聖人之道，吾性自足，向之求理於事物者，誤也。」（「年譜」正德三年條）「致良知」之說當然可以在哲學上有種種深邃繁複的論證。但是從本篇的觀點說，它的起源還是很簡單的。王陽明仍然要繼續新儒家未竟的「經世」大業（見〈傳習錄〉第一四二—三條「拔本塞源論」）。他本人雖然和朱子一樣，出身於士大夫的背景，但由於時代的影響，他必須同時以「四民」爲立教的對象。因此他說：

> 你們拏一個聖人去與人講學，人見聖人來，都怕走了，如何講得行？須做得箇愚夫愚婦，方可與人講學。（〈傳習錄〉三一三條）

又說：

> 我這裏言格物，自童子以至聖人皆是此等工夫。但聖人格物，便更熟得些子，不消費力。如此格物，雖賣柴人亦是做得。雖公卿大夫，以至天子，皆是如此做。（同上三一九條）

良知教之所以能風靡天下正因爲它一方面滿足了士階層談「本體」、說「工夫」的學問上的要求，另一方面又適合了社會大衆的精神需要。大體言之，王陽明死後，浙中和江右兩派發展了前一方面，泰州學派則發展了後一方面。泰州學派的創始人王艮（一四八三—一五四一）初爲灶丁，後又從父經商於山東。以一個經商的人而能在儒學中別樹一幟，這是前所未有的事（陸象山本人並未經商）。泰州門下有樵夫、陶匠、田夫，尤足說明王陽明以來新儒家倫理確已深入民間，不再爲士階層所專有了。最值得注意的是陶匠韓貞，（明儒學案）說他：

> 以化俗為任，隨機指點農工商賈，從之遊者千餘。秋成農隙，則聚徒談學。一村畢，又之一村。（卷三二）

這種以農工商賈爲基本聽衆的大規模佈道是陸象山時代所不能想像的事。王學之所以能產生這樣廣大的社會影響，實不能不歸功於王陽明的教法。「良知說」的「簡易直接」使它極容易接受通俗化和社會化的處理，因而打破了朱子「讀書明理」之教在新儒家倫理和農工商賈之間所造成的隔閡。所以王艮能「指百姓日用以發明良知之學」。王陽明以來有「滿街都是聖人」之說。此說解者紛紜，其實乃表示儒家入世承當的倫理非復士階層所獨有，而已普及於社會大衆。法朗克（**Sebastian Franck**）對宗教革命的精神曾有以下的概括語：「你以爲你已逃出了修道院，但現在世上每一個人都是終身苦修的僧侶了。」這是說中古寺院中的出世清修已轉化爲俗世衆生的入世苦行了。新禪宗的「若欲修行，在家亦得，不由在寺」。和王學的「滿街聖人」都恰好是和此語東西互相交映[103]。清代焦循曾對「良知」學的社會涵義提出一個看法。他說：

---

[103] Franck 語見 Weber, *General Economic History* (tr. by Frank H. Knight, The Free Press, 1927), p. 366. 按：Franck 是路德同時的人，他不立文字，不依教會，專講「精神」（Spirit），爲人人所共有。他提倡一種「無形教會」（Invisible Church），與禪宗及陸、王頗相似，可以說是基督教中的「內在超越」型。這也許是其不能在「外在超越」的大傳統中立足之故。參看 Troeltsch, *Social Teaching*, pp. 760-62。

余謂紫陽之學所以教天下之君子；陽明之學所以教天下之小人。……至若行其所當然，復窮其所以然，誦習乎經史之文，講求乎性命之本，此惟一二讀書之士能之，未可執顓愚頑梗者而強之也。良知者，良心之謂也。雖愚不肖、不能讀書之人，有以感發之，無不動者。（〔雕菰集〕卷八「良知論」）

焦循文中的傳統偏見可以不論，他所劃分的朱子和陽明的界線也頗不恰當。但是他的確看出了一個眞問題：卽朱子之學是專對「士」說教的，而陽明之學則提供了通俗化的一面，使新儒家倫理可以直接通向社會大衆。這確是陽明學的歷史意義之所在。新儒家之有陽明學，正如佛教之有新禪宗：佛教在中國的發展至新禪宗才眞正找到了歸宿；新儒家的倫理也因陽明學的出現才走完了它的社會化的歷程。黃宗羲批評浙中的王畿「躋陽明而爲禪」（〔明儒學案〕卷三二），又說泰州的羅汝芳「眞得祖師禪之精者」（同上卷三四）。這些話都有充分的根據。但是從另一角度看，這也正是新儒家對新禪宗入室操戈的必然結果。新禪宗是佛教入世轉向的最後一浪，因爲它以簡易的敎理和苦行精神滲透至社會的底層。程朱理學雖然把士階層從禪宗那邊扳了過來，但並未能完全扭轉儒家和社會下層脫節的情勢。明代的王學則承擔了這一未完成的任務，使民間信仰不再爲佛道兩家所完全操縱。祇有在新儒家也深入民間之後，通俗文化中才會出現三敎合一的運動。明乎此，則陽明後學之「近禪」便不值得大驚小怪了。

〔傳習錄拾遺〕第十四條云：

直問：「許魯齋言學者以治生為首務。先生以為悞人，何也？豈士之貧，可坐守不經營耶？」先生曰：「但言學者治生上，儘有工夫則可。若以治生為首務，使學者汲汲營利，斷不可也。且天下首務，孰有急於講學耶？雖治生亦是講學中事。但不可以之為首務，徒啓營利之心。果能於此處調停得心體無累，雖終日作買賣，不害其為聖為賢。何妨於學？學何貳於治生？」

新儒家倫理在向社會下層滲透的過程中，首先碰到的便是商人階層，因為十六世紀已是商人非常活躍的時代了。「士」可不可以從事商業活動？這個問題，如前文所示，早在朱子時便已出現，但尚不十分迫切。到了明代，「治生」在士階層中已成一嚴重問題。有一則明人告誡子孫的「家規」說：

> 男子要以治生為急，農工商賈之間，務執一業(104)。

明白了這一背景，我們才能理解為什麼王陽明的學生竟一再向他提出這一點，並顯然不滿意他第

---

(104) 張又渠〔課子隨筆〕卷二所引，見柯建中「試論明代商業資本與資本主義萌芽的關係」，收入〔中國資本主義萌芽問題討論集〕續編（北京，一九六〇），頁一〇一。歙縣〔疎塘黃氏宗譜〕（嘉靖四十五年（一五六六）刊本）卷五「明奴金竺黃公崇德公行狀」記黃崇德（一四六九—一五三七）從商的經過尤其值得注意。原文說：「公……初有意舉業，（父）文裳公謂之曰：『象山之學以治生為先。』公喻父意，乃挾貲商于齊東。……一歲中其息什一之，已而升倍之，為大賈矣。于是修猗頓業，治鹺淮海，治生之策，一如齊東，乃貲累巨萬矣。……公居商，惟任人趨時，正道白牧，居商無商商之心，不效貪商窺窬分毫，然貲日饒而富甲里中。……乃津津行德施于州閭，澤及鄉黨。……若公者，非但廉賈，其實商名儒行哉！」（引自張海鵬、王廷元主編〔明清徽商資料選編〕，黃山書社，一九八五年，合肥，第二三一條，頁七四—七五。）這條資料的可貴尚不僅在於它提供了一個較早的「棄儒就賈」的典型，而更在於它明確地點出了陸象山之學與商人的關係。黃崇德和王陽明是同時代的人，他的父親說「象山之學以治生為先」那句話時，王學還沒有出現。可見陸象山出身商人家庭的事在明代中葉以前已引起士人的重視。這一事實頗可說明後來王學興起的一部分社會背景，也使我們懂得為什麼陽明的弟子一再提出「治生」的問題，以及陽明何以不得不修改他的觀點。關於「治生」的問題，下節將有較詳細的討論。

一次所給的答案。——「許魯齋謂儒者以治生爲先之說亦誤人。」（見〔傳習錄〕第五十六條）這是一個非常值得注意的現象，下節還要繼續有所討論。更可注意的是：陽明第二次的答案比第一次要肯定得多，儘管他仍不能同意「治生爲首務」。現在他竟說：「果能於此處調停得心體無累，雖終日作買賣，不害其爲聖爲賢。」我們無法想像朱子當年會說這樣的話，把作買賣和聖賢連繫起來。「心體無累」卽是「良知」作主之意。陽明教人致吾心之良知於事事物物。「作買賣」既是百姓日用中之一事，它自然也是「良知」所當「致」的領域。陽明的說法是合乎他的「致良知」之教的。可見從朱子到陽明的三百年間，中國的社會發生了變化，儒家倫理也有了新的發展。這些變化和發展便是下節所要討論的主題。

第三節　中國商人的精神

宋代以來商業的發展是中國史上一個十分顯著的現象，明、清時代尤然。關於這一方面的情況，近幾十年來中外史學家已有大量的專題研究。本節的討論以商人的精神憑藉和思想背景爲主要對象，在時限上大致以十六世紀至十八世紀爲斷，也就是從王陽明到乾、嘉漢學這一段時期。至於商業發展的本身，此節則完全不擬涉及。

一、明清儒家的「治生」論

讓我們先引清代沈垚（一七九八—一八四〇）關於宋代以來商人社會功能的變遷的一段觀

察，以爲討論的起點。沈垚在「費席山先生七十雙壽序」中說：

> 宋太祖乃盡收天下之利權歸於官，於是士大夫始必兼農桑之業，方得贍家，一切與古異矣。仕者旣與小民爭利，未仕者又必先有農桑之業方得給朝夕，以專事進取，於是貨殖之事益急，商賈之勢益重。非父兄先營事業於前，子弟即無由讀書以致身通顯。是故古者四民分，後世四民不分；古者士之子恒為士，後世商之子方能為士。此宋、元、明以來變遷之大較也。天下之士多出於商，則纖嗇之風日益甚。然而睦婣任卹之風往往難見於士大夫，而轉見於商賈，何也？則以天下之勢偏重在商，凡豪傑有智略之人多出焉。其業則商賈也，其人則豪傑也。為豪傑則洞悉天下之物情，故能為人所不為，不忍人所忍。是故為士者轉益纖嗇，為商者轉敦古誼。此又世道風俗之大較也。（「落帆樓文集」卷二四）

這篇文字近人曾屢引之以說明宋元以後商人地位的變化[105]，或科擧制度的經濟基礎[106]。但由於它對於本篇的主旨特別具有重要性，所以值得予以更嚴肅的注意。首先必須指出，沈垚是一個鄉試多次失敗的寒士，他的話因此不免有激憤的成分[107]。不過整個地看，他的論斷是有充分的歷史根

[105] 傅衣淩，「明清時代商人及商業資本」（北京：人民出版社，一九五六），頁四一—四二，註〔一〕。

[106] Ping-ti Ho, *The Ladder of Success in Imperial China* (Columbia University Press, 1962), pp. 50-51; Lien-sheng Yang, "Government Control of Urban Merchants in Traditional China", 現收入 *Sinological Studies and Reviews*（臺北：食貨出版社，1982), p. 32.

[107] 關於沈垚的寒士遭遇，可看「落帆樓文集」卷首所載沈曾植「序」及卷末孫燮「沈子敦哀辭」。關於沈垚的思想及其社會批評，可看錢穆「中國近三百年學術史」（上海：商務印書館，一九三七），頁五五五—六三。

據的。上引的文字中包含了兩個主要論點：一、宋以後的士多出於商人家庭，以致士與商的界線已不能清楚地劃分。二、由於商業在中國社會上的比重日益增加，有才智的人便漸漸被商業界吸引了過去。又由於商人擁有財富，許多有關社會公益的事業也逐步從士大夫的手中轉移到商人的身上。沈垚的用語略嫌過重，且統宋、元、明、清而言之，也失之籠統。但若把這一段文字看作是對十六至十八世紀中國社會的描寫，則大致可以成立。他在此「序」的結尾處又再度强調：

元、明來，士之能致通顯者大概藉資於祖、父，而立言者或略之。則祖、父治生之瘁，與為善之效皆不可得見。

可知沈垚對士的生活問題的關切確是發乎內心，這當然是和他自己的生活經驗分不開的。不但如此，他在「與許海樵」的幾十封信中曾兩度討論到士的「治生」問題。其中一書云：

宋儒先生口不言利，而許魯齋乃有治生之論。蓋宋時可不言治生，元時不可不言治生，論不同而意同。所謂治生者，人己皆給之謂，非瘠人肥己之謂也。明人讀書却不多費錢，今人讀書斷不能不多費錢。（《落帆樓文集》卷九）

在上節論新儒家倫理時，我們看到士的經濟問題早在朱子和王陽明的時代便已出現。陽明的弟子並且先後兩次向老師問到許衡關於「治生」的意見(108)。現在沈垚又一再提及此說，可見這是明、清儒學中一重要公案。下面我將別引王陽明和沈垚之間的幾位儒者的看法，以進一步討論此一公案。這一討論一方面可以使我們了解王陽明以後儒家倫理的新動向，另一方面也有助於說明士商

(108) 許澄關於「治生」的說法見黃宗羲《宋元學案》卷九十引《魯齋遺書》。「治生」一詞出於《史記》「貨殖列傳」，原指商業經營而言。

關係的微妙變化。清初唐甄（一六三〇—一七〇四）在「養重」一文中說：

苟非仕而得祿，及公卿敬禮而周之，其下耕賈而得之，則財無可求之道。求之，必為小人矣。我之以賈為生者，人以為辱其身，而不知所以不辱其身也。（〔潛書〕上篇下）

唐甄宗主王陽明之學，但晚年轉而經商。此文正是辯解他的「以賈爲生」是爲了保全自己人格的尊嚴。明清之際像唐甄這裏由士入商的人頗不乏其例。如新安方尚瑛（一六二九—一六六二），據〔歙淳方氏會宗統譜〕卷十九「方君中茂行狀」云：「十餘歲工舉子業」，但國變後，

因念古人有言，儒者亦須急于治生。戊戌、己亥間（一六五八—五九），游毗陵，小試計然術。數年徙業姑蘇，僦居閶門。（引自〔明清徽商資料選編〕第一二九一條，頁四一七。）

這更是「治生」論發生實際影響的明證。

全祖望（一七〇五—五五）「先仲父博士府君權厝志」云：

吾父嘗述魯齋之言，謂為學亦當治生。所云治生者，非孳孳為利之謂，蓋量入為出之謂也。（〔鮚埼亭集〕外編卷八）

錢大昕（一七二八—一八〇四）〔十駕齋養新錄〕卷十八有「治生」一條，也引許魯齋之說，予以肯定。他的結論說：

與其不治生產而乞不義之財，毋寧求田問舍而却非禮之饋。

由全、錢兩人的口氣來判斷，他們似乎已無朱子、王陽明的顧慮，深恐一涉及「經營」或「治生」便於「道」或「學」有妨。相反地，他們好像很同情許衡以「治生」爲「先務」的觀點。如上節所論，明代士大夫在家規中已强調「男子要以治生爲急」，則清代更不難推見。關於這一

點，還是沈垚講得最透澈。他在「與許海樵」的另一封信中說：

衣食足而後責以禮節，先王之教也。先辦一餓死地以立志，宋儒之教也。餓死二字如何可以責人？豈非宋儒之教高於先王而不本於人情乎？宋有祠祿可食，則有此過高之言。元無祠祿可食，則許魯齋先生有治生為急之訓。

又說：

若魯齋治生之言則實儒者之急務。能躬耕則躬耕，不能躬耕則擇一藝以為食力之計。宋儒復生於今，亦無以易斯言。（『落帆樓文集』卷九）

沈垚的話在清代儒家中有代表性。他所强調的是士必須在經濟生活上首先獲得獨立自足的保證，然後才有可能維持個人的尊嚴和人格。但是最有意義的則是陳確（一六〇四—七七）在一六五六年（丙申）所寫的「學者以治生爲本論」，這是正式討論許衡「治生」說的一篇文獻。陳確說：

學問之道，無他奇異，有國者守其國，有家者守其家，士守其身，如是而已。所謂身，非一身也。凡父母兄弟妻子之事，皆身以內事。仰事俯育，決不可責之他人，則勤儉治生洵是學人本事。……確嘗以讀書、治生為對，謂二者真學人之本事，而治生尤切於讀書。……唯真志於學者，則必能讀書，必能治生。天下豈有白丁聖賢、敗子聖賢哉！豈有學為聖賢之人而父母妻子之弗能養，而待養於人者哉！魯齋此言，專為學者而發，故知其言之無弊，而體其言者或不能無弊耳(109)。

這篇文字之所以特別值得重視是因爲它正式針對着王陽明的觀點——「許魯謂儒者以治生爲先之

(109) 見〔陳確集〕文集卷五。此書現有中華書局整理排印本（北京，一九七九）。

說亦誤人」——提出了尖銳的反駁。照他的說法，儒者爲學有二事，一是「治生」、二是「讀書」，而「治生」比「讀書」還要來得迫切。陳確所提出的原則正是：士必須先有獨立的經濟生活才能有獨立的人格。而且他強調每一個士都必須把「仰事俯育」看作自己最低限度的人生義務，而不能「待養於人」。這確是宋明理學比較忽視的一個層次。因此陳確重視個人道德的物質基礎，實可看作儒家倫理的一種最新的發展。在清代具有代表性的儒家之中，傾向於這個見解者頗不乏其人。

陳確是明遺民，他的話自然隱含有不仕異族的意味。但是我們也不能過分誇大歷史背景的特殊性，因而忽視這一新倫理觀的普遍性。我們都知道陳確反對將「天理」和「人欲」予以絕對的對立化。他的「人欲正當處卽天理」（〈別集〉卷二「瞽言一」）和上引「治生」的說法基本上是同條共貫的。尤其值得注意的是後來戴震（一七二四—一七七）在〈孟子字義疏證〉中所說的理欲關係，和陳確幾乎如出一轍。這更不能視爲偶然的巧合了⑩。陳確雖然重視士的個人，卻並未忘記士對國家社會的責任感。他在「私說」中說：

> 或復於陳確子曰：「子嘗教我治私矣。无私實難。敢問君子亦有私乎？」確曰：「有私。」
>
> 「有私何以為君子？」曰：有私所以為君子。惟君子而後能有私，彼小人者惡能有私乎

⑩ 清代儒者主張「欲」不可無者甚多，王夫之和戴震的理論都是大家所熟悉的。但毛奇齡（一六二三—一七一六）〈折客辨學文〉引當時某客之言，有云：「陽明有存理去欲之說，不知欲是去不得的。耳目口體，與生俱來，無去之理也。」（〈西河文集〉第十冊，頁一五四六，臺灣商務印書館刊本，一九六八）可見當時反對「去欲」的思想必甚流行。

哉……惟君子知愛其身也，惟君子知愛其身而愛之无不至也。曰：焉有（愛？）吾之身而不能齊家者乎！不能治國者乎！不能平天下者乎！君子欲以齊、治、平之道私諸其身，而必不能以不德之身而齊之治之平之也。

又云：

彼古之所謂仁聖賢人者，皆從自私之一念，而能推而致之以造乎其極者也。而可曰君子必無私乎哉！（〔陳確集〕文集卷十一「說」）

把「私說」和「學者以治生爲本論」合起來讀，我們便能認識到他對儒家思想的新貢獻之所在。宋明的新儒家因爲受到禪宗的衝擊，不免偏向於個人的心性修養。陳確的時代禪宗的威脅已不十分嚴重，因此他的重點便轉移到個人的經濟保障方面來了。總之，陳確相對地肯定了人的個體之「私」，肯定了「欲」，也肯定了學者的「治生」，這多少反映了明清之際儒家思想的一個新的變化⑪。從陳確、全祖望，到戴震、錢大昕以至沈垚，儒家思想關於個人的社會存在的問題，似

⑪ 入清代以後，儒家關於「私」的觀點有更進一步的理解。黃宗羲〔明夷待訪錄〕「原君」云：「有生之初，人各自私也，人各自利也。」這話已很可注意。顧炎武「郡縣論」四則說：「天下之人各懷其家，各私其子，其常情也。……聖人因而用之，用天下之私，以成一人之公，而天下治。」（〔亭林文集〕卷之一。據〔顧亭林詩文集〕本，中華書局，一九五九）這段話中含有一個非常新穎的觀點，即「天下之公」原是建築在「使人人皆能各遂其私」的基礎之上。這事實上是以「禮運」篇的「小康」爲社會的常態，而尤重要者，則在他先肯定個人之「私」，然後再及於「公」。這一次序上的顛倒是饒有深意的。把黃、顧兩人之說合起來看，我們便可見儒家已不再將「私利」視爲社會的「惡」的根源了。後來章學誠有「道公而學私」的命題的提出（〔文史通義〕內篇四「說林」）也是相對地肯定了「私」的價值。溝口雄三，〔中國前近代思想の屈折と展開〕（東京大學出版會，一九八〇）「序章」對明清之交中國思想對「欲」與「私」的肯定有一般性的說明。並可參看他的「中國における公、私概念の展開」，刊在〔思想〕六六九號（東京：岩波書店，一九八〇年三月），頁一九—三八。

乎正在醞釀着一種具有近代性格的答案。一個儒家的人權觀點已徘徊在突破傳統的邊緣上，大有呼之欲出之勢了。

二、新四民論——士商關係的變化

由於明清儒者對「治生」、「人欲」、「私」都逐漸發生了不同的理解，他們對商人的態度因此也有所改變。而且十六世紀以後的商業發展也逼使儒家不能不重新估價商人的社會地位。首先我們要引用王陽明在一五二五（乙酉）年爲商人方麟（節菴）所寫的一篇墓表，以見儒家在四民論上的微妙變化。王陽明「節菴方公墓表」略云：

> 蘇之崑山有節菴方公麟者，始為士，業舉子。已而棄去，從其妻家朱氏居。朱故業商，其友曰：「子乃去士而從商乎？」翁笑曰：「子烏知士之不為商，而商之不為士乎？」……顧太史九和云：「吾嘗見翁與其二子書，亹亹皆忠孝節義之言，出於流俗，類古之知道者。」陽明子曰：「古者四民異業而同道，其盡心焉，一也。士以修治，農以具養，工以利器，商以通貨，各就其資之所近，力之所及者而業焉，以求盡其心。其歸要在於有益於生人之道，則一而已。士農以其盡心於修治具養者，而利器通貨猶其士與農也。工商以其盡心於利器通貨者，而修治具養猶其工與農也。故曰：四民異業而同道。……自王道熄而學術乖，人失其心，交騖於利，以相驅軼，於是始有歆士而卑農，榮宦遊而恥工賈。夷考其實，射時罔利有甚焉，特異其名耳。……吾觀方翁士商從事之喻，隱然有當於古四民之義，若有激而云然者。嗚呼！斯義之亡也，久矣，翁殆有所聞歟？抑其天

質之美而默然有契也。吾於是而重有感也。」（四部備要本「陽明全書」卷二五）

我們詳列此表，因爲它可以說是新儒家社會思想史上一篇劃時代的文獻。此文的歷史意義可以從幾方面來說明。第一、方麟的活動時期當在十五世紀下半葉。他棄去舉業轉而經商，這正是後世「棄儒就賈」的一個較早的典型。關於這一點，留待下文再說。第二、由於方麟早年是「士」出身，曾充分地受到儒家思想的薰陶，他在改行之後便自然把儒家的價值觀帶到「商」的階層中去了。所以他給兩個兒子寫的信「皆忠孝節義之言，出於流俗，類古之知道者。」這便提供了一個具體的例證，說明儒家倫理是怎樣和商人階層發生聯繫的。這當然不是兩者溝通唯一的管道，但確是最重要的管道之一。第三、同時也是最有意義的一點，卽王陽明本人對儒家四民論所提出的新觀點。這篇「墓表」是王陽明卒前三年所作，可以代表他的最後見解。本文第二節曾引及他第二次討論「治生」問題，提出了「雖終日作買賣，不害其爲聖賢」之說。這條語錄的時代雖不能定，但卻與「墓表」的意見一致，可見陽明此篇決非世俗的敷衍之作，而代表他的眞正看法。他說：「古者四民異業而同道，其盡心焉，一也。」這是一個全新的命題，雖然它以「托古」的姿態出現。大體上此文「托古」之意正與所謂「拔本塞源論」（見「傳習錄」第一四二條）相同，思路也相通，撰寫的時間復相去不遠。其最爲新穎之處是在肯定士、農、工、商在「道」的面前完全處於平等的地位，更不復有高下之分。「其盡心焉，一也」一語，卽以他特持的良知「心學」普遍地推廣到士、農、工、商四「業」上面。他在同一年（一五二五，乙酉）所寫的「重修山陰縣學記」中說：

夫聖人之學，心學也；學以求盡其心而已。（「陽明全書」卷七）

可見「盡心」兩字的分量之重。商賈若「盡心」於其所「業」卽同是爲「聖人之學」，決不會比「士」爲低。這是「滿街都是聖人」之說的理論根據。相反地，「墓表」中且明白地指出，當時的「士」好「利」尤過於商賈，不過異其「名」而已。因此，他要徹底打破世俗上「榮宦遊而恥工賈」的虛僞的價值觀念。王陽明以儒學宗師的身分對商人的社會價值給予這樣明確的肯定，這眞不能不說是新儒家倫理史上的一件大事了。

王陽明「古者四民異業而同道」和沈垚「古者四民分，後世四民不分」其實說的是同一事，儘管字面上幾乎完全相反。他們都是針對着士商之間的界線已漸趨模糊這一社會現象而立論的。所不同者，王陽明從儒家理想社會的觀點出發而托之於古，沈垚則以歷史事實爲根據而指出古今之異。陽明的新四民論並不只是一個抽象的理論。通過泰州學派王艮（一四八三—一五四一）的社會講學，這個理論已實際上傳佈到商賈農工的身上。王棟（一五〇三—八一）追述他的老師王艮的講學功績說：

自古農工商賈雖不同，然人人皆可共學。……漢興惟記誦古人遺經者起而為經師，更相授受。於是指此學獨為經生文士之業，而千古聖人原與人人共明共成之學，遂泯沒而不傳矣。天生我先師（按：指王艮），崛起海濱，慨然獨悟，直起孔、孟，直指人心，然後愚夫俗子、不識一字之人皆知自性自靈，自完自足，不假聞見，不煩口耳。而二千年不傳之消息，一朝復明。先師之功可謂天高地厚矣(112)。

---

(112) 李顒〔二曲集•觀感錄〕「心齋先生」條末所引〔王一菴先生語錄〕。〔明儒學案〕卷三十二「泰州學案」所引文字小有異同。

可證王艮所傳的卽是陽明的「四民異業而同道」之教。王棟所言縱略有誇張，但當不致與事實相去太遠。島田虔次研究泰州學派，以爲與商業發達、庶民興起有密切關係，引此條語錄代表中國近代精神的一個最高潮。這是很可以成立的歷史斷案(113)。

另一方面，沈垚所說的「後世四民不分」也是明中葉以來受到廣泛注意的一個社會現象。歸有光（一五〇七—七一）「白菴程翁八十壽序」云：

> 新安程君少而客於吳，吳之士大夫皆喜與之遊。……古者四民異業，至於後世而士與農商常相混。……程氏……子孫繁衍，散居海寧、黟、歙間，無慮數千家，並以詩書為業。君豈非所謂士而商者歟？然君為人恂恂，慕義無窮，所至樂與士大夫交，豈非所謂商而士者歟？（『震川先生集』卷十三）

歸有光的「士與農商常相混」與沈垚「四民不分」如出一口，但前者是十六世紀的人，可見這一現象起源之早及持續之久。尤可注意者，此文在「士而商」、「商而士」之上都加上「所謂」兩字，表示這兩句話已是當時流行的成語。明代中葉以後，士與商之間確已不易清楚地劃界線了，程白菴是新安人，卽屬於著名的「新安商人」或「徽商」的集團。這一地區與儒家倫理的關係尤其密切，下文當再申論。事實上，明清作者所謂「四民不分」或「四民相混」，主要都是講士與商的關係。明清社會結構的最大變化便發生在這兩大階層的升降分合上面。不但士人早已深刻地意識到這一變化，商人亦然。明人王獻芝在「弘號南山行狀」之末論休寧商人汪弘有云：

> 空同子曰：士商異術而同志。以雍行之藝，而崇士君子之行，又奚必于縫章而後為士也(114)。

---

(113) 見島田虔次，『中国における近代思惟の挫折』（東京，一九七〇），頁二四六—四八。

王獻芝所引空同子之言見李夢陽（一四七三—一五二九）「明故王文顯墓志銘」。原文說：

文顯嘗訓諸子曰：夫商與士，異術而同心。故善商者處財貨之場而修高明之行，是故雖利而不汙。善士者引先王之經，而絕貨利之徑，是故必名而有成。故利以義制，名以清修，各守其業。天之鑒也如此，則子孫必昌，身安而家肥矣。（〔空同先生集〕卷四四）

王現（文顯，一四六九—一五二三）和王陽明是同時代的人，他的「異術而同心」之說也與陽明語若合符節。墓志銘的資料照例是由死者的家人提供的，所以我們並不能以此語歸之撰者。李夢陽的祖父雖然出身商賈，他本人也與商人多所交往⑮，但此銘所引王現的話卻和他的思想不合。他在「賈論」一文（〔空同先生集〕卷五八）中特別攻擊「賈之術惡」，認為商人「不務仁義之行，而徒以機利相高」。可見他對商人仍持有很深的傳統偏見。我們既斷定「士商異術而同心」確是商人自己的話，這條史料的價值便更值得重視了。他的訓語後半段涉及商人的道德觀念問題，留待後面再作進一步的分析。王現的話使我們看到明代商人也意識到他們的社會地位已足以與士人相抗衡了。讓我再引汪道昆（一五二五—九三）的話以為旁證。汪道昆出身新安商人家庭，祖父以鹽業起家，汪家又與新安名商吳氏、黃氏、程氏、方氏諸家有姻戚關係。所以他可以說是新安商人的一個有力的代言人⑯。他在「誥贈奉直大夫戶部員外郎程公暨贈宜人閔氏合葬墓

⑭ 見〔汪氏統宗譜〕卷二六，引自〔明清徽商資料選編〕第一三三四條，頁四四〇。參見張海鵬、唐力行「論徽商『賈而好儒』的特色」，見〔中國史研究〕，一九八四第四期，頁六八。

⑮ 參看吉川幸次郎「李夢陽の一側面——古文辭の庶民性」，刊在〔立命館文學〕第一八〇號（〔橋本循先生古稀紀念特輯〕，一九六〇年六月），頁一九〇—二〇八。

志銘」中說：

大江以南，新都以文物著。其俗不儒則賈，相代若踐更。要之，良賈何負閎儒！（「太函集」卷五十五）

明刊本（汪氏統宗譜）卷一六八也說：

古者四民不分，故傅巖魚鹽中，良弼、師保寓焉。賈何后于士哉！世遠制殊，不特士賈分也，然士而賈其行，士哉而修好其行，安知賈之不為士也。故業儒服賈，各隨其矩，而事道亦相為通，人之自律其身亦何限于業哉？（「明清徽商資料選編」第一三四二條，頁四三九。）

「良賈何負閎儒」、「賈何后于士」這樣傲慢的話是以前的商人連想都不敢想的。這些話充分地流露出商和士相競爭的強烈心理。這一點下文將續有討論。但我們若要眞正斷定明代商人的心理確已發生了新的變化，便必須引前代商人的說法加以比較。這一方面的資料很難尋找，幸而歐陽修記錄了一個北宋商人的議論，足以說明問題。歐陽修「湘潭縣修藥師院佛殿記」云：

湘潭縣藥師院新修佛殿者，縣民李遷之所為也。遷之賈江湖，歲一賈，其入數千萬。遷之謀曰：「夫民，力役以生者也。用力勞者，其得厚；用力媮者，其得薄。以其得之豐約，必視其用力之多少而必當。然後各食其力而無慚焉。士非我匹，若工農則吾等也。」（「歐陽文忠公文集」卷六三）

---

(116) 關於汪道昆的背景，可看藤井宏「新安商人の研究」（二），「東洋學報」第三六卷第二號（一九五三年九月），頁四二—四三及同文（三），「東洋學報」第三六卷第三號（一九五三年十二月），頁六六—七一。

這位北宋大賈不但自覺不能與士比肩，而且以勞動價值而言，也有愧於農與工。因此他接着說：「農與工「所食皆不過其勞。今我則不然。……用力至逸以安，而得則過之。我有慙於彼焉。」這種說法才完全符合傳統士、農、工、商的四民秩序。把李遷之的話和王現的話對照着看，我們便不難發現從十一世紀到十五世紀，士與商之間的已起了相當基本的變化，而傳統的四民觀也已在實質上受到重要的修正了。

明清的儒家和商人都已重新估量了商人階層的社會價值。這一重估事實上也是被新的社會現實所逼出來的。所以在明清文人的作品中，這一現實往往也會在有意無意之間流露出來。姑舉數例以證之。何心隱（一五一七—七九）在「答作主」中說：

> 商賈大於農工，士大於商賈，聖賢大於士。

又說：

> 商賈之大，士之大，莫不見之，而聖賢之大則莫之見也。農工欲主於自主，而不得不主於商賈。商賈欲主於自主，而不得不主於士。商賈與士之大，莫不見也。使聖賢之大若商賈與士之莫不見也，奚容自主其主，而不捨其所憑以憑之耶？豈徒憑之，必實超而實為之，若農工之超而為商賈，若商賈之超而為士者矣。（「何心隱集」卷三）

這篇文字之特別有趣是因它本不是討論四民關係的。它的主旨是要人「主於聖賢」。但在無意之間，它竟反映了當時社會結構的實況，即四民的排列是士、商、農、工。而且四民又可再歸納為兩大類：士與商同屬於「大」，而農與工則並列於社會的最底層。這是完全合乎實際的。十八世紀的惲敬（一七五七—一八一七）在「讀貨殖列傳」中也說：

蓋三代之後，仕者惟循吏、酷吏、佞幸三途，其餘心力異于人者，不歸儒林，則歸遊俠，歸貨殖。天下蓋盡於此矣。……是故貨殖者，亦天人古今之大會也。（『大雲山房文稿』初集卷二）

惲敬的話也是不自覺地反映了清代社會狀況。他所討論的其實只是士和商兩類人，「遊俠」不過是因爲讀《史記》而順便提及而已。末句則透露了他對商人勢力之大所發生的感慨。可見當時「心力異于人者」不歸之士卽歸之商。農與工當然不可能排在商之上了。不但士對商的估價如此，商人自己也是一樣。李維楨（一五四七—一六二六）「鄉祭酒王公墓表」記陝西商人王來聘誡子孫之語曰：

四民之業，惟士為尊，然無成則不若農賈。（『太泌山房集』）卷一〇六）

又韓邦奇「大明席君墓誌銘」記山西商人席銘（一四八一—一五二三）「幼時學舉子業，不成，又不喜農耕」，曰：

丈夫苟不能立功名于世，抑豈為汗粒之偶，不能樹基業于家哉！（『苑洛集』卷六）(117)

王來聘雖用「農賈」的現成名詞，事實上他當然是說士而無成反不如商賈。席銘則十分坦率，明言得不到「功名」便從事商業，決不屑爲農夫。可見根據商人的四民觀，也是士爲尊而商則緊隨其後，農的社會地位則遠在商之下。這和上引何心隱、惲敬的價值觀是完全一致的。

到了清代，我們甚至發現有士不如商的一種說法。歸莊（一六一三—七三）「傳硯齋記」是爲太湖洞庭山士商兩棲的嚴舜工所作，其中有一段說：

(117) 以上兩條寺田隆信『山西商人の研究』（京都：東洋史研究會，一九七二），頁二八六及二九三亦曾引及並有討論。

士之子恒為士，商之子恆爲商。嚴氏之先，則士商相雜，舜工又一人而兼之者也。然吾為舜工計，宜專力於商，而戒子孫勿為士。蓋今之世，士之賤也，甚矣。（「歸莊集」卷六）

此處歸莊引嚴氏先世「士商相雜」之例再度證實了他的曾祖父歸有光「士商常相混」的觀察。但是更可注意的則是他勸嚴舜工「專力於商，而戒子孫勿爲士」之語。這句話當然不能從字面去理解。歸莊是明遺民，他勸人經商而勿爲士是出於政治動機，即防止漢人士大夫向滿淸政權投降。明遺民的領袖人物中已偶有從事商業活動者，如顧炎武「墾田度地，累致千金」(118)，且相傳與山西票號有關；又如呂留良因行醫和從事刻書業，而被同輩攻擊其「市廛汚行」(119)。不過當時知名大儒從商者尙屬例外，而不知名士人因政治原因而「棄儒就賈」者則爲數或恐不少。茲擧偶見之兩三例如下。朱彝尊「布衣周君墓表」云：

君諱篔……，幼治書，年十九喪父居憂，讀喪祭禮，鄉黨以孝稱。遭亂，乃棄舉子業不治，就市廛賣米。

同文之末又記周篔故友之一云：

范路，字遵甫，自蘭谿遷長水。經亂，賣藥於市，有「靈蘭館集」。（「曝書亭集」卷七二）

姚鼐「鮑君墓志銘」云：

鮑氏世為歙人。明末有諸生遭革命不復出者，曰：登明，……生子元潁，賈於吳致富。（「惜抱軒集」卷十三）

---

(118) 見全祖望「鮚埼亭集」卷十二「亭林先生神道表」。

(119) 見「呂晚村文集」（臺灣商務印書館影印本，一九七三年）卷二「復姜汝高書」。朱舜水（一六〇〇—一六八二）在日本「亦與諸商貿易往來」，見「朱舜水集」（北京：中華書局，一九八一）卷七「答安東守約書」之四，頁一七五。

這一類例子如果向文集、筆記、方志中去廣爲搜集，一定可以增加不少[120]。但以本篇主旨而言，以上諸例已經够說明歸莊的絃外之意了。由此可知明清之際的政治變遷曾在一定的程度上加速了「棄儒就賈」的趨勢。更重要的是這一變遷也大有助於消除傳統四民論的偏見，使士不再毫無分別地對商人抱着鄙視的態度。

然而我們又不能過分强調政治的影響力。如果士之肯定商的社會價值完全出於一時的政治動機，那麼我們便無法解釋上述從王陽明到沈垚關於四民的新觀念了。以下我們要選錄明清幾個商業繁盛地區的社會價值觀來進一步說明這一論點。黃省曾（一四九〇－一五四〇）〔吳風錄〕說：

> 至今吳中縉紳士夫多以貨殖為急[121]。

張瀚（一五一一－九三）「商賈記」是十六世紀中國商業世界的一個橫剖面，極受近人重視。其中論福州會城及建寧、福寧地區云：

> 而時俗雜將事，多賈治生，不待危身取給。若歲時無豐，食飲被服不足自通，雖貴官巨室，閭里恥之。（〔松窗夢語〕卷四）

汪道昆「明故處士谿陽吳長公墓志銘」云：

> 古者右儒而左賈，吾郡或右賈而左儒。蓋詘者力不足於賈，去而為儒；贏者才不足於

---

[120] 按：Ping-ti Ho, *The Ladder of Success in Imperial China* 附錄引歙縣江國茂之例。國茂，明諸生，國變後在揚州以鹽業起家。我疑心也是出於遺民的動機，並非因易代之際有「黃金機會」而改業。(Ho, p.287)。明末商人之忠於明室最可歌可泣者是崇明島的沈百五，其事蹟見錢泳〔履園叢話〕卷一「沈百五」條。

[121] 引自謝國楨〔明代社會經濟史料選編〕（福建人民出版社，一九八一），中冊，頁一一三。

儒，則反而歸賈。（「太函集」卷五四）

又「荆園記」云：

休、歙右賈左儒，直以九章當六籍。（同上卷七七）

崇禎本二刻（拍案驚奇）卷三七云：

徽州風俗以商賈為第一等生業，科第反在次着[122]。

雍正二年（一七二四）山西巡撫劉於義奏摺云：

但山右積習，重利之念甚於重名。子孫俊秀者多入貿易一途，其次寧為胥吏。至中材以下方使之讀書應試。以故士風卑靡。

雍正硃批則曰：

山右大約商賈居首，其次者猶肯力農，再次者謀入營伍，最下者方令讀書。朕所悉知，習俗殊可笑。（均見「雍正硃批諭旨」第四七册「劉於義　雍正二年五月九日」條）

以上所引資料或屬十六世紀或屬十八世紀，都與明清之際的政治變動無關。以地域而論，這些資料則概括了江蘇、福建、安徽、山西各省。其中尤以徽州和山西兩處最值得注意，因爲這正是明清兩大商人集團的產生地。這兩地的人甚至把商業放在科擧之上，這話雖可能有誇張，但至少使我們不能不承認傳統的四民觀確已開始動搖了。所以前引歸莊的話除了政治涵義之外，也還有涉及社會價值的深刻意義。無論如何，在傳統四民觀的支配之下，敎子弟爲商而不爲士畢竟是很難想像的。這裏我們要引宋代儒者的看法作爲對照。陸游的家訓（「太史公緒訓」）有一條說：

[122] 轉引自藤井宏「新安商人」（四），「東洋學報」第三六卷第四號（一九五四年三月），頁一一七。

> 子孫才分有限，無如之何，然不可不使讀書。貧則教訓童稚以給衣食，但書種不絕足矣。若能布衣草履，從事農圃，足跡不至城市，彌是佳事。……仕宦不可常，不仕則農，無可憾也。但切不可迫於食，為市井小人之事耳，戒之戒之。（見葉盛【水東日記】卷十五「陸放翁家訓」條）

放翁家訓是葉盛（一四二〇—七四）從陸氏家譜中抄錄出來的，不見於放翁集中，但其眞實性則無可疑，因爲其中所言與放翁思想完全吻合。放翁「東陽陳君義莊記」有云：

> 若推上世之心愛其子孫欲使之衣食給足，婚嫁以時；欲使之為士，而不欲使之流為工商，降為皂隸。（【渭南文集】卷二一）

不難看出，陸放翁所根據的是典型的傳統四民論。所以子弟只能在士、農二業中謀生，決不可流爲市井小人。另一與放翁約略同時的袁采在〔袁氏世範〕中也有類似的意見。他說：

> 士大夫之子弟，苟無世祿可守，無常產可依，而欲為仰事俯育之計，莫如為儒。其才質之美，能習進士業者，上可以取科第致富貴，次可以開門教授，以受束脩之奉。其不能習進士業者，上可以事書札，代牋簡之役；次可以習點讀，為童蒙之師。如不能為儒，則巫、醫、俗、道、農圃、商賈、伎術，凡可以養生而不至於辱先者，皆可為也。子弟之流蕩，至於為乞丐、盜竊，此最辱先之甚。（卷中「子弟當習儒業」條）

袁采的標準比陸游稍寬，但其堅持爲士之意是很顯然的。而且在萬不得已必須改業時，商賈的位置也差不多排在最末，不過比乞丐、盜竊略高一二級而已。以陸、袁兩家之說與明清時代某些地區「右賈而左儒」的傾向互較，中國四民觀的新變化便十分清晰地顯現出來了。我們不應過分誇張這種傾向，但歷史事實是：從宋到明清，一般人對士與商的看法確已不同。明清的社會價值系統之所以發生了如此深刻而微妙的內在變化，其原因當然是很複雜的，本文無法詳論。粗略言之，有兩點特別值得注意。第一是中國的人口從明初到十九世紀中葉增加了好幾倍，而舉人、進士的名額卻並未相應增加，因此考中功名的機會自然越來越小[123]。「棄儒就商」的趨勢一天天增漲可以說是必然的。據重田德的研究，僅以安徽婺源一縣而言，清代「棄儒就商」的實例便不下四五十個[124]。此外如明代山西也有大量的因舉業不成或家貧不能繼續讀書而轉入商業的例子[125]。第二、明清商人的成功對於士人也是一種極大的誘惑。明清的捐納制度又爲商人開啓了入仕之路[126]，使他們至少也可以得到官品或功名，在地方上成爲有勢力的紳商。玆舉一個很生動例子作爲說明。洪亮吉（一七四六—一八〇九）「又書三友遺事」記汪中（一七四四—九四）在揚州的故事，說：

> 歲甲午（一七七四）余館揚州榷署，以貧故，肄業書院中。一日薄晚，偕中至院門外，各騎一狻猊，談徐東海所著〔讀禮通考〕得失。忽見一商人，三品章服者，肩輿訪山

---

[123] 詳見 Ho, *Ladder of Success*。例如明代（一三六八—一六四四）共取進士二四、五九四人，清代（一六四四—一九一一）共二六、七四七人（p. 189），所增微不足道。按：十六世紀時已有人明白指出：「士而成功也十之一，賈而成功也十之九。」這句話曾使一個習進士業的人改而從商。見〔南豐志〕第五冊「百歲翁狀」，引自〔明清徽商資料選編〕第七八八條，頁二五一。

[124] 重田德〔清代社會經濟史研究〕（東京：岩波書店，一九七五），頁二九四—三四九。

[125] 參看寺田隆信〔山西商人〕，頁二九一—九三。

[126] 參看許大齡〔清代捐納制度〕（〔燕京學報〕專號之二十二，一九五〇年）。捐納者多富商。見于頁三六及一三六所引王士禎與陸隴其之文。

長。甫下輿，適院中一肄業生趨出，足恭揖商人曰：昨日前日並曾至府中叩謁安否，知之乎？商人甚傲，微頷之，不答也。（〔更生齋文甲集〕卷四）

故事的後半段是汪中在憤極之餘折辱了這位大商人。但我們最感興趣的還是那位揚州書院肄業生對商人的兩次叩謁和見面時的禮敬。像汪中、洪亮吉這樣的士人恐怕是少數，那個肄業生倒是有代表性。這豈不是十八世紀士商關係一幅絕妙的白描圖嗎？不用說，商人的「三品章服」當然是捐納得來的。

最後，關於新四民論出現的問題，我們還要澄清一個可能發生的疑問：即一般而言，元代的商人地位似乎在儒士之上，那麼明清士商關係的變化是否直接淵源於蒙古人的統治？以我所知，元代恐怕祇能算是特殊情形，對十六世紀以後的社會變化至少看不出有直接的影響。蒙古政權所利用的巨商主要是所謂「色目人」，如〔蒙韃備錄〕中的回鶻田姓（王國維〔黑韃事略箋證〕曾考其人），如阿老瓦丁、烏馬兒弟兄二人（見戴良〔九靈山房集〕卷十九「高士傳」），又如更著名的蒲壽庚，都是顯例⑫⑦。最重要的是儒家的社會價值觀根本未變，依然是「重農輕商」。姚燧「中書左丞姚文獻公神道碑」記姚樞（一二〇三—八〇）向忽必烈獻「教時之弊」三十條，其一節云：

布屯田以實邊戍，通漕運以廩京都，倚債負則賈胡不得以子為母，如牸生牸牛，十年千

⑫⑦ 參看蒙思明〔元代社會階級制度〕（修正本，北京，中華書局，一九八〇年），頁九〇—九一、一四六—一五二。關於元代儒士的社會地位可看蕭啓慶「元代的儒戶：儒士地位演進史上的一章」，收在〔元代史新探〕（臺北：新文豐出版公司，一九八三年），頁一—五八。

頭之法，破稱貸之家。（「牧菴集」卷十五）

所謂「以子爲母」便是〈黑韃事略〉中所說的蒙古統治者「皆付囘囘以銀，或貸之民，而衍其息。一錠之本展轉十年後，其息一千二十四錠」。這種高利盤剝在元代叫做「羊羔利」。姚樞是元初大儒，他在獻策中力主重耕織、抑「工技」和「賈胡」，其用意正是要恢復傳統的「四民」秩序。元代是儒士沒有出路的時代，但是我們並看不到十六世紀以後那種「棄儒就賈」的現象，更看不到商人有「良賈何負閎儒」的自負。戴良在「玄逸處士夏君墓誌銘」中記載了一位鄞縣的成功商人夏榮達（一三一四－六一）。但他是在「進退皆困」的情形下才「爲貨殖」的。他所崇敬的還是「士大夫」。「銘」曰：

君讀書雖不多，然雅敬賢士夫而聽其話言。子若孫必延名師儒以教。（「九靈山房集」卷二三）

戴良在「銘」末也說他「所就僅如此……惜乎才不爲世用，志不行於時也。」夏榮達已是元末人，但士、商雙方仍對商業的價值無所肯定。上面我們曾引了南宋陸游和袁采重「士」而輕「商」的觀念；這種觀念在元代也依然很強固。楊維楨（一二九六－一三七〇）「孝友先生秦公墓誌銘」云：

余始來吳，聞崑、太倉為貨居地。不為習屈，挺然以文行自立者，二人也。

這二人之一便是秦玉（一二九二－一三四四）。「墓誌銘」記他的話曰：

士讀書將以惠天下，不幸不及仕，而教人為文行經術，亦惠耳。（見「東維子文集」卷二五）

這不正是陸、袁的話的再版嗎？元代的鹽商自然也顯赫一時，但是很少有像汪道昆一類的作者來爲他們唱讚詞（參看程鉅夫〈雪樓集〉卷十九「清州高氏先德之碑」）。相反地，他們卻遭到深刻的譏刺。楊維楨的「鹽商行」有云：

人生不願萬戶侯，但願鹽利淮西頭。人生不願萬金宅，但願鹽商千料舶。大農課鹽析秋毫，凡民不敢爭錐刀。鹽商本是賤家子，獨與王家埒富豪。亭丁焦頭燒海榷，鹽商洗手籌運幄。大席一囊三百斤，漕津牛馬千蹄角。司綱改法開新河，鹽商添力莫誰何。大艘鉦鼓順流下，檢制孰敢懸官鈮。吁嗟海王不愛寶，夷吾筴之成伯道。如何後世嚴立法，祇與鹽商成富媼。

此詩顯然認爲元代法律對鹽商過於寬大；而「鹽商本是賤家子」之句尤其反映了傳統「賤商」的觀念。所以明代一開始朱元璋便立刻回到漢代「法律賤商人」的舊格局中去了。徐光啓〈農政全書〉卷三記：

（洪武）十四年（一三八一）上加意重本抑末，下令農民之家許穿紬紗絹布，商賈之家只許穿布；農民之家但有一人為商賈者，亦不許穿紬紗。

這些證據告訴我們：王陽明以來「四民異業而同道」之說決不是直接從元代延續下來的。事實上，戰國秦漢以降商人在中國社會上一直都很活躍⑱。但以價值系統而言，他們始終是四民之末。一直要到十六世紀，我們才看到傳統的價值觀念有開始鬆動的跡象。雖然十九世紀以後，傳統的偏見依然繼續存在，但是從王陽明到沈垚的許多見解在儒家社會思想史上則確是一個嶄新的

---

⑱ 關於先秦商人的活動，可看 Cho-yun Hsu, *Ancient China in Transition* (Stanford University Press, 1965); 關於秦漢時代可看 Ying-Shih Yü, *Trade and Expansion in Han China* (University of California Press, 1966).

發展。換句話說，我們可以在明代以前找到商人活躍的事實，也不難在清代中葉以後仍發現輕商的言論，然而新四民論的出現及其歷史意義則無論如何是無法抹殺的。

三、商人與儒學

現在我們要進一步討論明清商人和儒學的一般關係了。

在未進入正題之前，我們必須先說明一點，即商人是士以下教育水平最高的一個社會階層。不但明清以來「棄儒就賈」的普遍趨勢造成了大批士人沉滯在商人階層的現象，而且，更重要的是商業本身必須要求一定程度的知識水平。商業經營的規模愈大則知識水平的要求也愈高。即以一般的商人而言，明清時代便出現了大批的所謂「商業書」，爲他們提供了必要的知識。據寺田隆信在日本「內閣文庫」所見，已有以下數種：

〔一統路程圖記〕　八卷　明黃汴撰　吳岫校　明隆慶四年序刊
〔商程一覽〕　二卷　明陶承慶　明刊
〔士商要覽〕　三卷　清憺漪子編　清刊
〔路程要覽〕　二卷　清刊
〔天下路程〕　三卷　清陳其輯　乾隆六年刊
〔示我周行〕　全三卷附續集　清賴盛遠　清刊

此外寺田氏又列舉了以下兩書：

〔三臺萬用正宗〕　萬曆二十七年　余文臺刊

謝國楨也介紹了三種：

〔商賈便覽〕　八卷　乾隆五十七年吳中孚自序⑫⑨

〔鼎鐫十二方家參訂萬事不求人博考全編〕　明刊

〔五刻徽郡釋義經書士民便用通考雜字〕　殘存二卷　崇禎刊

〔新刻增訂釋義經書世事通考雜字〕　二卷外一卷　徽郡黃惟質訂補　乾隆刊

最後一種卽是第二書的增補本⑬⓪。這些書可以說是商人爲自己的實際需要而編寫的並且也是由商人刊行的。明、清商業書是從商人觀點所編寫的日用百科全書，從天文、地理、朝代、職官、全國通商所經的里程道路、風俗、語言、物產、公文書信、契約、商業算術、以至商業倫理等無所不包。從這類書的大量出版和一再刊刻，我們可以看到商人必須對他們所生活的客觀世界具有可靠的知識。書名中有「博考」、「通考」等字樣更可能暗示着明清考證學興起的社會背景。商人的世界觀與終老一村的農民恰恰相反，也和不出戶牖專講心性的儒者不同；他們不能滿足於主觀的冥想，而同時必須認識外在的世界。以十六世紀以來士商混而不分的情況而言，商業活動或竟是儒學向考證轉變的一種外緣，也未可知。這一點不是本篇的主旨所在，姑不深論。

明、清又是小說戲劇大爲流行的時代。近人已多言其與城市商人階層的興起或有關係。十五世紀的葉盛在〔水東日記〕中已指出：

今書坊相傳射利之徒偽為小說雜書，南人喜談如漢小王（光武）、蔡伯喈（邕）、楊六

⑫⑨　詳見寺田隆信〔山西商人〕第六章。

⑬⓪　謝國楨〔明清筆記叢談〕（上海：古籍出版社，一九八一），頁三五四—五五。

使(文廣),北人喜談如繼母大賢等事甚多。農工商販,鈔寫繪畫,家畜而人有之。……有官者不以爲禁,士大夫不以為非;或者以為警世之為,而忍為推波助瀾者,亦有之矣。(卷二十一「小說戲文」條)

到了十七世紀劉獻廷甚至以小說戲文比之六經,而說「戲文小說乃明王轉移世界之大樞機。聖人復起不能舍此而爲治。」(〔廣陽雜記〕卷二)可見這種商人階層所嗜好的民間文學愈來愈發達,也愈受士人的重視。馮夢龍(一五七四—一六四六)、凌蒙初(一五八〇—一六四四)所編的〔三言〕、〔二拍〕中往往取材於當時的商人生活。其中有些關於商人的故事,如〔醒世恒言〕中的「施潤澤灘闕遇友」和「徐老僕義憤成家」或可在方志中證實其歷史背景的眞實性(131),或竟實有其人(132)。所以這些文學作品今天又成爲我們研究明淸社會經濟史的重要資料了。由於商業書和社會小說中都包含了通俗化的儒家道德思想,它們又構成了商人吸收儒家倫理的另一來源。此外還應該附帶一提的則是民間宗敎。黃宗羲「林三敎傳」曰:

近日程雲章倡教吳、彰之間,以一、四篇言佛,二、三篇言道,參兩篇言儒……修飾兆

(131) 關於明人小說的真實背景可看杜聯喆,「明人小說記當代奇聞本事舉例」,〔清華學報〕新七卷二期(一九六九年八月),頁一五六—七五。施潤澤故事的考證,見 E-tu Zen Sun, "Frugality and Wealth in a Ming Tale", 收在 *Selected Essays in Chinese Economic History* (Taipei: Student Book Co., 1981), pp. 183-191.

(132) 徐老僕的故事本於田汝成的「阿寄傳」(〔說郛〕本)。此故事大概因李贄的表揚而家喻戶曉。見〔焚書〕卷五「阿寄傳」。關於馮夢龍和凌蒙初的生平和思想可看 Patrick Hanan, *The Chinese Vernacular Story*, Harvard University Press, 1981), chaps. 4 and 7. 商人喜讀小說戲曲早已成爲一傳統。清道光時黟縣商人舒遵剛說:「人皆讀四子書,及長習爲商賈,置不復問,有暇輒覯演義說部。」(〔黟縣三志〕卷十五「舒君遵剛傳」,引自〔明清徽商資料選編〕第八七七條,頁二七六。)

恩之餘術，而抹殺兆恩，自出頭地。余患惑於其說者不知所由起，為作林三教傳。

（〔南雷文案〕卷九）

這裏值得注意的是程雲章的三教運動。雲章（亦作「雲莊」）名智，本是徽州典當商出身，落籍於吳，生於一六〇二年，卒於一六五一年。他提倡三教合一必極有影響，所以同時代的黃宗羲才特別要寫此傳來揭破他的底細。這是十七世紀徽商參加並領導三教運動的明證[133]。由此可見商人由於讀書識字之故，他們直接吸收儒家及其他宗教倫理的機會是非常多的。程雲章的例子更使我們了解：商人對於宗教和道德問題確有積極追尋的興趣，不僅是被動地接受而已。

以儒家思想而言，商人早在十六世紀時已表現出主動求了解的願望。何良俊（一五〇六－七三）〔四友齋叢說〕卷之四略云：

我朝薛文清（瑄，一三八九－一四六四）、吳康齋（與弼，一三九二－一四六九）、陳白沙（獻章，一四二八－一五〇〇）諸人亦皆講學，然亦只是同志。……何嘗招集如許人？唯陽明先生從游者最衆！然陽明之學自足聳動人。……而後世中才，動輒欲效之。嗚呼！幾何其不貽譏於當世哉！陽明同時如湛甘泉（若水，一四六六－一五六〇）者，在南太學時講學，其門生甚多。後為南宗伯（按：甘泉一五三三年陞南京禮部尚書），揚州、儀真大鹽商亦皆從學，甘泉呼為行窩中門生。此輩到處請托，至今南都人語及之，即以為談柄。甘泉且然，而況下此者乎？宜乎今之謗議紛紛也。

何良俊是反對「講學」的人，此書自序成於一五六九年，在張居正禁講學之前十年。因此他的議

[133] 日本內閣文庫藏有〔程氏叢書〕附「年譜」，見酒井忠夫〔中國善書の研究〕（東京：弘文堂，一九六〇），頁二八二。

論未必完全公正。一五三三年以後揚州、儀眞的大鹽商向甘泉問學是純出於其他的動機，或對甘泉「到處體認天理」的說法發生了眞正的興趣，當然不易斷定。但此時王陽明已死，他的弟子如王畿、王艮等正在轟轟烈烈地向社會各階層展開傳教運動。鹽商中有人因此而產生了對理學的好奇心，也是很自然的事。根據上面關於士商關係的分析，我們應該承認甘泉的鹽商弟子之中不乏求「道」之士。何良俊所說「到處請托」之事也許不虛，但是我們也不能據此而對鹽商一筆抹殺。

商人之所以對儒學發生嚴肅的興趣是由於他們相信儒家的道理可以幫助他們經商。十六世紀的陸樹聲在「贈中大夫廣東布政司右參政近松張公（士毅）暨配陸太淑人合葬墓誌銘」中說：

（士毅）捨儒就商，用儒意以通積著之理。不屑纖細，惟擇人委任貲計出入。（「陸文定公集」卷七）[134]

這篇銘文中最觸目的是「儒意」二字。但「儒意」在此究作何解？以上下文來看，張士毅並不指儒家的道德而言，毋寧指儒學中「治人」、「治事」以至「治國」的道理或知識。所以下文所强調的是「知人善任」的原則。換句話說，士人如何運用他們從儒家教育中所得來的知識以治理國家，商人便運用同樣的知識來經營他們的商業。吳偉業（一六〇九－七二）爲我們提供了一個更有意義的例證。他在「卓海幢墓表」中介紹了一位浙江瑞安商人卓禺的事跡。其文略曰：

[134] 轉引自重田德「清代社會經濟史研究」，頁一七九。另一同時的例子是歙商黃長壽：「以儒術飾賈事，遠近慕悅。不數年貲大起。」（「潭渡黃氏族譜」卷九「望雲翁傳」），見「明清徽商資料選編」第一三六四條，頁四四九。又如前引黃崇德「博覽多通，上自「春秋」、「管子」之書，東漢鹽鐵之論，唐宋食貨之志，明興「大明會典」，講求周悉。」（同上第二三一條，頁七四。）尤可見商人所讀之書與一般儒生不同。

> 公諱禺，姓卓氏……居京師五載，屢試於鎖院，輒不利，歸而讀書武康山中，益探究為性命之學。先是公弱冠便有得於姚江知行合一之旨。姚江重良知，頗近佛氏之頓教，而源流本殊。後之門人推演其義，以見吾道之大，於是儒釋遂合。公旣偕同志崇理學、談仁義，而好從博山、雪嶠諸耆宿請疑質滯。……公之為學，從本達用，多所通涉。詩詞書法，無不精詣。即治生之術亦能盡其所長。精強有心計，課役僮隸，各得其宜。歲所入數倍，以高貲稱里中。（「梅村家藏稿」卷五〇）

卓禺顯然也是一個「棄儒就賈」的人，〈墓表〉不著其年代，但當略早於吳梅村。尤其難得的是：他的例子具體地說明了明清之際的商人中確有王陽明學派的信徒。他大概受到王畿一派的影響，因此有意滙合儒釋。雪嶠是雪嶠圓信（一五七一—一六四七），浙江鄞縣人。博山不易定爲何人，疑是博山元來（一五七五—一六三〇）。另有博山智誾（一五八五—一六三七）及博山道舟（一五八五—一六五五）則嫌年代稍遲，不足與雪嶠比肩。卓禺顯然對理學和佛學都有很深的信仰，但他却憑藉着這些精神資源以爲經營商業之用。他可以說是以出世精神做入世事業的一個典型例子。這可由他的從弟卓爾康（左車）對他的評價獲得實證。吳梅村引卓左車之言曰：

> 白圭之治生也，以為知不足與權變，勇不足以決斷，仁不能以取予，強不能有所守，雖學吾術，終不告之。夫知、仁、勇、強，此儒者之事，而貨殖用之，則以擇人任時，強本力用，非深於學者不能辦也。今余之學不足以及余兄，而余兄之為善里中，嘗斥千金修橋梁之圮壞者，歲饑出囷粟，所全活以百數。彼其於吾儒義利之辨，佛氏外命之說，深有所得，豈區區焉與廢著鬻財者比耶！

白圭知、仁、勇、强之說出〔史記〕「貨殖列傳」，這些雖然都是儒家的德目，但可以中立化（或普遍化）而用之於貨殖。這正可以說明上引張士毅所謂「用儒意以通積著之理」。這種「儒意」是廣義的，不限於儒家的學說。從「貨殖列傳」和卓左車的話來看，其所指者毋寧是如何掌握商業世界的客觀規律。因此卓左車所謂「非深於學者不能辨」，其「學」決非儒家的「聖賢之學」，而是陶朱公、白圭之「學」，即以最理性的方法達到致富的目的⑬⑤。但是卓左車後半段所說的「吾儒義利之辨」則是明指儒家道德觀念對卓禹的影響而言。其所舉卓禹「爲善里中」之事恰可證明沈垚所謂「睦婣任卹之風轉見於商賈。」這類例子在明清文集中俯拾卽是，其意義留待下文再論。總之，我們對吳梅村的〔卓海幢墓表〕細加分疏，便可知所謂「儒」與「賈」的關係必須分開兩個不同的層次來理解。第一個層次的「儒學」指商人的一般知識和文化的修養，包括經、史、子、集各方面。由於這種修養必須通過儒家的教育才能取得，因此凡是受過教育的商人都可以說是具有「儒」的背景。但是我們必須記住，這是一種廣義的、知識性的「儒」。如前引陸樹聲所用的「儒意」便屬此類。這種「儒」在道德上是中立的。第二個層次則是儒家的道德規範對於商人的實際行爲所發生的直接或間接的影響。這是有關商人倫理的來源問題。不過嚴格地說，這個問題也不簡單，因爲其中涉及個別商人的教育程度有高下之別。文化水準高的商人如卓禹，可以直接從王陽明的良知之教中汲取道德的啓示，但是粗識文字的商人也許便要依賴通俗化的儒

⑬⑤〔史記〕「貨殖列傳」引白圭之語：「吾治生產，猶伊尹、呂尚之謀，孫吳用兵，商鞅行法是也。」這正是韋伯所謂「工具理性」(instrumental rationality)。這一思想在明清被重新發現。參看〔汪氏統宗譜〕卷三十一「序送汪世賢（按：明正德間人）還鄉」，〔明清徽商資料選編〕第九五八條，頁一九八。

家倫理了。並且無論是高層文化或通俗文化中的儒家思想都已混合了釋、道以及其他的成分。不但如此，中國的兩層文化又無法清楚地劃分界線。這些問題都給研究工作帶來不易克服的困難。本篇但求觀其大略，精密的分析在此是不必要的。

另一方面，我們把商與儒的關係分爲兩個層次乃是出於討論上的方便，並不表示商人可以分成兩類，有的專利用儒家的知識，有的專接受儒家的道德。事實上，就具體的例子而言，這兩個層次也是往往混而難辨的。以下我們先討論第二個層次，即道德影響的問題。

上引卓禺是浙江人，因此早年便服膺王陽明的知行合一之旨。這是商人受鄉土儒風影響的顯例。同樣地，徽州商人也頗受朱子的感發。趙吉士（一六二八—一七〇六）說：

> 新安各姓聚族而居，絕無一雜姓攙入者，其風最為近古，出入齒讓。姓各有宗祠統之，歲時伏臘，一姓村中，千丁皆集，祭用朱文公家禮，彬彬合度。（《寄園寄所寄》卷十二）

戴震（一七二四—一七七七）在《戴節婦家傳》中也指出：

> 吾郡少平原曠野，依山為居，商賈東西行營於外，以就口食。然生民得山之氣，質重矜氣節，雖為賈者，咸近士風。（《戴震文集》卷十二）

趙、戴皆休寧人，他們總結十七、八世紀徽州的風氣，當然是可信的。清代各地徽州會館中「崇祀朱子」，而現存徽人族譜中也收入朱子的《家禮》。這些都是徽商尊崇朱子的明證[136]。徽商受

[136] 見張海鵬、唐力行之文，頁六八。此文所用清雍正本休寧《茗洲吳氏家典》已有牧野巽的研究。詳見「明代に於ける同族の社祭記錄の一例」，《東方學報》（東京，第十一冊之一，一九四〇年三月），頁三〇五—二〇。關於徽商會館中供奉朱子的實例，可看吳江盛澤鎮在道光十二年（一八三二）所立的「徽寧會館緣始碑記」及「徽寧會館碑記」（收在《明清蘇州工商業碑刻集》，江蘇人民出版社，一九八一，頁三五五—五七）。

朱子的影響，吳偉業的〈汪處士傳〉提供了一個實例。徽州唐模村的汪鳳齡（一五八三－一六六七）「試有司，輒不利」。他曾慨然歎息，曰：

吾新安非徽國文公父母之邦乎？今紫陽書院先聖之微言、諸儒之解詁具在，奈何而不悅學乎？且吾汪氏仕而顯、賈而贏者，世有其人矣。苟富貴堙滅不稱，何如吾為一卷師而以兔園終老也。

可見汪鳳齡出於一個士商混而不分的家世。他的八個兒子後來都是「以孝謹起家，篤修行誼」的商人。他教訓他們說：

陶朱公之傳不云乎，年衰老而聽子孫。吾以隱居廢治生，諸子有志於四方甚善。但能禮義自將，不愧於儒術，吾願足矣。（《梅村家藏稿》卷五二）

這個例子具體地說明了朱子的道德觀念是怎樣傳播到商人身上的。

明、清商人對儒家思想抱有熱烈的興趣，還有其他的重要證據可資說明。首先是他們之中頗有人偏好儒家的道德訓誡如「語錄」、「格言」之類。現在姑舉幾個例子如下：

(1)席本久（一五九九－一六七八），江蘇太湖洞庭山的大商人之子。數不利於場屋，棄儒就賈。「暇則簾閣據几，手繕寫諸大儒語錄至數十卷。又嘗訓釋孝經，而尤研精覃思於易。」（見汪琬〈堯峯文鈔〉卷十五「鄉飲賓席翁墓誌銘」）

(2)席啓圖（一六三八－八〇），是席本久的堂侄，是洞庭山的大企業家。汪琬〈席舍人墓誌銘〉曰：「君好讀書，貯書累萬卷。於是徧葺先賢嘉言懿行，條晰部居，共若干卷，名曰：畜德錄。晚歲病風痺者數年，益鍵戶著此書。嘗題於書尾曰：『吾病瀕死，惟以書未成爲恨。今幸少瘥，有不强力成書，而敢自惰媮者，沒無以見先賢地下。』病不能轉側，至置書牀簀上，俛睨之。蓋其勤於問學如此。予故考君行事本末，以為得之先賢者居多。」（《堯峯文鈔》同卷）

以上二例都出自洞庭山席家，叔侄之間可能互有影響。其中席啓圖不僅經營紡織業極具現代性[137]，而且對宗族鄉里的「睦婣任卹」也無所不至，又爲沈彤的觀察增添了一個有力的證據。所以汪琬說他的「行事得之先賢者居多」是特別值得注意的。

(3)章策（一七九二—一八四二），徽州績溪人，父卒後，棄儒就賈。他一方面「精管（仲）、劉（晏）術，所億輒中，家以日裕。」但另一方面在經商時又勤閱「先儒語錄，取其益于身心以自勵，故其識量有大過人者。」（《西關章氏族譜》卷二六）[138]

按：這個例子最便於說明上面所指出的儒商關係的兩個層次。章策「精管、劉之術」，這是他受儒家教育（子、史之學）所得到的客觀知識。他因此而掌握了商業世界的規律，獲致成功。但他同時又用「先儒語錄」來律己，這便是他的商業倫理的來源了。

(4)王大來（一六七六—一七一二，籍貫不詳）。方苞記其兄王蒼平之言曰：「昔吾兄弟三人，吾父命某學書，仲弟治家，而大來行賈。仲弟卒，內外事皆屬焉。凡可以適吾親者，無

[137] 傅衣凌有「明代江蘇洞庭商人」一文（收在《明清時代商人與商業資本》）論及席啓圖的紡織業經營帶有「資本主義」的新性質。見頁一〇三。「資本主義」與否可置之不論，但席啓圖的經營確是新穎的。明清之際洞庭席氏這一大商業家族極爲重要，可參看張履祥《楊園先生全集》卷三四「言行見聞」四，論席氏一條。

[138] 引自《明清徽商資料選編》第一三七八條，頁四五三—四五四。其他商人好「前人嘉言懿行」或「聖賢格言」之例，尚可見同書，三七一、一〇〇六、一三八一、一三八五諸條，頁一三二、三一六、四五五。

不盡也。其家居戚黨之窶艱者皆賴焉。父執某無子，奉以終其身。其客京師鄉人，底滯而無歸者，無不資也，而未嘗有私財。……大來雖未涉書史，聞古今人懿行，必低徊久之。入其闥，牕壁戶牖皆所書格言也。其名雖不彰，實無愧士君子。其爲我誌之。」（《方望溪先生全集》卷十「王大來墓誌銘」）

(5)佘兆鼎（一六三三－一七〇五），安徽歙縣人。方苞「佘君墓誌銘」說他「少廢書，讀大學未半。行賈後，益好書，日疏古人格言善事而躬行之。」（同上卷十一）

以上方苞所銘二人都是教育程度不高的中小商人。他們不研究「語錄」，而專收集「格言」，這便說明他們的精神資源主要取自通俗文化中流傳的儒家倫理。這一點是極可注意的。此外尚有幾個例子，雖未標明「語錄」、「格言」，而事實上也是同一類的。

(6)沈方憲，明末清初浙江海寧人。陳確〈書潘烈婦碑文後〉附記其事如下：「確十年前過峽山，訪所親，見紙屏上血書曰：『願終三年不飲酒，不食肉，不內寢。』問所親：『血書者何人也？』曰：『余同居表兄沈方憲，爲其父遠客，死王事，旅櫬未歸故也。』『何業？』『業布米。』『无論其志行，卽其書，豈米賈哉！』曰：『向固業儒，因貧无以爲養，棄而業賈。』於是確胸中遂時時有一沈方憲。嘗竊從硤之長老參察其日用，益知方憲不獨志行篤實，能精勤愼密，以振起其家業。旣爲死父盡償夙負，益以其餘孝養母，勤撫敎諸弟妹而昏嫁之，皆以禮。而硤人又亟稱其賈法之廉平。確曰：『異哉！今之儒者皆以學賈，而以方憲乃以賈學。若方憲者，眞可謂好學矣。學豈惟舉業之工已哉！』」（《陳確集》文集卷十七）

這又是「棄儒就賈」之一例。陳確說沈方憲是「以賈學」，意卽將儒家倫理推廣到商業界，也就是王陽明所謂「異業而同道」。他以血書儒家喪禮之文於紙屏之上，更可見其信仰之誠而篤。他的「賈法廉平」必淵源於儒家倫理是無可置疑的。沈方憲的事跡在當時浙江曾傳爲美談，所以張履祥（一六一一—七四）的〈言行見聞錄〉也記其事曰：

海寧沈方憲，本舊族，貿易硤石市，皆服其不欺。性篤孝，父母沒，刺血書「不飲酒，不喫腥，不內寢」九字於起居之所，守之不變。其妹適里中潘氏，夫死，畢殮事，慟哭七日而卒，人稱其殉節。（陳確文末原注所引）

張氏所記除「父母沒」當作「父沒」之外，和陳確所親見者完全一致。這應該是一件千眞萬確的事，決非諛墓文溢美之詞。但因有沈方憲血書紙屏之事，上擧「語錄」、「格言」諸例的可信性也更爲增加了。

(7)周世道（一七二二—八六），杭州鹽商。盧文弨在一七八六年撰〈周君坦之家傳〉曰：「君少英敏好學。年十七因金門公以勞得疾，所遺鹺業幾折閱，又無可委託者，不得已以身肩之。節嗇諸無名費，於後始稍稍復振。弟敬之歿時，孤載章始周歲。君撫愛教篤甚至，年十九，擧於鄉。他若營先人窀穸，修祠宇、家乘等事，罔不竭力，以爲諸子姓兄弟倡。其訓子則曰：『居家以孝友爲本，處世以和平爲先。』嗚呼！君實允蹈斯言。憶余弱冠時，嘗得君家乘讀之，大率皆以孝友著。今君可無愧其先人矣。」周世道是盧文弨的表弟，故後者對他的家世知之甚詳。這是一個鹽商世家，但其所遵行的則是典型的儒家倫理。盧文弨在傳末論曰：「吾聞君臨財也廉，故能不失其孝友之緒。」（見〈抱經堂文集〉卷二九）他在此以

「廉」爲「孝友」的引申，是和沈方憲的例證相符合的。

盧文弨所引周世道訓子之語卽是當時所謂「格言」。清代〔士商要覽〕有一則特別强調「凡人存心處世，務在中和」[139]，卽與「處世與和平爲先」的意思完全相同。可見這是當時商人的信條之一。

⑻瞿連璧（一七一六—八六），浙江嘉定人。錢大昕（一七二八—一八〇四）「瞿封翁墓誌銘」云：「翁九歲而孤，哀毀已如成人。後以家計中落，治生爲急。吾鄉地產木緜，衣被四方，乃於吳門經理貿遷。試計然之術，積其奇羨，遂至饒裕。翁性耿介，動必以義，不苟然諾。處事精審，纖悉畢周。治家接物，皆中法度。……手定宗譜，條列井井。故居在儒學之南，歲久敝漏。翁旣葺而新之，後雖徙家吳閶，猶以學南自號，示不忘本也。少從侍御時西巖先生受業，故熟於邑中舊事，譚論鄉先輩嘉言善行，亹亹不倦。其訓子孫，嚴而有法。……晚歲多儲方藥，服食惟謹。嘗擧古人『善言不離口，善藥不離手』之語，爲予誦之。」（〔潛研堂文集〕卷四八）

瞿連璧的祖父曾以「明經起家」，卽中過擧人，而他的次子和好幾個孫子也都「習儒」，其中之一便是錢大昕的女婿。這又證實了沈垚「四民不分」及「士多出於商」的論斷。瞿連璧好談「鄉先輩嘉言善行」，卽是平時留意「語錄」、「格言」之類。他所引「古人之語」是唐代孟詵的

[139] 見寺田隆信〔山西商人〕，頁三〇九。按：十四、五世紀英國倫敦的商人也好抄寫基督教的「格言」(mottoes)以自激勵，是一個有趣的對照。見 Sylvia L. Thrupp, *The Merchant Class of Medieval London*, The University of Chicago Press, 1948, p. 174.

話，原文是「養性者善言不可離口，善藥不可離手。」（見〈新唐書〉卷一九六「隱逸傳」）但瞿連璧教育程度不高，未必讀過〈新唐書〉。「古人之語」當是錢大昕知其語源而加上去的。其實此語在清代早已成為民間流行的諺語了。翟灝〈通俗編〉成於十八世紀上半葉（有周天度乾隆十六年卽一七五一「序」）。其書卷十七「言笑」類已收入此條，可證瞿連璧之能够信口道出，正是因為他一向留心搜集「格言」的緣故。

以上所擧商人重視「語錄」、「格言」八例，在時間上涵蓋了十七、十八世紀，以地理言則分佈在江蘇、安徽、浙江三省，都是商業特別發達之區。必須說明，我並未有心尋找這類記載，以上所引的只不過是在閱讀諸家文集的過程中偶然摘錄下來的幾條罷了。如果刻意去作系統的搜集，所得當遠不止此。但是我深信這些抽樣而得來的例子是有相當代表性的，至少已足以說明本篇的主要論點之一。明清商人究竟關不關心道德問題？他們是否曾主動地去建立自己的道德規範？如果答案是肯定的，那麼他們的道德源頭何在？又是通過何種具體的方式而得來的？這些都是相當吃緊的問題，而且不能以「想當然耳」的辦法作模糊籠統的解答。我相信以上八例已對這些問題提供了部分的答案。由於這些實證的支持，我們對於前面所引十六世紀時揚州大鹽商向湛若水問學的記載也必須重新估定其意義了。以下我們將檢討商人的道德實踐的問題。

四、商人的倫理

明清商人倫理是一個極有趣而又複雜的問題。限於篇幅，本節祇能從其典型意義上作一概括性的討論。我們的重點是在說明商人在倫理上的實踐，不僅是他們持有某些道德信條而已。但是這裏我們碰到一個方法論上的困難：我們固然可以找到不少明清商人實踐其道德信條的證據，然而在現實世界中這種實踐究竟有多少代表性？據我對於有關這一方面的明清史料的認識，這個問題是無從用量化的方法求得解決的。不過這一方法論上的困難在史學上是普遍性的，它同樣存在於韋伯有關新教倫理的研究之中。我們祇能說：這個問題和史學家對於他所研究的歷史世界的全面判斷有關。如果我們承認明清的商業世界中存在某種秩序，而此秩序又多少是由某些倫理觀念在維繫着，那麼當時文獻中所透露的佔有主導性質的商人倫理便應該受到研究者的嚴肅注意。至少到今天爲止，言行完全一致在任何社會、任何時代都還沒有存在過。而言行完全相反或基本上背道而馳則是社會秩序卽將或正在崩潰的象徵。以十六至十八世紀的中國社會而言，商人階層正處在上昇發展的階段，因此當時流行的商業道德對他們大體上確是發揮了約束的作用的。明清商人中雖有欺詐之事，如明末〈杜騙新書〉之所示，却不足以否定商業倫理的存在。十六、七世紀的歐洲和英國商人又豈能人人都依新教倫理而行，全無欺詐之事？卽以今天的情形而言，我們也不能因爲有經濟犯罪的現象而否認經濟世界中仍受某種倫理規範的支配。事實上，「欺騙」或「犯罪」正是相對於某種公認的「規範」才能成立的概念。因此以下僅在客觀地刻劃出一般的常態，絕不是美化傳統的商人，說他們人人都遵守商業道德。特聲明於此，以免讀者誤會。

韋伯論新教倫理有助於資本主義的發展，首推「勤」（industry）與「儉」（frugality）兩大要目。在中國文化傳統中，勤儉則是最古老的訓誡。「克勤于邦、克儉于家」早見僞古文〈尚書〉「大禹謨」，其源甚古。李商隱「讀史」詩也說：「歷覽前賢國與家，成由勤儉破由奢」。但是必須指出，「勤儉」的信條因宗教的入世轉向而更深入到日常人生之中。無疑地，禪宗的「

不作不食」、新道教的「打塵勞」、和新儒家的「人生在勤」及「懶不得」都更加深了中國人對勤儉的信仰。到了明清時代，這種勤儉的習慣便突出的表現在商人的身上。山西和徽州兩大商人集團的一般作風最能够說明這一問題。謝肇淛（一五六七—一六二四）〈五雜俎〉說：

富室之稱雄者，江南則推新安，江北則推山右。新安大賈，魚鹽為業，藏鏹有至百萬者，其它二三十萬則中賈耳。山右或鹽、或轉販，或窖粟，其富甚於新安。新安奢而山右儉也。然新安人衣食亦甚菲嗇，薄糜鹽齏，欣然一飽矣，惟娶妾、宿妓、爭訟，則揮金如土。（卷六四「地部二」）

初看這條記載，好像是山西商人「儉」，而徽州商人「奢」。但再讀下去，謝在杭又承認新安商人也是自奉甚薄，並非一味奢侈。我們在其他記載中當然也可以見到「新安奢」的說法。例如汪道昆「汪長君論最序」說：

新安多大賈，其居鹽筴者最豪，入則擊鐘，出則連騎，暇則召客高會，侍越女，擁吳姬，四坐盡歡，夜以繼日。（〔太函集〕卷二）

這條資料出自新安人之手，大足坐實〈五雜俎〉之說。但是這只是表面現象，其中尚有複雜的背景。以明代揚州的鹽業而言，山西商人和政府的關係較好，因此遠比新安商人佔優勢。例如嘉慶〈兩淮鹽法志〉說：

明萬曆中定商竈籍，兩淮不立運學，附入揚州府學。故鹽務無册籍可稽。且有西商、無徽商，亦偏而不全。（卷四七「人物六・科第表上」）

商、竈兩籍是專為鹽商子弟在科擧中所保留的應試特權，使他可以在本籍之外的經商地區報考生員。明代揚州商籍有山西而無安徽，這便是政府優待山西商人而歧視徽商的明證[140]。甚至在清代早期，山西商人在政治方面所取得的優勢也依然沒有動搖[141]。徽商爲了爭取上風，自不能不採取交際的方式以籠絡政府官員。上引謝、汪兩家關於新安大賈「奢」的記述似乎都集中在搞好「公共關係」的一面，這是很可注意的。「娶妾」、「宿妓」正是「召客高會」的場合。李夢陽任戶部郎中時撰「擬處置鹽法事宜狀」，其中論及揚州鹽商有云：「今商賈之家……畜聲樂伎妾珍物，援結諸豪貴，藉其蔭庇。」（〈空同先生集〉卷三九）尤可爲明證。至於「爭訟」則更是爲了在法律上爭取自己權利，不能算作「奢」[142]。顧炎武〈肇域志〉說：

> 新都勤儉甲天下，故富亦甲天下。……青矜士在家閑，走長途而赴京試，則短褐至骭，芒鞋跣足，以一傘自携，而吝輿馬之費。聞之則皆千萬金家也。徽州人四民咸朴茂，其起家以資雄閭里，非數十百萬不稱富也，有自來矣[143]。

可見一般而言徽商仍然是以「勤儉」爲其基本特色的。

在明清商人倫理中「誠信」、「不欺」也是佔有中心位置的德目。韋伯在〈中國宗教〉一書中特別强調中國商人的不誠實（dishonest）和彼此之間毫不信任（distrust）。他認爲這和清教

---

[140] 詳見藤井宏，上引文（四），頁一一九—一二八。

[141] 見佐伯富，〈中國史研究〉第二（京都：東洋史研究會，一九七一），頁二六三—三二二。

[142] 按：顧炎武〈肇域志〉第三冊云：「新都（卽徽州）人……商賈在外，遇鄉里之訟，不啻身嘗之，醵金出死力，則又以眾幫眾，无非亦爲己身地也。」（轉引自傅衣淩〈明清經濟社會史論文集〉，北京：人民出版社，一九八二，頁一九二）這是徽商已有集體的權利意識的證據。新安出身的官僚所到之地也特別保護同鄉商賈，見根岸佶〈支那ギルドの研究〉（東京，一九四〇）頁一七二。

[143] 謝國楨，〈明代社會經濟史料選編〉中冊，頁九一——九二，原標點有誤，已改正。

徒的誠實和互信形成了尖銳的對照。但他又對和外國人作生意的中國行商（Ko Hang，卽 Co-hong）的信譽卓著大惑不解，以爲或是因爲行商壟斷對外貿易，地位穩固之所致。他並且進一步推論，如果行商的誠實是眞的，那一定也是受了外國文化的影響，不是從內部發展出來的[144]。韋伯的說法大有商榷的餘地。是否十九、二十世紀中國商人的倫理已大不如前，這一點尚有待於經驗研究的證實或否證。但以十六至十八世紀的情形而言，中日研究者幾乎異口同聲地肯定了中國商人的誠信不欺。研究者已擧出了無數的具體的例證，限於篇幅，這裏一概不加徵引了[145]。韋伯不能直接利用中文資料，所以這一層可不深究。最不可解者則是他在〔新教倫理〕中明明強調清教徒有一種特殊的上帝觀，卽人除了完全信任上帝之外，對任何人（包括最親密的朋友）都絕對不能信任[146]。他在兩部著作中竟對清教徒的倫理觀作了完全相反的解釋，這便不能不說是一個相當嚴重的問題了。

韋伯對中國商人的誤解起於他看錯了中國的價值系統。他認爲中國人缺乏一個內在價值內核(absence of an inward core)，也沒有某種「中心而自主的價值立場」(central and autonomous value position)。換句話說，卽沒有超越的宗教道德的信仰。現在姑就這一點擧例

---

[144] Weber, *The Religion of China*, pp. 232-35.

[145] 關於山西商人以「誠」、「實」、「不欺」、「廉」等爲「金科玉條」，可看佐伯富「山西商人の起原と沿革」，〔東方學〕第五十八輯（一九七九年七月），頁二一及寺田隆信〔山西商人〕第五章第五節。關於徽商特別重視「誠」、「信」、「義」，可看張海鵬、唐力行，前引文，頁六三—六四。及〔明淸徽商資料選編〕第四章第三節「商業道德」，頁二七二—二九一。

[146] 見 *The Protestant Ethic*, p. 25, 及 p. 106 pp. 222-23.

說明。「誠」與「不欺」是一事的兩面，在新儒家倫理中尤其佔有最中心的位置。在理學大興之前，這兩條德目已成爲儒家道德的始點。范仲淹以爲「惟不欺二字，可終身行之。」（邵伯溫〈邵氏聞見錄〉卷八）劉器之追隨司馬光五年，只得到一個字：「誠」。司馬光向他解釋：「誠者天之道，思誠者人之道，至臻其道則一也。」這當然是他精研〈中庸〉之所得。而致「誠」之道則必須自「不妄語人」即「不欺」始。經過長久的修養，一個人最後才能達到「言行一致，表裏相應，遇事坦然有餘地」的境界（見邵博〈邵氏聞見後錄〉卷二十）。「誠」和「不欺」上通「天之道」，這便爲此世的道德找到了宗教性的超越根據。經過新儒家和民間宗教的長期宣說，這種觀念在明清時代已深深地印刻在商人的心中。康海（一四七五—一五四一）在〈扶風耆賓樊翁墓誌銘〉中記商人樊現（一四五三—一五三五）語：

誰謂天道難信哉！吾南至江淮，北盡邊塞，寇弱之患獨不一與者，天監吾不欺爾！貿易之際，人以欺為計，予以不欺為計，故吾日益而彼日損。誰謂天道難信哉！（〈康對山集〉卷三八）

可見這位陝西商人對「天道不欺」的觀念信之甚篤。在前文（二三七頁）我們已引了李夢陽「故王文顯墓志銘」記山西王現「故利以義制，名以清修，各守其業。天之鑒也如此，則子孫必昌，身安而家肥」等語。讓我們再引「墓志銘」中所載他父親的一段話。王現以信義待人，有一次逃過了盜刼。他的父親聞之，大驚喜，曰：

現也，利而義者耶！然天固鑒之耶！（〈空同先生集〉卷四四）

王現的父親是一貧士，曾任敎諭，他對「天」的信仰大約來自儒家。王現本人也是「棄士而就商」的（「墓志銘」語），足證他的「天之鑒」之淵源所在。明清商人不但信「天」，而且也信「理」。李維楨《大泌山房集》卷七三「胡仁之家傳」記歙西商人胡仁之有云：

> 居平耳提面命其子孫曰：「吾有生以來惟膺天理二字，王常萬善莫不由之。」……因名其堂曰：「居理」。

民國初年修《婺源縣志》記載一位晚清商人潘鳴鐸云：

> 性孝友，幼讀四子書，恒以不盡得解為憾。靜思數日，謂聖學不外一理字，豁然貫通，非關道學之書不閱。……方某運茶，不得售，欲投申江自盡。鐸照市價團其茶，遣歸。後寄番售，餘息銀五萬兩，仍與方某。（卷四二「義行」八）[147]

第二例已在十九世紀的下葉，新儒家「理」的觀念仍深入徽商之心如此。他的誠信行爲應該是和「理」的信仰有關的。而且這條資料也爲上一節論商人重視儒家「語錄」增添一證。

但是民間信仰是三教混合的，所以「鬼神」的觀念有時也和「天」或「理」有同樣的效用。明末江蘇洞庭山金汝鼐（字觀濤，一五九六—一六四五）之例可爲說明。汪琬「觀濤翁墓誌銘」引其子之言曰：

> 凡佐席氏者三十年……席氏不復問其出入，然未嘗取一無名錢。所親厚或微諷曰：「君縱不欲自潤，獨不爲子孫地耶？」翁叱之曰：「人輸腹心於我，而我負之，謂鬼神何？」

---

147 引自重田德《清代社會經濟史研究》，頁三三一，按民國《婺源志》的記載乃由「採訪員報，經區董核轉」（見「凡例」），故較切實可信。按：司馬光的「誠」字確曾對商人發生過影響，歙縣《竦塘黃氏宗譜》（嘉靖四十一年刊本）卷六「黃公璣芳傳」，收在《明清徽商資料選編》第一三四七條，頁四四一。

……有寄白金若干兩者，其人客死無子，行求其壻歸之。壻家大驚，初不知婦翁有金在吾父所也。故山中人皆推吾父長者。（「堯峯文鈔」卷十六）

文集方志中這一類誠信不欺的事跡太多，舉不勝舉。以下就汪道昆（太函集）中擇數例以說明商人和道、釋二教的關係。（太函集）卷十四「贈方處士序」記鹽商方彬（字宜之）以重然諾而著義聲，晚年則歸向道教。其文略云：

季年喜黃老，築舍七寶峯下，與雙鶴道士俱。客諷之曰：「處士以賈豪，柰何近方士？」處士笑曰：「吾僕僕錐刀之末，終不欲老市井中，誠願卒業玄同。幸而蟬蛻於污瀆，足矣，惡用竊刀圭翔白日為也。」夫一處士也，其始也，輕身而就賈，不亦豪舉乎哉！及其以操行致不貲，蓋節俠也。卒之遊方外，歸乎葆真，非達者宜不及此。

這很像上篇新道教所說的神仙下凡歷刼，在人間成就事業後再「歸正位」、「成正果」。同書卷二八「汪處士傳」記一位十六世紀在上海經商成功的汪通保，其人是有操守而有「好仁義」之稱的廉賈。其中有一段說：

處士嘗夢三羽人就舍，旦日得繪事，與夢符，則以為神，事之謹。其後幾中他人毒，賴覆毒，乃免灾。嘗出丹陽，車人將不利處士，詒失道。既而遇一老父，乃覺之。處士自謂：幸保餘年，莫非神助。乃就獅山建三元廟，費數千金。

這位汪通保顯然深信他之所以能處處逢凶化吉是出於「神助」。又同書卷三五「明賜級阮長公傳」記大賈阮弼的事蹟。其人「雅以然諾重諸賈人，不言而信，其言可市。諸賈人奉之如季河東（按：季布）。」傳云：

季年崇事二氏，種諸善根。嘗……繕三茅宮，飾諸神像，樂善而無所徼福，其費不貲。……長公故多陰德，務施恩於不報，加意於人所不及知。……族母私蓄數十緡，陰託長公取息。有頃，族母亡。長公握子母錢畢歸其子。其子不知所出，力却之。長公語之故，稽首而後受。

汪道昆最後用「天報」的觀念解釋阮弼的成功曰：

要之，人能負長公父，而天報以長公；人能負長公，而天報以昌阜。

可見汪道昆本人也相信民間三教混合的「天」的觀念。淸初歸莊在其「雜著」中記載了下列的故事：

丁未（按：康熙六年，一六六七）春，杭州大火，延燒一萬七千餘家，惟有一家，巋然獨存於四面灰燼之中。問其人，則業賣油者再世矣。惟用一稱，雖三尺童子不欺之。余謂此事甚小，但即此一事觀之，則其平生必每事誠實。當末世詐偽百出之時，而有此篤厚君子，得天之庇，宜哉！（《歸莊集》卷十）

歸莊的「末世詐僞」乃隱指當時變節的士大夫，不是專對商人而發。但値得注意的是他似乎確已接受了誠實不欺可「得天之庇」的民間信仰。這一點事實上並不足異。自南宋以來，《太上感應篇》一類的善書也同樣對士階層有深切的影響。南宋的眞德秀，明代的李贄、焦竑、屠隆等都曾宣揚過此篇。淸代經學大師惠棟（一六九七—一七五八）且曾爲此文作註。朱珪（一七三一—一八〇七）爲惠註本作序有云：

憶予兄弟少時，先大夫每日課誦是書，即以教諸子。……其恂恂規矩，不敢放佚者，於是編得力焉。

汪輝祖（一七三一—一八〇七）〈病榻夢痕錄〉卷上云：

檢先人遺篋，得太上感應篇註，覺讀之凜凜。自此晨起必虔誦一過。終身不敢放縱，實得力於此。（乾隆十年條）

同書卷下又記：

還先人遺願，赴雲棲建水陸道場。余素懵內典，讀蓮池大師（即袾宏，一五三五—一六一五）雲棲法彙、竹窗隨筆，事事從根本著力。乃知天下無不忠不孝神仙，成佛作祖，皆非倫外之人，實與吾儒道理，異室同堂。（乾隆五十八年條）

朱珪和汪輝祖都承認他們的「不敢放佚」是得力於〈太上感應篇〉。汪輝祖更進一步接受三教「異室同堂」之說。可見民間信仰並不專屬於下層人民，而同樣是上層士大夫文化的一個組成部分。所謂「上層文化」（elite culture）和「通俗文化」（popular culture）在中國傳統中並不是截然分明的，其間界線很難劃分。士大夫當然有他們的「上層文化」，但是他們同時也浸潤在「通俗文化」之中。不但中國如此，歐洲在一五〇〇至一八〇〇之間，據說貴族、僧侶也同樣參加「通俗文化」中的許多活動。根據上面所引朱珪和汪輝祖的話，天地、鬼、神、報應等觀念對他們的確發生了拘束的力量，形成了他們的「第二文化」⑱。士大夫尚且如此，則商人更可想而知。把商人看成只知「孳孳爲利」，毫不受宗教道德觀念的約束的一羣「俗物」，在大量的文獻

⑱ 歐洲在十六世紀初，據 Peter Burke 說，「通俗文化」也是上層受教育的貴族所分享的，是他們的「第二文化」。見 Peter Burke, *Popular Culture in Early Modern Europe* (Harper Torch book edition, 1978)，特別是第二章。

面前是站不住的。

五、「賈道」

明代商人已用「賈道」一詞，這似乎表示他們對商業有了新的看法，卽在賺錢以外，還有其他的意義。但「賈道」又有另一層意思，卽怎樣運用最有效的方法來達到做生意的目的。這相當於韋伯所謂「理性化的過程」(the process of rationalization)。韋伯在此特別重視淸教倫理中所謂「天職」(calling)的觀念。西方資本家全心全意地賺錢，但是他們賺錢並不是爲了物質享受，因此依然自奉儉薄。依韋伯的解釋，這些資本家的宗教動機是要用經營成功來證明自己在盡「天職」方面已「才德兼備」(virtue and proficiency in a calling)[149]。此外當然也還有世俗的動機，如財富所帶來的「權力」(power)和「聲譽」(recognition)，以及因能使無數人就業和家鄉經濟繁榮而得到精神上的滿足等[150]。

現在我們要問：明淸中國商人的勤儉起家究竟是出於那些動機呢？以世俗動機而言，中西商人大致相去不遠。甚至中國人所謂「爲子孫後代計」的觀念在西方也並不陌生。更值得我們重視的倒是超越性的動機。明淸商人當然沒有西方淸教商人那種特有的「天職」觀念，更沒有什麼「選民前定論」。但其中也確有人曾表現出一種超越的精神。他們似乎深信自己的事業具有莊嚴的意義和客觀的價值。在前面，我們已引了十五世紀山西商人席銘的豪語：「丈夫苟不能立功名於

---

[149] Weber, *The Protestant Ethic*, pp. 53-54.

[150] 同上，分見 p. 70 及 p. 76。

世，抑豈不能樹基業於家哉！」在這句豪語的後面，我們隱然看到他對即將投身的商業抱有一種自傲的心理。士的事業在國，是「立功名於世」；然而商的「基業」在家，也足以傳之久遠。明末曹叔明《新安休寧名族志》卷一記商人程周有云：

> 賈居江西武寧鄉鎮……遂致殷裕，為建昌當，為南昌鹽，創業垂統，和樂一堂⑮。

此處所用「創業垂統」四字實在非同小可。這四個字從來是開國帝王的專利品，現在竟用來形容商人的事業了。這一新用法所反映的社會心理的變化是不容忽視的。汪道昆「明賜級阮長公傳」也說：

> 先是長公將以歙為菟裘，蕪湖為豐沛。既而業大起，家人產具在蕪湖城內外，築百廛以待傲居。……中外傭奴各千指，部署之，悉中刑名。（《太函集》卷三五）

「菟裘」是用《左傳》的典故：「使營菟裘，吾將老焉。」（隱十一年）指退休養老之地。但「豐沛」是漢高祖「創業垂統」的根據地，此處即借以指阮氏的商業基地。可證以創建帝業比喻大商人的事業經營在十六世紀已相當普遍。試看阮氏商業的規模之大、佈置之密，此「豐沛」一詞確不是隨便借用的。今天西方人所謂「商業帝國」(business empire) 的觀念在中國早已出現了。《新安休寧名族志》卷一又有一條云：

> 黃球號和川，幼負大志，壯遊江湖，財產日隆。娶城北金公紅女，青年完節，克苦勤

⑮ 引自《明清徽商資料選編》第七〇八條，頁二三四。另一婺源商人李大祈（一五二二—八七）也說：「丈夫志四方，何者非吾所當為？即不能拾朱紫以顯父母，創業立家亦足以垂裕後昆。」（《三田李氏宗譜》「環田明處士松峰李公行狀」，見同書第一四二七條，頁四七〇。）

儉，佐子不逮。商賈池陽，家道大興⑮。

這「幼負大志」四字也是從來只用於士人的，現在又轉移到商人身上來了。而所謂「大志」，我們又可從徽商許秩（一四九四－一五五四）的話中得到確解。他說：

吾雖賈人，豈無端木所至國君分庭抗禮志哉？（歙縣《許氏世譜》第五冊「平山許公行狀」，見《明清徽商資料選編》第六四六條，頁二一六。）

許秩又是一個熟讀《史記》「貨殖列傳」的商人（亦見「行狀」），所以嚮往當年子貢「結駟連騎，束帛之幣以聘享諸侯」的聲勢。這和明代商人「創業垂統」的心理是完全相合的。把這許多證據聚攏在一起，其所顯示的歷史意義是非常重大的；這也可以說是「良賈何負於閎儒」的心理的一種表現。汪道昆「潘汀洲傳」記潘氏「既老，屬諸子爲良賈，諸孫爲閎儒。」（《太函集》卷三四）可見「良賈」和「閎儒」在他的價值系統中確已相差極微。不但當時商人如此想，士大夫也如此說。汪道昆「范長君傳」曰：

司馬氏曰：儒者以詩書為本業，視貨殖輒卑之。藉令服賈而仁義存焉，賈何負也。（《太函集》卷二九）

「服賈而仁義存」卽發揮《史記》「貨殖列傳」中的思想。錢謙益（一五八二－一六六四）爲江蘇洞庭山的富商之子寫傳，也引司馬遷語而引申之曰：「人富而仁義附，此世道之常也。」（《有學集》卷三五「太學生約之翁君墓表」）此語也引於《梅村家藏稿》四七「太學張君季繁墓誌

⑮ 謝國楨，《明代社會經濟史資料選編》，中冊，頁九六。用「大志」加諸商人之例甚多，見《明清徽商資料選編》第六七二及八二一兩條，頁二二三及二五九。

銘」）其實這種說法恰與王陽明「雖終日作買賣，不害其爲聖爲賢」及沈垚「其業則商賈，其人則豪傑」等語消息相通。不但如此，汪道昆「虞部陳使君榷政碑」更說：

> 竊聞先王重本抑末，故薄農稅而重征商，余則以為不然，直壹視而平施之耳。日中為市，肇自神農，蓋與耒耜並興，交相重矣。……商何負於農？（「太函集」卷六五）

汪氏顯然肯定商賈既不負於儒，也不負於農，他們所從事的也是正正當當的「本業」。他的說法不但遠在黃宗羲「工商皆本」（「明夷待訪錄」「財計」三）之前，而且更爲詳盡透澈。他的薄征商稅的主張在十六世紀也是十分流行的。例如張居正（一五二五—八二）和張瀚都同持此見，後者在南京兼攝榷務時並曾實行過薄征政策[153]。

由於商人自己和士大夫都開始對商業另眼相看，商業已取得莊嚴神聖的意義。王陽明說「四民異業而同道」，現在商人確已有其「賈道」了。因此商人也發展了高度的敬業和自重的意識，對自己的「名」、「德」看得很重。歸有光「東莊孫君七十壽序」云：

> 崑山為縣在瀕海，然其人時有能致富埒封君者。近年以來，稱賢者曰孫君。……自其先人……為人誠篤，用是能以致富饒。至孫君尤甚，故其業益大。然恂恂如寒士，邑之人士皆樂與之遊。而有以緩急告者，時能賙恤之。於是君年七十，里之往為壽者，皆賢士大夫也。而予友秦起仁又與之姻，言於余，以為君非獨饒於貲，且優於德也。（「震川先生集」卷十三）

歸有光此文暗用太史公「貨殖列傳」「君子富，好行其德」的筆法，以「德」字爲這位孫姓富賈

---

[153] 見「張文忠公全集」文集卷八「贈水部周漢浦榷竣還朝序」及「松窗夢語」卷四「商賈記」。

頌壽。這是一種極高的禮讚。崑山是人文極盛之地，而「賢士大夫」都肯為一位商人祝壽。僅此一點，即可見其人德望之隆。商人自己也非常重視「德」。汪道昆「吳伯舉傳」記大鹽商吳時英的「掌計」（即今之經理之類）假他的名義向其他商人借了一萬六千緡，後來還不出來。有人向吳時英建議：「亦彼責，彼償，爾公何與焉！」他答道：

> 諸長者挈累萬而貸不知，何者？人信吾名也。吾黨因而為僭，而吾以僭乘之，其曲在我。是曰倍德；倍德不祥。（『太函集』卷三七）

最後這筆債還是由吳時英自己償還了。這個例子最可證商人對「德」的重視，和對「名」的愛惜。不但大賈如此，普通商人也是一樣。姚鼐在一八一三年寫的「贈中憲大夫武陵趙君墓表」記湖南商人趙宗海死後的情況，說：

> 初君所受託以財賄者，有數千金。及君沒，頗乏償貲。或謀以孤寡辭而弗與。太恭人（按：宗海妻）曰：吾夫信義，故人託之。今弗償，為夫取惡名也。乃破產鬻室中衣物以盡償其負。（『惜抱軒全集』「文後集六」）

甚至「伙計」（或「夥計」）也必須建立自己的聲名，才有前途。明代沈孝思〔晉錄〕（『學海類編』本）說：

> 平陽、澤、潞，豪商大賈甲天下，非數十萬不稱富，其居室之法善也。其人以行止相高，其合伙而商者，名曰伙計。一人出本，衆伙共而商之，雖不誓而無私藏。祖父或以子母息丐貸於人而道亡，貸者業舍之數十年。子孫生而有知，更焦勞強作，以還其貸。則他大有居積者爭欲得斯人以為伙計，謂其不忘死肯背生也。則斯人輸少息於前，而獲

大利於後，故有本無本者，咸得以為生。且富者蓄藏不於家，而盡散之為伙計。估人產者，但數其大小伙計若干，則數十百萬產可屈指矣。

可見山西「伙計」的道德自律之嚴。新安的情形也是一樣。顧炎武〈肇域志〉云：

新都……大賈輒數十萬，則有副手而助耳目者數人。其人銖兩不私，故能以身得幸於大賈而無疑。他日計子母息，大羨，副者始分身而自爲賈。故大賈非一人一手足之力也⑭。

「副手」卽前引〈太函集〉之「掌計」，這是徽州的「伙計」。其人必「銖兩不私」，才能得到大賈的信任，然後再自謀發展。這兩條資料當然是指一般的情況而言，「伙計」舞弊的事終是不可免的，上引吳時英的「掌計」卽是一例。以徽商而論，其「副手」、「掌計」大抵以親族子弟爲多。王世貞（一五二六—九〇）「贈程君五十序」云：

門下受計出子者恒數十人，君為相土宜、趣物候，人人授計不爽也。數奇則寬之，以務究其材；饒羨則廉取之，而歸其贏。以故人樂為程君用。而自程君成大賈，其族之人無不沾濡者。（「弇州山人四部稿」卷六一）

休寧金聲（一五九八—一六四五）「與歙令君書」也說：

夫兩邑（按：休寧、歙縣）人以業賈故，挈其親戚知交而與共事。以故一家得業，不獨一家得食焉而已。其大者能活千家百家，下亦至數十家數家。（「金太史集」卷四）

這些證據都是說明「伙計」制度對明清「賈道」發展的貢獻。「伙計」制在當時相當普遍，除上述山西、安徽外，江蘇也有之。歸莊「洞庭三烈婦傳」記江蘇洞庭山一個名葉懋的「伙計」的事，說：

⑭ 謝國楨，上引書，中冊，頁九一。

凡商賈之家貧者，受富者之金而助之經營，謂之夥計。葉懋婚僅三月，出為同宗富人夥計。（〔歸莊集〕卷七）

可證江蘇的「夥計」也多來自宗族或親戚子弟之貧者。由於「伙計」制度對明清商業發展具有特殊的重要性，我們有必要扼要地指出其中幾個特點。但限於篇幅及體例，詳細的論證無法涉及。第一、這是一個全新而普遍的制度。以規模和組織言，以前中國史上實無前例。因此〔晉錄〕和歸莊才覺得有必要為「伙計」下一界說155。第二、以上引資料及其他個案來看，大賈和「伙計」斷然是現代「老闆」和「雇員」的關係。顧炎武所引資料說新安的「副手」後來可以「分身自為賈」，這不但與山西「伙計」的「獲大利於後」相合，而且在〔太函集〕中實例甚多。我們不能因為偶有一個例子，即「掌計」太「跋扈」，欺負老主人，被年輕力壯的少主人「面數而抶之庭下」（〔太函集〕卷五八「程次公墓誌銘」），便推斷大賈和「伙計」是「主奴關係」或「封建土地關係在商業上的一種表現形式」156。第三、「伙計」、「掌計」大體都是親族子弟。這一

155 明代陸容〔菽園雜記〕卷十一云：「客商同財共聚者名火計。」又說：「俗以火計為夥計者，妄矣。」陸容所指的是「合本」或「合夥」，但正可見「伙計」制是新現象，才易與「火計」相混。「合本」或「合夥」的歷史甚久，唐、宋已流行。宮崎市定、日野開三郎都有專文研究。（見〔東洋史研究〕第十三卷第五期及第十七卷第一期）即使是「合夥」制，在清代也有新發展，如「本股」與「人股」之分化已出現，似具有「近代性」。見波多野善大〔中國近代工業史の研究〕（京都：東洋史研究會，一九六一），頁五五—六〇。現在我們所知的最早「合伙商販」資料是江陵鳳凰山漢墓中所發現的〔中販共侍約〕的合伙契。詳見黃盛璋〔歷史地理與考古論叢〕（濟南：齊魯書社，一九八二），頁一六六—一六九。

156 此說見李龍潛「明代鹽的開中制度與鹽商資本的發展」，收在〔明清資本主義萌芽研究論文集〕（上海：人民出版社，一九八一），頁五〇六。

事實恰好說明明清商人如何一面利用傳統文化的資源，一面又把舊的宗族關係轉化為新的商業組合。這正是中國從傳統到現代的一種過渡方式。清末民初中國新型的資本家仍然走的是這條路。難道現代型企業的發展必須以「六親不認」為前提嗎？試問在中國傳統社會中還有比親族更可信托的「助手」嗎？西方的宗教組織在社會上佔主宰地位，而中國無之。以社會功能言，中國的親族組織卽相當於西方近代各教派的組織。例如教友派（Quakers）的通婚必須限於派內。韋伯以為新教倫理的一大成就卽在打破親屬的束縛，使家與商業完全分開。而中國則太重親族的「個人」關係，沒有「事業功能」（functional tasks 或 enterprises）。因此經濟發展受到限制⑮。這是由於他對中國史缺乏認識的緣故。明清大賈與「伙計」的關係卽已向「事業功能」邁出了一大步。所以山西以誠實不欺著名的「伙計」才會成為其他大賈「爭欲得之」的對象。不但如此，親族關係妨礙現代企業之說根本便站不穩。據艾施頓（T. S. Ashton）對十八世紀初期英國鋼鐵工業的研究，鐵業當時幾全在教友派的控制之下，而其中重要的企業家都和創業的達比（Darby）家族有親族關係，包括兒子、族人、女婿、連襟等。還有少數人是其「伙計」（employees）出身。而且這還不是例外。在工業革命初期的西方，企業和家族關係的結合（the union of business and family relationships）是一個極為正常的現象⑱。總之，我們對「伙計」制度的出現應予以最大的重視，因為他們可以說是中國經營管理階層（managerial class）的前身。

---

⑮ *The Religion of China*, pp. 236-37; *The Protestant Ethic*, pp. 21-22.

⑱ Ashton 的原著是 *Iron and Steel in the Industrial Revolution* (2nd edition, 1951)。以上據 K. Samuelsson, *Religion and Economic Action*, pp. 122-23.

「伙計」制度是應運而生的，因爲當時有些大賈的商業已遍及全國。例如上文已提到的那位以「蕪湖爲豐沛」的阮長公，「其所轉轂，徧於吳、越、荆、梁、燕、豫、齊、魯之間，則又分局而賈要津。長公爲祭酒，升降贏縮，莫不受成。」（〔太函集〕卷三五「阮長公傳」）其經營的規模可以概見。而且此中「祭酒」一詞也極爲流行，更可注意。這又是商人已奪得士大夫的尊號之一證。吳偉業「太僕寺少卿席寧侯墓誌銘」記江蘇洞庭山的席本禎（一六〇一—五三）的商業規模有云：

其於治生也，任時而知物，籠萬貨之精，權輕重而取棄之，與用事者同苦樂。上下戮力，咸得其任。通都邸閣，遠或一二千里，未嘗躬自履行。主者奉其赫蹏數字，凛若繩墨。年稽月考，銖髮不爽。（〔梅村家藏稿〕卷四七）

這種組織的嚴密，僅憑一紙書信（「赫蹏」）⑮⑨即可指揮至一二千里之外，較之現代企業何嘗遜色？其「用事者」（「夥計」）又何嘗沒有「事業的功能」？大賈必賴「伙計」，「非一人一手足之力」，這是一個實例。

席本禎「讀書治詩、春秋」，他做生意能「任時而知物」、「權輕重而取棄之」自然是拜儒家教育之賜。明淸商人因多「棄儒就賈」，而且爲賈後仍多不斷地讀書，他們的文化和知識水平並不在一般「士」之下。他們之擅「心計」，並能掌握各地市場變化的規律，是和這一儒學背景分不開的。這一點現在已有研究者初步予以證實⑯⓪。當時的商人「直以九章當六籍」（〔太函

⑮⑨　袁桷〔淸容居士集〕卷四「送馬伯庸御史奉使河西」八首之五：「飛翼西北來，遺我雙赫蹏，中有陳情詞。」可證「赫蹏」即書信。

⑯⓪　上引張海鵬、唐力行之文，頁六二—六三。

集」卷七七「荆園記」），這更說明商人對算術的重視。明末「商業書」中便往往附有「算法摘要」一類東西，以備商人參考。〔指名算法〕、〔指名算法宗統〕等商業算術書的大量出現尤其與商業發達有密切的關係。韋伯特別看重近代西方的複式簿記（double book-keeping）和算術在商業上的應用，認爲是「理性化的過程」的證據。中國雖無複式簿記，但十六世紀的商業算術是足以和同時代的西方抗衡的⑯。現在讓我們另舉一些比較被忽略的證據以說明中國商業經營的「理性化的過程」。顧憲成（一五五〇—一六一二）〔小心齋劄記〕卷十四有一條云：

何心隱輩坐在利慾盆中，所以能鼓動得人。只緣他一種聰明，亦有不可到處。耿司農（按：定向，一五二四—九六）擇家僮四人，人授二百金，令其生殖。其中一人嘗從心隱請計。心隱授以六字訣曰：買一分，賣一分。又有四字訣：頓買零賣。其人遵用之，起家至數萬。

這個故事是否眞實，無關緊要。但由此可見知識對於經營商業的重要性。據清代檔案，呂留良的孫輩在雍正十年（一七三二）發遣寧古塔爲奴，但在乾隆四十年（一七七五），其曾孫等已因開藥鋪（這是呂留良的舊業），販賣米、鹽、以及貂皮、人參等致富，並申請捐納監生了⑯。這是一個千眞萬確的事實，正可與何心隱的傳說互證。何心隱的六字訣其實卽是要轉手快，薄利多

⑯ 見武田楠雄「東西十六世紀商算の對決」，分刊于〔科學史研究〕第三六號（一九五五年十一—十二月，頁一七—二二），第三八號（一九五六年四—六月，頁一〇—一六）及第三九號（同年七—九月，頁七—一四）。韋伯之說見 *The Protestant Ethic*, pp. 22, 24-25。

⑯ 見陳垣「記呂晚村子孫」，收在〔陳垣學術論文集〕（北京：中華書局，一九八二），頁八八—九一。

銷，也就是韋伯所說的"principle of low prices and large turnover"。(163)「薄利多銷」事實上是明清商人的一個最重要的指導原則，實例不勝枚舉。以下我們祇選幾個最有代表的個案對此點略作說明。康海在「叔父第四府君墓志銘」中記載了他的四叔康鑾對一個待高價而售貨的商人的批評。康海引他叔父的話並加以論斷曰：

「彼不知賈道也。俟直而後賈，此庸賈求不失也，可終歲不成一賈。凡吾所為，歲可十數賈，息固可十數倍矣。」故長安人言善賈者，皆曰康季父云。(『康對山集』卷三九)

這裏「賈道」兩字是建立在「工具理性」的觀點之上的，故「善賈」之「善」即是「工欲善其事」之「善」，在道德上原是中立的。這種「賈道」便是多做幾次生意，每次少賺一點，不必等到高價才脫手。但從另一角度看，此道又是合乎道德的。魏禧「三原申翁墓表」說申文彩：

業鹽筴，得廉賈五利之術，家以大昌。(『魏叔子文集』卷十八)

「廉賈」語出〔史記〕「貨殖列傳」：「貪賈三之，廉賈五之」。宮崎市定對這兩句話有新解，認爲是「貪賈」只跑三回生意，「廉賈」則跑五回(164)。其說若可信，則薄利多銷的原則早已出現，不過到明清才大行其道。但「廉」字則有道德涵義。汪道昆「明處士江次公墓誌銘」記江氏戒其子之言曰：

且耕者什一，賈之廉者亦什一，賈何負於耕？古人病不廉，非病賈也。(『太函集』卷四五)

---

(163) *The Protestant Ethic*, p. 68.

(164) 宮崎市定「貪賈と廉賈」，收在「アジア史研究」第四，頁四九六—九七。寺田隆信〔山西商人〕也已論及此點，見頁二九〇。

所以，儒家的知識和道德在「廉賈」的身上又獲得了統一。上一節所引金汝珥爲舅父席氏作「夥計」，大獲信任。汪琬「觀濤翁墓誌銘」續云：

翁善治生，他賈好稽市物以俟騰踴，翁輒平價出之，轉輸廢居，務無留貨而已。以故他賈每致折閱，而翁恒擅其利。（「堯峯文鈔」卷十六）

這是以薄利多銷而獲成功的典型例證。再舉一個十八世紀的書賈陶正祥（一七三二—九七）之例。孫淵如「清故封修職郎兩浙鹽課大使陶君正祥墓碣銘」說他：

與人貿易書，不沾沾計利所得。書若值百金者，自以十金得之，止售十餘金。自得之若十金者，售亦取餘。其存之久者，則多取餘。曰：「吾求贏餘以糊口耳。己好利，亦使購書者獲其利。人之欲利，誰不如我？我專利而物滯不行，猶為失利也。」以是售書甚獲利。……當是時，都門售書畫有王某，售舊瓷什器有顧某，意見悉如君，皆感行於時。（「五松園文稿」收在四部叢刊「孫淵如詩文集」內）

這位書賈能對「薄利多銷」發揮出一番大道理，正見其深入理性化的「賈道」。同時尚有王某、顧某也不謀而合，尤足爲「賈道」盛行之證。

明清商人的高度理性化使他們能轉化許多傳統的文化資源爲經營企業的手段。前面我們已討論了他們怎樣在親族的基址上發展了「伙計」制度。現在再看下面的例子。錢泳〈履園叢話〉卷二四「雜記下」云：

蘇州臯橋西偏有孫春陽南貨鋪，天下聞名。鋪中之物亦貢上用。案春陽，寧波人，明萬曆中，年甫弱冠，應童子試不售，遂棄舉子業，為貿遷之術。始來吳門，開一小鋪，在今吳趨坊北口。……其為鋪也，如州縣署，亦有六房，曰南北貨房、海貨房、醃臘房、醬貨房、蜜餞房、蠟燭房。售者由櫃上給錢，取一票，自往各房發貨，而管總者掌其綱，一日一小結，一年一大結。自明至今已二百三四十年……其店規之嚴，選製之精，合郡無有也。

這簡直是現代百貨商店的經營方式了。但最值得注意的則是孫春陽竟能把州縣衙門的「六房」制度轉化為經營南貨舖之用。這種化腐朽為神奇的本領當然是來自他的「棄儒就賈」的背景了。明清「賈道」的理性化也帶來了新的競爭方式。十九世紀上葉許仲元〔三異筆談〕卷三「布利」條記：

新安汪氏設益美字號于吳閶，巧為居奇，密囑衣工，有以本號機頭繳者，給銀二分。縫人貪得小利，遂羣譽布美，用者競市，計一年消布約以百萬匹，論匹贏利百文，如派機頭多二萬兩，而增息二十萬貫矣。十年富甲諸商，而布更遍行天下。嗣汪以宦游輟業，屬其戚程，程後復歸于汪。二百年間，漠南漠北，無地不以益美為美也。

傅衣凌引此條，認為這是類似資本主義的「自由競爭」，大致是不錯的[165]。益美布號憑布頭的商標給銀二分即是西方的 rebate，所不同者，似乎是給縫衣匠，而非直接還給顧客而已。這種廣告方式顯然也是當時「賈道」的一種新發展。

---

[165] 傅衣凌，〔明代江南市民經濟試探〕（上海：人民出版社，一九五七）頁一三〇。按寺田隆信指出益美名號是織入布匹上的「商標」，這是對的。他並疑心這段文字中的數字可能有誤。見「蘇、松地方に於ける都市の棉業商人について」，〔史林〕四一卷六號（一九五八年十一月），頁六六—六七。

六、結語

本節關於十六—十八世紀商人的社會地位和意識形態的研究使我們看到這三百年間中國社會史和思想史都發生了很深刻的變化。從社會史的角度看，商人的「睦婣任卹之風」已使他們取代了一大部分以前屬於「士大夫」的功能（如編寫族譜、修建宗祠、書院、寺廟、道路、橋梁等）。商人社會功能的日益重要也反映在政府對他們的態度上。清代政府不但對商人的控制已較為放鬆[166]，而且態度也較為尊重。故至晚在十九世紀以後，政府的公文告示中已紳、商並提；在商業發達的地區，「商」有時尚在「紳」之前。例如麟慶（一七九一—一八四六）自述他一八二三年任徽州知府事，曾說：

> 余抵任後……即出示嚴禁棚民開墾山田；勸諭商、紳，疏通河道，以妨壅遏。（「鴻雪因緣圖記」第一集下冊「昉溪迎母」）[167]

這當然是因為徽州商人的財力特別雄厚之故。士大夫對商人的改容相向也是一個極不尋常的社會變化。十六世紀以後著名文士學人的文集中充滿了商人的墓誌銘、傳記、壽序。以明、清與唐、

[166] 詳見 Lien-sheng Yang, "Government Control of Urban Merchants in Traditional China" 一文。

[167] 光緒六年夏四月上海點石齋二次石印本（初刊於一八三九年）。這條材料是陳淑平告訴我的，附此誌謝。「紳商」一名究竟是混合詞還是分指紳與商，似乎尚可討論。但由麟慶所用「商紳」可知應指兩類人，正如「士商要覽」是指「士」與「商」一樣。江蘇巡撫費淳在嘉慶二年（一七九七）所立「重浚蘇州城河記」中有「于是郡中紳士商民，輸金麕至」一語，（見「明清蘇州工商業碑刻集」，頁三〇六）這四個字顯然分指兩類人，不是一個複合詞。此碑立於十八世紀之末，是我所見到最早的一例，後來的「紳商」應即是「紳士商民」的簡化。

宋、元的文集、筆記等相比較，這個差異是極其顯著的。這是長期的「士商相雜」的結果。本篇所引的李夢陽、康海、汪道昆，以迄清代的許多作者，或出身商賈之家，或與商賈有姻親，或與之相交遊。因此他們不但記述了商人的活動，而且有意無意之間爲他們的利益說話。這正如十九世紀不少美國牧師和作家爲資本主義、自由經濟作辯護一樣；這些人也都是工商企業家的子弟、親戚、或朋友[168]。

從思想史的觀點看，新變化也極爲可觀。儒家的新四民說以及理欲論和公私觀上的新論點不過是其中一小部分而已。最可注意的是商人自己的意識形態的出現。在明代以前，我們幾乎看不到商人的觀點，所見到的都是士大夫的看法。但是在明清士大夫的作品中，商人的意識形態已浮現出來了，商人自己的話被大量地引用在這些文字之中。如果全面而有系統地加以爬搜，其收穫必極爲豐富。更值得指出的是：由於「士商相雜」，有些士大夫（特別如汪道昆）根本已改從商人的觀點來看世界了。明、清的「商業書」雖是爲實用的目的而編寫，其中也保存了不少商人的意識形態，那更是直接的史料了。我們尤應重視商人的社會自覺。他們已自覺「賈道」即是「道」的一部分。商賈「雖與時逐，而錯行如四時；時作時長，時歛時藏。其與天道，蓋冥合也。」（《太函集》卷十六「兗山汪長公六十壽序」）因此他們自然也可以「創業垂統」。一般的商人固然是「孳孳爲利」，正如一般的士人也是爲「利祿」而讀書一樣。但其中也有一些「幼

[168] 此見 I.G. Wyllie, *The Self-made Man in America: the Myth of Rags to Riches* (1954)。這是根據韋伯「新教倫理」說研究美國商人的一部社會學專論。參考 Samuelsson, *Religion and Economic Action*, pp. 67-68 對此書的討論。

有大志」的商人具有超越性的「創業」動機。他們同樣重視自己的「名」、「德」或「功業」。在中國自古相傳的「三不朽」中，他們至少可以希望在「立功」和「立德」兩項上一顯身手。

商人恰好置身於上層文化和通俗文化的接筍之處，因此從他們的言行中我們比較容易看清儒、釋、道三教究竟是怎樣發生影響的，又發生了什麼樣的影響。現在一般研究中國思想史的人有兩極化的傾向：或者偏向「純哲學」的領域，或者偏向「造反宗教」。這是有意或無意地把西方的模式硬套在中國史的格局上面。在這兩極之間，還有一大片重要的中間地區仍是史學研究上的空白。商人的意識形態在這一中間地區實佔有樞紐性的地位。思想自然並不是一切，但人的活動則未有不受思想支配的。商人也不可能是例外。韋伯關於新教倫理與資本主義的論旨也許強調得過頭了；他對於中國宗教的論斷更缺乏事實的支持。但是他所提出的問題卻是很有意義的。本篇的主旨之一便是要發掘出明清商人的精神憑藉何在。他們在經營上的成功當然有賴於許多客觀的因素，這是現代社會經濟史家熱烈討論的對象。本節則取「人棄我取」、「相輔相成」之意，希望找出商人究竟是怎樣巧妙地運用中國傳統中的某些文化因素來發展「賈道」的。整個地說，他們確能「推陳出新」。我們決不能因為他們依附了某些舊形式而忽視其中所含蘊的新創造，前面所論及的「伙計」制便是一個顯例。

我們也決不能誇張明清商人的歷史作用。他們雖已走近傳統的邊緣，但畢竟未曾突破傳統。他們所遭到的主要阻力是什麼呢？這個問題必須另有專文研究，此處無法全面討論。但是我們願意提出一點來略加闡明。

韋伯研究西方古代的經濟發展，曾提出一個看法，即自由商業在「共和城邦」中易於發展，在君主專政的官僚制度下則常遭扼殺，因為後者以「政治安定」(political stability) 為主要目標⑯⑨。這一論點所蘊涵的前提是政治結構有時也可以對經濟形態發生決定性的作用。這個看法似乎能夠部分地解釋明清商人的困境。有些學者已注意到明清的「君主獨裁」⑰⓪或「國家與官僚」⑰①對商人的形響。以鹽商為例，他們一方面固受君主專制下官僚體系的保護，但另一方面這個體系又構成他們發展的終極限制。如所週知，明清商人有下賈、中賈、大賈的分化。一旦到了大賈的地位，他們每年對政府便要有種種「捐輸」，至於貪官污吏的非法榨取則更不在話下。鹽商誠然表現了濃厚的政治興趣，如捐官、交結公卿權貴、附庸風雅等都是明證。但這些祇是表面現象；分析到最後，他們的政治投資還是為了保護自己的商業利益。前面已引李夢陽語，揚州鹽商的「奢」如畜聲樂、妓妾、珍物等只為了「援結諸豪貴，藉其庇蔭」。一般中賈也同樣受政府和官僚的牽累。十九世紀甘肅省的「發商生息」便最為病民之政。有些州縣官甚至將發商本銀一概吞沒，以致承領各商只好逃亡⑰②。小賈的命運也同樣可悲。明末〔士商要覽〕卷三「買賣機關」中有一條為「是官當敬」。其下註曰：

> 官無大小，皆受朝廷一命，權可制人，不可因其秩卑，放肆侮慢。苟或觸犯，雖不能榮人，亦足以辱人，倘受其叱撻，又將何以洗恥哉！凡見官長，須起立引避，蓋嘗為卑為

---

⑯⑨ 見 Guenther Roth, "Introduction", in Max Weber, *Economy and Society* (Guenther Roth 和 Claus Wittich 合編，University of California Press, 1978), p. LIV.

⑰⓪ 見佐伯富，〔中國史研究〕第二，頁六一—七四。

⑰① 見藤井宏，前引文（四），第六節，頁一一五—三二。

⑰② 張集馨，〔道咸宦海見聞錄〕（北京：中華書局，一九八一），頁一二三—二七。

降，實吾民之職分也⑰。

試看專制的官僚系統有如天羅地網，豈是商人的力量所能突破？「良賈」固然不負於「閎儒」，但在官僚體制之前，却是一籌莫展了。

本篇既是思想史的研究，還是讓我們引幾位清代思想家的話來結束本文吧！顧炎武（一六一三—八二）「郡縣論」說：

天下之人各懷其家，各私其子，其常情也。為天子為百姓之心，必不如其自為，此在三代以上已然矣。（「亭林文集」卷一）

戴震「汪氏捐立學田碑」有云：

凡事之經紀於官府，恒不若各自經紀之責專而為利實。（「戴震文集」卷十二）

沈垚「謝府君家傳」之末論曰：

興造本有司之責，以吏于例而不克堅。責不及民，而好義者往往助官徇民之意。蓋任其責者不能善其事；善其事者每在非責所及之人。後世之事大率如此。此富民所以為貧民之依賴，而保富所以為周禮荒政之一也。（「落帆樓文集」卷六「外集一」）

⑰ 引文見寺田隆信「山西商人」，頁三二〇。關於明清官僚系統對商人的干擾，「明清蘇州工商業碑刻集」提供了許多實例。其中如各種行業的「承值當官」（如〇一四、〇三九、〇四二、〇四八、〇六九、〇七四、〇七五、二五四等號碑文），如官府的「白取」、「借辦」甚至分文不償（〇七一、一二〇、一二七等號），如官方牙行的刁難、竊取、濫抽牙用錢等（〇一一、一五七、一六一等號）都是官方最常見的弊端。而這一切搔擾幾乎都和地方政府中的胥吏有關。關於牙行、胥吏等問題，參看吳奇衍「清代前期牙行制試述」（「清史論叢」第六輯，一九八五年六月，頁二六—五二）及任道斌「清代嘉興地區胥吏衙蠹在經濟方面的罪惡活動」（同上，頁一二三—三四）。

這三位思想家所討論的都是關於政府控制和人民自治之間的利害得失的問題。顧炎武的話是原則性的通論，戴震和沈垚則分別針對富商立學田和修橋樑之事而發議，但三人的見解竟不謀而合。從本文所研究的時代背景着眼，這是特別足以發人深省的。

一九八五年十一月廿一日於美國康州之橘鄉

清代學術思想史重要觀念通釋

從尊德性到道問學

「尊德性而道問學」一語出於《中庸》，原是不可分的。但自朱熹（元晦）和陸九淵（象山）的鵝湖之會（一一七五）以後，便逐漸發展出朱子重「道問學」、陸氏重「尊德性」的分別。朱子在「答項平父」書中說：

大抵子思以來，教人之法，惟以尊德性、道問學兩事為用力之要。今子靜所說專是尊德性事，而熹平日所論却是問學上多了。（《朱文公文集》卷五十四）

象山後來輾轉讀到了這封信，他反駁道：

觀此則是元晦欲去兩短合兩長。然吾以為不可，既不知尊德性，焉有所謂道問學？（《

象山先生全集〕卷三十四「語錄上」）

可見朱、陸兩人都承認這一分別的存在。元代吳澄出身朱學，但他是江西臨川人，或許曾受到當地陸學流風的激盪。因此他對學者說：

> 朱子道問學工夫多，陸子靜却以尊德性為主。問學不本於德性，則其弊偏於言語訓釋之末，果如陸子靜所言矣。今學者當以尊德性為本，庶幾得之。（虞集〔道園學古錄〕卷三十四「臨川先生吳公行狀」引）

可見這一分別在後世一般儒者心目中已牢不可破。不但如此，就「偏於言語訓釋之末」之言觀之，朱子以後「道問學」的觀念已狹隘化，而成爲講釋經典的同義語了。

明代王守仁（陽明）（一四七二—一五二八）爲友人調解朱陸異同，仍然沿用這一分別。他認爲象山雖「尊德性」，但「未嘗不敎其徒讀書」，朱子雖專以「道問學」爲主，但卻常說「居敬窮理」、「非存心無以致知」等話頭，「亦何嘗不以尊德性爲事？」（見〔陽明全書〕卷三十二「年譜」正德六年正月條）這裏他也把「道問學」與「讀書」等同起來了。他又說：「道問學卽所以尊德性。」而不滿朱子把「尊德性」與「道問學」分作兩件事。（見同上卷三「傳習錄下」「以方向尊德性」條）可見他終究是偏向象山一邊的。

陽明本其「知行合一」之說，堅決否認「道問學」與「尊德性」可以歧而爲二。因此他又強調「博文」（相當於「道問學」）和「約禮」（相當於「尊德性」）不能分先後，他肯定地說：「先後之說，後儒支謬之見也。」（同上卷七「博約說」）但「先後之說」並非出於「後儒」，而是朱、陸生前卽已存在的，當時朱亨道曾說：

鵝湖之會論及敎人，元晦之意欲令人泛觀博覽，而後歸之約，二陸之意欲先發明人之本心，而後使之博覽。（見〔象山先生全集〕卷三十六「年譜」淳熙二年條所引）

陽明之後，因王學末流虛言「良知」，盡廢學問，引起學者不滿，所以漸漸有人出來重新強調「道問學」的重要。黃宗羲在哲學立場上是屬於王學的修正派，但他在調和朱、陸異同時竟回到了「先後」的觀點上，顯與陽明不同。他說：

況考二先生之生平自治，先生（按：指象山）之尊德性，何嘗不加功于學古篤行？紫陽之道問學，何嘗不致力于反身修德？特以示學者之入門，各有先後，曰：此其所以異耳！（見〔宋元學案〕卷五十八「象山學案」）

稍後全祖望（一七〇五—一七五五）調停兩家，也說：「斯蓋其從入之途，各有所重。至于聖賢之全，則未嘗得其一而遺其一也。」（見〔鮚埼亭集〕外編卷十四「淳熙四先生祠堂碑文」）王學內部的人肯公然承認「道問學」與「尊德性」同爲通向「聖學之全」的途徑，這最可看出當時「道問學」壓力之大。學術思想的風氣顯然正在逐漸轉變之中。

王學以外的思想家尤其注重「道問學」的傳統。方以智（一六一一—一六七一）說：

德性、學問本一也，而專門偏重，自成兩路，不到化境，自然相訾，今亦聽之。……頓悟門自高於學問門，說出「學」字，則似個未悟道底。嗟乎！道是甚麼？悟個甚麼？……大悟人本無一事，而仍以學問為事，謂以學問為保任也可，謂以學問為茶飯也可，盡古今是本體，則盡古今是工夫，天在地中，性在學問中，寡天無地，乃死天也。（〔東西均〕「道藝」）

方氏早年撰〔通雅〕開清代考證學的先河，至〔東西均〕時則已出家爲僧。所以他的看法不但代表了十七世紀的儒家觀點，而且也透露了佛教的新動向。明末禪家已不主張「不立文字」，紫柏眞可（一五四三——一六〇三）有「達道者卽文字離文字」之說，頗得方氏的賞識。（見〔青原山志略〕方氏撰「凡例」所引）同時又有藕益智旭（一五九九——一六五五），爲整理佛教典籍之大師，著作等身，所撰〔閱藏知津〕尤有功於釋門「道問學」的興起。智旭一反禪宗「教外別傳」的傳統，而採取「離經一字，卽同魔說」的立場（見〔宗論〕五卷三「祖堂出棲禪寺藏經閣記」）。這當和他早年出身程朱理學有關（見〔宗論〕二卷一「示范啓明」）。雖然他後來爲釋氏扳去，並且欣賞陽明「知行合一」之教，但仍未能完全忘情於儒家「尊德性」與「道問學」的舊公案，他在「性學開蒙」中說：

初就儒與消釋者，朱註以尊德性爲存心，道問學爲致知。以致廣大、極高明、溫故、敦厚屬存心，以盡精微、道中庸、知新、崇禮屬致知。如兩物相需，未是一貫宗旨。所以偏重偏輕，致成大諍。（〔宗論〕三卷三）

這裏的「一貫」說頗近陽明，尤足證明末釋家實深受儒學發展的影響。沈曾植指出，「明世寺學徒課用制義，憨山大師實基以興，而諸大師亦多出身秀才者。」（〔海日樓札叢〕卷五「近世禪學不振，由不讀儒書之過」條）智旭的思想便是一個很好的例子。十六、七世紀的佛教也有從「尊德性」轉向「道問學」的趨勢，是絲毫不足爲異的。陳垣說：

明季心學盛而考證興，宗門昌而義學起，人皆知空言面壁，不立語文，不足以相懾也。故儒釋之學同時丕變，問學與德性並重，相反而實相成焉。（〔明季滇黔佛教考〕卷二）

這一論斷是有堅強的根據的。

乾嘉以後，經典考證蔚成風尚，學者但知有「道問學」，而不知有「尊德性」，他們筆下雖仍不時出現「尊德性」一字樣，但在絕大多數情形下都是一種空泛的門面語，實際已無所指涉了。戴震（一七二四—一七七七）的見解在清代中期學術思想史上最具有代表性。他說：

宋之陸、明之陳（獻章）、王，廢講習討論之學，假所謂尊德性以美其名，然舍夫道問學則惡可命之尊德性乎？（見《戴震文集》卷九〈與是仲明論學書〉）

戴氏此一反詰，顯然是針對著上引陸象山「既不知尊德性，焉有所謂道問學」一語而發。於此可見「道問學」在戴氏心中所佔的份量之重。明代羅欽順（一四六五—一五四七）也曾反駁過象山這句話，但是他說：

此言未為不是，但恐差却德性，則問學直差到底。原所以差認之故，亦只是欠却問學功夫。要必如孟子所言，博學詳說，以反說約，方為善學。茍學之不博，說之不詳，而蔽其見於方寸之間，雖欲不差，弗可得已。（《困知記》卷一）

羅、戴兩人同據「道問學」觀點駁象山，然而羅氏依然奉「尊德性」為天經地義，不敢稍有違異，戴氏則逕視「尊德性」為虛名而略無忌憚。這一事實最可以表示兩個時代思想空氣的絕大差異。戴氏又說：

試以人之形體與人之德性比而論之，形體始乎幼小，終乎長大；德性始乎蒙昧，終乎聖智。其形體之長大也，資於飲食之養，乃長日加益，非復其初；德性資於學問，進而聖智，非復其初明矣。（《孟子字義疏證》卷上「理」字條）

這是把德性看作種籽，而學問則是養料，恰好說明他爲什麼要說「舍夫道問學則惡可命之尊德性乎」那句話了。同時錢大昕（一七二八—一八〇四）與稍後焦循（一七六三—一八二〇）平生最敬佩戴震，持論也大體相近，錢氏之言曰：

知德性之當尊，於是省問學之功。古人之學問將以明德性也。夫以孔子大聖，猶曰：好古敏以求之，又曰：德之不修，學之不講是吾憂也。天下豈有遺棄學問而別為尊德性之功者哉！（〔潛研堂文集〕卷十七雜著一「策問」）

足見他和戴震一樣，也是把重點放在「道問學」上面。「尊德性」即存在於「道問學」之中，不是別有一種功夫與「道問學」分而不合者，而所謂「道問學」，照錢氏全文所說，則主要是「好古敏求」、「溫故知新」、「聞一知十」之類，正指乾嘉學人所從事的經典研究而言。焦循則說：

儒者不明一貫之旨，求一於多之外，其弊至於尊德性而不道問學，講良知良能而不復讀書稽古。（〔論語通釋〕「釋多」條）

値得注意的是，戴、焦兩人的駁論都集矢於「尊德性」的陸、王一派，但並不涉及朱子。這顯然是因爲他們以朱子代表了「道問學」的傳統。客觀地說，淸代中期「道問學」的涵義，自然絕不能與朱子系統中的「道問學」相提並論。但從思想史的內在理路上看，二者之間畢竟是有淵源的。章學誠（一七三八—一八〇一）認爲戴氏學術「實自朱子道問學而得之」（〔文史通義〕內篇二「書朱陸篇後」），確不失爲知言。淸代學術不走形而上學的途徑，因此表面上與宋明儒學截然異趣，但全面地看，它仍然表現一種獨特的思想形態，推源溯始，它並且是從儒學內部爭論中逐漸演化出來的。如果我們把宋代看成「尊德性」與「道問學」並重的時代，明代是以「尊德性」爲主導的時代，那麼清代則可以說是「道問學」獨霸的時代。近世儒學並沒有終於明亡，清代正是它的最後的一個歷史階段。龔自珍（一七九二—一八四一）說：

孔門之道，尊德性、道問學二大端而已矣。二端之初，不相非而相用，祈同所歸；識其初，又總其歸，代不數人，或數代一人，其餘則規世運為法。入我朝，儒術博矣，然其運實為道問學。（《龔自珍全集》第三輯「江子屏所著書序」）

這是清代學者的自我評價，沒有別的歷史判斷比它更恰當、更親切的了。

經學與理學

經學與理學是清代學術思想史上的一個重要論點。根據一般的說法，這個論點起於顧炎武（一六一三—一六八二）所提出的「經學卽理學」的口號。全祖望概括顧氏的意見說：

古今安得有所謂理學者？經學卽理學也。自有舍經學以言理學者，而邪說以起。不知舍經學則其所謂理學者禪學也。（《鮚埼亭集》卷十二「亭林先生神道表」）

但顧氏原文與此略有不同，他在「施愚山書」中書：

愚獨以為理學之名，自宋人始有之。古之所謂理學，經學也，非數十年不能通也。……今之所謂理學，禪學也，不取之五經，而但資之語錄，校諸帖括之文而尤易也。（《亭林文集》卷三）

原文辭氣遠較全氏轉述之語爲和緩，而且從「今之理學……但資之語錄」一語判斷，則顧氏所指斥者，顯然是當時的王學（心學）末流，這是可以從〈日知錄〉卷二十中「心學」、「舉業」、「朱子晚年定論」諸條得到印證的。

後來清代經學的興起雖然頗受顧氏此語的影響，但此語在思想史上的起源與意義則尚有待於進一步的分析。言理學必「取之五經」的觀念早已顯露於陽明之世，而且朱子之所以大規模地從事經典整理工作也是這一觀念的具體表現。其中關鍵乃在於宋明理學家都堅持他們的思想是直接得之六經、孔、孟。他們無法擺脫經典文字（朱子所謂「讀書」的糾纏正是因爲他們必須證明他們所採取的哲學觀點確是根據「古義」而來的）。王陽明爲什麼在龍場頓悟之後要有「五經臆說」之作（見〈陽明全書〉卷二十二外集四「五經臆說序」）？又爲什麼要重定「大學古本」？還不是爲了要說明他的「格物」新解確是古聖相傳的眞血脈嗎？

但是問題尚不只此。陽明以來儒學內部「性卽理」（程、朱理學）與「心卽理」（陸、王心學）的爭論日趨激烈，儘管爭論的兩造都理直氣壯，充滿自信，但畢竟誰也不能說服誰。所以這場官司是不可能在哲學層次上得到結果的，甚至像黃宗羲（一六一〇—一六九五）那樣熟悉理學文獻的人也終不得不發出「心性難明」的慨嘆。（見〈明儒學案〉卷四十七「諸儒中一」）心性官司的兩造最後只剩下唯一的最高法院可以上訴，那便是儒學的原始經典。羅欽順說：

程子言：性卽理也；象山言：心卽理也。至當歸一，精義無二。此是則彼非；彼是則此非，安可不明辨之？昔吾夫子贊易，言性屢矣。曰：乾道變化，各正性命。曰：成之者性。曰：聖人作易，以順性命之理。曰：窮理盡性，以至於命。但詳味此數言，性卽理也，明矣！於心，亦屢言之。曰：聖人以此洗心。曰：易其心而後語。曰：能說諸心。夫心而曰洗、曰易、曰說，洗心而曰以此。試詳此數語，謂心卽理也，其可通乎？且孟子嘗言：理義之悅我心，猶芻豢之悅我口，尤為明白易見。故學而不取證於經書，一切師心自用，未有不自誤者也。（「困知記」卷二）

羅氏爲了解決幾百年來儒學內部爭訟不息的中心問題，最後竟乞靈於原始典籍中的語句，這是心性之學必然要轉向經學研究的最好說明。理學爭論必須「取證於經書」，便是「經學卽理學」的眞源所在。這是思想史上所謂「回向原典」（return to sources）的普遍現象，並不僅中國儒家爲然。湯用彤說：

大凡世界聖教演進，如至于繁瑣失真，則常生復古之要求。耶穌新教，倡言反求聖經。佛教量部稱以慶喜（阿難）為師，均斥後世經師失教祖之原旨，而重尋求其最初之根據也。（「魏晉玄學論稿」「王弼之周易論語新義」）

這段話恰可以解釋從理學發展到經學的「內在理路」。

以觀念的最初出現而言，經學卽理學之說已始於十六世紀的歸有光（一五〇七—一五七一），費密（一六二五—一七〇一）說：

聖人之道，惟經存之，舍經，無所謂聖人之道。鑿空支蔓，儒無是也。歸有光嘗闢之云：「自周至於今，二千年間先王敎化不復見，賴孔氏書存，學者世守以為家法，講明為天下國家之具。漢儒謂之講經，後世謂之講道。能明於聖人之經，斯道明矣。世之論紛紛然異說者，皆起於講道也。」有光真不為所惑哉！（「弘道書」卷上「道脈譜論」）

歸氏原文見「送何氏二子序」（〔震川先生集〕卷九），費氏引文乃概括其大意。原文中特別提及當世儒者「敢爲異論，務勝於前人，其言汪洋恣肆，亦或足以震動一世之人」，則顯然針對王學而發。震川是文學家，不在理學門戶之內；但他接受儒家的基本價値，因此也同樣關懷儒學的發展，費氏也不是理學門戶中人，故其「舍經卽無所謂道」之說乃從震川處轉手，而稍早尙有錢謙益（一五八二—一六六四），直承震川之論。他說：

> 世謂之講道，漢謂之講經，而今聖人之經，卽聖人之道也。（〔初學集〕卷二十八「新刻十三經註疏序」）

這個說法無論在精神上或字面上都和震川「送何氏二子序」完全一致。方以智晚年在靑原山持論亦同。他一則曰：

> 夫子之教，始於詩書，終於禮樂……太枯不能，太濫不切。使人虛標高玄，豈若大泯於薪火。故曰：藏理學於經學。（〔靑原山志略〕「凡例」「書院」條）

再則曰：

> 朱、陸諍而陽明之後又諍，何以定之？曰：且衍聖人之教而深造焉……聖人之經卽聖人之道。（同上卷三「仁樹樓別錄」）

前一語卽顧亭林「經學卽理學」之說，後一語則與上引錢牧齋之文如出一手，尤其値得注意的是方氏明白指出，只有回到經典始能「定」程朱陸王之「諍」。這正是羅欽順「取證於經書」的主張。明代理學內部的爭辯不可避免地要逼出淸代的經學考證，觀羅、方諸家之說而益無可疑了。

淸代經學的興起具有哲學的背景，實例甚多。〔大學〕與〔古文尙書〕的考辨尤其可以說明問題。〔大學〕爲程、朱理學的基本根據之一，但是對王陽明的心學則構成極大的困擾。前面已提到陽明重訂〔大學古本〕的事。劉宗周（一五七八—一六四五）修正陽明學而別立「愼獨」的宗旨，但也因與〔大學〕言正、誠、格、致的先後次序不合，頗難調停。他因此而有〔大學古文參疑〕之作，網羅一切可見的版本而加以校訂。但是文獻與理論之間的矛盾還是不能完全消除。這樣終於逼出了陳確（一六〇四—一六七七）的「大學辨」之作。陳氏斷定「大學非聖經」，乃秦以後的作品，其動機純在解決陽明「致良知」與其師「愼獨」說中的理論困難。陳確在「大學辨」中明白地說：

> 故程子之言主敬也，陽明之言致良知也，山陰先生之言愼獨也，一也，皆聖人之道也，無勿合也；而以之說〔大學〕，則斷斷不可合。欲合之而不可合，則不得不各變其說。各變其說而於〔大學〕之解愈不可合。不可合于〔大學〕之解，而又未始不可合於聖人之道，則諸儒之言，固無有勿合也。而有勿合者，徒以〔大學〕之故而已矣。（〔陳確集〕別集卷十四「大學辨」）

這段話最可證明陳氏辨僞完全是出於哲學理論上的需要。他並不是一個爲辨僞而辨僞的經學家，更重要地，陳氏辨〔大學〕非聖經，其最終極的目的是摧毀朱子「致知格物」說的根據地，以伸張陽明的「知行合一」及其師的「一貫」之旨，他說：

> 陽明不直攻〔大學〕，而但與朱子爭格致之解，雖諄諄言知行合一，知行無先後，說非不甚正，而〔大學〕故在也。〔大學〕紛紛言先言後，有目共見，朱子反得憑〔大學〕之勢，而終以說勝陽明子，故其辨至今不息。嗚呼！此亦陽明之過也。（同書卷十四「

翠薄山房帖」）

又說：

語曰：「止沸者抽其薪」，此探本之論也。姚江之合知行，山陰（按：即劉宗周）之言一貫，皆有光復聖道之功，而於「大學」之能，終落落難合。僕痛此入於骨髓，幸天啓愚衷，毅然辨「大學」之決非聖經，為孔、曾雪累世之冤，為後學開蕩平之路。聖人復起，不易吾言。（同上別集卷十五「答查石丈書」）

這樣坦白的供證尤足證明清代經學考證是理學爭論的必然歸趨。

閻若璩（一六三六—一七〇四）著〔尚書古文疏證〕也同樣具有哲學的背景。〔古文尚書〕辨僞起於宋代的吳棫和朱子，早已成經學史上一大公案，故其事初未涉及哲學問題。閻氏則是一標準考證學者，也和陳確之專治理學者不同。但〔古文尚書〕中有「大禹謨」一篇，其中有「人心惟危，道心惟微；惟精惟一，允執厥中」十六字，是明代王學一派人一再強調的「虞廷傳心」此十六字在王學中的重要性，正相當於〔大學〕格物致知一節在朱子系統中的位置。閻氏指出「人心惟危，道心惟微」出於荀子所引的古代〔道經〕，也是在文獻方面對王學作釜底抽薪。蓋閻氏雖非理學家，但他的哲學立場則明明是偏袒程朱，反對陸王的。所以他在〔尚書古文疏證〕卷八之末論諸儒從祀一條中，一方面主張增祀羽翼程朱的羅欽順與高攀龍，另一方面則堅持要「近罷陽明、遠罷象山。」在陳述何以必須罷祀陽明一節中，他用了相當長的篇幅駁斥陽明「無善無惡心之體」之說。不但如此，在同卷第一百十九條中更特引黃宗羲序「疏證」兩卷本語，謂「十六字爲理學之蠹最甚」。可見他辨「人心」、「道心」一節之僞是出於一種明確的反陸王的意識。故〔尚書古文疏證〕一書始於辨僞而終於爭理學正統，斷無可疑。毛奇齡（一六二三—一七一六）在清初王學諸人中持門戶之見最深，自然識得閻氏的弦外之音，故他在〔古文尚書寃詞〕中特辨「虞廷傳心」十六字非僞（卷四），他在「與潛邱論尚書疏證書」中說：

> 昨承示〔尚書疏證〕一書，此不過惑前人之說，誤以〔尚書〕為偽書耳。其與朱陸異同則風馬不及，而忽詬金谿、姚江，則又借端作橫枝矣。……且人心、道心雖荀子有之，然亦荀子引經文。……又且正心誠意，本于〔大學〕；存心養性，見之〔孟子〕，並非金谿、姚江過信偽經，始倡心學，斷可知矣。（〔西河文集〕「書」卷七）

這封信更證明閻、毛兩人表面上雖是爭考證的是非，而暗地裏則仍繼續前代的哲學辯論。這是「藏理學於經學」的最具體的表現。

顧炎武「經學卽理學」的理論之所以發生較大的影響，主要是因爲他不但有理論而且有方法與著作足爲後世示範。他說：

> 愚以為讀九經自考文始，考文自知音始。以至諸子百家之書亦莫不然。不揣冒昧，僭為唐韻正一書，而於詩、易二經，各為之音，曰：詩本音，曰：易音。以其經也，故列於唐韻正之前。而學讀之，則必先唐韻正，而次及詩、易二書，明乎其所以變，而後三百五篇與卦文彖象之文可讀也。其書之條理最為精密。（〔亭林文集〕卷四「答李子德書」）

後來乾嘉經學基本上卽沿著顧氏所指示的途徑進行，故音韻、文字都發展成爲獨立的知識領域。但這一理論的本身也要等到清代中葉考證學完全成熟以後才臻於完備。戴震說：

> 經之至者，道也，所以明道者，其詞也，所以成詞者，字也。由字以通其詞，由詞以通

其道，必有漸。（〔戴震文集〕卷九「與是仲明論學書」）

又說：

後之論漢儒者，輒曰故訓之學云爾，未與於理精而義明。則試詰以求理義於古經之外乎？若猶存古經中也，則鑿空者得乎？嗚呼！經之至者道也，所以明道者其詞也，所以成詞者未有能外小學文字者也。由文字以通乎語言，由語言以通乎古聖賢之心志，譬之適堂壇之必循其階而不可以躐等。（同上卷十「古經解鈎沈序」）

同時錢大昕也說：

六經者，聖人之言。因其言以求其義，則必自詁訓始。謂詁訓之外別有義理，如桑門以不立文字為最上乘者，非吾儒之學也。（〔潛研堂文集〕卷二十四「臧玉琳經義雜序」）

戴、錢兩家的立論是建築在一個世紀的經典考證的基礎之上，所以比顧炎武「經學卽理學」之說更爲具體，也更具自信，但基本精神則顯與顧氏先後一貫，錢大昕特別指出「不立文字」的舊公案，足見他尚有「今之理學、禪學也」一語存乎胸中。戴震著「原善」、「易繫辭論性」、「讀孟子論性」及「孟子字義疏證」諸篇，在理學上別創新解，更使得「經學卽理學」不曾流爲虛語。無論我們對戴氏的哲學持何種態度，我們終不能不承認它代表了儒家在「道問學」階段的思想傾向。

經世致用

儒家自始卽是一種有體有用之學。宋代儒學復興尤在體用並重上面見精神。所以胡瑗在蘇州與湖州任敎，立「經義」與「治事」二齋，一方面講明六經，一方面習治民、禦寇、水利等實事，他的學生劉彝說：

聖人之道，有體、有用、有文；君臣父子仁義禮樂，歷代不可變者，其體也；詩書史傳子集，垂法後世者，其文也；舉而措之天下，能潤澤斯民，歸于皇極者，其用也。（〔宋元學案〕卷一「安定學案」）

可見儒學之用決不專在少數知識分子「成德」或「成學」一方面，其最終目的是要「措之天下，潤澤斯民」。這便是所謂「經世」或「經世致用」。〔中庸〕「君子尊德性而道問學」一語明明是指社會上領導人物的個人修養而言，不過是「經世」之前的準備工作而已。王安石變法是儒家「措之天下，潤澤斯民」規模最大的一次實驗，但是不幸而失敗了。他在「秣陵道中口占」中發出「經世才難就」的慨嘆；這句詩最生動地說明了儒家「經世」理想在政治領域內所碰到的挫折之大。南宋以後儒學之所以逐步轉爲內傾正是這一挫折的必然後果。再從儒學的全面發展來看，宋明理學至劉宗周而止是具有重大的象徵意義的。在劉氏的系統中，本體收縮至「意根」，功夫收縮至「愼獨」，這就表示出儒學在外在世界受到重重挫折之餘，不得不退歸內心世界，最後竟退至無可再退之境。

孔子曾說：「如有用我者，吾其爲東周乎？」「吾豈匏瓜也哉？焉能繫而不食？」（〔論語〕「陽貨篇」）這是儒家本有的一種「用」的衝動。孔子又說「用之則行，舍之則藏。」（〔論語〕「述而篇」）可見「藏」是不得已，屬第二義；「用」是正常的期待，屬第一義。明代以來，中國專制傳統發展到最高峯，儒者不能「行」其道於外，只有「藏」其心於內，這是一種無可奈何的遭遇。但儒家並未完全喪失其原始的「用」的衝動，因此每當政治社會危機深化之際，「經世」的觀念便開始抬頭，明末與清末都是顯例。

「經世」這個名詞最早見於〈莊子〉「齊物論」：「春秋經世，先王之志。」章炳麟認爲此「經世」兩字當作「紀年」解（〈國故論衡〉中「原經篇」），也許可信。後世也有把這個名詞用爲「入世」的同義語，以與佛教的「出世」相對者。如陸象山說：

> 儒者雖至於無聲無臭，無方無體，皆重於經世；釋氏雖盡未來際普度之，皆主於出世。（〈象山先生全集〉卷二「與王順伯」）

又明代泰州學派的趙貞吉欲作「二通」以括今之書；內篇曰「經世通」，外篇曰「出世通」。（〈明儒學案〉卷三十三）這都是「經世」一詞的泛用，並不特涵「經世致用」的意義。

但十六世紀時「經世」的觀念已逐漸受到重視。李贄在他的「藏書」中特闢「經世名臣」一項目，其義已近於「經世致用」。王陽明弟子也常常提及這個名詞，如王畿（一四九八—一五八三）說：

> 儒者之學以經世為用，而其實以無欲為本。（〈王龍谿先生全集〉卷十四「賀中丞新源江公武功告成序」）

又說：

> 儒者之學務於經世。然經世之術約有二端：有主於事者，有主於道者。主於事者以有為利，必有所得而後能寓諸庸；主於道者以無為用，無所待而無不足。（同上「贈梅宛溪

擢山東憲副序」）

從字面看，王畿似乎十分肯定經世致用，但稍加分析即可見他所說的只是一種「無用之用」。儒家經世自始即是「主於事者」。現在王畿特增出一種「以無爲用」而又專「主於道」的經世，其意不過在爲他講「四無」說（即心、意、知、物都是無善無惡）撐儒家的門面而已。王學中只有江右的馮應京才眞有經世的傾向，他所編《皇明經世實用編》二十八卷是一部很有影響的書。

但明末眞正能開闢經世的風氣者則必須以東林學派爲重鎭。黃宗羲記述顧憲成的講學宗旨道：

先生論學與世為體。嘗言：官輦轂念頭不在君父上，官封疆念頭不在百姓上，至於水間林上三三兩兩相與講求性命、切磨德義，念頭不在世道上。即有他美，君子不齒也。故會中亦多裁量人物，訾議國政，亦冀執政者聞而藥之也。天下君子以清議歸於東林，廟堂亦有畏忌。（《明儒學案》卷五十八「東林一」）

這才是道地的儒家經世之學，其中所言「水間林下三三兩兩」則正指王學末流空辯心性者而言。顧允成曾嘆謂其兄憲成曰：「吾歎夫今之講學者，恁是天崩地陷他也不管，只管講學。」（同上卷六十「東林三」）故東林雖亦繼王學之後而辨「無善無惡心之體」，辨本體與功夫，但其根本精神則已走上經世一路。黃宗羲又記高攀龍云：

遂與顧涇陽東林書院，講學其中，每月三日遠近集者數百人。以為紀綱世界，全要是非明白，小人聞而惡之。（同上卷五十八）

此「紀綱世界」一語便是「經世」兩字的確詁。復社接武東林，且有「小東林」之稱，其領袖之一的陳子龍終於崇禎十一年（一六三八）編成〈皇明經世文編〉五百四卷。此書網羅有明一代臣僚奏疏三千餘篇，二百七十年間的治亂事跡與制度沿革因之燦然明備。這才眞正是「致用」的經世之學，卷首諸序及凡例等所列贊助及鑒定者之姓名不下數十百人，江南名官及文社名士幾乎無遺漏，可見此書之成端賴衆力，並非陳子龍及一二編輯人的功績。換句話說，「經世」是明末知識界的共同意識。

和「道問學」一樣，「經世致用」也是清初儒學上承明代而來的一個普遍動向。所不同者，「道問學」主要出於儒學發展的內在要求，而「經世致用」則是儒學因受外在的刺激而起。不但如此，「道問學」與「經世致用」在當時正是相輔相成，並行不悖的兩輪。明末以來，由於儒者痛感水間林下空談心性之無補於世道，這才覺悟到儒學之體決不能限於「良知之獨體」，而必須回向經典，重求內聖外王之整體。從這一點說，不可否認地，道問學之興也自有其外緣的一面。

「經世致用」既是明清之際儒學的一般傾向，因此我們不能把主張「經世」的學者看成一個「學派」。事實上，當時各派的人都同樣注重「經世致用」，限於篇幅，此處姑略引顧炎武、李顒、黃宗羲、王夫之諸家言論來說明這一點，顧氏說：

> 孔子之删述六經，卽伊尹、太公救民於水火之心，……故曰：載之空言，不如見諸行事……愚不揣，有見於此，故凡文之不關六經之指，當世之務者，一切不為。（〈亭林文集〉卷四「與人書二」）

他又說：

> 君子之為學，以明道也，以救世也。……某自五十以後，篤志經史。……著〈日知錄〉，

上篇經術、中篇治道、下篇博聞，共三十餘卷。有王者起，將以見諸行事，以躋斯世於治古之隆。（同上「與人書二十五」）

這顯然是要回到原始儒教的「道體」而彰顯其經世之大用，即劉彝所謂「舉而措之天下，潤澤斯民」。而《日知錄》分爲經術、治道、博聞三篇也與劉氏體、用、文之三分先後若合符節。這裏我們更可看出，清初經世的份量遠比道問學爲重，因爲後者是手段，前者才是目的。

李顒是一位宗主陸、王的理學家，與顧氏尊朱抑王的哲學立場適相反。但他注重經世亦與顧氏無異。他說：

如明道定心以為體，經世宰物以為用，則體為真體，用為實用。（《二曲集》卷十六「書牘上」「答顧寧人先生」）

他更進一步明白地指出：

吾儒之教原以經世為宗。（同上卷十四「盩厔答問」）

李氏此語並非虛發，他中年以前曾著《經世蠡測》、《時務急策》等書，晚年講授仍不失此意。他爲受學者所開列的讀書目錄分爲「明體」與「適用」兩大類。前者是以陸、王爲主的理學書，而後者則從眞德秀的《大學衍義》、邱濬的《大學衍義補》、《歷代名臣奏議》、《文獻通考》等一直列舉到明末的經世著作，其中包括屯田、水利、鹽政、武備多種實務，尤其值得注意的是他特別看重馮應京的《皇明經世實用編》一書，這可以證明清初經世傾向確是自十六世紀流衍而來的。最後他感慨地說：

右自《衍義》以至《奏議》等書皆適用之書也。噫！道不虛談，學貴實效。學而不足以

> 開物成務、康濟時艱，真擁衾之婦女耳？亦可羞已！（同上卷七「體用全學」）

李氏平日講學仍以理學爲主，不過他的理學確從自家心身中打熬透悟而得。因此他才眞切地體認到「虛談」道體是當時一般所謂儒者的大病。他倡經世專從「事」的一方面著眼，與王畿「以無爲用」而專「主於道」的「經世」眞不可同日而語了。

黃宗羲的父親尊素死於東林黨獄，宗羲記其父臨死之前的志節有云：

> 先生以開物為務為學，視天下之安危為安危，苟其人志不在宏濟艱難，沾沾自顧，揀擇題目，以責聲名，則直鄙之為硜硜之小人耳。（『明儒學案』卷六十一「東林四」）

尊素被捕時又對宗羲說：「學者不可不通知史事，可讀『獻徵錄』」。（『結埼亭集』卷十一「梨洲先生神道碑文」）所以宗羲的經世意識直接得之東林傳統，全祖望論宗羲的學術旨趣有云：

> 公謂明人講學，襲語錄之糟粕，不以六經為根抵，束書而從事於遊談，故受業者必先窮經，經術所以經世，方不為迂儒之學，故兼令讀史。（同上）

宗羲一生主要精力雖用之於總結宋明理學，但他對儒學的新期待則轉爲兼通經史，以求明體而達用。在這一層次上，他的思想與顧炎武可以說是完全一致的。因此他對空談心性及舍六經而襲語錄也同樣地深惡痛絕。經世致用必主於事，故史學不容偏廢，而尤當留心於當身之史，此亦清初儒者的共同觀點。顧氏除『日知錄』外，尚有『天下郡國利病書』、『肇域志』各一百卷（後一書稿本已散佚），都是建築在史學基礎之上的經世著作。黃宗羲也是注重史學經世的人，他曾計劃編寫『宋史補遺』與『明史案』，惜均未成。但他在這一方面實有最卓越的貢獻，即中年所撰『明夷待訪錄』一書。這部書是中國政治思想上最有創造性的著作，但其立說之根據則全在明代的制度史，可以說是史學實用的典範，全祖望記他與黃之傳（字肖堂）共讀此書的感想云：

先生……嘗與予讀《明夷待訪錄》曰：是經世之文也。（《鮚埼亭集》卷二十二「黃丈肖堂墓版文」）

這是對《明夷待訪錄》最確切的評價。

王夫之無論在經學或理學方面都是清初最博大、最精深的學人，經學是他的根本，所以他自許爲「六經責我開生面」。（王敔「薑齋公行述」，收在《船山遺書》卷首）在理學方面他宗主張載，排斥陸、王，同時還能突破程、朱甚至儒家的限制。另一方面，他又是史學大家；他的《讀通鑑論》、《宋論》、《黃書》、《噩夢》等都是史學範圍內的重要作品。但是他早年曾受到東林學派的激動，推重顧憲成、高攀龍諸人，又曾從游於高攀龍的兒子世泰之門，所以他治史學也是以經世致用爲最終目的。他明白地指出：

所貴乎史者，述往以為來者師也。為史者，記載徒繁，而經世之大略不著，後人欲得其得失之樞機以效法之無由也，則惡用史為？（《讀通鑑論》卷六）

他是清代最早正式提出「史學經世」這個觀念的人，章學誠比他要遲一百多年（《文史通義》「內篇二」「浙東學術」）。王夫之中歲以後隱居湘西三十年，與並世學人幾乎全無交涉，而持論與顧、黃諸家相近如此，更可見明末經世意識在思想界持續之久和影響之深了。

我們必須瞭解明末清初儒家注重經世的普遍風氣，然後才能確定顏、李學在思想史上的意義與位置。以年世言，顏元（一六三五—一七〇四）、李塨（一六五九—一七三三）上較晚明諸遺老已是第二代、第三代的人了。這時候宋明理學已成強弩之末，而經典考證則尚在初興的階段。

顏元早年當然是讀經史古籍出身的，稍後則出入程朱陸王，而尤好陸王心學。但是這兩種學問在當時已無眞實生命，因此無法滿足他那種認眞而又注重實踐的性格，這樣他就逐漸發展出一種既反對讀書著作又反對靜坐見性的堅決態度，他以過來人的身分指證這兩種功夫不但完全無用，而且大有害於心身，他的正面主張則非常簡單，基本上可以歸納為一個「用」字，他嘗云：

陳同甫謂人才以用而見其能否，安坐而能者不足恃，兵食以用而見其盈虛，安坐而盈者不足恃。吾謂德性以用而見其醇駁，口筆之醇者不足恃，學問以用而見其得失，口筆之得者不足恃。（李塨、王源〔顏習齋先生年譜〕卷上「丁巳四十三歲條」）

可見無論是「尊德性」或「道問學」，他都以一「用」字斷之。他之所以欣賞陳亮也是以「用」為主眼，顏元又說：

秦漢以降，則著述講論之功多而實學實教之力少。宋儒惟胡子立經義、治事齋，雖分析已差而其事頗實矣；張子教人以禮而期行井田，雖未舉用而志可尚矣。（〔存學編〕卷一「明親」）

他在儒學傳統中僅推崇胡瑗、張載兩人，因為他們兩知重視實用。程、朱、陸、王以下則都在抨擊之列。至於胡瑗析經義與治事而二之，他仍不以為然。如果以劉彝體、用、文三分法來衡量，顏氏實僅取「用」之一端而已。但他既以得聖道眞傳自負，自然不能完全沒有經典上的根據，他的根據如下：

唐虞之世，學治俱在六府、三事；外六府、三事而別有學術便是異端。周、孔之時，學治只有個三物；外三物而別有學術便是外道。（〔顏習齋先生言行錄〕卷下「世情第十七」）

六府（金、木、水、火、土、穀）、三事（正德、利用、厚生）本之〔僞古文尚書〕之「大禹謨」（亦見〔左傳〕文公七年），三物（六德、六行、六藝）則本之〔周禮〕（「地官・大司徒」），其中對他最親切而實際的則是禮、樂、射、御、書、數六藝，他的學生問他關於「六藝」的功效，他答道：

> 今於禮、樂、兵、農無不嫺，卽終身莫之用而沒，以體用兼全之氣還於天地，是謂盡人道而死，故君子曰終。（〔存學編〕卷一「學辨一」）

可知顏元的聖學落實下來便成禮、樂、兵、農四大要目。學者只要能實習這四藝，卽是「體用兼全」，可以死而無憾。所以在他的思想系統中道之「體」不須他覓，卽存在於「用」之中。

顏氏之學斥程、朱，兼斥陸、王，反讀書又反靜坐。驟視之似乎前無所承，但細按之則實開明末以來經世致用之風而起。所不同者，顧炎武、黃宗羲、李顒諸人雖重經世而仍守讀書窮理的舊傳統，卽顏氏最欽佩的孫奇逢（一五八五—一六七五）與陸世儀（一六一一—一六七二）也取徑不異：孫氏宗陽明而從事於武備、農事種種實務；陸氏宗朱子而講求天文、地理、水利、農田、兵法，只有顏氏獨樹一幟，專在「經世致用」一點上立足，其他一概棄而不道，這可以說明他何以終能形成一個獨立的學派。顏學是經世之學，這一事實，他的弟子們曾一再地加以揭出。王源（一六四八—一七一〇）說：

> 先生初學未幾，卽學兵法，此所以遠邁宋儒，直追三代經世之學也。（〔顏習齋先生年譜〕卷上二十三歲條按語）

李塨則說：

古人之學，禮、樂、兵、農，可以修身，可以致用，經世濟民，皆在於斯，是所謂學也。（〔存學編〕郭金城序所引）

顏元自己也曾用「經世」兩字來說明他的學術性格，他說：

學而必習，習又必行，固也。今乃謂全不學習經世之事，但明得吾體，自然會經世，是人人皆不勉而中矣！且雖不勉之聖人亦未有不學禮樂而能之者。（〔顏習齋先生言行錄〕卷下「世情第十七」）

顏元嚴守自己的信條，不肯耗費精神於文字，故不甚提及當時流行的著述。他的思想淵源遂因此晦而不彰。李塨則要光大師教，故廣通聲氣，不廢博覽。從他的文字中我們可以清楚地看出顏學的脈絡。李氏曾輯諸儒論學一編，名曰〔未墜集〕，其中李顒「吾儒之學以經世為宗」一條（按卽前引「盩厔答問」），顏元批曰：

見確如此。……何不舉古人三事三物之經世者與人習行哉！（〔顏習齋先生年譜〕卷下五十八歲條）

這是李塨把顏學安置在當時經世思潮之中並獲得其師親自認可的顯證。李氏又指出：

明季盱眙馮慕岡（按：卽馮應京）著經世實用編，卽重六藝；清初太倉陸桴亭（按：卽陸世儀）有思辨錄，講究六藝頗悉……皆與習齋說不謀而合。（〔恕谷後集〕卷十三「醒蒼文集序」）

這更是將顏氏的經世意識一直追溯到十六世紀了。「經世致用」是瀰漫在明清之際思想界的一種共同精神，顏元在不知不覺之間便會感受得到，而不必定得之於某家某書。李塨所說的「不謀而合」是很自然的事。至於李塨本人，則更是有意識地繼承並發展了清代的經世傳統，他在二十八歲時即「書廿一史經濟可行者於册，曰：〔閱史郄視〕」（〔李恕谷先生年譜〕卷二），七十三歲時又撰「擬太平策」（「自序」）。這顯然走的是顧、黃、王諸家史學經世的途徑。但李塨已進入考證學成熟的階段。「經世致用」的外緣既不存在，而顏、李學派所根據的經典又適成爲眞僞聚訟之所在。顏元反對講書，認爲「有疑乃講之」（〔顏習齋先生年譜〕卷上三十五歲條）。不幸他的立論根據便正是「有疑」，逼使李塨不得不走上讀書著書之一途。「經世致用」終於淹沒在「道問學」的洪流中了。

但是「經世」的意識並沒有從中國思想史上完全消失，它仍然深藏在儒學的底層，即使在乾嘉考證學鼎盛的時代，第一流學人也始終不能忘情於「經世致用」。最瞭解戴震思想的洪榜說：

> 先生（指戴震）抱經世之才，其論治以富民為本。故常稱〔漢書〕云：「王成、黃霸、朱道、龔遂、臺信臣等，所居民富，所去民思，生有榮號，死見奉祠，廩廩庶幾德讓君子之遺風。」先生未嘗不三復斯言也。（〔戴震文集〕附錄「戴先生行狀」）

章炳麟論戴氏之學也說：

> 震自幼為賈販，轉運千里，復具知民生隱曲，而上無一言之惠，故發憤著〔原善〕、〔孟子字義疏證〕，專務平恕。如震所言，施於有政，上不訾苛，下無怨讟，不食孳殖，可以致刑措。……夫言欲不可絕，欲當即為理者，斯固竦政之言，非飭身之典矣。（〔太炎文錄〕卷一「釋戴」）

洪、章兩氏的論點恰足以互相發明，而章氏掘發戴震哲學的經世背景，所見尤爲深透。

錢大昕序明代袁袠所著的一部經世作品曰：

夫儒者之學在乎明體以致用，詩書藝禮皆經世之言也。〔論語〕二十篇、〔孟子〕七篇，論政者居其半。當時師弟子所講求者，無非持身、處世、辭受、取予之節，而性與天道雖大賢猶不得而聞。儒者之務實用而不尚空談如此。（〔潛研堂文集〕卷二十五「世緯序」）

錢氏在乾嘉學人中最稱謹飭，但此序發揮儒學經世之旨則不免情見乎詞，我們不難由此窺見他內心深處對現實社會的關注。此外如章學誠本「史學經世」而發爲禮貴當時之說。洪亮吉（一七四六—一八〇九）「意言」切論當世積弊，汪中（一七四四—一七九四）撰「哀鹽船文」反映鹽民的痛苦，都是經史考證學者具有經世意識的顯證。汪中出身貧困，與戴震相似，故研治禮經皆期其有益於民生日用。他在給畢沅的信上說：

昔子產治鄭，西門豹治鄴，汲黯治淮陽，黄霸治潁川，虞詡治朝歌，張金義治洛陽，並以良績光于史册。公既兼其地，又兼其政。邦家之光，民之父母，斯則中所企注者耳。中少日問學實私淑顧寧人處士，故嘗推之六經之旨，以合乎世用。（〔述學別錄〕「與巡撫畢侍郎書」）

他希望畢沅效法歷史上的循吏，正與戴震「論治以富民爲本」的觀點相一致，他自述治經以顧炎武爲楷模，則說明他是自覺地繼承了清初儒家的經世精神。他又說：

中嘗有志於用世，而恥為無用之學，故於古今制度沿革民生利病之事，皆博問而切究之，以待一日之遇。（同上「與朱武曹書」）

在這一段話裏，「窮經待後王」（顧炎武詩）與「明夷待訪」的意態更是躍然紙上了。

十九世紀初葉，隨著社會政治危機的日益加深，儒家的經世意識終於全面復活，魏源輯（皇朝經世文編）始於一八二五，下距鴉片戰爭尚十有餘年，所以晚清經世思想的興起決不能解釋爲對西方挑戰的反應，而是中國思想史自身的一種新發展，其外在的刺激也依然是來自中國本土。

聞見之知與德性之知

「聞見之知」（或「見聞之知」）的觀念是相對於「德性之知」而成立的，把知分爲「德性」與「聞見」兩類是宋代儒家的新貢獻。大略地說，這一劃分始於張載，定於程頤，盛於王陽明，而泯於明清之際。其發展歷程適與儒學從「尊德性」轉爲「道問學」相應。爲了比較深入地認識清代思想的性質，對這一觀念的歷史演變加以整理是有必要的。

張載說：

> 世人之心，止於聞見之狹；聖人盡性，不以見聞梏其心；其視天下，無一物非我。……見聞之知乃物交而知，非德性所知。德性所知，不萌於見聞。（〈正蒙〉「大心篇」）

張載在這裏所要說明的問題主要是聖人何以能超越自我而與天地萬物爲一體。其關鍵即在心不爲感官（見聞）所限而別具一種更高的抽象認知的能力。由於他把這一高級智能看成人的道德觀念的來源，因此稱之爲「德性所知」。「見聞」與「德性」之別，其經典的根據是〈孟子〉。「告子上」云：「耳目之官不思，而蔽於物。物交物，則引之而已矣。心之官則思，思則得之，不思則不得也。」」但是孟子尚僅就官能而言：他的「思」指向道德，而未必以道德領域爲限。張載的劃分則特別凸顯了道德知識與一般客觀知識的對比。這是宋明儒學在「尊德性」階段所展示的新方向。

程頤進一步把這一分別確定爲下面的形式：

聞見之知非德性之知，物交物，則知之非內也；今之所謂博物多能者是也。德性之知，不假見聞。（「二程遺書」卷二十五「伊川先生語十一」）

程頤的說法字面上雖與張載相近，而實則頗有不同。第一，程氏明白以「聞見之知」與「德性之知」對舉，而張氏僅云「德性所知」。第二，張氏對「聞見」未作清晰界說，程氏舉「博物多能」爲例，遂確定「聞見」不限於感官所得的知識。「博物多能」決不能僅靠「耳目之官」，它同樣也離不開更高一層的「心之官」。故「德性」與「聞見」正式分爲兩種截然不同之「知」，其事正式始於程氏。第三，張氏謂「德性所知不萌於見聞」，意卽德性不始於聞見，但並未說明是否完全不需要聞見。程氏改「萌」字爲「假」字，好像表示「德性」自始至終都與「聞見」無關。這樣一來，這兩種知識的分別便變得絕對化了，後世關於這個問題的討論基本上是以程氏的說法爲根據的。

由於王陽明自認他所講的「良知」卽是「德性之知」，「良知」和「聞見之知」的關係遂成爲王學中的一個中心問題。他的學生歐陽德（字崇一，一四九七—一五五四）曾問他道：

師云：德性之良知非由於聞見，若曰：「多聞擇其善者而從之」，「多見而識之」則是專求見聞之末，而已落在第二義，竊意良知雖不由見聞而有，然學者之知未嘗不由見聞而發。滯於見聞固非，而見聞亦良知之用也。今曰落在第二義，恐專以見聞為學者而言。若致其良知而求之見聞，似亦知行合一之功夫！如何？

歐陽德因為《論語》上明有「多聞」、「多見」之文，深感完全否定「聞見之知」似有未妥，故問其師是否可以在承認「良知」為第一義的大前提下給「聞見之知」安排一個「第二義」的位置。這大概是明代許多「尊德性」的儒者心中所同有的疑問。陽明答曰：

良知不由見聞而有，而見聞莫非良知之用。故良知不滯於見聞，而亦不離於見聞……故致良知是學問大頭腦，是聖人教人第一義。……若主意頭腦專以致良知為事，則凡多聞多見莫非致良知之功。蓋日用之間，見聞酬酢，雖千頭萬緒，莫非良知之發用流行。除卻見聞酬酢，亦無良知可致矣。故只是一事。若曰致其良知而求之見聞，則語意之間未免為二，此與專求之見聞之末者雖稍有不同，其為未得精一之旨則一而已。「多聞擇其善者而從之」，「多見而識之」，既云擇、又云識，其良知亦未嘗不行於其間。但其意乃專在多聞多見上去擇識，則已失卻頭腦矣。（《傳習錄》卷中「答歐陽崇一」）

細察陽明之意，良知雖在本質上是「德性之知」，但其中卽包括了「聞見之知」，因為聞見並不在良知之外，而是良知在低一層次（所謂「第二義」）的運作而已。至於良知何以能自我轉化為聞見，陽明則未有明白的解說，所以陽明的良知基本上是一種「超知識」的性格。儘管如此，「聞見之知」在陽明的哲學系統中沒有獨立自足的地位則顯然可見。因此他竟公然指責《論語》上那些關於「多聞」、「多見」的說法為「失卻頭腦」。正是由於陽明對「聞見之知」抱著一種壓抑的態度，他的弟子輩最後便走上了「反知識」的一條路。王畿說：

夫良知之與知識，爭若毫釐，究實千里。同一知也，良知者不由學慮而得，德性之知求諸己也；知識者由學慮而得，聞見之知資諸外也。（〔王龍溪語錄〕卷二「書婺源同志會約」）

依王畿的說法，良知不學不慮，知識則必學必慮。故追求知識與「致良知」適成背道而馳。「聞見之知」在此不僅是「第二義」的，而且具有負面的意義。因此王畿又說：

吾人學不足以入聖，亦是不能蒙（按「蒙」指「蒙童」，卽赤子之心）。知識反為良知之害，才能反為良能之害，計算反為經綸之害，若能去其所以害之者，復還本來清靜之體，所謂溥博淵泉，以時而出，聖功自成，大人之學在是矣。（同上卷五「與陽和張子問答」）

知識有害於良知，必去之而後始能復入聖域，這是王學末流的共同見解。明清之際許多思想家不滿意王學，起而加以彈正，其重點之一便是這一絕對化的良知論。

與王陽明同時的王廷相（一四七四—一五四四）已正式駁斥「德性之知」與「聞見之知」的區別，他的知識論明確地表現在下面這一節文字中：

心者，棲神之舍；神者，知識之本；思者，神識之妙用也。自聖人以下，必待此而後知，故神者在內之靈，見聞者在外之資。物理不見不聞，雖聖哲亦不能索而知之。使嬰兒孩提之時，卽閉之幽室，不接物焉；長而出之，則日用之物不能辨矣，而況天地之高遠，鬼神之幽冥，天下古今事變，杳無端倪，可得而知之乎？夫神性雖靈，必藉見聞思慮而知，積知之久，以類貫通，而上天下地，入於至細至精，而無不達矣！雖至聖莫不由此。夫聖賢之所以為知者，不過思與見聞之會而已。世之儒者乃曰思慮見聞為有知，不足為知之至，別出德性之知為無知，以為大知。嗟乎！其禪乎！不思甚矣。殊不知思與見聞必由吾心之神，此內外相須之自然也，德性之知，其不為幽閉之孩提者幾希矣。

（〔王廷相哲學選集〕「雅述」上篇）

王廷相認定一切知識都是「思」與「見聞」內外會合的結果，故無所謂完全不涉及聞見的「德性之知」。他強調「積知之久，以類貫通」，基本上這是承繼了荀子知識論的觀點，同時也比較接近朱子〔大學〕「格物補傳」的看法。在陽明良知說盛行的時代，這一知識論的出現在思想史上具有新的意義的，它象徵著儒學「尊德性」之境已發展至極限，「道問學」的階段即將代之而起了。

明代中葉以後，程、朱學派糾正陽明「良知」之說也往往嚴守「聞見之知」這一關口，呂柟（涇野，一四七九—一五四二）和羅欽順足爲代表。〔明史〕說：「時天下言學者，不歸王守仁，則歸湛若水，獨守程、朱不變者，惟柟與羅欽順云。」（卷二八二「呂柟傳」）「呂涇野先生語錄」載：

南昌裘汝中問：聞見之知非德性之知。先生曰：大舜聞一善言，見一善行，沛然莫之能禦。豈不是聞見？豈不是德性？然則張子何以言不梏於見聞？曰：吾之知本是良的，然被私欲迷蔽了，必賴見聞開拓，師友夾持而後可。雖生知如伏羲亦必仰觀俯察，汝中曰：「多聞擇其善而從之，多見而識之，乃是知之次也。」是以聖人將德性之知，不肯自居，止謙為第二等工夫。曰：聖人且做第二等工夫，吾輩工夫只做第二等的也罷。殊不知德性與聞見相通，原無許多等第也。（「明儒學案」卷八「河東學案二」）

「德性」與「聞見」相通，做工夫只在「聞見」上，這是針對王學而發的明快駁斥。羅欽順對良知說的諍議尤其深刻。他說：

然人之知識不容有二，孟子本意但以不慮而知者名之曰良，非謂別有一知也。今以知惻隱、知善惡、知恭敬、知是非為良知，知視、知聽、知言、知動為知覺，是果有二知乎？夫人之視、聽、言、動，不待思慮而知者亦多矣。感通之妙捷於桴鼓，何以異於惻隱、羞惡、恭敬、是非之發乎？且四端之發，未有不關於視、聽、言、動者，是非必自其口出，恭敬必形於容貌，惡惡臭輒掩其鼻，見孺子將入於井，輒匍匐而往救之，果何從而見其異乎？知唯一爾，而強生分別，吾聖賢之書未嘗有也。（「困知記」卷五附錄「答歐陽少司成崇一」）

羅氏此處駁「良知」與「知覺」不得判然劃分為二，「良知」也不能離開「知覺」而懸空地存在，其根據即是朱子對「聞見之知」的意見。有人問朱子「知有聞見之知否？」朱子答道：

知只是一樣知，但有真不真，爭這些子！不是後來又別有一項知，所知亦只是這個事，如君止於仁，臣止於敬之類。人都知得此，只後來便是真知。（「朱子語類」卷三十四「論語十六，蓋有不知而作之者章」）

「後來又別有一項知」即指「德性之知」。朱子根本不承認「知」有「聞見」與「德性」之辨。但因程頤主張此一分別，故下語較含蓄而已。由此可見朱子絕不盲從程頤，在理學史上，一般人雖視程、朱爲一派，其實兩人之間大有異同在。在這個重要問題上，反而是王陽明沿襲了程頤的觀點。後世儒家各據自己的哲學立場爲宋明理學劃分系統，然皆不免簡化與武斷之病，其分解愈整齊則離開歷史眞實也愈遠。羅欽順又謂聞見之知亦有「不待思慮」者，與「德性之知」不異。這對陽明及其後學尤爲有力的駁論。羅汝芳（一五一五—一五八八）曾持赤子卽具無所不知的「良知」之說，以駁斥朱子「由良知以充之以至無所不知」的見解。他的學生不瞭解這種論點，於是他舉例說：

今試抱赤子而弄之，人從左呼則目卽盼左，人從右呼則目卽盼右，其耳蓋無時而不聽，其目蓋無處而不盼，其聽其盼蓋無時無處而不展轉，則豈非無時無處而無所不知能哉！

（〔盱壇直詮〕下卷）

毫無疑問地，羅汝芳在這裏是以人的生物本能來解釋良知，卽是羅欽順所謂「人之視、聽、言、動，不待思慮而知者」。羅汝芳（近溪）在王學傳統中與王畿（龍溪）齊名，當時論者卽有「龍溪筆勝舌，近溪舌勝筆」（〔明儒學案〕卷三十四「泰州三」）之說。現在他解釋「不學而能」、「不慮而知」的「良知」竟不自覺地陷入羅欽順所持「德性」與「聞見」同是一「知」的論斷。這也是「尊德性」的領域已開拓窮盡的一種朕兆。

劉宗周是明末理學的最後一位大師，他的「愼獨」宗旨基本上仍脫胎於陽明「致良知」之教。其子劉汋曾說：「先生于陽明之學凡三變：始疑之，中信之，終而辨難不遺餘力。」（〔劉子全書〕卷四十下「蕺山年譜」六十六歲冬十一月條下附註）像這樣一個從王學內部奮鬭出來的人，他的批判是特別值得注意的。他晚年批判儒學史上許多二分法的謬誤，其中專門涉及陽明者有兩條：

聞見、德性分言，自陽明子始；頓漸分言，亦自陽明子始。（同上「年譜」六十六歲十二月條）

可見他把「聞見之知」與「德性之知」的劃分看成王學的第一特色。這一分法確自陽明以來才成為理學的中心問題，故他歸始於陽明也不算嚴重錯誤，他對這一問題的正式意見如下：

世謂聞見之知與德性之知有二。予謂聰明睿知非性乎？睿知之體不能不竅於聰明，而聞見啓焉。性亦聞見也，效性而動者學也。今必以聞見為外，而欲隳體黜聰以求睿知，並其睿知而槁矣！是隳性於空，而禪學之談柄也。（「劉子全書」卷二十九「論語學案」「多聞擇善、多見而識」條）

他又說：

蓋良知與聞見之知總是一知，良知何嘗離得聞見？聞見何嘗遺得心靈？（「明儒學案」卷六十二「蕺山學案」「語錄」）

以哲學背景而言，劉宗周與王廷相、羅欽順都不相同，但是關於這個問題的意見竟殊途而同歸。其間微有不同者，王、羅兩人偏重在說明「德性之知」不能絕對化，劉宗周則偏于加重「聞見之知」在儒學中的份量。這種深微的變遷尤其透露了思想史發展的消息。

這個新的趨向至清初而益為顯著。王夫之注張載〈正蒙〉，雖沿用「德性」與「聞見」的分別，卻處處對「聞見之知」露出鄭重之意。「德性所知，不萌於見聞」句，注云：

見聞可以證於知已知之後，而知不因見聞而發。

注文上半句在原文中並無著落，顯然是王夫之爲了強調「見聞」的功能而添入的。〈正蒙〉：「人病其以耳目見聞累其心，而不務盡其心。故思盡其心者，必知心所從來而後能。」註云：

耳目見聞皆其（指「靈明」）所發之一曲，而函其全於心以為四應之真知。知此，則見聞不足以累其心，而適為獲心之助，廣大不測之神化，無不達矣。

按：原文僅言「見聞累其心」，注語則轉說「見聞」爲何能不爲心累，反爲獲心之助。這裏更顯出注者正視「聞見之知」的深意。〈正蒙〉：「耳目雖爲性累，然合內外之德，知其爲啓之要也。」注云：

多聞而擇，多見而識，乃以啓發其心思而會歸於一，又徒恃非存神而置格物窮理之學也。此篇力辨見聞之小而要歸於此，張子之學所以異於陸、王之孤僻也。（以上均見〈張子正蒙注〉卷四「大心篇」）

按：「大心篇」以大、小分別德性與見聞兩種「知」，正是後來王陽明良知說的一項重要依據。王夫之因此句正文中一「啓」字而特別把張載和陸、王區別開來，其重視「聞見」與「格物窮理」之情已躍然紙上。又〈正蒙〉「乾稱篇」：「此人心之所自來也」句，注曰：

內心合外物以啓，覺心乃生焉，而於未有者知其有也；故人於所未見未聞者不能生其心。（同上卷九「乾稱篇下」）

此注尤其重要。如果「人於所未見未聞者不能生其心」，那麼張載「德性所知，不萌於見聞」的命題便不免要發生動搖了。他在別處又說：

知見之所自生，非固有。非固有而自生者，日新之命也。原知見之自生，資于見聞。見聞之所得，因于天地之所昭著與人心之所先得。人心之所先得，自聖人以至于夫婦，皆氣化之良能也。（「思問錄」「內篇」）

可見他的知識論有兩個組成部份：一是「見聞」，相當於一般所謂「感覺素材」，一是「人心之所先得」，相當於所謂「理性」，亦卽孟子所謂「心之官」。前者是經驗的，後者是先驗的。但是王夫之自己並不用「德性之知」與「聞見之知」這種分法，雖則他也以後者在認知的層次上高於前者。最重要的是他強調這兩個層次的認知不可分離，並且相待而成。一般地說，他把前者的功能劃入「格物」的層次，後者則歸之「致知」的層次，因此他說：

大抵格物之功，心官與耳目均用，學問為主而思辨輔之。所思所辨者皆其所學問之事。致知之功則惟在心官，思辨為主而學問輔之。所學問者乃以決其思辨之疑。致知在格物，以耳目資心之用，而使有所循也。非耳目全操心之權，而心可廢也。（「讀四書大全說」卷一）

他雖時時對朱子的思想有所指責，但他的知識論基本上則沿襲朱子的格局而有新的發展。程頤「德性之知不假見聞」的觀點是和他的哲學系統不相容的。自王陽明以來「聞見之知」在儒學中的地位沒有達到過這樣的高度。

王夫之在淸初是最能深入理學堂奧的人，故討論「聞見之知」最精到，也最具代表性。顧炎武的理學興趣甚淡，但是他對「聞見之知」的重視則決不在王夫之之下，他說：

聖人所聞所見，無非易也，若曰掃除聞見，幷心學易，是易在聞見之外也。……若夫墮枝體、黜聰明，此莊周列禦寇之說，易無是也。（「亭林文集」卷四「與友人書二」）

顧氏未涉及「德性之知」的問題，但他力闢「掃除聞見」與「墮體黜聰」之妄則與劉宗周不謀而合，明、清之際思想史的動向由此可見，

下逮乾嘉之世，儒學進入「道問學」的時代，「德性之知」必須建築在「聞見之知」的廣大基礎之上既已成爲學者間一種共同接受的假定，這一分別便不復是思想界爭論的中心了。我們可以下面所引戴震的話代表清代中期的一般見解：

〔論語〕曰：多聞闕疑，愼言其餘，多見闕殆，愼行其餘。又曰：多聞擇其善者而從之；多見而識之，知之次也。又曰：我非生而知之者，好古敏以求之者也。是不廢多學而識矣。然聞見不可不廣，而務在能明於心。一事豁然，使無餘蘊，更一事而亦如是。久之，心知之明，進於聖智，雖未學之事，豈足以窮其智哉！（〔孟子字義疏證〕卷下「權」字條）

戴氏的知識論頗近王夫之，卽始於「聞見」而終於「心知之明」。若持與朱子〔大學〕「格物補傳」相較，則論致知的階程亦大體相似。但因戴氏不取朱子「理得於天而具於心」之說，故沒有「一旦豁然貫通」，「吾心之全體大用無不明」的最後境界。這正是清代儒學與宋、明理學在知識論上的一個根本分歧之點。

博與約

「博」與「約」是儒學的原始觀念之一，〔論語〕兩次以「博」與「約」對舉（「雍也」章

及「顏淵」章：「君子博學於文，約之以禮」；「子罕」章：「博我以文，約我以禮」）。〔孟子〕云：「博學而詳說之，將以反說約也」（「離婁」下），更進一步涉及兩者之間的關係。和「博」與「約」相近的還有「多學」與「一貫」（〔論語〕「衞靈公」：「賜也，女以予爲多學而識之者與？」對曰：「然，非與？」曰：「非也，予一以貫之。」）、「學」與「思」（〔論語〕「爲政」：「學而不思則罔，思而不學則殆。」）等互相對照的說法，也都屬於同一組的觀念，在後儒的討論中常常牽連在一起。

宋明儒者關於這一問題的解釋太多了，無法也不必一一列舉。大體上說，「博」是「道問學」方面的事，「約」則歸宿到「尊德性」上，即道德實踐。南宋時朱亨道已指出朱子「欲令人泛觀博覽，而後歸之約」；象山兄弟「意欲先發明人之本心，而後使之博覽。」（參看「從尊德性到道問學」篇）這種說法雖過於簡化，未必符合雙方（尤其是朱子）的原意，但可以說明一般儒者對「博」、「約」關係的認識。朱子說：

> 博學是致知，約禮則非徒知而已，乃是踐履之實。（〔朱子語類〕卷三十三「論語十五，雍也篇四」）

這是明白地以「博」、「約」分屬「道問學」與「尊德性」兩境，這一分別大致爲後世朱學中人所遵循。故明代胡居仁（一四三四—一四八四）云：

> 孔門之教惟博文約禮二事：博文是讀書窮理事，不如此則無以明諸心；約禮是操持力行事，不如此無以有諸己。（〔明儒學案〕卷二「崇仁學案二」引「居業錄」）

儘管「約」在朱子的系統中是最後的歸宿，但「博」的份量則異常沉重。所以朱子又說：

孔子之教人亦博學於文，如何便約得？

博文工夫雖頭項多，然於其中尋將去自然有個約處，聖人教人有序，未有不先於博者。

（「朱子語類」卷三十三「論語十五，雍也篇四」）

明代是儒家「尊德性」的最高階段，故重「約」而輕「博」。陳獻章（白沙，一四二八—一五〇〇）與王陽明可爲代表。黃宗羲說：「有明之學至白沙始入精微……至陽明而後大。」（「明儒學案」卷五「白沙學案」序）但是陳弟（一五四一—一六一七）則說：「書不必讀，自新會（陳）始也；物不必博，自餘姚（王）始也。」（「一齋集」「謬言」）事實上黃、陳兩家的論斷並不衝突，蓋前者所持的標準在「尊德性」，後者則在「道問學」，故各有攸當。陳獻章以「自然」爲宗，求道不由博覽，嘗曰：

學勞擾則無由見道，故觀書博識，不如靜坐。（「白沙子全集」卷三「書」「與林友」）

他提倡「靜坐」便正是爲了歸宿於「約」。所以他自述爲學經歷曰：

僕才不逮人，年二十七始發憤從吳聘君（與弼）學。其於古聖賢垂訓之書蓋無所不講，然未知入處。比歸白沙，杜門不出，專求所以用力之方。既無師友指引，惟日靠書冊尋之，忘寢忘食，如是者亦累年，而卒未得焉。所謂未得，謂吾此心與此理未有湊泊脗合處也。於是舍彼之繁，求吾之約，惟在靜坐。久之然後見吾此心之體隱然呈露，常若有物。……於是渙然自信曰：作聖之功其在茲乎？（同上「復趙提學僉憲」）

陳氏此處所言甚爲親切，但其廢棄博文，專從「靜坐」中求「約」的意態也呈露無遺。

王陽明本其「知行合一」之說，將「博」與「約」併成一體，既不分先後，也無所偏廢。故就字面上說，他似乎兼攝「博文」與「約禮」，他說：

夫禮也者，天理也。天命之性具于吾心，其渾然全體之中而條理節目森然畢具，是故謂之天理。天理之條理謂之禮。是禮也，其發見於外則有五常百行、酬酢變化、語默動靜、升降周旋、隆殺厚薄之屬。宣之於言而成章，指之於為而成行，書之於冊而成訓，炳然蔚然，其條理節目之繁至於不可窮詰。是皆所謂文也。是文也者，禮之見於外者也；禮也者，文之存於中者也。文，顯而可見之禮也；禮，微而難見之文也。是所謂體用一源，而顯微無間者也。是故君子之學也，於酬酢變化、語默動靜之間而求盡其條理節目焉。非他也，求盡吾心之天理焉耳矣。求盡其條理節目焉者，博文也；求盡吾心之天理焉者，約禮也（〈王文成公全書〉卷七「博約說」）

稍加分析，我們卽可發現陽明已將外在的「博文」緊收於內在的「約禮」上。「禮」是「吾心之天理」，「文」則是「天理」的「條理節目」。故「文」亦在內心，不在外界，不過表現於外而已。所以最扼要地說，「約禮」只是要此心純是「天理」，而「博文」只是「就理之發見處用功」（見同書卷一「傳習錄」上）。由此可見，陽明的「博文」澈頭澈尾是「尊德性」方面的事，與朱子在「道問學」層次上說「博文」截然異趣。從陽明的觀點言，不但朱子「欲令人泛觀博覽，而後歸之約」的程序不能成立，卽陸象山「先發明人之本心，而後使人博覽」的說法也是有問題的。

但是「博文」在儒學傳統中畢竟有它的客觀位置，王陽明的新說雖然震動了一世的視聽，卻無法完全消解此一客觀傳統，所以陽明的後學便已不斷爲這個問題所困擾，而且他們的答案也不能嚴守陽明的新解，即以「文」爲「天理之條理節目」。朱子注「君子博學於文」云：

君子學欲其博，故於文無不考。（「論語集註」卷三「雍也」）

顯然是以「文」爲今天所謂的「文獻」，也就是六經古訓、前言往行之類。這一傳統解釋是不容易推翻的，王艮（一四八三—一五四一）在「與錢緒山書」中有云：

正諸先覺、考諸古訓、多識前言往行，而求以明之，此致良知之道也。觀諸孔子曰：「不學詩，無以言。」「不學禮，無以立。」「五十以學易，可無大過。」則可見矣。然子貢多學而識之，夫子又以為非者，何也？說者謂子貢不達其簡易之本，而從事其末，是以支離外求而失之也。故孔子曰：「吾道一以貫之。」一者，良知之本也，簡易之道也。貫者，良知之用也，體用一原也。使其以良知為之主本，而多識前言往行，以為蓄德，則何多識之病乎？……故曰：「博學而詳說之，將以反說約也。」（「王心齋先生遺集」卷二）

王艮此信的主旨是在「致良知」的大前提下強調博學多識的重要性，而且博識的對象則是古代經典，顯然與其師陽明所謂之「文」頗有不同。

王艮的觀點對泰州派的後學很有影響，羅汝芳說：

孔門立教，其初便當信好古先；信好古先，即當敏求言行。誦其詩，讀其書，又尚論其世，是則於文而學之。學而博之；學也者，心解而躬親……固不徒口說之騰，聞見之資已也。博也者，考古而證今，雖確守一代之典章，尤徧質百王之建置。耳目因洞燭而不遺，心思亦體察而無外也。此之謂「博學於文」。然豈博而已哉！博也者，將以求其

約；約也者，惟以崇其禮而已矣。（《盱壇直詮》上卷）

羅氏在泰州學派爲再傳，在陽明則爲三傳，他已將陽明「尊德性」的「博文」重新移回「道問學」的傳統中來了。而且他的「博文」並不限於六經，其範圍已擴大到史學方面，包括「考古以證今」的「百王之建置」了。他的弟子焦竑（一五四〇—一六二〇）終於走上經史考證的途徑，其思想上一部分的淵源當於此求之。焦氏在哲學上仍奉陽明爲最上宗主，但論及「博約」問題則往往把重點放在「博」的上面。他說：

禮者，心之體，本至約也。約不可驟得，故博文以求之。學而有會於文，則博不為多，一不為少。文卽禮，禮卽文；我卽道，道卽我。奚畔之有？故網之得魚，常在一目；而非衆目不能成網。人之會道，常至於約；而非博學不能成約。（《焦氏筆乘續集》卷一「讀論語」）

他用「非衆目不能成網」的比喻來說明「博學」的必要，尤其新鮮而生動，頗能透露出「博」在他內心深處的地位。他在新安講學，曾有以下一段問答：

黃苹陽少參言：顏子歿而聖人之學亡。後世所傳是子貢多聞多見一派學問，非聖學也。先生曰：「多聞擇其善者而從之，多見而識之。」是孔子所自言，豈非聖學？孔子之博學於文，正以為約禮之地。蓋禮至約，非博無以通之。故曰：「博學而詳說之，將以反說約也。」（《澹園集》卷四十二「古城答問」）

新安是朱子的故里，黃苹陽之問也許是針對朱子「道問學」的傳統而發。陸象山、王陽明及陸王系統中人幾乎沒有一個不輕視子貢。在他們看來，子貢注重「多學而識」、「多見」、「多聞」，便是他「學不見道」的確證。朱子對子貢的態度則大不相同。他也以子貢爲稍有不足：但他肯定子貢「自知識而入道」，與曾子之「自踐履入道」適成對比（〔朱子語類〕卷二十七「論語九，里仁篇下」）。朱子分入道爲兩型是受到禪宗的影響，所謂達摩傳上乘一心之法有「理入」與「行入」兩門。子貢自知識入道即是理入；曾子自踐履入道則是行入。理入者，藉教悟宗，可見朱子對子貢採取博學多識的途徑基本上是推許的。現在焦竑竟同樣斷定子貢一派學問爲「聖學」，從王學的系統來說，這眞是一個極重大的轉變。

晚明王學以外的思想家尤其看重博學多識，玆姑舉兩家之說以概其餘。王廷相說：

> 孔子曰：「博學於文，約之以禮。」孟子曰：「博學而詳說之，將以反說約也。」蓋博粗而約精，博無定而約執其要，博有過不及而約適中也。此為學、為道千古心法。世儒教人曰：在約而不在博。嗟呼！博惡乎雜者斯可矣！博而正，何害約？不自博而出，則單寡而不能以折中，執一而不能於時措，其不遠於聖者幾希！（〔雅述〕上篇）

此處所云世儒教人「在約不在博」主要卽指陽明學派而言。王學末流專責博學多識非聖學，而王廷相卻反以約不自博出爲遠於聖，此可識學術風氣將變，主「約」論已處於被攻擊的地位了。劉宗周曾有「博而不約、俗學也；約而不博、異端也」之語（「論語學案」二），表面上好像不偏不倚。但實際上他的教學重點在「博」不在「約」，故曰：

> 後儒之學多敎人理個一，便未必多學。聖門不如此，以子貢之穎悟猶不輕示，必俟其學有得，方道破。若先道破便無持循處。不若且從多學而識自尋來路，久之須有水窮山盡時，所見無非一者。是一乃從多處來，故曰：「博我以文，約我以禮。」聖門授受如印

板，顏、曾、賜皆一樣多學。（同上「多學而識」條）

這也是糾正王學末流重「一貫」、「約禮」而不重「多學」、「博文」的偏向。最後一句尤其重要，他竟認定孔子敎學一律從博學多識開始，顏回、曾參無不如此，並不僅子貢一人爲然。他不但肯定了「博」是儒家的一個普遍價值，而且還把子貢的地位大爲提高了。子貢在宋明儒學史上一向是知識和博學的象徵。劉宗周以子貢與顏回相提並論，恰好和王學的觀點形成了尖銳的對立。可見他對於博與約的認識是和他對聞見與德性的理解完全一致的。

明代中葉以來，考證的風氣已逐漸展開。考證是離不開博學的，因此也在不知不覺之間改變了一般人的博約觀念。從考證的觀點出發，不但「博」是「道問學」的事，而且「約」也有專屬於「道問學」層次中者，方以智說得最明白：

文章卽性道，豈曼語哉！……仲尼不厭叮嚀罔、殆；子思曰：吾嘗深有思而莫之得也，于學則寤焉……故專就讀書一門，列其博約之概。（〔通雅〕卷首之二「讀書類略提語」）

可見方氏之博約是「專就讀書一門」而說的。他又說：

學惟古訓，博乃能約，當其博，卽有約者通之。博學不能觀古今之通，又不能疑，焉貴書簏乎？（〔通雅〕「自序」）

這裏的「約」字顯然與「尊德性」無關，所指的乃是知識上的貫通。遠在方氏之前，楊愼（一四八八——一五五九）已用力提倡「道問學」中的博約了。他在「博約」一篇短論中說：

「博學而詳說之，將以反說約也。」或問反約之後，博學詳說可廢乎？曰：不可。詩三百，一言以蔽之，曰：思無邪。禮三千三百，一言以蔽之，曰：毋不敬。今教人止誦思無邪、毋不敬六字，詩、禮盡可廢乎？（〈升菴全集〉卷十五）

楊氏雖時時不滿朱子，但此處在「道問學」層次上討論博約之交互爲用卻上承朱子的傳統。朱子云：

為學須是先立大本。其初甚約，中間一節甚廣大，到末梢又約。……近日學者多喜約，而不於博求之。不知不求於博，何以考驗其約？（〈朱子語類〉卷十一）

在這節話中，「先立大本」也是就學問方面說的，不是陸象山在德性上的「先立其大」。朱子論諸書，也特別戒人不可用「樂而不淫，哀而不傷」、「思無邪」十一個字來代替一部毛詩（同上）。所以將博與約的觀念應用於客觀知識的領域之內，其事已始於朱子。清代思想家討論博與約的關係主要卽以此一領域爲限。

清代儒學開始就標舉一「博」字。顧炎武說：

顏子之幾乎聖也，猶曰：「博我以文」；其告哀公也，明善之功，先之以博學。自曾子而下，篤實無若子夏。而其言仁也，則曰：博學而篤志，切問而近思。今之君子則不然，聚賓客門人之學者數十百人，譬諸草木，區以別矣，而一皆與之言心言性。舍多學而識以求一貫之方；置四海之國家不言，而終日講危微精一之說。是必其道之高於夫子，而其門弟子之賢於子貢，祧東魯而直接二帝之心傳者也。我弗敢知也。（〈亭林文集〉卷三「與友人論學書」）

清初學者雖有由約返博的共同傾向，但以批判晚明以來「舍多學而識以求一貫」的風氣而言，持論的銳厲則未有過於顧氏者，他在清代學術思想史上影響特別深遠，決不是偶然的。至於他的正面主張，則可以「博學於文」與「行己有恥」兩語概括之。他說：

> 愚所謂聖人之道者如之何？博學於文；曰：行己有恥。自一身以至於天下國家，皆學之事也；自子臣弟友以至出入往來，辭受取與之間，皆有恥之事也。……嗚呼！士而不先言恥，則為無本之人；非好古而多聞，則為空虛之學。以無本之人而講空虛之學，吾見其日從事於聖人，而去之彌遠也。（同上）

這節話頗值得進一步分析。第一，顧氏之學以經世致用爲主眼，故所謂「博學」並不限於書本知識。他在〔日知錄〕中也說：「博學於文，自身而至於家國天下，制之爲數度，發之爲音容，莫非文也。」（卷九「博學於文」條）從他的治學經過看，這句話是具有實義的，不是空洞的高調。第二，他以「行己有恥」來重新界定「尊德性」的內涵，使儒家的道德在人生上落實化、具體化了，雖然也不免因此失去了理論的深度。但相對於晚明以來空談心體、性體、良知之類的語言遊戲而言，這一斬截的論斷自有其道德的動力，使當時以孔、孟爲「清談」的人無所遁其形（參看同上「夫子之言性與天道」條）。第三，他分別標舉「博學於文」與「行己有恥」，至少已於無意之中將知識與道德劃爲兩個互相獨立的領域。這在儒學傳統上是一重大突破。所以他的朋友張爾岐（一六一二—一六七八）期期以爲不可。張氏在「答顧寧人書」中云：

> 愚見又有欲質者，性命之理夫子固未嘗輕以示人，其所與門弟子詳言而諄復者，何一非性命之顯設散見者歟？苟於博學有恥眞實踐履，自當因標見本，合散知總。……如謂於學人分上了無交涉，是將格盡天下之理，而反遺身以內之理也。（〔皇朝經世文編〕卷

二「學術」）

張氏的感覺十分敏銳，他已看出顧炎武對問題的提示必然要導使「道問學」的「博」與「尊德性」的「約」分道揚鑣了。

但是由於顧炎武本人缺乏抽象思辨的興趣，這個問題僅停留在提出的階段。一直到等到戴震出來，道德與知識分立之說才得到比較透徹的發揮。戴氏云：

> 孟子曰：「博學而詳說之，將以反說約也。」「約」謂得其至當；又曰：「守約而施博者，善道也；君子之守，修其身而天下平。」「約」謂修其身。六經、孔、孟之書，語行之約，務在修身而已；語知之約，致其心之明而已。未有空指「一」而使人知之求之者。致其心之明，自能權度事情，無幾差失，又焉用知「一」求「一」哉？（〔孟子字義疏證〕卷下「一貫」條）

這裏正式標出「行之約」與「知之約」的分別在儒學理論上是一重要發展。前者即「行己有恥」，其事在修身；後者即「博學於文」，其最後歸宿在「致其心之明」。由此可見戴氏「聞見不可不廣，而務在能明於心」之說便是純在「知」的層次上論「博」與「約」的（參見「聞見之知」與「德性之知」篇）。「道問學」的「博」即歸宿於「道問學」的「約」，而不是統屬於另一「尊德性」的「約」。這樣一來，知識和道德便各有領域，不再是「第二義」與「第一義」之間的關係了。他又說：

> 然則〔論語〕兩言「一以貫之」，朱子於語曾子者，釋之云：「聖人之心，渾然一理，而泛應曲當，用各不同；曾子於其用處，蓋已隨事精察而力行之，但未知其體之一耳。」

此解必失之。二章之本義，可得聞歟？

曰：「一以貫之」，非言「以一貫之」也。道有下學上達之殊致，學有識其迹與精於道之異趨；「吾道一以貫之」，言上達之道卽下學之道也；「予一以貫之」，不曰「予學」，蒙上省文。言精於道，則心之所通，不假紛然識其迹也。（同上）

戴氏此處駁朱注，其著眼點亦在「一貫」之「一」字上，因爲「一」卽「理一分殊」之「一」，指形而上的道體而言，卽所謂「得於天而具於心」者。如果「多學而識」，最後仍歸於德性之「約」，則知識本身便不可能有獨立的價值。這是戴氏的思想系統所不能容納的。他爲了強調道問學的「博」必達於「知之約」，甚至不惜增字解經，說〔論語〕「衞靈公」篇中的「予一以貫之」當解爲「予學一以貫之」，從「道問學」的層面言，則「約」或「一貫」祇能歸於「致心之明」與「得其至當」而已。但依戴氏之說，人若能「致心之明」，而事事「得其至當」，則斷無不合乎道德之理，因此戴氏的「聖人」首先必須是一「智」者，不過把「智」擴充發展到極致而已。他說：

失理者，限於質之昧，所謂愚也。惟學可以增益其不足而進於智。益之不已，至乎其極，如日月之明，容光必照，則聖人矣。（同上）

在實踐中「博學」之所以必然成爲淸代儒學的最高價值，其故卽在於是。關於這一點，我們可節引焦循注〔孟子〕「博學而詳說之，將以反說約也」一語作爲總結：

不博學而徒憑空悟者，非聖賢之學，無論也。博學而不能解說，文士之浮華也。但知其一端，則詖而非要；但知其大略，則淺而非要。故必無所不解，而後能知其要博。詳與博相反，惟博且詳，反能解得其約。舍博而言約，何以能解？……戴氏震〈孟子字義疏證〉云：「約謂得其至當。」阮氏元曾子注釋云：「孔門論學，首在於博。……故先王遺文有一未學，非博也。」按：孔、孟所以重博學者，卽堯、舜變通神化之本也。人情變動不可以意測，必博學於古，乃能不拘一端。彼徒執一理，以為可以勝天下，吾見其亂矣。（〈孟子正義〉卷八「離婁」章句下）

焦氏引戴震和阮元的話，把「博學」突出到首要的地位，這一見解在乾、嘉儒學的主流中是具有代表性的。

章學誠把清代「道問學」的主流上溯至朱子。他說：

朱子求一貫於多學而識，寓約禮於博文，其事繁而密，其功實而難，雖朱子之所求，未敢必謂無失也。然治其學者，一傳而為勉齋（黃榦）、九峰（蔡沈），再傳而為西山（真德秀）、鶴山（魏了翁）、東發（黃震）、厚齋（王應麟），三傳而為仁山（金履祥）、白雲（許謙），四傳而為潛溪（宋濂）、義烏（王禕），五傳而為寧人（顧炎武）、百詩（閻若璩），皆通經服古，學求其是，而非專己守殘，空言性命之流也。……生乎今世，因聞寧人、百詩之風，上溯古今作述，有以心知其意，此則通經服古之緒又嗣其音矣。（〈文史通義〉內篇二「朱陸」）

這是正式以清代經學考證繫於朱子的學統之下，故首列顧、閻，殿以戴震。但因此文撰於戴氏生前或甫謝世之際，未便直斥其名，故後十餘年，又撰「書朱陸篇後」，明白言之，曰：

戴君學術，實自朱子道問學而得之，故戒人以鑿空言理，其說深探本原，不可易矣。

章氏以主流派「道問學」的特色爲「求一貫於多學而識，寓約禮於博文」，至少就顧炎武、戴震而言是信而有徵。但章氏自述學術淵源則歸於陸、王一派。清代朱、陸之分在他看來即是浙東與浙西之別。他說：

世推顧亭林氏為開國儒宗，然自是浙西之學；不知同時有黃黎洲氏出於浙東，雖與顧氏並峙，而上宗王（陽明），劉（宗周），下開二萬（斯大，一六三三—一八三；斯同，一六三八—一七〇二），較之顧氏，源遠而流長矣。顧氏宗朱而黃氏宗陸，蓋非講學專家各持門戶之見者，故互相推服而不相非詆。學者不可無宗主，而必不可有門戶，故浙東、浙西道並行而不悖也，浙東貴專家，浙西尚博雅，各因其習而習也。（同上「浙東學術」）

章氏以「博雅」與「專家」分清代朱、陸異同，卽是前者主「博」、後者主「約」的另一說法。蓋章氏所謂「專家」乃指「運以別識心裁……成一家言者。」（同上內篇四「申鄭」）而「專家」的宗旨首在「以約馭博」，卽「不至騖博而失專家之體」（見〔章氏遺書〕卷十八「文集三」「邵與桐別傳」及章貽選注語）。所以從表面上說，浙東之「先約後博」與浙西之「先博後約」正與朱、陸最初的分歧相合。但深一層觀察則章氏已將陸、王系統在「尊德性」層面所講的「博」與「約」澈底地知識化了。他撰有「博約」上、中、下三篇，完全從「道問學」的層面討論「博」與「約」的關係。他說：

學貴博而能約，未有不博而能約者也；以言陋儒荒俚，學一先生之言以自封域，不得謂專家也。然亦未有不約而能博者也；以言俗儒記誦，漫漶至於無極，妄求遍物，而不知

堯、舜之知所不能也。(〈文史通義〉內篇二「博約」中)

這段話不但將「博」與「約」都劃入致知問學的範圍之內，而且證明「約」與「專家」確是同義語。他又自述爲學過程曰：

吾讀古人文字，高明有餘，沈潛不足，故於訓詁考質，多所忽略，而神解精識，乃能窺及前人所未到處。……雖時有鹵莽之弊，而古人大體，乃實有所窺。(同上外篇三「家書」三)

可見他所謂由「約」入手即先立其「大體」之意。但他所立之「大」乃「道問學」之「大」，而非陸象山「尊德性」之「大」，其不同是很顯然的。在他看來，「高明」與「沈潛」都源於學者的「性情」，也就是一種求知的直覺傾向。他更進一步肯定這種直覺傾向便是王陽明所謂的「良知」：

學術功力必兼性情，爲學之方不立規矩，但令學者自認資之所近與力能勉者而施其功力，殆即王氏良知之遺意也。……高明者由大略而切求，沈潛者循度數而徐達，資之近而力能勉者，人人所有，則人人可自得也，豈可執定格以相強歟！王氏「致良知」之說，即孟子之遺言也。良知曰致。則固不遺功力矣。(「博約」下)

這裏他又把陽明道德性的「良知」轉化爲知識性的「良知」了。而爲學究當由博而約抑由約而博則完全視其人的性情是「高明」或「沈潛」而定。因此朱陸之別追究到最後乃起於人的求知性情之異趨，他說：

高明沈潛之殊致，譬則寒暑晝夜，知其意者交相爲功，不知其意者交相爲厲也。宋儒有朱陸，千古不可合之同異，亦千古不可無之同異也。（同上「朱陸」）

章氏正式以「沈潛」與「高明」判劃朱、陸，其說雖似創闢，而其實則別有所本。清初費密是最先提出這一分別的人。人有問「程顥、程頤、朱熹、陸九淵、王守仁言學異同之辨」，費氏說：

高明、沈潛，不可偏廢。……高明而學焉，則以高明入于道；沈潛而學焉，則以沈潛入于道。道同而所入異，入異而道亦因之不同。韓愈所謂學焉各得其性之所近也。……後世學者，性本沈潛，子夏氏之儒也；而說變焉，自以為盡于聖人之道；執其說非天下之高明，學者之沈潛者從而和，謂其非合于聖人，不知其為沈潛之非高明也。性本高明，子張氏之儒也；而說變焉，自以為盡于聖人之道，執其說非天下之沈潛，學者之高明者皆從而和，謂其非合于聖人，不知其為高明之非沈潛也。聖人之道于是乎異矣。（〔弘道書〕卷上）

故費氏最後以程、朱屬沈潛一型，陸、王則屬高明一型。章學誠曾有「書貫道堂文集後」一文（〔文史通義〕外篇二），專評費氏的兒子費錫璜的著作，證明他熟知費氏父子的學術。章氏「高明」、「沈潛」之說啓自費密，是毫無可疑的，但章氏生當「道問學」全盛之世，故對這一點發揮得更深入，更細微，超出費氏的原有論旨之外了。章氏的浙東之學在清代中葉是一個支流，然而在「博」與「約」的問題上，支流與主流同歸於「道問學」之一境。這是清代儒學循內在理路而發展的一個最有力的見證。我們只要將王陽明的「博約說」和章學誠的「博約」三篇加以比較，卽可見陸、王一系的思想基調也已在不知不覺之間從「尊德性」轉爲「道問學」了。

義理・考據・詞章

清代中葉，由於考證學的大盛，儒學內部發生了義理、考據、詞章的新分類。最先正式提出這一三分法的是戴震，同時姚鼐（一七三二—一八一五）與章學誠也各有不同的發揮，自此以後，這一分類便流傳在中國學術界，直到今天還沒有完全消失。

分學爲三種本已由程頤發其端。他說：

古之學者一，今之學者三，異端不與焉。一曰文章之學，二曰訓詁之學，三曰儒者之學。欲趨道，舍儒者之學不可。（〈二程語錄〉卷十一）

但他視文章、訓詁兩者與異端無異，卽同有害於儒學之「道」：

今之學者有三弊：一溺於文章，二牽於訓詁，三惑於異端。苟無此三者。則將何歸，必趨於道矣。（同上）

程氏的意見大體爲後世理學家所沿襲。所以王陽明在「拔本塞源論」中對「訓詁之學」、「記誦之學」、「詞章之學」同加鄙薄（〈陽明全書〉卷二）。

但是清代學者重提此一分類時，他們對考據（或訓詁）與詞章的態度已從否定而變爲肯定。「訓詁明而後義理明」是清代中期儒學主流派所共同接受的前提，固不待論。詞章則由於周敦頤（一〇一七—七三）有「文所以載道」之語（〈通書〉「文辭章」）也已逐漸在儒學傳統中取得合法的地位。大體上說，清儒關於義理、考據、詞章的爭論主要集中在三者之間的相互關係上面，尤以義理與考據之間的關係最是問題的關鍵所在。茲略依諸家持論先後分疏如下，以展示此一問題在學術思想史上的意義。

戴震三分法之最早見諸文字爲乾隆乙亥（一七五五）「與方希原書」。其言曰：

> 古今學問之途，其大致有三：或事於理義；或事於制數；或事於文章。事於文章者，等而末者也。……足下好道而肆力古文，必將求其本。求其本，更有所謂大本。大本既得矣，然後曰：「是道也，非藝也。」……聖人之道在六經，漢儒得其制數，失其義理；宋儒得其義理，失其制數。譬有人焉，履泰山之巔，可以言山；有人焉，跨北海之涯，可以言水。二人者不相謀，天地間之鉅觀，目不全收，其可哉？（「戴震文集」卷九）

這是戴氏早期的見解，以義理、考據、辭章同爲求至於道的途轍。但三者之間有高下之別，卽義理第一，考據其次，詞章居末。此文又蘊涵一重要觀點，卽此三途最後必求其滙通，然後始能至於道，卽所謂「大本」。在「與方希原書」稍前數年，他尚有「答鄭丈用牧書」，云：

> 今之博雅能文章，善考覈者，皆未志乎聞道。（同上）

這句話不但足以說明戴氏確置義理於考據與詞章之上，而且暗示專門從事於考據或詞章則並不能至於道。這種觀點是和「與方希原書」完全符合的。

但戴氏自一七五四年到北京以後，由於深受當時漢學考證家的影響，逐漸改變了早年的看法，他中年的見解可以一七六五年所撰「題惠定宇先生授經圖」爲代表。他說：

> 言者輒曰：「有漢儒之經學，有宋儒之經學，一主於故訓，一主於理義。」此誠震之大不能也者。夫所謂理義，苟可以舍經而空凭胸臆，將人人鑿空而得之，奚有於經學之云

乎哉！惟空凭胸臆之卒無當於賢人聖人之理義，然後求之古經；求之古經而遺文垂絕，今古縣隔也，然後求之故訓。故訓明則古經明，古經明則賢人聖人之理義明，而我心之所同然者，乃因之而明。賢人聖人之理義非它，存乎典章制度者是也。（同上卷十一）

戴氏此時把考據突出到首要的地位，而義理則幾乎不復能獨立存在了。在同一時期內，他又說：

天下有義理之源，有考覈之源，有文章之源，吾三者皆庶得其源。（段玉裁〔戴東原先生年譜〕卷末所引）

這句話說得比較心平氣和，不似「題授經圖」中所言之激烈，然而義理、考據、詞章三者成爲平列的關係，仍與早年之說大不相侔。當時北京考證風氣對他的影響在這裏表現得很淸楚。章學誠說：

近人所謂學問，則以爾雅名物、六書訓故，謂足以盡經世之大業，雖以周、程義理，韓歐文辭，不難一吷置之。其稍通方者，則分考訂、義理、文辭為三家，而謂各有其所長，不知此皆道中之一事耳。（〔文史通義〕外篇三「與陳鑑亭論學」）

章氏在這裏分別指出了兩種不同的流行觀點。第一種突出考據而輕視義理與詞章，乃戴氏與一般考據學家所共持的極端之說。第二種平列三者，則是戴氏平時所獨持的溫和觀點。

戴氏中年時期雖與一般考證學家沆瀣一氣，但是他的眞正學術興趣卻在義理方面，考證不過是通向義理的手段而已。早年時期他尙無自得的義理，因此他以義理屬之宋儒，訓詁屬之漢儒。中年受考證風氣的激盪，他一變而尊漢代考據而輕宋人義理。及至晚年，他撰成〔原善〕、〔緒言〕、〔孟子字義疏證〕諸篇，自以爲已得孔、孟義理之眞，於是又一變而回到早年的立場，卽仍以義理爲最尊，而置考據、詞章於從屬的地位。所以他晚年又對段玉裁說：

> 義理卽考覈、文章二者之源也，義理又何源哉？吾前言過矣。（「戴東原先生年譜」卷末所引）

這是他對中年所持的考證觀點坦白地自承錯誤。他在死前不久曾有「與某書」，其中有云：

> 治經先考字義，次通文理，志存聞道，必空所依傍。漢儒故訓有師承，亦有時附會；吾人附會鑿空益多；宋人則恃胸臆為此，故其襲取者多謬，而不謬者在其所棄，我輩讀書，原非與後儒競立說，宜平心體會經文，有一字非其的解，則所言之意必差，而道從此失。（原在「戴震文集」卷九，現收入「孟子字義疏證」）

這時他不但批評宋儒義理，也公然不滿漢、晉故訓了。他最尊義理，但不再依傍宋儒鑿空所得之義理；他仍然重視考據，但不再依傍漢、晉附會之故訓。所以「空所依傍」與「平心體會經文」是他治學的最後歸宿。段玉裁說：

> 始玉裁聞先生之緒論矣，其言曰：「有義理之學，有文章之學，有考覈之學；義理者，文章、考覈之源也。熟乎義理，而後能考覈、能文章。」……後之儒者畫分義理、考覈、文章為三，區別不相通，其所為細已甚焉。……先生之治經，凡故訓、音聲、算數、天文、地理、制度、名物、人事之善惡是非，以及陰陽氣化，道德性命，莫不究乎其實。蓋由考覈以通乎性與天道。旣通乎性與天道矣，而考覈益精，文章益盛，用則施政利民，舍則垂世立敎而無弊。淺者乃求先生於一名一物一字一句之間，惑矣！先生之言曰：「六書九數等事為轎夫然，所以舁轎中人也。以六書九數等事盡我，是猶誤認轎

夫為轎中人也。」又嘗與玉裁書曰：「僕生平著述之大，以『孟子字義疏證』為第一，所以正人心也。」噫！是可以知先生矣。（經韻樓刊本『戴東原集』序）

這是戴氏關於義理、考據、詞章三者分界的「晚年定論」。

章學誠的學問三分說受戴震影響甚大，但由於學術路向有別，故兩人的見解在大同之中仍有小異，章氏在一七六六年初晤戴震之後，曾有「與族孫汝楠書」曰：

學問之途，有流有別。尚考證者薄詞章；索義理者略徵實。隨其性近而多標獨得，則服、鄭訓詁，韓、歐文章，程、朱語錄，固已角犄鼎峙，而不能相下。必欲各分門戶，交相譏議，則義理入於虛無，考證徒為糟粕，文章只為玩物。……惟自通人論之則不然。考證卽實此義理，而文章乃所以達之之具。（『章氏遺書』卷二十二文集七）

此書中「通人」當包括戴震和他本人在內。章氏以義理爲主，考證與文章爲輔，大體上近於戴氏晚年的持論。不過「考證卽實此義理，而文章乃所以達之之具」則似爲章氏個人對這個問題的進一步發揮。章氏對於三者之間的關係曾不斷進行思考。他後來撰「原道」三篇卽是爲義理、考證詞章三家劃分畛域而設。（見「與陳鑑亭論學」）「原道」下篇云：

義理不可空言也，博學以實之，文章以達之，三者合於一，庶幾哉！周、孔之道雖遠，不啻累譯而通矣！（『文史通義』內篇二）

「原道」成於一七八九年，足見章氏終身守此說不變。但他追溯此三種治學途徑的起源則歸結到人的性情。他說：

由風尚之所成言之，則曰考訂、詞章、義理；由吾人之所具言之，則才、學、識也；由童蒙之初啓言之，則記性、作性、悟性也。考訂主於學，辭章主於才，義理主於識。人當自辨其所長矣。記性積而成學，作性擴而成才，悟性達而為識，雖童蒙可與入德，又知斯道之不遠人矣。……夫考訂、辭章、義理雖曰三門，而大要有二，學與文也。（「文史通義」外篇三「答沈楓墀論學」）

此種本於性情的分析是章學誠的特長，戴震則未嘗道及。但此處最值得注意的是他最後竟又將三門約爲「學」與「文」兩途。這一點直接牽涉到義理與考據之間究屬何種關係的問題。章氏屢言不能「空言義理」，必「博學以實之」，則義理並無眞正的獨立領域，而必須與考據合成一體。他之所以仍存義理與考據兩目者，實與他分「由博返約」與「由約至博」兩種治學方式有關。前者是戴震的途轍，卽所謂「沈潛者循度數而徐達」，後者便是他本人的取徑，卽所謂「高明者由大略而切求」也（參看「博與約」篇）。不僅此也，這種說法還含有一層深意，卽欲將考據一門從戴震的經學中解放出來，使之同可用之於史學與文學的範圍之內，所以他在「史考摘要」中特立「考訂」一目，並說：

考訂之學，古無有也。……官師失守，百家繁興，述事而有眞僞，詮理而有是非。學者生承其後，不得不有所辨別，以專一是。而辨別又不可以空言勝也，則推此證彼，引事切理，而考訂出焉。（見「章氏遺書」逸篇）

這是說明史學不能沒有考據。他又在「吳胥石簡」中說：

古人本學問而發為文章，其志將以明道，安有所謂考據與古文之分哉！

並自注云：

天下但有學問家數，考據者，乃學問所有事，本無考據家。（〈文史通義〉外篇三）

這不但強調詞章也同樣要本於考據，並推廣考據爲一切學問所共有。可見章氏論義理、考據、詞章之間的關係，驟視之雖似承襲戴震的規模，細繹之則又未嘗沒有自出手眼之處。但章氏此書駁「考據與古文之分」是專以袁枚（一七一六—一七九七）爲攻擊的對象。這裏有必要略述袁氏的看法。袁氏從文學觀點出發，因此對義理、考據、詞章三者的關係具有不同的見解。他對義理問題大體抱存而不論的態度，故曰：「講學在宋儒可，在今不可；尊宋儒可，尊宋儒而薄漢、唐之儒則不可；不尊宋儒可，毀宋儒則不可。」（〈隨園文集〉卷二十一「宋儒論」）但是以考據與詞章而言，則他斷然尊詞章而輕考據。他雖承認「德行」是「本」，文章是「末」的觀念，然而他大膽地宣稱：

六經者，亦聖人之文章耳。（同上卷十八「答惠定宇書」）

這可以說是「六經皆文」論，與章學誠的「六經皆史」論同爲糾正當時經學考證的偏頗而發。他有時把文章稱之爲「著作」，嘗謂「著作」與考據的分別是：

一（著作）主創，一（考據）主因；一憑虛而靈，一核實而滯；一恥言蹈襲，一專事依傍；一類勞心，一類勞力。二者相較，著作勝矣。且先有著作而後有書，先有書而後有考據。以故著作者始於六經，盛於周、秦，而考據之學則後漢末而始興也。（同上卷三十九「散書後記」，參看〈隨園詩話〉卷六及補遺卷三）

袁氏以文學創新爲其中心觀念，故一方面提升「文章」爲「著作」，使與六經相埒，另一方面則貶抑考據於無足輕重的位置。章學誠持史學觀點，故不僅不能廢考據，而且將考據範圍擴大，溶入「學問」之中（他有時甚至以「學問」代替「考據」，使考據升級。見〔文史通義〕內篇二「原學」下）。至於袁枚所最看重的「文章」，則章氏始終視之爲「隨時表其學問所見之具」（見〔文史通義〕外篇三「與林秀才」），在三者之中，最居末位。所以推本袁、章兩人的分歧，實從文、史觀點之異而來。惟章學誠雖攻擊袁枚不遺餘力，其議論與之相合或通者則往往而有。此層已爲世所習知，故不具論。

姚鼐在一七五五年初識戴震於北京，服其經學考證，欲奉以爲師。戴氏謙辭不受，繳還姚氏自稱弟子之書（見〔戴震文集〕卷九「與姚孝廉姬傳書」）。後來姚氏成爲桐城派古文巨子，並不斷批評戴震及考證學派。但他早年曾與戴震往復論學，故他所持義理、考據、詞章三分之說無疑也是受戴氏的啓發而來。他說：

> 鼐嘗謂天下學問之事有義理、文章、考證三者之分，異趨而同為不可廢。一途之中歧分而為眾家，遂至於百十家同一家矣。人之才性偏勝，所取之逕域又有能有不能焉。凡執其所能而毗其所不為者，皆陋也，必兼收之，乃足為善。（〔惜抱軒文集〕六「復秦小峴書」）

姚氏以「才性偏勝」言義理、考據、詞章之分途，其說頗近章學誠，而不及章氏分解之細密。姚、章亦相過從，彼此之間當互有影響。但姚氏的專業在古文辭，因此他討論這三者之間的關係有時便從文學的觀點出發。他說：

> 余嘗論學問之事有三端焉：曰義理也、考證也、文章也。是三者苟善用之，則皆足以相濟；苟不善用之，則或至於相害。今夫博學强識而善言德行者，固文之責也；寡聞而淺

識者固又文之陋也。然而世有言義理之過者，其辭蕪雜俚近如語錄而不文；為考證之過者至繁碎繳繞而語不可了。當以文之至美而反以為病者何哉？其故由於自喜之太過而智昧於所當擇也。（〔惜抱軒文集〕四「述菴文鈔序」）

此書顯然是以文章爲主，義理與考證不但都是供文章家驅遣的材料，而且二者離開了文章也不足以自存。這是姚氏所持的文學觀點，與戴震和章學誠截然異趣，但與袁枚頗相近似。

姚鼐與戴、章兩人最不相同之處則表現在義理與考據的關係這一問題上，特別是關於義理的界說方面。戴震晚年自負已得孔、孟、六經中的義理之眞，故可以取代宋儒之說。他在一七七七年卒前不久致友人書，曾有「惟義理可以養心」之語（〔皇朝經世文編〕卷二「學術」二戴祖啓「答衍善問經學書」。關於戴祖啓與戴震的交情之深厚，見錢大昕〔潛研堂文集〕卷四十六「國子監學正戴先生墓誌銘」）。此卽指其晚年「自得之義理」而言（見焦循〔雕菰集〕卷七「申戴」）。章學誠也承認戴氏「自得之義理」有超出程、朱以外者，故曰：「及戴著論性、原善諸篇，於天人理氣，實有發前人所未發者，時人則謂空說義理，可以無作，是固不知戴學者矣。」（〔文史通義〕內篇二「書朱陸篇後」）姚鼐則不然。他生値考證學極盛之世，自然不敢說宋儒解經一字不誤，但他確認定程、朱已得孔、孟義理之大而精者。他說：

逮宋程、朱出，實於古人精深之旨所得為多，而其審求文辭往復之情亦更為曲當。……然今此學者乃思一切矯之，以專宗漢學為至，以攻駁程、朱為能……因大為學問之害。夫漢人之為言非無有善於宋，而當從者也。然苟大小之不分，精麤之弗別，是則今之為學者之陋，且有勝於往者為時文之士守一先生之說而失於隘者矣。博聞強識以助宋君子之所遺，則可也；以恃跨越宋君子，則不可也。（〔惜抱軒文集〕六「復蔣松如書」）

他又說：

博學強識固所貴焉，而要必以程、朱之學為歸宿之地。（〔惜抱尺牘〕五）。

所以姚鼐不但以爲考據也須爲義理服務，而且他所謂「義理」基本上卽是程、朱的義理。他斷然地說：

戴東原言考證豈不佳？而欲言義理以奪洛、閩之席，可謂愚妄不自量之甚矣。（同上六）

從姚鼐的觀點說，考據無論如何精到也只能在技術層面上補充程、朱義理之不足，而不可企圖在原則上動搖其整體系統。關於這一點，當時其他在思想上比較守舊的學人也都具有同感。翁方綱（一七三三——一八一八）說：

近日休寧戴震一生畢力於名物之學，博且勤矣，然亦考訂之一端耳。乃其人不甘以考訂為事，而欲談性道以立異於程、朱。（〔復初齋文集〕卷七「理說駁戴震作」）

這話簡直與姚鼐如出一口。但在「道問學」風氣的籠罩之下，翁氏在理論上也不得不推重考據的價值並引空談義理爲戒，故曰：

考訂者，對空談義理之學而言之也。（同上「考訂論」）

學者正宜細究考訂詁訓，然後能講義理也。宋儒恃其義理明白，遂輕忽〔爾雅〕、〔說文〕，不幾漸流於空談耶？（同上「與程魚門平錢、戴二君議論舊章」）

然而在實踐上他仍奉程、朱義理爲治學的最高準繩。所以他在「考訂論」（共九篇）中堅持考訂最後必須折衷於義理——程、朱的義理。後來姚鼐的弟子方東樹（一七七二——一八五一）著〔漢學商兌」，全面地攻擊乾嘉考證學，即以此爲其主旨所在。他說：

若謂義理卽在古經訓詁，不當歧而為二；本訓詁以求古經，古經明而我心同然之義理以明，此確論也。然訓詁不得義理之真，致誤解古經，實多有之。若不以義理為之主，則彼所謂訓詁為二而廢之。有時廢之時，乃政是求義理之真，而去其謬妄穿鑿、迂曲不可信者耳！（「漢學商兌」卷中之下）

姚、翁、方諸人以義理爲主、考據爲輔，表面上看來很近於戴震與章學誠的觀點，但深一層觀察，則他們所謂的義理只以程、朱所發明者爲限，此外更不承認天地間尙有任何可與程、朱相異的義理，這就和戴震與章學誠的主張完全相反了。戴、章兩人都認爲考據（或「學問」）的最後目的是爲了重新發現古人義理——「道」——的眞面目，其基本心態不是保守的而是創闢的。故戴震強調「志存聞道，必空所依傍」；章學誠撰「原道」，他自許「其所發明，實從古未鑿之竇。」（「文史通義」外篇三十「與陳鑑亭論學」）

戴震與章學誠關於義理的觀點不但爲保守的程、朱派所非難，而且更受到考據學家的普遍排斥，但是這兩個反對派立論的基本假定則完全不同。戴震卒後，洪榜（一七四五—一七七九）撰「戴先生行狀」，載戴氏「與彭進士允初書」。這是戴氏發揮他「自得之義理」的一篇重要論著。當時朱筠（一七二九—一七八一）便主張刪去此書。他說：

狀中所載荅彭進士書，可不必載。性與天道，不可得而聞，何圖更於程朱之外復有論說乎？戴氏所可傳者不在此。（見江藩「漢學師承記」卷六「洪榜」）

近代學者往往誤會朱筠反對載此書的用意，以爲他和姚鼐、翁方綱一樣，不允許戴氏在義理方面與程、朱立異。其實朱氏並不是維護程、朱義理的無上權威，而是從極端的考據觀點出發，認爲一切義理都是「空談」，程、朱既已誤之於前，戴氏不必再蹈覆轍於後。洪榜在答朱筠書中曾推測朱氏有三種可能反對的理由，其第二項云：

其一謂經生貴有家法，漢學自漢、宋學自宋。今既詳度數、精訓詁，乃可不復涉及性命之旨。返述所短，以揜所長。（同上）

洪氏此說實已勘中朱氏的隱情。因爲程、朱義理當時仍是清廷的「正學」，朱氏自不便明言及此也，關於這一點，章學誠在無意之間提供了最堅強的直接證據。章氏在「答邵二雲書」中說：

時在朱（筠）先生門，得見一時通人，雖大擴生平聞見，而求能深識古人大體，進窺天地之純，惟戴可與幾此。而當時中朝薦紳負重望者，大興朱氏（筠）、嘉定錢氏（大昕）實爲一時巨擘。其推重戴氏，亦但云訓詁名物、六書九數，用功深細而已。及見原善諸篇，則羣惜其有用精神耗於無用之地。僕當時力爭朱先生前，以謂此說買櫝而還珠，而人微言輕，不足以動諸公之聽。（見〔章氏遺書〕逸篇）

足見朱筠後來反對在「行狀」中載「與彭進士允初書」是和他當初惋惜戴震撰「原善」諸篇出於同一動機：義理根本就是「無用之地」，惟有考據所得才有「可傳」的價值。章學誠此書還透露出一個更重要的消息，即戴、章兩人（特別是戴氏）從事義理工作，其最大的壓力反而是來自考證學派的「巨擘」，如朱筠和錢大昕諸人。在這些考證專家的心目中，義理不過虛存其目，眞正的學術則只有考據一門而已。錢大昕說得最斬截：

有文字而後有訓詁，有訓詁而後有義理。訓詁者，義理之所由出，非別有義理出乎訓詁之外者也。（〔潛研堂文集〕卷二十四「經籍纂詁序」）

訓詁之外既無義理，則義理本無自性。這就毋怪乎朱筠、錢大昕諸人要說戴氏論性、原善諸篇是「空說義理，可以無作」了。姚鼐、翁方綱等舊義理派正式攻擊戴氏大抵都在他的身後。他們在學術上既不是當時的主流派，在思想上也缺乏新見地，故縱使曾當面與戴氏有所爭議，也不足以動搖他的自信。姚鼐自言「往者在都中與戴東原輩往復嘗論此事……非不自度其力小而孤，而義不可以默焉耳。」（〔惜抱軒文集〕六「復蔣松如書」）可爲明證。但朱筠、錢大昕等「中朝薦紳負重望者」一再輕視戴震的義理之學，則在他的心理上必然構成極嚴重的威脅。戴氏與段玉裁反復討論義理、考據、詞章之間的主從問題，並且明說「以六書九數等事盡我，是猶誤認轎夫爲轎中人」，顯然是針對考證派壓力所表現的一種強烈反應。他生前以至死後在思想上所遇到的最大敵人不是宋代的舊義理，而是清代的新考據，這是毫無可疑的。

義理、考據、詞章三者之間的關係是清代學術思想史上獨特的新問題。釐清了各家對於這個問題所持的基本看法，我們才能明白清代中葉以來的思想分野。

「六經皆史」

「六經皆史」是章學誠所提出的命題。但由於此說在清代中葉學術思想史上發生了承先啓後的重要作用，因此有必要略加闡釋。

作爲一個學術運動的綱領而言，「六經皆史」是承顧炎武以來「經學卽理學」的綱領而起。

顧氏的綱領發展至戴震，已登峯造極。「經學卽理學」的基本假定是「道在六經」；而六經則必經訓詁考證而後明。這就等於說「道」是完全壟斷在當時一羣經學考證的手中了。章學誠的專業是所謂「文史校讎」，尤以史學爲主，因爲他自信「於史學蓋有天授」，而考訂訓詁「皆非所長」（見〔文史通義〕外篇三「家書二」）。如果「六經」以外無「道」，則從事文史之業的人便永遠沒有見「道」之望了。在畢生以求「道」爲目標的章氏而言，這是一個決不能接受的假定。章氏在一七六六年初晤戴震之後頗爲此問題所困擾。他當時雖然不完全同意戴氏的論點，但學力未充，無法正面反駁。自一七八八年始，章氏因編「史籍考」的機緣，得讀大量史著，見解遂臻成熟。他在「報孫淵如書」中說：

承詢「史籍考」事，取多用宏，包經而兼采子、集……愚之所見，以為盈天地間，凡涉著作之林皆是史學，六經特聖人取此六種之史以垂訓者耳，子、集諸家，其源皆出於史。（〔文史通義〕外篇三）

這是章氏「六經皆史」說的初步陳述，其涵義尚不十分清晰。値得特別注意的是他在這裏所用「著作」與「史學」兩個名詞都是十分鄭重的。「著作」又稱「著述」或「撰述」，是學者深造自得後的成品，卽所謂有「別識心裁」而「成一家之言」者。「史學」一詞章氏尤不輕以許人，故曰：「整輯排比，謂之史纂；參互搜討，謂之史考；皆非史學。」（「浙東學術」）又曰：「吾於史學，貴其著述成家。」（「家書」三）近人誤會章氏原文，以「一切文字遺存都是史料」之意解之，失之遠矣。

章氏〔文史通義〕開宗明義第一句就說：

六經皆史也。古人不著書，古人未嘗離事而言理，六經皆先王之政典也。（「易教」上）

這是「六經皆史」說的一個總綱，有承先與啓後兩個方面。就承先言，「古人未嘗離事而言理」仍繼續了「經學卽理學」的精神，卽認爲義理不能空談。但是就啓後言，「經」尚非究竟義，而必須歸結於「史」。這又是對「經學卽理學」的一種否定。不僅此也，章氏所謂「史」並不是通常所謂歷史，更不是史料，而有特殊涵義，卽「先王之政典」。夏、商、周三代的「政典」都出專掌文獻典制的「史」之手，如府史、內史、外史、太史、小史、御史之類。所以他說：「學者崇奉六經，以謂聖人立言以垂教；不知三代盛時，各守專官之掌故，而非聖人有意作爲文章也。」（〈文史通義〉內篇五「史釋」）以六經分別論之，則「〈易〉掌太卜，〈書〉藏外史，〈禮〉在宗伯，〈樂〉隸司樂，〈詩〉領於太師，〈春秋〉存乎國史。」（〈校讎通義〉內篇一「原道」；亦見〈文史通義〉「原道」中）換句話說，六經是三代聖王綱維天下所遺留下來的正式檔案紀錄，但經過孔子整理，發明其「義」，以「垂訓」後世而已。在這個特定的意義上，章氏遂進而宣稱六經並不是「載道」之書，而是「器」：

道不離器，猶影不離形。後世服孔子之教者自六經，以謂六經載道之書也，而不知六經皆器也。……夫子述六經以訓後世，亦謂先聖先王之道不可見，六經卽其器之可見者也。（「原道」中）

「道」是先聖先王治天下之「事」，已隨時間的流變而俱往，故不可見。可見者祇是「先王得位行道，經緯世宙之迹」（「易教」上），卽是六經。「六經皆迹」，「六經皆史」，「六經皆器」，意思都是相通的。他之所以用「器」字，是取「形而上者謂之道，形而下者謂之器」之義，其目的便是要強調六經本身不是「道」，也不「載道」。這樣一來，他就把當時經學考證派對「道」的專利權澈底摧破了。

「六經皆史」之說既立，則「經」也不能完全擺脫時間性。他說：

夫道備於六經，義蘊之出於前者，章句訓詁足以發明之；事變之出於後者，六經不能言，固貴約六經之旨而隨時撰述，以究大道也。（「原道」下）

這是明說六經中僅有古代之「道」，而不能包括「事變之出於後者」。故依章氏之見，同時經學考證家如戴震之流縱精究「六經」，也不過僅能「發明」屬於上古部分的「道」而已。可見章氏「六經皆史」之說是和他對「道」的認識分不開的。他說：「三人居室，而道形矣」，又說「衆人不知其然而然，卽道」（「原道」上），顯然是把「道」瞭解爲「人事」在時間中的不斷流變。易言之，道存在於人類社會的自然發展之中，故永無息止之一日。但是社會的自然發展並不是雜亂無章的，其中表現出一定的秩序，聖人便是發現此種「秩序」的人。故又曰：「道無所爲而自然，聖人有所見而不得不然。」（同上）必須掌握到章氏這一歷史哲學的核心，我們才能澈底明白「六經皆史」的涵義。他在「浙東學術」中說：

三代學術，知有史而不知有經，切人事也；後人貴經術，以其卽三代之史耳；近人談經，似於人事之外別有所謂義理矣。浙東之學，言性命者必究於史，此其所以卓也。

這一段話包涵了兩個部分：第一部分指出六經的重要性不在其中所涵的抽象義理，而在其「切人事」，因爲「道」卽寓於「人事」流變——也就是「史」——之中。但六經不能概括史的全程，祇不過是「三代之史」。這是從反面來界定「六經皆史」：卽「史不盡於六經」，必如此下轉語，此一理論的全幅涵義始顯露無遺。章氏當時深恐「此種議論駭俗下耳目，故不敢多言」（「報孫淵如書」），所以關於此一命題，章氏背面所未言者實遠比他正面已言者為重要。

第二部分則是根據「六經皆史」說來批判一般經學考據家的脫離現實。道不在人事之外，六經充其量不過是三代的「人事」。現在經學家誤把六經當作先王先聖的「空言」（義理）來研究，自然是不得要領了。至於「浙東之學，言性命者必究於史，此其所以卓也」一語，則主要是章氏的「夫子自道」。他在「浙東學術」一文中明說：

浙東之學，雖源流不異，而所遇不同。故其見於世者，陽明得之為事功，蕺山得之為節義，梨洲得之為隱逸，萬氏兄弟得之為經術史裁，授受雖出於一，而面目迥殊，以各有事事故也。

其中除言萬氏兄弟涉及史裁之外，其餘皆「各有事事」，何能說「言性命者必究於史」乎？唯有章氏本人專門從事於「文史校讎」之業，平生著述之最大者亦名之為〔文史通義〕。這才眞是通過史學來究明「義理」。他自負能超越當時經學家的便在這裏。他說：

余僅能議文史耳，非知道者也。然議文史而自拒文史於道外，則文史亦不成為文史矣。因推原道術，為書約十三篇，以為文史緣起，亦見儒之流於文史，儒者自誤以為有道在文史外耳。（〔章氏遺書〕卷二十九，外集二「姑孰夏課甲編小引」）

章氏此說似謙而實傲，正謂當時考據家的六經不足以盡「道」，唯有他的文史之學才是明「道」的正軌。「姑孰夏課」包括「易敎」、「原道」、「原學」、「經解」十二篇（各上、中、下三篇）在內，恰是〔文史通義〕內篇的中心文字。

「小引」中「儒之流於文史」一語，其重點實在「史」上。此與章氏在別處所言「經之流變必入於史」（〈文史通義〉外篇三「與汪龍章書」）命義相同，適可互證。六經是古代之史，僅足以見「道」在古代的發展。如果要認識「道」的全貌則不能不求於六經以後之史。所以章氏重視後世之史猶在六經之上。把這個觀點推至其邏輯的結論，則歷史愈接近當前便愈重要。「史釋」篇說：

傳曰：「禮時為大」；又曰：「書同文」。蓋言貴時王之制度也。學者但誦先聖遺言而不達時王之制度，是以文爲鞶帨絺繡之玩而學爲鬬奇射覆之資，不復計其實用也。……故無志於學則已；君子苟有志於學，則必求當代典章以切於人倫日用，必求官司掌故而通於經術精微，則學為實事而文非空言，所謂有體必有用也。不知當代而言好古，不通掌故而言經術，則悅之文，射覆之鞶學，雖極精能，其無當於實用也審矣。

此處不但以當代典章、官司掌故通於經術之精微，而且列爲學者首要之務。這正是因爲他把「時王制度」看作「道」的最新發展。從求「道」的觀點言，「通經」當然比單純的「好古」更爲重要。通今才能致用，這就涉及「經世」的問題，也是「六經皆史」說的一個基本組成部分。「浙東學術」云：

史學所以經世，固非空言著述也。且如六經同出於孔子，先儒以為其功莫大於「春秋」，正以切合當時人事耳。

「經世」必究心於史，尤須注重當代之史，這是明清學人的共同看法（參看「經世致用」節）。章氏不但繼承了儒家的「經世」傳統，而且進一步把它加以理論化，納入「六經皆史」說的系統之中了。就這一點說，他在清代思想史上確有創造性的貢獻。

但章氏的「六經皆史」說也有其時代的限制，卽在其中所隱涵的一種權威主義的思想傾向。「六經皆先王之政典」自然是一個有根據的歷史論斷。但是章氏把這一論斷逆用之於當代之史，竟使儒家經學的大義發生了極大的顚倒。因爲依照他的說法，「時王之制度」便尤然成爲當代的「六經」了。這種權威主義思想最明顯地表現在他對「德」與「位」的看法上面。他說：

> 孟子曰：「孔子之謂集大成。」今言集大成者為周公，毋乃悖於孟子之指歟？曰：集之為言，萃衆之所有而一之也。自有天地而至唐、虞、夏、商，皆聖人而得天子之位，經綸治化，一出於道體之適然；周公成文、武之德，適當帝全王備，殷因夏監，至於無可復加之際，故得藉為制作典章，而以周道集古聖之成，斯乃所謂集大成也。孔子有德無位，卽無從得制作之權，不得列於一成，安有大成可集乎？（「原道」上）

此處章氏明明認定祇有居帝王之「位」的人才有「制作之權」。根據這個理論，則道統卽出於治統，這幾乎和淸初李光地（一六四二——一七一八）的見地如出一轍了。幸而章氏尙說過：「學於衆人，斯爲聖人。」又說：「自古聖人皆學於衆人之不知其然而然。」（同上）稍稍減輕了一些權威主義的氣味。但道統出於治統之說足以使儒家批判現實的精神蕩然無存，則終是不可否認的。章氏如此立論或非出於自覺；不過我們正可以從這種地方看出淸代專制政治對他的「六經皆史」說發生了多麼深刻的影響。

章氏的「六經皆史」說還反映了當時學術史上一個新的發展，卽史學逐漸獨立自主，並有與經學分庭抗禮之勢。「六經皆史」的理論顯然涵有化經爲史之意，在章氏生前已引起爭議。章氏

「上朱中堂世叔」（即朱珪）書云：

> 近刻數篇呈誨，題似說經，而文實論史。議者頗譏小子攻史而強說經，以為有意爭衡，此不足辨也。……且古人之於經史，何嘗有彼疆此界，妄分孰輕孰重哉！小子不避狂簡，妄謂史學不明，經師伏、孔、賈、鄭，祇是得半之道。〔通義〕所爭，但求古人大體，初不知有經史門戶之見也。（〔章氏遺書〕卷二八，外集一）

此書撰於一七九六年，所刻者當是〔文史通義〕內篇卷一諸文，即討論「六經皆史」的中心作品，可見同時經學家已認爲章氏專業既在史學，便不應涉及經學，而「六經皆史」之說則是有意與經學家爭衡。章氏雖說「不知有經史門戶之見」，但他在別處曾明說「六經初不爲尊稱」（〔文史通義〕內篇一「經解」下），此處又謂經師不知史學，「祇是得半之道」，其有意於打破經高於史的傳統偏見也是無可否認的。不僅章氏爲此，錢大昕也曾極力爲史學爭地位。錢氏經史淹貫，一時無兩；平時持論且與惠棟、戴震諸人頗相桴鼓。然而他的學術造詣終以史部最爲精到；因此也不免感受到經學家的壓力。戴震平日甚至公開地說他是第二人，而以第一人自居。（見江藩〔漢學師承記〕卷三「錢大昕傳」）這一評價一方面隱指「義理」與「考據」之爭（參看「義理、考據、詞章」節），但一方面也反映出經學與史學的對峙。他曾說：

> 自惠（棟）、戴（震）之學盛行於世，天下學者但治古經，略涉三史；三史以下，茫然不知，得謂之通儒乎？（江藩前引書）

這種議論和章學誠所謂經師僅得「道」之半如出一口。但錢氏關於經史問題最坦率的意見則見於他晚年（嘉慶五年，一八〇〇）爲趙翼〔廿二史劄記〕所寫的序文。「序」略云：

經與史豈有二學哉！昔宣尼贊修六經，而尚書、春秋實為史家之權輿。漢世劉向父子校理秘文為六略，而世本、楚漢春秋、太史公書、漢著紀列於春秋家，高祖傳、孝文傳列於儒學，初無經史之別。厥後蘭台、東觀，作者益繁，李充、荀勗等刱立四部，而經史始分，然不聞陋史而崇經也。自王安石以猖狂詭誕之學，要君竊位，自造三經新義，驅海內而誦習之，甚至詆春秋為斷爛朝報。章、蔡用事，祖述荊、舒，屏棄通鑑為元祐學術，而十七史皆束之高閣矣。嗣是道學諸儒講求心性，懼門弟子之氾濫無所歸也，則有訶讀史為玩物喪志者，又有謂讀史令人心粗者。此特有為言之，而空疏淺薄者託以藉口。由是說經者日多，治史者日少。彼之言曰：經精而史粗也，經正而史雜也。予謂經以明倫，虛靈玄妙之論似精實粗也；經以致用，迂闊深刻之談似正實非正也。……若元、明言經者，非勦襲稗販，則師心妄作，卽幸而廁名甲部，亦徒供後人覆瓿而已，奚足尚哉！

這篇序文表面上是指責宋、元、明三代重經輕史的偏見，實際上則是向當時一輩經學考證家，提出嚴重的抗議。錢氏雖不持「六經皆史」之說，但「經史不二」或「經史無別」的論點則將「史」提升至與「經」完全相等的地位。錢、章兩氏在這一點上顯然是殊途同歸的，所以此序可以看作清代史學家的「獨立宣言」；它和章學誠論「六經皆史」諸篇都是清代中期學術思想史上具有劃時代意義的重要文獻。

最後，關於章學誠「六經皆史」說的起源問題也應該稍加說明。近人曾努力尋求此說的原始。綜合各家所得，最早可追溯到隋代王通的〔中說〕（卷一「王道」篇），宋代則劉道原〔通鑑外紀〕（「自序」）與陳傅良〔止齋先生文集〕（卷四十「徐得之左氏國紀序」）也有類似的講法。明、清以下說者尤衆，其最著者有宋濂〔龍門子凝道記〕（卷下「大學微」）、王陽明〔傳習錄〕（卷一）、李贄〔焚書〕（卷五「經史相爲表裏」條）、王世貞〔藝苑卮言〕（卷一）、胡應麟〔少室山房筆叢〕（卷二）、顧炎武〔日知錄〕（卷三「魯頌、商頌」條）、袁枚〔隨園文集〕（卷十「史學例議序」）諸家。

但是細稽以上所列舉諸說原文，大抵僅單辭隻語，不易確定其意義，章學誠不是一個淵博的學者，他未必曾細讀上述諸書，而且他自承記憶力甚差，縱讀過也未必一一留下深刻的印象。所以這種探源工作並不能解決思想史上的基本問題。不過章氏既以清代陸、王的正傳自命，則王陽明〔傳習錄〕對他不能完全沒有影響。〔傳習錄〕卷一云：

> 愛曰：先儒論六經，以春秋為史，史專記事，恐與五經事體終或稍異。
>
> 先生曰：以事言謂之史；以道言謂之經。事卽道，道卽事。春秋亦經，五經亦史；易是包犧氏之史，書是堯、舜以下史，禮樂是三代史，其事同，其道同，安有所謂異？
>
> 又曰：五經亦只是史，史以明善惡、示訓戒。善為訓者時存其迹以示法，惡可為戒者存其戒而削其事以杜奸。

陽明「五經亦史」之論對章氏必有所啓發，是不容置疑的。但是陽明認爲「史」的功用主要在於「明善惡、示訓戒」，這卻顯然不是章學誠「六經皆史」說的重點所在。更重要的，陽明說「以事言謂之史，以道言謂之經」，可見他仍未完全擺脫「道在六經」的傳統觀念。章氏則謂「守六籍以言道，則固不可與言夫道」（「原道」中），「事變之出於後者，六經不能言」，又說「六經初不爲尊稱」。這些論斷都比陽明爲激進。陽明「事卽道，道卽事」之說雖頗合乎章氏「六經皆史」的旨趣，但在時間上仍限於三代及三代以前。三代以下之「道」究何所依託，陽明則未加申論。章氏以「道」在歷史進程中不斷展現的理論，其重點卻正是放在「事變之出於後者」的上面。所以章氏之說至少也應看作是陽明觀點的重大發展，而不是它的簡單翻版。陽明「五經卽史」說的直接承繼者是李贄。李氏之言曰：

> 經史一物也，史而不經，則為穢史矣，何以重戒鑑乎？經而不史，則為說白話矣，何以彰事實乎？故〔春秋〕一經，春秋一時之史也。〔詩經〕、〔書經〕，二帝三王以來之史也。而〔易經〕又示人以經之所自出，史之所從來，為道屢遷，變易匪常，不可以一定執也。故謂六經皆史可也。（〔焚書〕卷五「經史相為表裏」）

若僅以字面言，則「六經皆史」一語確由李贄最先提出。但李氏其實祇是重複陽明「史以重訓戒」的說法，尤不能與章氏的「六經皆史」說等量齊觀。何況章氏得見〔焚書〕的可能性更是微乎其微呢！

總之，章氏的「六經皆史」說基本上是在一定的歷史條件下產生的，它是「經學卽理學」的理論在清代中葉發展成熟以後所激起的一個反命題，也是陸、王系統經過「道問學」化以後所呈現的一種新面貌，從這一點說，它在清代學術思想史上承先啓後的意義是無法否定的。

參考文獻舉要

一、本篇主要根據各家專集鈎勒而成，所引原文均已隨處注明書名卷數。間有轉引數條亦已查核原書，以免訛誤。故原始文獻此處概不重出，俾省篇幅。

二、本篇以清代學術思想史上之重要論題爲主，卽章學誠所謂「因事命篇」。各篇撰寫則兼採溫納主編〔觀念史大辭典〕(Philip P. Wiener, ed., *Dictionary of the History of Ideas—Studies of Selected Pivotal Ideas*, 4 Vols, Charles Scribners' Sons, 1972) 的處理方式，卽選擇若干主要論題，予以較有系統的敍述。重要思想家與思想流派則分別繫於各論題之下，不另立專目。但本篇所選論題，除「六經皆史」一節外，均未有研究性的專書或論文可資依據。事屬草創，前無所承，故以下所列文獻，大體皆僅足供間接參考。事非得已，讀者諒之。

三、本篇所選論題以能突出清代學術思想的發展主流爲標準，不取賅備無遺。故所擇各論題之間皆具內在之關聯。以中國傳統著作體裁言，本篇宿師章學誠「撰述欲其圓而神」之意；以西方現代治思想史的途徑言，則略近洛孚覺艾 (Arthur O. Lovejoy) 所提倡的「單元觀念叢」(unit-ideas)。參考文獻的去取亦力求與論述內容相應，不足以言完備。

四、本篇以清代爲論述範圍，但思想史無法截然以朝代劃限；清代學術思想的重要發展無不導源於明代以至宋代。若不窮究其源，清學在中國思想史上的意義卽無從彰顯。故本篇大體以宋、明爲上限，尤注重明代中葉以後的思想變遷。下限則較爲明確。卽止於十九世紀初葉乾、嘉考證學的終結。此下中國思想史進入近代階段，不屬本篇範圍。參考文獻亦大致以此爲斷限，但於清代較詳，於以前較略，庶不致輕重失當。

五、近人研究清代思想史甚多，專治宋明儒學者亦不少，故關於清學與宋、明傳統之間的關係，有種種不同的解釋。參考文獻則擇其較有代表性者，兼收並存之，不必皆與本篇所持觀點相合。其中且不乏與本篇旨趣相左者。讀者博覽諸家，則可以見學術異同，不爲本篇之觀點所囿。

一、中文

洪斌等編，方苞訂正，〔孫夏峯先生年譜〕，叢書集成本。

張　穆，〔顧亭林先生年譜〕，收入存萃學社論集，〔顧亭林先生年譜彙編〕本，香港崇文書店，一九七五年。

——，〔閻潛丘先生年譜〕，香港崇文書店，一九七一年。

章炳麟，〔檢論〕（卷四「通程」、「議王」、「正題」、「清儒」諸篇），章氏叢書本。

——，〔太炎文錄初編〕（卷一「釋戴」），章氏叢書本。

劉師培，〔漢宋學術異同論〕，〔劉申叔先生遺書〕本，臺北華世出版社重印，一九七五年。

——，〔左盦外集〕（卷九「王學釋疑」、「近儒學術統系論」、「清儒得失論」、「近代漢學變遷論」諸篇）。

王國維，「國朝漢學戴阮二家之哲學說」，〔靜安文集〕，〔海寧王靜安先生遺書〕本，臺灣商務印書館重印，一九七六年。

梁啓超，〔清代學術概論〕。

——，〔論中國學術思想變遷之大勢〕（近世之學術）。

——，〔顏李學派與現代教育思潮〕。

——，〔戴東原哲學〕，以上四種均收入梁啓超，〔近代中國學術論叢〕，香港崇文書店印行，一九七三年。

——，〔中國近三百年學術史〕，臺灣中華書局印行，一九六二年。

胡　適，〔章實齋先生年譜〕，姚名達訂補，上海商務印書館，一九三一年（現收入存萃學社論集，〔章實齋先生年譜彙編」，香港崇文書店，一九七五年）。

胡　適，〔戴東原的哲學〕，上海商務印書館，一九二七年。

——，「清代學者的治學方法」，〔胡適文存〕第一集，遠東圖書公司印行，臺北，一九七一年。

——，「費經虞與費密——清學的兩個先驅者」，〔胡適文存〕第三集。

——，「幾個反理學的思想家」，〔胡適文存〕第二集。

錢　穆，〔朱子新學案〕，五册，臺北，一九七一年。

——，〔宋明理學概述〕，臺灣學生書局印行，一九七七年。

——，〔王守仁〕，上海商務印書館，一九三〇年。

——，〔中國近三百年學術史〕，二册，上海商務印書館，一九三七年。

——，〔中國學術思想史論叢〕，第七册，臺北東大圖書公司，一九七九年。

——，〔中國學術思想史論叢〕，第八册，一九八〇年。

陳　垣，〔明季滇黔佛教考〕，中華書局，一九六二年。

馮友蘭，〔中國哲學史〕，香港太平洋圖書公司重印本，一九七〇年。

侯外廬，〔中國思想通史〕，第五卷，人民出版社，一九五六年。

楊向奎，〔中國古代社會與古代思想研究〕，下册，上海人民出版社，一九六四年。

容肇祖，〔明代思想史〕，臺北開明書店重印，一九六二年。

唐君毅，〔中國哲學原論〕，上册（第九、第十章：「原格物致知」上下），香港，人生出版社印行，一九六六年。

牟宗三，〔心體與性體〕，三册，臺北正中書局，一九六九年。

——，〔從陸象山到劉蕺山〕，臺灣學生書局，一九七九年。

陳訓慈，「清代浙東之史學」，〔史學雜誌〕第二卷第六期，一九三一年四月。

謝國楨，〔黃梨洲學譜〕，修訂本，香港崇文書店重印，一九七一年。
——，〔顧寧人學譜〕，上海商務印書館，一九三〇年。
張舜徽，〔顧亭林學記〕，香港崇文書店重印，一九七一年。
張西堂，〔王船山學譜〕，香港崇文書店重印，一九七一年。
郭靄春，〔顏習齋學譜〕，香港崇文書店重印，一九七一年。
嵇文甫，〔王船山學術論叢〕，香港崇文書店重印，一九七三年。
段忱彥，「清初大儒孫夏峯之學術思想」，輔仁大學出版〔新北辰〕第三卷第八期，一九三七年八月。
吳孝琳，「章實齋年譜補正」，原載〔說文月刊〕第二卷九至十二期，一九四〇年十二月—四一年三月，現收入〔章實齋先生年譜彙編〕。
周予同、湯志鈞，「章學誠六經皆史說初探」，〔中華文史論叢〕，第一期，一九六二年。
錢鍾書，〔談藝錄〕（「實齋六經皆史說探源補闕」條），香港龍門書店重印，一九六五年。
周輔成，「戴震的哲學」，〔哲學研究〕，一九六五年三月號。
肖箑父，「王夫之哲學思想初探」，〔王船山學術討論集〕，上册，中華書局，一九六五年。
余英時，〔方以智晚節考〕，香港，新亞研究所，一九七二年。
——，〔論戴震與章學誠〕，香港，龍門書店，一九七六年。
——，〔從宋明儒學的發展論清代思想史〕，收入〔歷史與思想〕，臺北聯經出版事業公司，一九七六年。
——，「清代思想史的一個新解釋」，收入〔歷史與思想〕。
——，「方以智晚節考新證」，〔新亞學術集刊〕，第二期（中國近三百年學術與思想史專輯），一九七九年。

二、日文

市川安司，〔程伊川哲學の研究〕，東京，一九六四年。
楠本正繼，〔宋明時代儒學思想の研究〕，東京，一九六四年。
友枝龍太郎，〔朱子の思想形成〕，東京，一九六九年。
——，「陽明の大學解釋について——誠意と良知——」，〔哲學〕第十三號，廣島，一九六一年。
島田虔次，〔朱子學と陽明學〕，東京，一九七六年。
——，「歷史的理性批判——『六經皆史』の説——」，〔岩波講座哲學〕，第四號。
——，「章學誠の位置」，〔東方學報〕，第四十一册，一九七〇年三月。
岡田武彥，〔宋明哲學序說〕，東京，一九七七年。
——，〔王陽明と明末の儒學〕，東京，一九七〇年。
荒木見悟，〔明代思想研究〕，東京，一九七二年。
安田二郎，〔中國近世思想研究〕，東京，一九四八年。
村山吉廣，「明學から清學へ」，〔中國古典研究〕，第十二號，一九六四年。
橋本高勝，「孟子字義疏證について——人間的自然の解釋と操作」，木村英一博士頌壽紀念會編，〔中國哲學史の展望と摸索〕，東京，一九七六年。
河田悌一，「同時代人の眼——章學誠の戴震觀」，同上。
張聖巖，〔明末中國佛教の研究〕，東京，一九七五年。
坂出祥伸，「方以智の思想」，藪內清、吉田光邦編，〔明淸時代の科學技術史〕，京都大學人文科學研究所，一九七〇年。

三、西文

Wing-tsit Chan, "The Ch'eng-Chu School of Early Ming." in Wm. Theodore de Bary, ed., *Self and Society in Early Ming*, Columbia University Press, 1970.

———, "The Hsing-li ching-i and the Ch'eng-Chu School of the Seventeenth Century", in Wm. T. de Bary, ed., *The Unfolding of Neo-Confucianism*, Columbia University Press, 1975.

Julia Ching, *To Acquire Wisdom, the Way of Wang Yang-ming*, Columbia University Press, 1976.

Wm. Theodore de Bary, "A Reappraisal of Neo-Confucianism." in Arthur F. Wright, ed., *Studies in Chinese Thought*, Chicago University Press, 1953.

———, "Some Common Tendencies in Neo-Confucianism." in David S. Nivison and Arthur F. Wright, eds., *Confucianism in Action*, Stanford University Press, 1959.

Paul Demiéville, "Chang Hsüeh-ch'eng and His Historiography." in W. G. Beasley and E. G. Pulleyblank, eds., *Historians of China and Japan*, Oxford University Press, 1961.

Ian McMorran, "Late Ming Criticism of Wang Yang-ming: The Case of Wang Fu-chih", *Philosophy East and West*, XXIII, 1973.

———, "Wang Fu-chih and the Neo-Confucian Tradition." in *The Unfolding of Neo-Confucianism.*

David S. Nivison, *The Life and Thought of Chang Hsüeh-ch'eng*, Stanford University Press, 1966.

Willard J. Peterson, *Bitter Gourd, Fang I-chih and the Impetus for Intellectual Change*, Yale University Press, 1979.

———, "Fang I-chih: Western Learning and the 'Investigation of Thing'", in *The Unfolding of*

Neo-Confucianism.

———, "The Life of Ku Yen-Wu (1613-1682)", *Harvard Journal of Asiatic Studies*, 28 (1968) and 29 (1969).

Ying-shih Yü, "Some Preliminary Observations on the Rise of Ch'ing Confucian Intellectualism", *Tsing Hua Journal of Chinese Studies*, N.S. XI, nos. 1 and 2 (December, 1975).

———, "Toward an Interpretation of the Intellectual Transition in Seventeenth-century China", *Journal of the American Oriental Society*, 100. 2 (1980).

方以智自沈惶恐灘考

余撰〈方以智晚節考〉（香港新亞研究所，一九七二年出版。以下簡稱〈晚節考〉），事在一九七一年辛亥之冬，上距密之死難適三百年（一六七一年辛亥）。然此純屬偶合，非有意爲之也。十餘年來，密之事蹟先後經海內外學人不斷發掘，大致已朗若列眉。其間尤以冒懷辛先生〈方以智死難事迹續考〉（一九八一年作者寄贈原稿副本，出版時地不詳。以下簡稱〈續考〉。）與任道斌先生〈方以智年譜〉（安徽教育出版社，一九八三年。以下簡稱〈方譜〉）貢獻最大。而〈方譜〉最後出，首尾完具，原始資料之搜集亦約略齊備，尤爲今後研治密之生平與思想者不可或缺之參考書。任君復有「關於方以智的晚年活動」（〈清史論叢〉第三輯，一九八二年。以下簡稱「晚年活動」。）及「方以智簡論」（〈清史論叢〉第四輯，一九八二年）兩文，於拙作多所商榷。「晚年活動」以「美國余英時教授〈方以智晚節考〉、〈新證〉、〈新考〉讀後」爲副題，於余前後有關密之晚節之考證文字，頗有是正，殊感雅意。

海外考證密之事蹟，因受材料所限，錯誤實屬無可避免者。余前後經他人指出或自己發現而改正之疏失亦已不少。今得「晚年活動」一文詳加校定，密之晚節之隱晦難明者乃一一展露，而余之餘失亦不難訂正也。

唯有一事焉，其事又關係密之晚節之最大者，冒、任兩君雖得盡見第一手資料而竟獲致完全錯誤之結論，此即密之死節事是也。余今重考此案，所憑藉者主要即〈續考〉、〈方譜〉、與「晚年活動」三文所提供之資料。此誠考證學上一鮮有之趣事。然追原溯始，此案之終得論定，更無疑惑動搖之餘地，其功仍當歸之冒、任兩君也。

「晚年活動」第五節「方以智之死」專駁余所主之「自沉」說。惟余於此事先後援證不同。茲為行文方便起見，先就余兩次立論重加檢討，然後次第及於其他各端焉。

一、最初假說之提出

〈晚節考〉論密之自沉事略云：

> 蓋密之辛亥之案……中履與父同在一舟之可能性甚大。易言之，吾人所見關於密之死難之記載，自應以方中履〈汗青閣文集〉之史料價值為最高。今中履一則曰：「先公慷慨盡節，不少曲撓。」再則曰：「惶恐灘頭，先公完名全節以終。」則密之不死於病，其讞已可定矣。

密之惶恐灘頭之盡節，究係採取何種方式，今已無法確知。……唯中履「宗老臣梅先生七十序」謂「履兄弟亦惟止水相踵自勉」，頗近於暗示其父之死係由自沉。魏叔子有五古……合（其中）「溪流萬里水」及「昔送水中沚」兩句觀之，亦似暗隱密之有投水之事。是耶？非耶？今已無從質言之矣。（頁一一〇——一一一）

可見余之初主自沉說實由文字之可疑而起。蓋遺民隱語往往意在言外，非可徒以字面涵義解之者。以方中履之文字修養，斷不能以「慷慨盡節」、「全節」等詞描述密之病死舟中之事。「晚年活動」作者於古人用辭遣字之委婉深曲處似未盡措意，故評論拙作亦未及此。唯勞思光先生曾舉魏叔子五古中「可惜雙眼睛，未及見此事」以助余說，又引山足興斧跋密之〈語錄〉之語以為旁證。勞先生謂跋語「臨難捨身」云云斷不能解為「病死」，而必當指「自盡」，亦由文理而斷。其說是也。（見勞思光「〈方以智晚節考〉及〈補證〉讀後感」，〈新亞學術集刊〉第二期，一九七九年，頁三六——三七。以下簡稱「讀後感」。）

此種由文理推斷之考證法自不易為人人所認可，故余當時亦未敢據此遽為定案。然余近日有一偶然發現，即第一次假設中引有一條極明顯之證據，大足張自沉說之軍，而竟失之眉睫者。此即中履「余兄弟亦惟止水相踵自勉」一語是已。余當時已得此語之確解，即中履謂彼兄弟亦應繼密之而投水。「止水」在此作「投水」解，「亦」者相對於其父已自沉而言也。但當時未追究「止水」之出處，故終未能暢發之。頃因他事參考〈宋史〉卷四一八「文天祥傳」，得見同卷所記江萬里死事，乃悟中履此語乃暗用此一故實。〈宋史〉「江萬里傳」云：

先是，萬里聞襄、樊失守，鑿池其山後圃，扁其亭曰：「止水」，人莫諭其意，及聞警，執門人陳偉器手，曰：「大勢不可支，余雖不在位，當與國為存亡。」及饒州城破……萬里竟赴止水死。左右及子鎬相繼投沼中，積屍如疊。翼日萬里尸獨浮出水上，從者草斂之。

萬里曾拜左丞相兼樞密使，辭歸，其身分與密之辭永曆朝東閣大學士相符，一也。萬里退隱之芝山在明代之江西鄱陽，與密之晚年隱居之地同在一省。中履久旅江右，必熟悉其地先賢事蹟，二也。萬里有子「相繼投沼中」，此尤與中履「余兄弟亦惟止水相踵自勉」之語密合，三也。有此三合，則此十一字卽是密之自沉惶恐灘之隱語，可以無疑矣。「止水」一辭，後世早已習用爲「自沉」之代語，故余當時以爲無考證之必要。若必欲得他例以證成之，則近人楊鍾羲〈雪橋自訂年譜〉論王國維自沉事云：

靜安止水之節，愚不可及。（引自王德毅〈王國維年譜〉頁三七〇）

今之治史者已漸失昔人對古典文字所必有之敏感性。此誠令人不勝其今昔之感也。

二、第一次證實

一九七八年余獲讀儀眞、冒懷辛兩先生合撰「方以智死難事迹考」（原載〈江淮學刊〉一九六二年第二期，現轉載於〈新亞學術集刊〉第二期，頁二一—二四），其中引有方中發〈白鹿山房詩集〉卷五「祖德述」一詩關於密之之按語。其言曰：

晚被蜚語，逌赴粵，舟次惶恐灘，疾卒。

中發爲密之之姪，雖作又嘗親赴江西，與密之、中履同在一舟，其證言自可信據。中發既云「疾卒」，似密之確係病死，而余有關自沉之斷案自敗。然事有出人意表者。一九七九年九月，余輾轉獲睹汪世清先生手稿一份。汪先生以〈晚節考〉與方中通〈陪集〉及中發〈白鹿山房集〉互勘，改正〈晚節考〉中疏失多處。惟有關密之死難事，汪稿引〈陪集〉卷四「惶恐集・哀述」第一首中兩句曰：

波濤忽變作蓮花，五夜天歸水一涯。

及中通詩末原注云：

辛亥十月七日舟次萬安，夜分波濤忽作，老父即逝，而風浪息云。

汪稿並有按語曰：「據此注之語氣，方之死似爲自裁。」余得此堅證，乃重新檢討自沉說，遂於中發「疾卒」之「疾」字別獲一解，即是「急速」之意，非「病」也。故余於「方以智死節新考」（刊於〈明報月刊〉第十四卷第十二期，一九七九年十二月）說之曰：

佛家以往生極樂淨土者棲托於蓮花臺。今云：「波濤忽變作蓮花」正是明言密之逐波而逝也。「五夜天歸水一涯」句則足成其說兼以點明投水之時間焉。……注語出之以神話方式，其實即言佛化波濤為蓮花，前來接引，故密之既入水而風浪遂息耳。蓋密之自沉殉節事，方氏弟兄既不欲彰其跡，又不忍沒其實，是以必微婉其詞，隱約其說，故留隙縫以待後人之發其覆……今持中通之「浪息」，中履之「止水」，還視中發之「疾卒」，則「疾」字之當與「波濤忽作」之「忽」字互訓，不亦明且顯耶？（頁十三）

此余之「自沉說」第一次獲得證實也。（後又讀方中通〈陪詩〉卷四「惶恐集・述哀」十章之末自注，謂其父「辭世太迫」，則「疾卒」之解，益無可疑。）

然任道斌先生不以爲然，其言曰：

我對方中通這句詩和注的理解與余教授不同，我認為：方以智押赴嶺南，十月七日舟次萬安惶恐灘，夜分，波濤汹湧，舟隨風顛簸，晃蕩起伏，擺動異常，他病體不支，遽然死去，不久風浪也平息了。方中通照佛家的解釋進行神化，説他的真靈隨波而逝，化作蓮花，進入極樂世界。卽方以智仍死於病。（「晚年活動」，頁二五五）

〈方譜〉論此事亦云：

夜，風浪忽作，舟中顛簸不已，密之疽發背而死。（頁二七八）

「疽發背而死」將於下節詳辨，此不具。任君此解以字面言似亦可通。若證據僅止於此，而兩造各執一詞，此案亦不易定。所可怪者，余斷此案波瀾迭起。〈方譜〉同條又引有方中履「惶恐集・編次遺集觸事紀哀十首」（出自〈桐城方氏詩集〉）。其中兩句云：

惶恐灘頭風雨罷，相看俱在失吾親。

余讀〈方譜〉至此，不禁拍案而起曰：此案可以完全定讞矣！中履是時與父同舟，故寫其死狀能歷歷如繪者如此。「惶恐灘頭風雨罷，相看俱在失吾親」者，風浪既定後，同舟之人彼此面面相覷，而已不見密之也。此「失」字指「失蹤不見」而言，絕無可能作「死亡」解。此可由「相看俱在」四字以確定者也。豈同舟之人皆患重病，以致風浪過後彼此必須「相看」以察存亡乎？以中履之「失」與中通「老父卽逝」之「逝」字相參證，益可證余前解「隨波而逝」之說爲不誤。易言之，此非通常所謂「逝世」之「逝」，乃東坡詩詞中「殺馬毀車從此逝」及「小舟從此逝」之「逝」耳。密之於當夜風浪大作、燈火盡滅之際，乘人不覺而自沉於惶恐灘頭；及風浪息而舟中燈火再明，則密之已失其蹤影矣。此三百年前之一幕悲劇，得中履之十四字而重新展現於吾人之眼前，不啻親臨其境焉。而〔方譜〕於引此兩句詩之後，即繼之以駁余所主「自殺」之說，何任君成見之深且固至於如斯其極耶？

抑更有可論者，處與密之相似之境遇而萌自裁之念，稽之往史，其事固不足爲異，即在今世亦未始不時有所聞，亦何難解之有哉！茲姑捨近而取遠，舉蘇東坡因烏臺詩案下獄事相參證，以實吾說。孔平仲〔孔氏談苑〕載：

> 蘇子瞻隨皇甫僎追攝至太湖蘆香亭下，以柁損脩牢。是夕風濤傾倒，月色如畫。子瞻自維倉卒被拉去，事不可測，必是下吏，所連逮者多，如閉目窣身入水，則頃刻間耳。既爲此計，又復思曰：「不欲辜負老弟。」言己有不幸，子由必不獨生也。由是至京師，下御史獄。（丁傳靖輯，〔宋人軼事彙編〕卷十二引）

東坡於風濤之夜欲自沉於太湖，其情境、其心理與密之於風浪大作之際自沉於惶恐灘固無以大異也。使東坡無「不欲辜負老弟」之一念，則當日早已盡「止水」之節矣。此前事之足以說明後事者也。

三、「疽發背死」辨

密之自沉惶恐灘，以上文所舉正面之證據言，其事已昭然若揭矣。然冒、任兩君尚持有反面之證據，此即「疽發背死」之說是也。二君所據之第一手史料同爲易堂九子之一彭士望（躬庵）

之〈樹廬文鈔〉。玆以冒懷辛先生徵引原文較詳，故此節所論以〈續考〉之推證爲主。〈樹廬文鈔〉卷八「首山濯樓記」記密之晚節云：

近十年托跡青原，勤開示，為「炮莊」、「烹雪」，出入儒、釋之際，辨晰微茫，以徜徉於山水泉石雲樹之間，稍自陶寫，猶與僧徒同食盞頭飯，甘糲粺，非人所堪。乃蜚語中之，自天而下。怡然行素，不為恇撓。而卒以疽發於背，血肉崩潰，言笑從容，觸暑載馳，終焉致命。此蓋天欲天下後世人知其如此而生，如此而僧，如此而死，為之流連涕洟，悲吟思慕，互相淬厲。即五雲（按：即萬安）一步地猶得與盧陵古道相望顏色，日夕聞惶恐灘聲，灑滌志氣，以不沒勞人於地下，亦豈必安禪示寂以終斯樓之為愉快也哉！

又同書卷二「與謝約齋書」亦云：

木公病背發，卒於萬安。

此即冒、任兩君斷密之「疽發背死」之唯一證據也。驟視之，彭士望一文一書確足爲病死說作證，然詳披之則殊不然，而尤以「首山濯樓記」之文最當細加玩味。夫「疽發背而死」一語最早見於〈史記〉「項羽本紀」記范增之死，此盡人皆知者也。此語在後世史籍中幾已成刻版，下迄清初修〈明史〉亦有時而見。如〈明史〉卷二七五「張愼言傳」云：「國亡後，疽發於背，戒勿藥，卒。」即是一例。〈史記〉、〈明史〉敍事皆直接以死因歸之「疽發於背」，無可疑者。躬庵「與謝約齋書」所言「木公病背發，卒於萬安」，似之矣，然「病背發」尙可兼指「造反」之雙關隱語，以暗示其案情，即〈史記〉「淮陰侯列傳」所謂「相君之背，貴不可言」是也。又密之死難事當時知之者無不爲之諱，則躬庵與友人書之作是語蓋亦不得已焉。（至於此事何以必加隱晦，後文有專節討論，玆暫不及。）

讀「首山濯樓記」者首應注意躬庵文在「疽發於背」至「終焉致命」之間尚夾敘「言笑從容，觸暑載馳」，實未直接以死因屬之「疽發於背」也。今考方中履「蓼蟲吟序」云：「既達廬陵，先公病作，弟衣不解帶者經月。及辭歸，則痛哭。」而中發辭歸則在八月一日（〈白鹿山房詩集〉卷五有「八月朔日歸里」之詩可證）。可知密之病情最嚴重之時期當在六月中至七月底也。中發別時密之病仍未愈，故又繼續養病兩月，遲至十月初始由廬陵押赴嶺南。易言之，密之因病羈留廬陵先後共達三四個月之久。由廬陵至萬安不過水程百里，則密之十月七日野死萬安之時，上距自廬陵起解最多不過二三日耳。以情理推之，密之啓程之日，至少官方判斷其病體已可耐舟行之勞。何以甫起解，疽即復發於背，且其死地又不在他處而適在孤臣泣血之惶恐灘，有如是之巧乎？

彭文之可疑者尚不止此，而尤在其「終焉致命」一語焉。蓋「致命」指死於非命，斷不能以言病死也。〈論語〉「子張」：「士見危致命」與「憲問」之「見危授命」同義。〈易大傳〉「困」：「君子以致命遂志」，亦與〈孟子〉：「舍生取義」（「告子」上）之旨不殊。故朱子釋困卦之「致命遂志」云：

> 致命如〈論語〉「見危授命」與「士見危致命」之義一般，是送這命與他，自家俱遂志循義，都不管生死，不顧身命。猶言置死生於度外也。（〈朱子語類〉卷七十三）

故彭躬庵之用「終焉致命」四字即明言密之最後如文文山之「成仁取義」，何得妄解爲「疽發背死」乎？茲就有清一代文獻中舉三例以明之。《四庫全書總目提要》卷一七二、集部二十五、別集類二十五《陶菴全集》條，館臣論黃淳耀曰：

卒之致命成仁，垂芳百世，卓然不愧其生平。

淳耀於嘉定城破時自裁於城西僧舍，事見《明史》卷二八二本傳。此「致命」指自裁之明證也。張國樑兵敗丹陽，渡河落水而死，而薛福成「張忠武公逸事」（見《庸盦筆記》）云：

公……三十八而致命遂志。

此淹死亦可謂之「致命」之例也。戊戌六君子之一楊銳就刑而死。而黃尚毅撰「楊叔嶠先生事略」（見《碑傳集補》卷十二）云：

先生既致命，尚毅同喬樹枏等棺殮。

此又可見被刑亦得謂之「致命」也。

余未嘗有意搜集「致命」一辭之用法，此三例不過偶然落入吾眼，然已足爲「致命」必不指病死之證。吾人由此可悟彭文此處剪裁有深意而遣詞尤有斟酌也。此句始之以「疽發」，終之以「致命」，中間隔以他語，初讀之，似二者之間或有關聯。然細審之，則病死又不可以謂之「致命」，是前後終不相應。欲蓋而彌彰、欲隱而益顯，此作者故留破綻之苦心，不可不察也。方中發言密之「疾卒」，其「疾」字實當作「遽速」解，故余嘗以曹雪芹暗寫秦可卿死事之筆法比之，彼亦故留「合家無不納悶，都有些疑心」之間隙，以待讀者之發其覆耳。今躬庵此語，亦同可以雪芹之筆法說之。俞平伯先生致顧頡剛先生書論秦氏之死曰：

若明寫縊死，自不得不寫其因；寫其因，不得不暴其醜，而此則非作者所願。但完全改易事跡致失其眞，亦非作者之意。故處之旁敲側擊以明之，使作者雖不言而讀者於言外得永其微音。……吾兄致疑於其病，不知秦氏係暴卒，而其死與病無關。細寫病情，正以明秦氏之非由病死。況以下線索尚歷歷可尋乎？（「紅樓夢研究」，頁一八二）

躬庵以「疽發於背」敍密之之病，又以「致命」兩字明其決非死於病。秦氏之死因後得「淫喪天香樓」之回目而大白，密之之死因亦已由中履「惶恐灘頭風雨罷，相看俱在失吾親」之詩而獲確證。茲請繼言彭文「以下線索」之「歷歷可尋」者。

躬庵繼此語之後曰：「此蓋天欲天下後世人知其如此而生，如此而僧，如此而死，爲之流連涕洟，悲吟思慕，互相淬厲。」此語實專言其「死」，「如此而生」、「如此而僧」尚不過是陪襯語。倘密之之果係「疽發背死」於舟中，躬庵是語豈非不詞之甚乎？僅僅病死舟中何足使人「流連涕洟，悲吟思慕」，更何能使人「互相淬厲」乎？而所謂「如此而死」者，必其事慘烈悲壯、驚心動魄，然後始有使「天下後世人知之」之價值。此又豈「疽發背死」所堪當者乎？此其可尋之線索一也。

躬庵繼又以密之比之文文山曰：「卽五雲一步地猶得與廬陵古道相望於顏色，日夕聞惶恐灘聲，灑滌志氣」。「古道照顏色」卽「正氣歌」之結局。冒懷辛先生論此節曰：

文之終篇，……固亦已以文天祥與以智相媲。然指出方與文志節相似，未必卽說明其死難之由於自裁也。

是冒先生於此處文理亦已有所疑，故下語頗見斟酌。密之倘死於病，則其死斷不能出於自覺之抉擇，與文山將絕無相似之處。古人深明「擬人必於其倫」之義，縱以「半是交情半是私」之故，揄揚或不免過當，亦決不肯以孤忠柴市之文山擬之病死舟中一僧囚。而惶恐灘聲之所以能「灑滌志氣」者，正以其爲密之止水之所耳。此其線索之可尋者二也。

末句「亦豈必安禪示寂以終斯樓之爲愉快」亦暗示密之非死於病。僧死通言「示寂」，此不待論者。密之縱未死於首山樓中，若果病死舟中，其爲「示寂」仍無以異也。今躬庵必不欲以「示寂」二字加諸密之，則其命意所在不亦居可見乎？此線索之可尋者三也。

「首山濯樓記」爲密之「疽發病死」說之唯一文獻根據。今細加分疏，則又適得其反。密之卒前病背，事誠有之，然其死則不由於病。彭記特寫其病不過是一種烟幕耳。「致命」、「古道照顏色」、「惶恐灘聲」及「豈必示寂」等語始透露密之死難之眞相。此易代之際，遺民以隱語傳心曲之特有方式。研治遺民文字者，不可不知也。

四、死難神化辨

繼此而當辨者卽有關密之死難之傳述何如是其紛紛也。方中通「夜分波濤忽作，老父卽逝，而風浪息」之語，余已斷其爲自沉之暗示矣。而任君「晚年活動」則視此爲佛教之「神化」，謂密之「眞靈隨波而逝」。此是不得其解而強爲之說，且又增字解經，平空添出「眞靈」兩字，於原詩原註兩無着落。任君當疑而不疑，毋乃過愼乎？〔康熙浮山志〕卷三載密之死事云：

十月初七，至萬安縣。師問曰：「此甚麼處？」衆答曰：「萬安。」師曰：「住。」命水沐浴，端坐謂衆曰：「去罷！」衆茫然請偈。師答曰：「平常。」言訖而逝。時大風作，江濤汹湧，竟日方息。

〔方譜〕按語曰：

此〔浮山志〕係山足與斧及密之友人陳焯、周瑄、王珙、左錞等與密之親屬吳道新、方中德兄弟共修，故所言密之病死經過，私加神化，固屬自然。（頁二八七）

任君於〔浮山志〕之文不加分析，又輕輕以「神化」兩字抹煞之，不知此正是密之自沉惶恐灘之證也。〔浮山志〕成書在康熙十四年乙卯，上距密之之死不過四年。密之自沉之事雖不能正式見諸文字，然當時相識應無不知之者。然則〔浮山志〕編者無端造出此一故事，其用意果何在乎？此今日讀者所當最先追問者也。此文所謂「神化」之處不過謂密之預知死地與死期耳。此類預知，僧傳中往往有之，並不足奇，尤不足貴。密之家人親友若欲「神化」其死何必定有取於此？此預知又何所加於密之乎？當時推重密之之死難者幾無不以文文山、謝疊山相擬，蓋非此不足躋密之於不朽之列也。今觀〔浮山志〕編者幷惶恐灘之名亦避不敢提，僅泛言萬安兩字，則其意不在推尊密之，可斷言矣。

若造此故事者意不在此，其用心究在何處耶？答之曰：其意卽在以隱語方式保存密之自沉惶恐灘之眞相也。問「甚麼處」，答以「萬安」，師曰：「住」者，暗隱舟泊惶恐灘出於密之之抉擇也。「沐浴」、「請偈」云云者，點出密之死志已決而同舟者仍「茫然」不覺也。「大風作，江濤汹湧」者，言密之於風浪大作之際乘人不備而投水也。以此故事與中通「波濤忽化作蓮花，五夜天歸水一涯」及中履「惶恐灘頭風雨罷，相看俱在失吾親」之詩句互勘，可謂絲絲入扣，其間關鎖貫通之妙眞有非語言文字所能盡者。此故事與後世所傳密之「拜文信國墓，行次萬安歿」之事如出一轍，誠可謂異曲而同工也。拜文墓事，余嘗以虛實兩字說之（見〈晚節考〉，頁一一一）。此故事亦然。密之死於萬安，實也；然故事中種種具體細節則皆虛也。「言訖而逝」云云，虛也，然其中隱藏密之投水之事，則又實也。（「言訖而逝」之「逝」即中通「老父卽逝」之「逝」，亦中通「失吾親」之「失」。）

由此可知，關於密之死難事之傳說雖多，其實並無所謂「神化」。拜文墓之為隱語，〈方以智死難事迹考〉亦已言之。但豈僅拜文墓一事哉，中通之詩注與〈浮山志〉此文亦皆隱語也。且傳說之所以多歧亦正因當時之人欲以各種不同方式透露死節眞相於天下後世耳。

抑更有可論者，〈浮山志〉之文，隱語之中又有隱事焉。此卽密之先祖方法之死是也。方法字伯通，官四川都司斷事，以不附明成祖之篡位被逮。事附見〈明史〉卷一四一「方孝孺傳」。馬其昶〈桐城耆舊傳〉卷一「方斷事傳」記其死難之事曰（參看道光〈桐城續修縣志〉卷十本傳）：

> 成祖卽位……逮諸藩不附者，公與逮。登舟飭家人曰：「至安慶告我。」行次望江，人曰：「此安慶境也。」公瞻望再拜，慨然賦詩二章，曰：「得望吾先人鄉可矣。」遂沉江死。（方斷事死難事承張君永堂提示並抄示有關史料，特此誌謝。）

此豈非〈浮山志〉故事之藍本歟？所不同者，自沉之一明一暗耳。然方斷事死節乃桐城一大事，鄉邦之人無不知之者。馬通伯〈桐城耆舊傳〉序猶鄭重言之。密之丁酉（一六五七年）除夕「合山欒廬詩・墓述」曰：

> 我祖斷事，今祠表忠。死逝國節，投身望江。（〔方譜〕頁一九九引）

則密之自沉惶恐灘亦未始不受其先祖死節之激勵。要之，當時讀〔浮山志〕之文者應無不知有方斷事其人其事，是此文雖隱而又未嘗不顯也。

余讀陳寅恪〔柳如是別傳〕論黃毓祺（介子）案，其中所引有關介子死於獄中之記載亦撲朔迷離，異說紛紜，與密之死難事先後如出一轍。茲排比衆說於下，俾與密之事相比觀。〔清史列傳〕卷七九「貳臣傳乙・陳之龍傳」云：

> （順治）五年奏擒奸人黃毓祺於通州法寶寺，獲僞印及悖逆詩詞。原任禮部侍郎錢謙益，曾留毓祺宿，且許助資招兵。詔馬國柱嚴鞫。毓祺死於獄。謙益辯明得釋。

同書卷七九「貳臣傳乙・錢謙益傳」云：

> 毓祺病死獄中，乃以謙益與毓祺素不相識定讞。

〔清史列傳〕依據官方文書中記載，言黃毓祺「病死獄中」，似毫無可疑。然考之私家記載，則截然不同。祝純嘏〔孤忠後錄〕「順治六年己丑黃毓祺死於金陵獄」條下曰：

> 三月移金陵獄。將刑，門人告之期。祺作絕命詩，被衲衣，趺坐而逝。

錢肅潤〔南忠記〕「貢士黃公」條則云：

> 己丑三月十八日，忽見范蠡、曹参、吳漢、李世勣四人召之去，含笑而逝。……毓祺死，親知無有見者。賴常熟門人鄧大臨起西為之斶金埋葬于獄中。旨下，命戮其尸。

黃宗羲〔南雷文定後集〕卷二「鄧起西墓誌銘」則曰：

獄急，介子以其所著小遊仙詩圖中草授起西，坐脫而去。當事戮其尸。

祝、錢、黃三家記載各有不同，然皆與〈浮山志〉寫密之死前情狀絕相似。〈孤忠後錄〉且以「被衲衣，趺坐而逝」爲言，一若介子已披剃爲僧焉。任道斌先生論密之死難之各種異說曰：

方以智之死，本來並不複雜，但是，隨着社會的動蕩、時代的變遷，愈到後來，人們對此記載得愈為簡略，或者愈為神化。（「晚年活動」頁二五四）

其實有關密之死難之所謂「神化」皆當時之記載。今觀黃介子死事之諸種異說亦無不出當時之筆。何與乎「社會動蕩」、「時代變遷」哉！解釋史事貴能具體扼要，以一切難解或不可解者皆諉之抽象空洞名詞，此正今日史學之大病也。寅恪先生論黃案曰：

至介子之能在獄中從容自盡，疑亦與何東君之策略有關，因藉此可以死無對證，免致牽累牧齋。其以介子病死為言者，則可不追究監守之獄吏耳。（〈柳如是別傳〉，頁九〇六）

寅恪先生深於文史，故能要言之不煩若此。此類表面上近乎神化之描寫其實皆因有所諱忌而不得不以隱語出之。寅恪先生於此一眼覷破，故能逕下「從容自盡」之斷語，更不覺有詳加解說之必要，而官方記載之所以與私家傳述不同之故，亦片言而遂決焉。黃、方兩案相去不過二十年，此尤可徵當時遺民關於死節之暗寫，實有一共同之語言系統。故當時讀方中通、中履之詩，彭躬庵、〈浮山志〉之文者，縱於密之死難事不知其詳，或於方斷事之結局爲全無所聞，亦必可斷定密之死於自裁也。觀乎黃毓祺案，則密之自沉惶恐灘之事乃益無置疑之餘隙矣。

五、哀輓詩釋證

密之自沉惶恐灘既為當時公開之秘密，則除其二子外，親友哀輓之作中亦絕不能毫無痕跡可尋。〔方譜〕於哀輓詩文徵引頗詳，有裨於考證者甚大。余於其中得一人焉，其詩於密之止水之節反復言之，即潘江是也。江字蜀藻，號木厓，亦桐城人，為密之妻之堂侄。〔方譜〕（頁二八三—四）引有〔木厓集〕卷十五「挽無可大師」五律十一首。玆擇其中與自沉有關者數首略加釋證，並參以其他哀輓之作之足以互相發明者，或亦為雅重密之生平者所不廢歟？潘詩第一首曰：

> 刀劍輪邊路，崎嶇悟往因。紀年陶甲子，再世屈庚寅。（自注：師以庚寅被鬀，即歸空門。）何必百身贖，才完一代人。他時谷音集，未可附遺民。

英時案，此首言密之自沉事最為明顯。第三句「紀年陶甲子」，〔晚節考〕已言之（頁一八）。第四句「再世屈庚寅」以密之比於屈原，是明言其自沉也。〔離騷〕有「惟庚寅吾以降」語，而密之披剃亦在庚寅，此句謂密之是浮屠中之屈原。夫屈原固以忠君而投江，然其死在楚亡之前，何得與密之國亡後死節相擬？豈不以二人最相同之點乃在自沉之一事耶！故今日縱無其他證據，僅恃此一句詩已可斷密之必止水而死也。末二句亦明言其為自殺殉節之人。倘密之病死舟中，吾人雖憫其遭際之酷，然終不得不仍以遺民目之。唯其自沉於惶恐灘，故密之之詩他年倘編入〔谷音〕一集中，當在死節者之數而不應在遺民之列。〔谷音〕者，元代杜本所輯宋末人之詩，其中有死節與遺民兩類也。

輓詩第二首曰：

露肘南奔日，灰心老釋曇。辭官甘鄭五，報主哭孫三（自注：克咸）。薇蕨齋時采，陵園定裏參。騎箕逢斷事，清德復何慚。

此首亦有意點出投江事。鄭五卽唐末「歇後鄭五作宰相」之鄭綮，此句指密之辭永曆朝東閣大學士事。「孫三」原注已指明爲孫克咸。克咸名臨，桐城人，與密之自幼交好，後娶密之之妹，順治三年（一六四六年）抗清殉難於閩中（克咸死難事見〔方譜〕頁一三八）。唯潘詩此句用「孫三」並非僅因與上句「鄭五」作對仗及押韻之故，其中尙隱有克咸殉難事。檢余懷〔板橋雜記〕卷中「麗品門」論克咸之死略云：

葛嫩字蕊芳。余與桐城孫克咸交最善……與余閒坐李十娘家。十娘盛稱葛嫩才藝無雙，卽往訪之。……是夕定情，一月不出。後竟納之閒房。甲申之變，移家雲間，間道入閩，授監中丞楊文驄事。兵敗被執，並縛嫩，主將欲犯之。嫩大罵，嚼舌碎，含血噀其面。將手刄之。克咸見嫩抗節死，乃大笑曰：孫三今日登仙矣。亦被殺。

是克咸殉節時嘗自稱「孫三」也。此句以密之與孫三相擬，則密之非病死，乃致命成仁，必矣。五、六兩句言其雖爲僧而未嘗一日忘故國故君；末二句又特提其投水事。方斷事投望江而死，密之則止水於惶恐灘，此時相逢天上，密之可無愧於其祖先矣。

第三首曰：

嶺嶠已間關，匡廬復再攀。無非忻死日，寧夏復生還（英時案：此句疑有誤字，或是「寧復慶生還」。俟考）。半生皈曹洞（自注：師爲曹洞法裔。），千秋配疊山。懸崖今撒手，正氣在人間。

此詩前五句不須釋。第六句以謝疊山相配，即指自裁。第七句「懸崖撒手」本是釋家套語，但木厓用此語仍是暗示投水，因末句又以密之媿美文文山也。密之因此一「懸崖撒手」遂能爲人間留得正氣，此非指其自沉惶恐灘而何？

第七首曰：

風波經百折，怕說宰官身。淚熱人天夜，心灰刦火塵。隨時安粥飯，不斷是君親。若問西歸日，扶桑轉法輪。

此首可注意者在最後兩句言密之之死。扶桑在此乃雙關語。古代神話以扶桑神木在海中，乃日所出處。故「扶桑轉法輪」言密之雖西歸仍欲轉法輪使日再出，即復明也。但何以知密之西歸必入海耶？此又暗示其投水之事矣。

第九首曰：

心共蓮花淨，身如貝葉輕。夢中無不可，時至即須行。苦節人甘讓，高名天樂成。善生還善死，何必羨無生。

此詩起首二句皆用佛家常語。但第一句似與方中通「波濤忽化作蓮花」有關，故第二句逕言其「輕身」也。第四句用裴度語：「生老病死，時至則行」，見趙璘〔因話錄〕卷二。此句即暗讚密之之能把握時機，自沉於惶恐灘，並可與上引〔浮山志〕之文參照。第七句字面出於〔莊子〕「大宗師」：「故善吾生者，乃所以善吾死也」。但木庵此句蓋謂密之不但善於用其生，更善於擇其死，與莊子原義大有出入。此尤非假定密之之死乃出於自願自動不可。若病死舟中，則是身不由已，尚有何「善」之可言乎？此句又當與方中發「壬子春……同叔兄守柩」三首之二中之第四句：「野死忠臣愿」合看（見〔方譜〕頁二七九所引）。自裁方可謂之「愿」，病死則無所謂「愿」也。

其他哀輓之作中亦隱約可見有投水之事者，但皆出暗示，遠不若潘詩之顯豁。金堡〔徧行堂集〕卷四四「風流子・挽藥地和尚」：

有來誰不去，青原老，摩揭令全提。是三角麒麟，波中掃迹；一枝菡萏，座上披衣。（〔方譜〕頁二八四引）

「摩揭」句不易解。據〔祖庭事苑〕五，「摩揭，此云大身。」唯亦可解爲海中大魚。俟再考。以下兩語則喻密之如麒麟入水與佛登蓮座，或可視爲自沉之隱語也。又大汕〔離六堂集〕卷二「挽藥地和尚」引言曰：

辛亥秋，入風波中，乘无爭三昧，脩然脱去。（〔方譜〕頁二八四引）

此「風波」兩字確似雙關語，可兼指粵案與惶恐灘中之浪濤。數年前吳百益先生卽嘗以大汕此詩影印本見寄，謂可爲密之自沉說添一旁證。而〔浮山志〕卷九姚士藟「癸丑……挽無可和尚詩」第四句「定中風雨信波濤」（〔方譜〕頁二八五引），尤與密之死難事若合符節，其爲暗指自沉更不難推知也。（按：此句可與金天翮〔皖志列稿〕卷一本傳「夜入定，鷄鳴而逝」之記載參看。）

六、關於諱忌之推測

以上各節詳考一切正面與反面之證據。密之死於自沉非因「疽發於背」，其事昭乎確乎已無可再疑矣。然讀者至此必有一疑問焉，即密之自沉惶恐灘事何以如是之隱諱也。夫當時密之家人親友皆深知惶恐灘之一幕悲劇，此上文所已完全疏通證明者也。然則又何以無一人敢在文字中直道其事，而必婉轉其詞、隱約其說乎？余蓄此疑亦已十有餘年，而終莫能獲致一滿意之解答。今讀〈方譜〉所引第一手資料，始悟其中癥結所在，於是密之自沉一案乃全部貫通，更無餘滯矣。

密之卒後二年（康熙十二年，一六七三），粵案既得解，方中通設報恩堂於桐城家中。〈陪詩〉卷四「惶恐集‧報恩堂」曰：

司寇姚公諱文然，兩江麻公諱勒吉，兩廣金公諱儁，皖撫張公諱朝珍，江撫董公諱衛國，粵撫馮公諱甦，粵東提督嚴公諱自明，安徽臬司佟公諱國楨，江右署臬司賈公諱如蘭，江右臬司黃公諱龍，江右驛鹽道薛公諱信辰，南昌道周公諱體觀，吉安太守郭公諱景昌，安慶太守姚公諱朗，建昌太守高公諱爵，廬陵邑侯于公諱藻，桐城邑侯胡公諱必選，萬安邑侯胡公諱樞，新城邑侯周公諱天德，皆難中受恩之當事也。無以為報，敬書牌位于報恩堂中，朝夕焚祝，聊盡此心而已。（〈方譜〉頁二八六引）

此報恩堂名單中除姚文然一人外，皆江西、安徽、廣東三省之各級地方長官而直接與密之粵案有關者。據〈清史稿〉卷一七八「部院大臣年表」一上，姚文然於康熙十年辛亥十一月至次年二月任刑部右侍郎，又自十一年二月至十二年二月任刑部左侍郎。此為中央一級官吏中唯一有「恩於」方氏一門之「當事」。中通之名單依官位高下排列，且又先之以安徽，次則江西，廣東居末。此皆不得不然者。但以密之終得自沉於惶恐灘而言，則江西各級地方官最有直接關係。其中尤以南昌道台周體觀、吉安知府郭景昌、廬陵知縣于藻等人周旋之力爲多。否則密之早已於五月間押赴廣東、不可能在廬陵養病達三四個月之久。

今考方中發〔白鹿山房詩集〕卷三「奇遇行，上周伯衡太師」七古略云：

一朝拘繫到紅塵，昨日閑人今罪人。聞者深藏見者避，驚走何論友與親。獨有周公未歸去，披肝瀝血爲剖陳。執法但言功令密，此事重大非等倫。倉卒驅之赴嶺表，朝發文書夕就道。病骨支離扶上船，長途三伏增枯槁。吏胥促迫不容停，藥餌扶持何草草。今年酷熱異常年，少壯難禁況衰考。以玆痛哭更陳情，若舍我公誰再造。（〔方譜〕頁二七七引）

據此詩，則密之得以滯留廬陵數月主要卽賴周體觀之一再陳情。第一次陳情在南昌，其時密之已有病在身，但尚不甚嚴重。故周體觀之努力未獲結果。第二次陳情則是密之旣抵廬陵而病大作之後。此時「執法」之吏亦恐萬一密之途中病故，己身亦難脫法律責任，故終不得不允其請。至於密之所以能在廬陵稽留如許之久者，則必因江西地方官隨後又向北京刑部及皖、粵兩省當局打通關節，「執法」小吏決無此權力也。故此事先後所費諸人斡旋之力殆有爲今日所難以想像者。史料脫落，不能詳言，猶幸中通留此一報恩堂牌位名單，使吾人於三百年後尚能約畧推論其萬一耳。

此事之斡旋所以獨賴周體觀一人出面者，當因彼是時適在南昌道臺之任，最便於說話之故。蓋此事若由江西巡撫出面，萬一遭駁斥，則難以下臺，但吉安知府、廬陵知縣又職位太低，對如此重大之謀逆案情殊無發言之資格。抑更有可論者，周體觀雖爲正式出面斡旋之人，但其所以肯爲此者則又因背後督促之人不少，不僅以其嘗與密之有往來也。（周體觀與密之交往事，參看〔方譜」頁二三四—五。）據「白鹿山房詩集」卷五「呈黎左嚴先生三首」之方中發自注云：

世父被逮至南昌，公慨然與夏抑公進士共身以保之。（「方譜」頁二七六引）

黎左嚴卽黎元寬，其人亦明遺民，又與密之相識（見「方譜」頁二五四），其同情密之，宜也。夏抑公識密之與否則不可知，何以黎左嚴必拉其同「保」密之乎？而所謂「保」者又屬何種性質乎？今考「同治新建縣志」卷四八「文苑・夏以鋒」云：

字抑公……康熙甲辰進士，官中書舍人。以詩古文詞知名輦下。又精歧黃，奉詔診視宮闈輒奏效，都人爭禮之。（「方譜」頁二七六引）

余讀此傳始悟黎元寬所以必與夏以鋒同出面具保者，乃因後者爲名醫，且曾奉詔至宮中治病也。可知當日黎、夏二人所「保」者乃密之之「病情」，非「案情」，如此重案，何人敢「保」其必無罪乎？周體觀亦必卽據夏以鋒之診斷書而一再爲密之「陳情」。吾人今日所得見有關此案之史料雖僅一鱗片爪，但細加鉤稽，益以深思，其間情事之大體尙宛然可考見也。

周體觀與此案之牽涉，亦尙別有可言者。「方譜」（頁二三五）僅引施愚山爲其「晴鶴亭詩抄」所撰之「序」，殊不足以盡之。考王士禛「香祖筆記」卷十一云：

周體觀伯衡，遵化州人，順治己丑進士，以庶吉士出爲給事中，外補饒九南道副使。與施愚山同爲江西監司，又同年也，其風流好事略相似。

同人「池北偶談」卷十一「陳伯璣」條云：

陳伯璣允衡，建昌南城人……清羸如不勝衣。五言詩古澹，自成一家……亂後寓黃山，移鳩玆，再移白下，貧甚。……康熙癸卯，歸豫章。時施愚山（閏章）、周伯衡（體觀）

皆為江西監司，為卜築蘇雲卿東湖故居。後數年，竟羸病死。

漁洋山人謂周、施兩人同爲「風流好事」者，乃讚美之辭，觀二人爲遺民陳伯璣卜居之事可知。故周體觀營救密之亦必出於本心，況又有施愚山一層關係耶！辛亥密之案起，施愚山已不在江西，但必重託周體觀無疑也。

周體觀力保密之在廬陵就醫，自必以病愈後卽押至廣東受鞫爲言，其他地方官如郭景昌、于藻等人亦必同作類似之保證。此密之所以卒能在廬陵養病如許之久也。今密之自沉於惶恐灘，使此一重案遽失要犯，其後果之嚴重實難以估計。倘據實呈報，則不僅周體觀、郭景昌、于藻等人當受嚴懲，其他報恩堂名單中之江西「當事」官吏恐亦無人可以卸責。至於舟中押解之吏不能推卸其疏於監守之罪，則更毋論矣。故密之自沉於惶恐灘當時必使江西一省與此案有關官吏同陷入「惶恐」之境。卽幕後營救之人以至中通、中履等亦無不「惶恐」者，中通以「惶恐」名其集，良有以夫。此事今日回視，不徒可哀，抑又可笑也。

職是之故，江西地方官除以密之「病故」呈報上級外，實已別無他途可循。此種集體謊報、官官相護、瞞上不瞞下之手法乃中外古今官僚系統中所常見者，而中國之舊日官場尤然。故以官方立場言，密之確爲病死，而非投水也。

密之家人及親友因恐連累無數當事之恩人，自必相戒絕不在文字中透露密之死難眞相。此又吾人今日所以不能在諸家詩文中發現任何有關密之自沉之明白記載也。李世熊〔寒支初集〕卷七「答方位伯（中通）」云：

初聞藥地難作，徬徨累月，莫悉根因。久之，易堂傳致訃音，頗具顚末。

此札即是一種「心照不宣」之寫法。易堂九子中人事後以密之死節事詳告李世熊亦必是由可靠之人口頭傳達，故事中特用「傳致訃音」四字。其言外之意即在安中通之心，謂已悉全部內幕，決不外洩也。任君「晚年活動」（頁二五六）引此札與彭躬庵「疽發于背」一語互參，反以爲是密之「病死」之證，其失何止千里哉！專制政治之淫威不但使當時之人「諱忌而不敢語，語焉而不敢詳」（方中履語，見《晚節考》頁一一二），其影響所及且使三百年後之人不能發現歷史之眞相。撫今追昔，又不禁爲之一歎也。

上文第四節論黃毓祺獄中自盡事亦可爲此案之旁證。寅恪先生謂「以介子病死爲言者，則可不追究監守之獄吏」。其說是也。密之一案暗中或出面營救者之衆，遠非黃案可比，江西地方官以「病死」呈報，更屬必然。黃介子之死，其記載顯然分爲兩大系統：官方文書明著「病死」，而私人傳述則以隱語言其自盡。密之死事之記載亦然。《浮山志》爲私修之書，其以隱語狀密之投水之經過。前已言之矣。然今日所得見之官方記載如《實錄》、《東華錄》、《清史列傳》等，因密之一案終以不了了之，皆不載其事。則余謂官方文書中之記載必是「病死」得毋純爲推測之辭歟？答之曰：非推測也，亦有據也。其據即在康熙十二年重修之《桐城縣志》。《縣志》卷四「理學方以智傳」云：「旅病萬安，臨終猶與弟子講業論道，不及世事。」余撰《晚節考》時不取此說，但尙不過以爲其時粵案未了，作傳者有所避忌耳（見頁九九）。今始悟其爲據官方文書而云然也。《桐城縣志》乃官修之書，由知縣胡必選署名，安得不以官方記載爲實錄乎？今日所傳密之死難之異說雖多，然明著其「病死」者唯見於《縣志》。是有關密之死事之記載亦顯然可分爲官方與私家兩大系統，與黃介子案固無二致也。此爲考證密之自沉惶恐灘一案中之最後一疑點，故特爲辨明之如此。

七、餘論——復明活動發微

余考此案竟，尚存一疑問，卽〔方以智年譜〕雖已搜盡一切有關史料，何以其作者竟於密之自沉惶恐灘一事完全視而不見乎？不徒不見而已也，作者更全力駁斥自裁之說焉。以余讀〔方譜〕、「晚年活動」、〔方以智簡論〕所得之印象言，其致誤蓋有二因：其一爲過於存心立異也。密之自沉惶恐灘之說由余首倡於海外，而余固無從得見一切有關此事之原始資料者也。〔方譜〕作者旣獲見一切材料，遂不甘附和海外之異說而必思有以折之爲快。材料之絕對優勢而益之以求勝之念，作者遂終不肯平心以察吾說之得失矣。史家自不能不以掌握史料爲第一關口。然史料終非史學，求勝之心尤足誤人，章實齋批評考據家而發「言公」、「謝名」之至論，其識深矣。其二則拘執於考證必「實事求是」之表層涵義也。現存一切史料旣不見有密之自沉之明確記載，於是遂不得不以自裁爲虛說焉。夫考證必「實事求是」，此千古不易之論也。然所謂虛與實者，必相待而成也。不聞閻百詩之言乎：「以實證虛，以虛證實。」考證無一定之成法，亦唯視所考之對象爲如何耳。要之，必量身以裁衣，未可削足以適履。密之之自沉乃當時驚心動魄一大事，亦舉世諱忌所不敢道者。故凡言及此事者必出之以象徵性之隱語。以乾嘉以下文字訓詁之通常標準衡量此遺民特有之隱語系統，則宜乎但見其虛而不見其實矣。然不知實卽隱於虛之內也。「以實證虛」固是「實事求是」，「以虛證實」又何嘗非「實事求是」乎？抑更有進者，倘虛者不能實，則所謂實者亦皆不免一切成虛矣。此又不徒關繫密之自沉一事之考證已也。

存立異之心，挾爭勝之念，復拘執於字面之考證，則宜乎〔方譜〕作者雖佔有材料之絕對優勢而終不能得密之死難之眞相矣。此種大關鍵處旣誤，其影響必及於全面判斷。故任君一則曰：「方以智在客觀上已成爲清政府粉飾太平的點綴品。」再則曰：「把他與抗元、抗清鬥爭中壯烈捐軀的文天祥、謝枋得、張煌言相提並論，則實在難令人苟同。」（見〔方以智簡論〕，頁二八八）任君第二點尤針對〔晚節考〕而立異，然實於原文有誤解。〔晚節考〕曰：「密之惶恐灘頭，慷慨盡節，其以文文山自許，意可知矣。然就密之晚年遭際言之，擬之文山，則有不似。揮魯陽之戈，以挽落日，兵敗被執，引頸就義，求之晚明，唯張蒼水煌言眞有得於文山之傳。若密之者，其異代之謝疊山乎？」（頁一一八）是余僅以絕食而死之謝疊山擬於密之，而未嘗許其爲文文山、張蒼水也。

任君以有成見故，不僅於密之自沉惶恐灘之事絕不置信，且於淸廷是否眞有迫害密之之意亦致疑焉。故〔方譜〕康熙十一年條曰：「六月，官方有溢詞贊密之。」「晚年活動」則云：「儘管當時另一案，卽『桐城難』作，方氏兄弟相率瑠琅入獄，而吉州的官方布告，卻對方以智發出了贊詞。」（頁二五六）〔方以智簡論〕又據同一文件立說（頁二八八—九）。方君於此點反覆言之，而余之惑乃益滋。康熙十一年六月密之「粵難」尚未終了，此可由密之柩歸桐城在是年冬而定。蓋方中履「祭蕭孟昉文」（〔汗青閣集〕卷上）中有「棘人守櫬，初無還期」之語，卽指「粵案」未結前清廷不許歸葬之事而言也。然則是年六月吉安地方官何敢公然出告示「溢詞贊密之」乎？玆先引〔方譜〕所引有關此事之資料於後，再加考辨。〔方譜〕云：

〈康熙青原志略〉卷十三，第三十頁，有告示：「鎮守江西南贛等處地方總兵官、左都督帶□三次楊為禁約事。照得吉安府青原山靜居禪寺，乃係□七祖道場，自唐迄今，久歷年所。向為□墨歷藥地愚者禪師捨宰相身登壇說法，十年修造，萬象昭垂。所有留青寶塔、及遺像、遺迹，永宜合其法嗣接續，看守保護。今其法嗣再堂和尚繼席開堂，緇素瞻仰。本鎮追慕高風，尊崇勝跡，合行出示禁飭。為此示仰本寺住持及一切軍民人等知悉：務宜保護叢林，毋得侵害。如有不法之徒，擅違禁止，許卽指禀所在官司，從重懲治，毋得泛視。慎之，慎之！特示。康熙十一年六月十五日示。」（英時按：〈方譜〉斷句標點有誤，今已改正。）

實則此項資料余早已引及，見「方以智晚節考新證」（〈新亞學術集刊〉第二期，頁二。以下簡稱「新證」）據余所見版本（應與任君所見者同），「帶」字下所缺之字乃「功」字，而「康熙十一年」作「肆十一年」，與任君所繫年代相差整整三十年。且此告示中有人名，如總兵官姓「楊」，青原靜居寺主持人爲「再堂和尚」，其時代並不難考定。密之康熙九年十一月自青原退休，「繼席開堂者」爲葉妙大權（見勞思光「讀後感」，頁二八—二九），十一年六月時並未易人，何能忽變作再堂和尚耶！〈方譜〉之尤謬者在不解告示中「留青寶塔」何指。〈方譜〉於此條之後曾引〈陪詩〉卷四「惶恐集・扶柩到浮山・安厝報親庵中」詩。其詩注語曰：

議定爪髮付法嗣，肉身歸血子，此儒釋兩盡之道也。青原建衣鉢塔，邵村叔為題留青二字。

此詩成於是年多。此時「留青寶塔」僅「議定」而尚未動工，南贛總兵官更何能先於六月十五日出告示「看守保護」耶？〔方譜〕作者在同頁之內抄錄資料，先後顛倒至此，而毫無所覺，其成見之深而固亦可驚矣。又方中通「題粤難文至，感泣書此」一詩，〔方譜〕繫之同年四月，此亦絕不可能之事。蓋作者欲與下文六月一條之「告示」相配合，遂不得不如此安排耳。（以余所見，此詩當繫於是年冬，在迎柩詩之前。）且「留靑」兩字取自文文山「留取丹心照汗靑」之句，卽以密之擬於文山，又暗示其惶恐灘自沉事也。「晚年活動」一文曾評及「新證」，但該告示之日期爲康熙四十一年六月十五日，余在「新證」中已明白言之。任君何以視若無覩，再三引用此文件以爲立論之根據乎？卽使任君所見〔山志〕版本有漶漫不清處，亦可由文件內容而定其年代，又何能完全置之不理乎？此實皆成見作祟有以致之。大關鍵處旣誤，乃於有疑處不疑，而又疑其所不當疑矣。

密之晚年披剃後與政治無涉，故「粤案」必屬誣陷，此亦余昔日撰〔晚節考〕時所持之見也。今得睹前此未見之資料，余已不能安於舊說。據潘木厓「若論西歸日，扶桑轉法輪」之詩，密之蓋至死未忘復明焉。案發之後，方氏家人力辯其寃，此乃必然之事，不足以證其果無罪也。錢牧齋曾參與復明運動，經陳寅恪先生之考證，已昭然若揭。然牧齋因黃毓祺案牽連下獄時，彼亦何嘗不自辯與介子「素不相識」哉？今則知其確與介子有往還矣。牧齋晚年交游頗盛，不知者皆深斥之，今又知其實爲復明活動作掩護而然。以彼例此，密之晚年之廣事接納得毋亦有不可告之隱衷乎？錢牧齋〔有學集・長干塔光集〕有詩題曰：

和普照寺純水僧房壁間詩韻，邀無可、幼光二道人同作。

詩作於順治十四年丁酉仲多。陳寅恪〔柳如是別傳〕云：

無可即方以智，幼光即錢澄之。方錢二人皆明室遺臣託跡方外者，此時俱在金陵，頗疑與鄭延平率舟師攻南都之計劃不能無關。牧齋共此二人作政治活動，自是意中事也。（頁二五一）

寅恪先生所疑蓋是也。密之丁酉仲冬遊金陵事〔方譜〕失收。然〔方譜〕丁酉年別記一事則大可參究。方中通〔陪詩〕卷一「迎親集」有詩題云：

丁酉秋日，父執冒朴巢大會世講於白門。

據〔方譜〕，詩題下注列會者數十人姓名，有陳貞慧子維崧、戴重子移孝、本孝、吳應箕子孟堅、周岐子周暄、冒襄子丹書、梅朗中子庚、沈壽民子珽、黃虞稷等（頁一九九）。持以與〔柳如是別傳〕所言互證，恐此一大會非僅復社第二代之社交集會，而或與復明運動有關。況密之隨後又特自桐城趕來金陵耶？

余又疑密之康熙六年丁未福建之行亦不僅負有宗教使命，如〔晚節考〕所推測者。密之此次在福建歷時半年以上，而行蹤所至遍及福州、莆田、建安、武夷山、建寧等地。不僅此也，密之行前既繞道新城與魏叔子「痛談一日夜，不得止」（叔子「送藥地大師遊五夷山序」），稍後在建安又與錢澄之相值。此皆足以啓人疑竇。又據〔青原山志略〕卷五余颺（賡臣）「送愚者歸青原序」云：

丁未八月浮山愚者大師訪余蘆中，隨遊九鯉，過通天寺，栖遲十有六日。旣歸，吾鄉諸士送之，至三十里外，猶戀戀不捨去。

此可見密之在福建與俗世士大夫交往密切之一斑，而尤當注意者則爲賡臣「送佺兒遊粵序」中所引密之之語。其言曰：

藥地常語我：「今天下脊脊多事，海內之人不可不識四方之勢，不可不知山川謠俗，紛亂變故亦不可不詳也。先生二子，以一人侍，一人游，毋不可者！何故局局圜闠，守一廬、讀一經為也？且游亦何碍讀書事。太史公游名山大川，歸而作〔史記〕；王伯安匹馬走南北，遂以知地形扼塞、士馬强弱。一旦天下有事，吾當其任，處分經略，取之眼中、手中，可以猝辦。卽不然，退而著書，道古兵甲武庫，亦取腹笥裕如也。游亦何碍讀書哉！」予每然其言。（〔方譜〕頁二五一引）

此卽密之與余賡臣盤桓十六日中所言者，其史料價値之高，無可比擬。以余所知，密之晚年直接涉及政治之言論僅留此一記錄。此豈非其參與復明活動最明白之招供歟？試問所謂「今天下脊脊多事」、「一旦天下有事」究指何事乎？蓋是時康熙年幼，鰲拜專權，淸廷似有可搖之隙，而三藩之不穩亦已見端倪，吳三桂卽於是年五月獲准辭總理雲貴事。此密之所云云之歷史背景也。密之之意實欲賡臣以一子出游習軍事耳，末段論王陽明（伯安）之語尤使人如見其肺腑焉。故余頗疑密之丁未福建之行，亦如十年前金陵之行然，蓋相機從事政治活動。此時鄭延平雖已死，鄭氏在漳、泉一帶仍有據點。其後（康熙十二年）三藩亂起，鄭氏武力卽攻陷莆田等地。不然密之何以又與錢澄光相遇，有如是之巧哉！又魏世傚〔魏昭士文集〕卷四「書木公册子」云：

甲乙之際，東南變起，公習靜青原，而究未免謠諑。嗚呼！其亦盛名之難居也夫！（冒懷辛〔續考〕引）

「甲乙之際，東南變起」卽康熙三年甲辰張煌言、李來亨、郝搖旗等起兵之事，而密之又「未免謠詠」。其眞「謠詠」歟?抑亦「事出有因」歟?

且密之所以語廋臣者卽其本人所久已踐履者也。故其三子常僕僕道途，東奔西走。中通丁酉秋赴金陵之大會卽其實證也。姑妄測之：大抵密之之復明活動常居幕後爲暗地之策劃，而實際之執行連絡或皆由其三子爲之。〔愚者智禪師語錄〕卷一云：

師誕日，侍子中通請上堂。……進云：冬煉三時傳舊火，天留一磬繫新聲。師云：室內不知，兒孫努力！

其意豈卽在斯乎?豈卽在斯乎?由是言之，不僅密之「粵難」必涉及三子，而死後其子又有「後難」，蓋有由矣!方中通〔陪詩〕卷四「惶恐集・九月初三日，後難題結文到省釋」：

熅火三年到華門，搜羅身不計生存。只憐白髮歸黃壤，今日安知脫子孫。

此詩末句大有文章。密之爲粵難之主犯，主犯既死，此案無人對證，復以營救者甚衆，最後唯有以不了了之。是密之自沉惶恐灘不徒爲己身完名全節計，亦兼爲子孫開脫罪名謀也。

文獻不足，此節所推測自不能視爲定論。然卽由上引材料察之，吾人今日實已無由再信密之披剃後與復明活動完全絕緣之說。故余不辭豐干饒舌之譏，於一案方了之際又添出另一公案，以待他日之論定。如所測不誤，則密之豈僅媿美謝疊山而已，卽謂之異代之文文山又何愧哉!

一九八五年二月十七日於美國康州之橋鄉

中國近代思想史上的胡適

一、胡適的出現及其思想史的背景

胡適的「文學改良芻議」發表在一九一七年一月號的〈新青年〉上，同年九月他開始在北京大學任教。他的〈中國哲學史大綱〉卷上是在一九一九年二月出版的，五月初便印行了第二版。同時，他的朋友陳獨秀等在一九一八年十二月創辦了〈每週評論〉，他的學生傅斯年、羅家倫等也在一九一九年一月創辦了〈新潮〉。這兩個白話刊物自然是〈新青年〉的最有力的盟友，以胡適為主將的「新文化運動」便從此全面展開了。

胡適以一個二十六、七歲的青年，回國不到兩年便一躍而成為新學術、新思想的領導人物，這樣「暴得大名」的例子在中國近代史上除了梁啓超之外，我們再也找不到第二個了。但是梁啓超最初是追隨着老師康有為從事變法運動而成名的，這和胡適的全無憑藉仍然稍有不同。六十多年來，對胡適之心服的人很多。無論是在中西哲學、史學或文學方面，都不斷有人指摘他的這樣或那樣的缺點。那些出於黨派政治動機和訴諸情緒的「反胡」或「批胡」言論可以置之不論。嚴肅而有理據的批評則是學術發展途程中的正常而健康的現象。自古迄今，恐怕沒有一位學者能夠在著作中完全不犯錯誤，也沒有一位思想家的觀點和方法能夠為同時的人所普遍接受。胡適自然也不是例外。但是其中有些批評卻不免給人一種印象，好像胡適之所以招致批評並不完全由於他在學術上有錯誤或在思想上有偏頗，而主要是受了他「暴得大名」之累。因為這一類的批評者在有意無意之間總流露出阮籍所謂「時無英雄，使豎子成名」的感慨。我對於胡適是否名實相符的問題沒有討論的興趣，因為這是一個典型的「見仁見智」的問題：反對他的人固然可以找出無數的「證據」來說明他「徒具虛名」，擁護他的也未嘗不能找出同樣多的「證據」來說明他「名下無虛」。我所感到興趣則是一個客觀的歷史問題，即胡適為什麼竟能在短短一兩年的時間內取得中國學術思想界的領導地位？換句話說，我祇是把胡適的「暴得大名」看作一種客觀存在的歷史現象而提出一些初步的觀察。必須說明，我的觀察不但是初步的，而且也不可避免地帶有片面性。我自己決不敢說這些觀察完全正確，甚至基本上正確；相反地，借用胡適的名詞，它們不過是一些「待證的假設」而已。

一九一七年的中國學術思想界當然不能說是「時無英雄」。事實上，中國近代思想史上影響最大的幾位人物如嚴復、康有為、章炳麟、梁啟超等那時都還健在。其中年齡最高的嚴復是六十五歲（依照中國算法），年齡最小的梁啟超祇有四十五歲。但以思想影響而言，他們顯然都已進入「功成身退」的階段，不再活躍在第一線了。我們只要讀胡適在一九一八年一月所寫的「歸國雜感」，便不難瞭解當時中國學術思想界是處於怎樣一種低潮的狀態。所以我們可以說在胡適歸國前後，中國思想界有一段空白而恰好被他塡上了。

但是問題並不如此簡單。我們必須繼續追問，這一段空白究竟屬於什麼性質呢？爲什麼是胡適而不是別人塡上了這段空白呢？

對於這兩個問題，我們都可以有種種不同的解答。例如強調思想反映社會經濟變遷的人便往往把這個空白看作是當時中國新興的資產階級需要有自己的意識型態，而胡適從資本主義的美國帶回來的實驗主義便恰好能滿足這個階級的精神要求。但是我在這裏無法涉及這種綜合性的歷史判斷，因爲無論是建立或駁斥這一類的綜合判斷都要牽涉到無數複雜而困難的理論問題和方法論的問題。因此，我祇打算從嚴格的思想史的觀點來討論上述的兩個問題。讓我先提出對於第一個問題的看法。

要瞭解這個時期的思想空白的性質，我們首先必須確定當時學術思想界亟待解決的中心問題是什麼。我們可以毫不遲疑地說，當時一般中國知識分子所最感困惑的是中學和西學的異同及其互相關係的問題。進入民國之後，中國的政體雖已略具西方的形式，但一切實質的問題依然懸而未決，政治現象反而更見混亂。中國傳統的觀念向來認定「世運之明晦、人才之盛衰，其表在政，其裏在學。」（張之洞語，見〈勸學篇〉序）所以中學、西學的問題便重新被提到思想界的討論日程上來了。

晚清中國思想界對這個問題的答案大致可以「中學爲體、西學爲用」一語爲代表，我們通常把這個公式歸之於張之洞的發明，其實這是晚清人的共同見解。早在一八六一年馮桂芬所寫的「采西學議」一文（見〈校邠廬抗議〉）已主張「以中國倫常名教爲原本，輔以諸國富強之術」。一八九二年鄭觀應撰「西學」篇，他的結論是：「合而言之，則中學其本也，西學其末也①。」一八九六年梁啓超在「西學書目表後序」中也說：

要之，舍西學而言中學者，其中學必為無用，舍中學而言西學者，其西學必為無本，皆不足以治天下②。

張之洞的〈勸學篇〉最後出（一八九八年），他綜合了上引諸家的意見是毫無可疑的。張氏的原文如下：

一曰新舊兼學：四書、五經、中國史事、政書、地圖為舊學，西政、西藝、西史為新學。舊學為體，新學為用，不使偏廢。（〈勸學篇〉，「設學第三」）

他的特殊貢獻不過是以「體用」來代替鄭觀應的「本末」而已。但在中國傳統的一般用語中，體用和本末則是可以互通的。可見「中（舊）學爲體，西（新）學爲用」的口號確能夠代表晚清思想界對這個問題的共同看法③。這當然不是說從馮桂芬到張之洞這四十年間中國思想在這一點上完全是靜止的。如果細加分析，最後仍然有所不同。馮桂芬和鄭觀應所謂「西學」完全是指科學

① 見中國近代史資料叢刊：〈戊戌變法〉第一册（神州國光社，一九五三年），頁四九。
② 見〈梁任公年譜長編〉（臺北：世界書局，民國六十一年十月再版），上册，頁三二。
③ 梁啓超後來也說這個口號「張之洞最樂道之，而舉國以為至言。」見〈清代學術概論〉（商務印書館，民國十年初版），頁一六一。

與技術而言，張之洞的「西學」則同時包括了「西藝」（卽科學與技術）和「西政」，而且他明白指出：「西學亦有別，西藝非要，西政爲要。」（〔勸學篇〕序）④但是大體而論，「中學爲體，西學爲用」的思想格局一直延續到「五四」的前夕都沒有發生基本的變化。

這個問題之所以遲遲不能有突破性的發展，其主要原因之一是當時中國知識分子對於所謂「西學」普遍地缺乏親切而直接的認識。他們關於西方文化的知識大體都是從日本轉手而來的。張之洞曾說：

> 西學甚繁，凡西學不切要者，東人已刪節而酌改之。（〔勸學篇〕，「游學第二」）

梁啓超說得更明白：

> 晚清西洋思想之運動，最大不幸一事焉，蓋西洋留學生殆全體未嘗參加於此運動；運動之原動力及其中堅，乃在不通西洋語言文字之人。坐此為能力所限，而稗販、破碎、籠統、膚淺、錯誤，諸弊皆不能免；故運動垂二十年，卒不能得一健實之基礎，旋起旋落，為社會所輕⑤。

梁氏是清末介紹西學最熱心的一個人，他的話自然是完全可信的。

---

④ 關於這一點，近人已有討論。見蕭公權〔中國政治思想史〕下册（臺北：聯經出版事業公司，一九八二年），頁八四四—五。Ssu-yü Teng and John K. Fairbank, *China's Response to the West, a Documentary Survey, 1839–1923* (Harvard University Press, 1954), pp. 50, 164-5. 關於體用問題可看 William Ayers, *Chang Chih-tung and Educational Reform in China* (Harvard University Press, 1971), pp. 150-2, 159-160.

⑤ 〔清代學術概論〕，頁一六二三—六。

這裏面當然有例外。嚴復翻譯的「天演論」、「原富」、「名學」、「羣己權界論」、「法意」、「羣學肄言」等西方名著，無疑代表了當時介紹西學的最高水準。在一九〇二年「與「外交報」主人論教育書」中，他一方面公開駁斥「中學爲體、西學爲用」之說，而另一方面則極力提倡直接通過西方語文以求取西學。他說：

> 中國所本無者，西學也，則西學爲當務之亟明矣。且旣治西學，自必用西文西語而後得其眞⑥。

但是嚴復對中國近代思想的影響主要還是「天演論」一書。尤其是「優勝劣敗，適者生存」這句話深深地激動了中國的人心，使得稍有血性的人都知道中國必須發憤圖強才可免於亡國的命運。至於其他所譯諸名著，則誠如梁啟超所說，「半屬舊籍，去時勢頗遠。」⑦一般人仍無法從其中獲得關於西方文化的基本認識。

嚴復在中年以前論中西文化異同雖時有深入之見，但似並未能爲一般讀者所共喻。到了晚年，他的思想愈來愈保守，因此不願再談西學問題，更不願談什麼中西融貫的問題了。民國元年（一九一二）他署理北京大學校長時曾明白地表示：

> 比欲將大學經文兩科合併爲一，以爲完全講治舊學之區，用以保持吾國四五千載聖聖相傳之綱紀、彝倫、道德、文章於不墜。且又悟向所謂合一爐而冶之者，徒虛言耳。爲之

---

⑥ 見舒新城編，「近代中國教育史資料」（人民教育出版社，一九六一年），下册，頁九九三。

⑦ 「清代學術概論」，頁一六二。關於達爾文進化論在中國近代思想史上的一般影響，現已有專題研究。見James Reeve Pusey, *China and Charles Darwin* (Harvard University Press, 1983).

不已，其終且終至於兩亡。故今立斯科，竊欲盡從吾舊，而勿雜以新⑧。

可見這位中國唯一能直接瞭解西學的人在思想上竟已退回到「中學爲體、西學爲用」以前的階段去了。

在五四運動的前夕，一般知識分子正在迫切地需要對中西文化問題有進一步的認識；他們渴望能突破「中體西用」的舊格局。然而當時學術思想界的幾位中心人物之中已沒有人能發揮指導的作用了。這一大片思想上的空白正等待着繼起者來塡補，而胡適便恰好在這個「關鍵性的時刻」出現了。

二、思想革命的始點

這片空白當然不是胡適一個人或少數幾個人所能立刻塡補得起來的。但是他和陳獨秀的早期合作確是「新文化運動」的原動力。陳獨秀富於革命的衝動和敏銳的觀察力；胡適則持論堅定而態度穩健。所以他們兩個人在這一方面可以說配合得恰到好處。胡適自己便曾指出：

胡適當時承認文學革命還在討論的時期……故自取集名為〈嘗試集〉，這種態度太和平了。若照他這個態度做去，文學革命至少還須經過十年的討論與嘗試。但陳獨秀的勇氣恰好補救這個太持重的缺點。……當日若沒有陳獨秀「必不容反對者有討論之餘地」的

⑧ 「與熊純如書札二」，見〈嚴幾道晚年思想〉（香港崇文書店印行，一九七四年），頁三。

精神，文學革命的運動決不能引起那樣大的注意⑨。

其實不僅文學革命如此，稍後的思想革命也是如此。當時胡適對中西學術思想的大關鍵處所見較陳獨秀為親切。陳獨秀沒有到過西方，他對西方的認識仍是從日本轉手而來的⑩。但是由於觀察力敏銳，他很快地便把捉到了中國現代化的重點所在。一直流傳到今天的「民主」（德先生）和「科學」（賽先生）兩句口號便是由他最先提出來的。無可否認地，陳獨秀在「五四」前後對「民主」與「科學」的理解大體上是接受了胡適和杜威的影響。因此他在一九一九年所發表的「實行民治的基礎」一文中便毫不遲疑地主張「拿英美做榜樣」⑪。他在同年同期〔新青年〕上所寫的「本志宣言」中則表示「我們相信尊重自然科學實驗哲學」。總之，他的思想在這一階段是和胡適非常接近的。另一方面，胡適在「新思潮的意義」中也首先承認陳獨秀所提倡的「德先生」和「賽先生」之說是關於新思潮的一種最簡明的解釋。不過他更進一步指出：

新思潮的根本意義只是一種新態度。這種新態度可以叫做「評判的態度」。……尼采說，現今時代是一個「重新估定一切價值」(transvaluation of all values) 的時代。

---

⑨〔五十年來中國之文學〕，〔胡適文存〕第二集，卷一，頁二四九—二五〇。

⑩舊傳陳獨秀於一九〇七—一九一〇年曾到法國留學，但據李書華和李石曾兩人的回憶，其事實並不確。見郅玉汝編，〔陳獨秀年譜〕（香港龍門書店，一九七四年），頁一六—一七。並可參看李璜〔學鈍室回憶錄〕（傳記文學出版社，一九七三年），頁二四。

⑪〔新青年〕七卷一期（一九一九年十二月一日出版），頁一六。關於陳氏此文受當時杜威講演的影響，可參看 Chow Tse-tsung, *The May Fourth Movement, Intellectual Revolution in Modern China* (Harvard University Press, 1960), pp. 230-1.

「重新估定一切價值」八個字便是評判的態度的最好解釋⑫。

這種「重新估定一切價值」的態度才把中國如何現代化的問題從科技和政制（張之洞所謂「西藝」、「西政」）的層面正式提升到文化的層面，因而突破了「中體西用」的思想格局。從此以後，「中學」、「西學」的舊名詞基本上便爲「中國文化」、「西方文化」之類的概念所取代了。李大釗的「東西文化根本之異點」（〈言志〉，一九一八年七月），梁啓超的〈歐遊心影錄〉（上海「時事新報」一九一九年三月）和梁漱溟的〈東西文化及其哲學〉（一九二二年）都是在這一「新思潮」刺激之下而產生的強烈反響。當時中國知識界把推行這種「新思潮」看作一種「文化運動」是完全合乎事實的⑬。最近馮友蘭回憶道：

> 梁漱溟先生……作了一個「東西文化及其哲學」的講演，在當時引起了廣泛的興趣，因為，無論他的結論是否正確，他所講的問題，是當時一部分人的心中的問題，也可以說是當時一般人心中的問題⑭。

追源溯始，梁漱溟之所以能暢談「東西文化及其哲學」這樣的問題，正是由於胡適所倡導的「評

---

⑫〈胡適文存〉第一集，卷四，頁七二八。按：此文也發表在〈新青年〉，七卷一期。尼采的「重新估定一切價值」現在英文譯作 “revaluation of all values.” 尼采的本意只在攻擊現存的偽價值，但他並未提供新的價值。見 Walter Kaufmann, *Nietzsche, Philosopher, Psychologist, Antichrist* (Princeton University Press, fourth edition, 1974), pp. 110-115.

⑬關於此點見 Chow Tsc-tsung 前引書，頁一九四—九六。梁漱溟也說「東西文化」這類名詞是因為新文化運動才在中國流行起來的。見他的〈東西文化及其哲學〉（臺北虹橋書店重印本，一九六八年），頁二。

⑭見「哲學回憶錄(一)」，〈中國哲學〉第三輯（一九八〇年八月），頁三六四。

判的態度」打破了長期以來的思想僵局。在張之洞的時代，這樣的問題是無法提出的。縱有一二「孤明先發」的人（如郭嵩燾和早期的嚴復），略能見其彷彿，也不可能引起同時人的共鳴。

顧頡剛回憶他最初在北京大學聽胡適講「中國哲學史」一課的情形，曾說：

> 胡先生講得的確不差，他有眼光、有膽量、有斷制，確是一個有能力的歷史家。他的議論處處合於我的理性，都是我想說而不知道怎樣說纔好的⑮。

這一段話可以擴大來解釋胡適在「五四」前後思想影響的一般性質。從文學革命、整理國故、到中西文化的討論，胡適大體上都觸及了許多久已積壓在一般人心中而不知「怎樣說纔好」的問題。即使在思想上和他完全不同，甚至相反的人（如梁漱溟與李大釗）也仍然不能不以他所提出的問題為出發點，所以從思想史的觀點看，胡適的貢獻在於建立了孔恩（Thomas S. Kuhn）所說的新「典範」（paradigm）。而且這個「典範」約略具有孔恩所說廣狹兩義：廣義地說，它涉及了全套的信仰、價值、和技術（entire constellation of beliefs, values, and techniques）的改變；狹義方面，他的具體研究成果（如〔中國哲學史大綱〕）則起了「示範」（shared examples）的作用，即一方面開啓了新的治學門徑，而另一方面又留下了許多待解決的新問題⑯。胡適晚年

---

⑮ 〔古史辨〕（香港：太平書局，一九六二年），「自序」，頁三六。

⑯ 孔恩的「典範」說有許多歧義，這裏只就其中最重要的兩點而言。參看他的 "Second Thoughts on Paradigms," in *The Essential Tension, Selected Studies in Scientific Tradition and Change* (Chicago University Press, 1977), pp. 293-319. 必須聲明，孔恩論「科學革命」的結構本在解釋每一專門學科的內在發展，所以它的對象是很具體的。我在這裏借用它來說明胡適所倡導的「思想革命」當然不能密合孔恩的原意，因為「思想革命」的範圍是十分廣泛的，不過如果專以胡適在「整理國故」方面所導致的「史學革命」——或「考證學革命」——而言，則「典範」的觀念仍然是很適用的。

曾談到他的「重新估定一切價值」在學術思想界所造成的變動。他說：

（在現代的中國學術裏），這一個轉變簡直與西洋思想史把地球中心說轉向太陽中心說的哥白尼的思想革命一樣。在中國文化史上，我們真也是企圖搞出個具體而微的哥白尼革命來⑰。

這個說法並不算太誇張，特別是就中國文化的研究（廣義的「整理國故」）而言。

總結地說，「五四」的前夕，中國學術思想界尋求新突破的醞釀已到了一觸卽發的境地，但是由於方向未定，所以表面上顯得十分沉寂。胡適恰好在這個「關鍵性時刻」打開了一個重大的思想缺口，使許多人心中激盪已久的問題和情緒都得以宣洩而出。當時所謂「新思潮」便是這樣形成的。而胡適的出現也就象徵着中國近代思想史進入了一個嶄新的階段。

三、長期的精神準備

現在我們必須進一步討論前面所提出的第二個問題：爲什麼恰巧是胡適而不是任何別人塡補了這片思想的空白呢？僅從思想史的客觀要求一方面看，我們當然可以說胡適的出現是具有高度的偶然性的。思想革命醞釀到了成熟時期，必然有人會乘勢而起。如果沒有胡適其人，遲早也會有別人出來扮演他所扮演的歷史角色。但是在胡適的出現已經成爲歷史事實的情形之下，我們便

⑰ 見唐德剛譯註，《胡適口述自傳》（臺北：傳記文學出版社，一九八一），頁二五五。

不能不把歷史的客觀要求和胡適個人的主觀條件配合起來加以觀察了。從主觀條件一方面着眼，我們便會發現胡適的出現並不完全是偶然的；他對自己所要扮演的歷史角色不但早有自覺，而且也進行了長期的準備。

胡適在美國留學的七年（一九一〇—一七）是他一生思想和志業的定型時期。我們試讀他的〔留學日記〕便不難看出他在這幾年中所最關懷的正是中西文化異同的問題，特別是中國傳統在面臨西方近代文明的挑戰時究竟應該怎樣轉化的問題。在這幾年之中，他的見解先後雖頗有遷易，但他所關懷的問題始終未變。例如他在一九一二年，十月十四日曾想著〔中國社會風俗眞詮〕一書，爲傳統社會制度辯護⑱。一九一四年一月二十七日演說中國婚制，更公開地指出中國「名分所造的」（duty-made）婚姻比西方「自造的」（self-made）婚姻，在愛情方面更有保證⑲。這種看法在他後來攻擊舊制度、舊風俗，並提倡易卜生的〔娜拉〕時已不再提起了。又如他在一九一一年十月四日曾有信給梅光迪（覲莊）「論宋儒之功」⑳，在一九一四年一月二十三日，他又有信給許怡蓀討論如何革新「孔教問題」㉑。這一態度和他在「新思潮的意義」中所說的「重

---

⑱ 見〔胡適留學日記〕（臺北：商務印書館，一九五九年），卷二，第一冊，頁一〇三。

⑲ 〔留學日記〕，卷三，頁一六八—九。按：這當然是有感而發的「夫子自道」。見他一九一七年一月十六日「病中得冬秀書」一詩。其第二節有「由分生情意，所以非路人」之句，即指此。見〔嘗試集〕（胡適紀念館，民國六十年二月初版），頁一一一。

⑳ 〔留學日記〕卷一，頁七九。

㉑ 〔留學日記〕卷三，頁一五七—一六〇。參看他的英文論文 "The Confucianist Movement in China," *The Chinese Students' Monthly*, 9.7 (May, 1914), pp. 533-6.

新估定孔教的價值」更是截然異趣了。但是，他持續不斷地對同一類的問題進行嚴肅的思考，則是顯然的事實。

胡適在一九一五年五月二十八日的日記中自省道：

吾生平大過，在於求博而不務精。蓋吾返觀國勢，每以為今日祖國事事需人，吾不可不周知博覽，以為他日國人導師之預備。不知此謬想也。吾讀書十餘年，乃猶不明分功易事之義乎？吾生精力有限，不能萬知而萬能。吾所貢獻於社會者，惟在吾所擇業耳。吾之天職，吾對於社會之責任，唯在竭吾所能，為吾所能為。吾所不能，人其舍諸？自今以往，當屏絕萬事，專治哲學，中西兼治，此吾所擇業也㉒。

這一條劄記最足以表現他後來在「自序」中所說的「少年人的自喜、誇大、野心、夢想」（頁六）。他早已在那裏進行「爲他日國人導師之預備」了。他的自負並不是毫無根據的狂妄，試以他一九一一年的〈日記〉而言，那時他剛剛進康乃爾大學農學院讀一年級，但是在一般功課之外，他還不斷地私下自修中國舊學。他所點讀的舊籍包括了：經、史、子、集各部門，如〈左傳〉、〈詩經〉、〈杜詩〉、〈說文〉、〈陶淵明詩〉、〈謝康樂詩〉、〈王臨川集〉、〈荀子〉、〈顏習齋年譜〉等。他的第一篇學術論文——「詩三百篇言字解」——便是在這一年寫成的。不但如此，他在整個留學期間還一直注視着國內政治、社會、思想各方面的動態。他讀〈國粹學報〉，留心章炳麟、梁啓超的文字；他也讀國內報紙，記載袁世凱「尊孔」、「祀孔」的命令，

㉒ 〈留學日記〉，卷九，第三冊，頁六五三—四。

甚至宋教仁被刺一案，他也剪貼了所有報紙上登載的證據。所以他雖在美國，對國內的情形並不隔膜。當時留美同學中曾有人說他「知國內情形最悉」，大概並不算過譽㉓。當時中國留學生在專業方面有成績的人很多，但是在專業以外同時還能嚴肅地研究中國歷史文化的人卻寥寥可數了。胡適一九一五年七月二十二日的一則劄記中曾感慨地說：

> 我所遇歐洲學生，無論其為德人、法人、俄人、巴爾幹諸國人，皆深知其國之歷史政治，通曉其國之文學。其為學生而懵然於其祖國之文明歷史政治者，獨有二國之學生耳，中國與美國是已。……吾國之學子有幾人能道李、杜之詩，左、遷之史，韓、柳、歐、蘇之文乎？可恥也㉔。

這種不知祖國歷史文化的恥辱感，他在到美國不久之後便產生了。一九一一年六月十七日是中國基督教學生會夏令會的第四天。他記載這一天討論會的情形說：

> 討論會，題為「孔教之效果」，李佳白君（Dr. Gilbert Reid）主講，已為一恥矣，旣終，有 Dr. Beach 言，君等今日有大患，卽無人研求舊學是也。此君乃大稱朱子之功，余聞之，如芒在背焉㉕。

可以斷言，三個多月後他寫信給梅光迪「論宋儒之功」一定是因爲受了這一天的刺激而起的。

無論我們說他是「少有大志」也好，「狂妄自大」也好，或者「好名心切」也好，總之，他

㉓〈留學日記〉，卷六，第二冊，頁三七七。

㉔〈留學日記〉，卷十，第三冊，頁七〇三。

㉕〈留學日記〉，卷一，頁四三—四四。

在留美這幾年中確是在自覺地想「把自己這塊材料鑄造成器」(見「易卜生主義」,〔胡適文存〕第一集,卷四,頁六四三)。而且他所嚮往的「器」始終是通才而不是專家。他在一九一五年二月十八日「自課」一條引曾子「士不可不弘毅」之語後,說道:

任重道遠,不可不早為之計:第一、須有健全之身體;第二、須有不撓不屈之精神;第三、須有博大高深之學問。日月逝矣,三者一無所成,何以對日月?何以對吾身?

他在「進德」一項說:

表裏一致——不自欺。

言行一致——不欺人。

對己與接物一致——恕。

今昔一致——恆。

又在「勤學」一項規定自己要:

每日至少讀六時之書。

讀書以哲學為中堅,而以政治、宗教、文學、科學輔焉㉖。

部分地由於性格使然,他往往偏重通博一路而不大能專精㉗。但是他的「求博而不務精」主要還是念念不忘要「爲他日國人導師之預備」。一九一六年六月九日他在紐約遇見相別九年的老師馬

㉖ 見〔留學日記〕,卷九,第三册,頁五六三—四。

㉗ 除前引一條外並可參看〔留學日記〕卷三「我之自省」,第一册,頁一六七,及卷七「專精與博學」,第二册,頁四六一—三。

君武，他曾記道：

先生留此五日，聚談之時甚多。其所專治之學術（按：工科），非吾所能測其淺深。然頗覺其通常之思想眼光，十年以來似無甚進步。其於歐洲之思想文學似亦無所心得。先生負國中重望，大可有為，顧十年之預備不過如此，吾不獨為先生惜，亦為社會國家惜也㉘。

這段評論完全反映了他對自己的期待，因此不知不覺地把自己在思想上的「預備」轉加到馬君武的身上。其實馬君武既已決心以工科爲專業，也許根本便不發生什麼「預備」的問題了。一九一七年一月廿七日朱經農曾問胡適：「我們預備要中國人十年後有什麼思想？」他特別在〈日記〉中記道：

此一問題最為重要，非一人所能解決也，然吾輩人人心中當刻刻存此思想耳㉙。

可見他對於思想預備的問題眞到了「造次必於是，顛沛必於是」的境地。這一長期的精神準備便是他後來倡導新文化運動的一個最重要的主觀憑藉。

四、思想革命的兩個領域

㉘ 〈留學日記〉，卷十三，第四册，頁九三四。

㉙ 〈留學日記〉，卷十五，頁一〇八七。

但是僅靠主觀憑藉並不足以掀起一場思想運動。能造成運動的思想必然是由於這種思想恰好適合當時社會的需要。因此我們必須更進一步去分析胡適所提倡的思想爲什麼能掀動「五四」時代的中國。胡適相信先秦諸子之學「皆起於救世之弊，應時而興」㉚。但是這種一般性的說法並沒有解釋同屬「應時而興」的各家思想，何以有的竟成爲「顯學」，而有的竟歸於寂滅的問題。杜威的另一位大弟子胡克（Sidney Hook）也曾討論過西方哲學史上同樣的問題。他承認這個問題不容易獲得明理的解答。但是他指出，凡是被社會所普遍接受的思想系統通常具有四種特性，卽全面性（comprehensiveness）、精嚴性（rigor）、實際相關性（practical relevance）、和彈性（flexibility）。這四種特性在個別哲學家中雖然有不同程度的分配，但多少都是具備的㉛。必須說明，胡克的話原是針對比較嚴格意義的哲學史而言，和兼具通俗性的胡適思想頗有不同。不過由於他的目的是爲哲學史提供一種社會學的解釋，因此這幾點一般性的觀察大體上仍可以有助於我們瞭解胡適思想在近代中國的影響究竟屬於何種性質。

胡適晚年在他的〔口述自傳〕裏曾列舉了中共一九五四年對「胡適思想」所進行的有系統的「批判」，其中包括了「哲學思想」、「政治思想」、「歷史觀點」、「文學思想」、「哲學史觀點」、「文學史觀點」、「歷史和古典文學的考據」、以及「紅樓夢研究」等項目㉜。事實上，從後來大陸出版的幾百萬字的〔胡適思想批判〕（共八輯）來看，其範圍甚至超過了預定的項目。

㉚ 見「諸子不出於王官論」，〔胡適文存〕第一集，卷二，頁二五五。
㉛ 見他的 *The Hero in History* (Beacon Press, Boston, 1955), p. 33.
㉜ 〔胡適口述自傳〕頁二一五。中共原文見〔學習〕，一九五五年二月號。

這一事實充分地說明了胡適思想的全面性——它幾乎觸及了廣義的人文學科的每一方面。但是這並不等於說，胡適在這許多專門學術上都有高度的造詣。以他個人的研究業績而言，我們可以說，他在中國思想史和文學史（特別是小說史）方面都起了劃時代的作用。這種開新紀元的成就主要來自他所提倡的方法、觀點、和態度。這也就是上文所說的「新典範」的問題。正是在這個層面上——也可以稱為方法論的層面——他的思想影響才擴散到他的本行以外的廣大領域中去。關於方法論層面的問題，下文還要繼續提到。這裏祇是要特別指出，本文所謂胡適思想的全面性基本上是就這一層面而言的。

但是本文不擬追溯胡適思想在各部門發生影響的實際過程，因為那不是有限的篇幅所能容許的。為了更清楚地說明胡適思想的全面性，我想最好的辦法是利用思想史上所謂「上層思想」和「通俗思想」的概念。（或者再擴大一點，利用人類學與社會學上「上層文化」與「通俗文化」的概念。）胡適思想影響的全面性主要由於它不但衝激了中國的上層文化，而且也觸動了通俗文化。

一、通俗文化

胡適的「暴得大名」最初完全是由於他提倡文學革命。用白話來代替文言㉝，在胡適的構想中自始卽是思想革命或新文化運動的一個有機的組成部分。所以他的「文學改良芻議」第一條便

㉝ 不僅是「古文」，因為晚清以來所謂「古文」是專指桐城派那種純淨洗鍊的文字而言的。

提出「言之有物」，而所謂「物」則包括二事：一曰情感，二曰思想。他顯然認爲祇有新的白話文體才能表達二十世紀的新情感和新思想。提倡白話自然便不得不尊〔水滸傳〕、〔紅樓夢〕、〔儒林外史〕爲「文學正宗」，這就把通俗文化提升到和上層文化同等的地位上來了。陳獨秀完全瞭解胡適此文的命意所在。他在「文學革命論」中說：

孔教問題，方喧呶於國中，此倫理道德革命之先聲也。文學革命之氣運，醞釀已非一日；其首舉義旗之急先鋒，則為吾友胡適。余甘冒全國學究之敵，高張「文學革命軍」大旗，以為吾友之聲援。旗上大書特書吾革命軍三大主義：曰、推倒彫琢阿諛的貴族文學，建設平易抒情的國民文學；曰、推倒陳腐的鋪張的古典文學，建設新鮮的立誠的寫實文學；曰、推倒迂晦的艱澀的山林文學，建設明瞭的通俗的社會文學㉞。

這一段話以「倫理道德革命」始，以「通俗的社會文學」終，不但把思想革命與文學革命連繫了起來，也把通俗文化代替傳統上層文化的意思表露得十分明顯。

從社會史的觀點看，「五四」新文化運動的基礎無疑是城市中的新興知識分子和工商業階層。一九一九年五月四日的愛國運動立即引起了全國各大城市的學生罷課、商人罷業、和工人罷工，這一事實充分說明了新文化運動是靠什麼社會力量支持的。城市知識分子、商人、和工人在全國人口中雖然所佔的比例極小，但是他們在政治、社會、經濟、和文化上是積極、主動的分子。當時的大衆傳播工具祇有報章雜誌。白話文運動獲得成功以後，新思想、新觀念便能夠通過報章雜

㉞ 見〔胡適文存〕，第一集，頁一八。

誌而直接傳播給廣大的城市讀者羣了。所以新文化運動從白話文開始雖出於歷史的偶然，但以結果而論則是非常順理成章的一種發展。陳獨秀解釋文學革命發生的歷史背景說：

中國近來產業發達，人口集中，白話文完全是應這個需要而發生而存在的。適之等若在三十年前提倡白話文，只需章行嚴一篇文章便駁得煙消灰滅㉟。

這番話雖嫌說得過於簡單，但就指出社會背景這一點而言，並不是毫無道理的。胡適的白話文主張爲什麼在美國留學生圈內幾乎完全得不到支持，而在國內卻立刻獲得巨大而熱烈的反響呢？這豈不恰好說明大多數在美國的留學生已脫離了中國的社會現實，而國內的學者則生活在社會變動之中嗎？胡適由於「知國內情形最悉」，因此才對時代的動脈有敏銳的感應，這正是他的過人之處。

但是問題尚不止此。改革中國語文以普及教育，自清末以來早已不斷有人在提倡；而白話或俗話的報紙也早已在各地出現。爲什麼必須要等到「五四」前夕白話文運動才能成功呢？胡適在一九二二年，曾對這個問題提出了解答。他說：

二十多年以來，有提倡白話報的，有提倡白話書的，有提倡官話字母的，有提倡簡字字母的……這些人可以說是「有意的主張白話」，但不可以說是「有意的主張白話文學」。他們的最大缺點是把社會分作兩部分：一邊是「他們」，一邊是「我們」，一邊是應該用白話的「他們」，一邊是應該做古文古詩的「我們」。我們不妨仍舊吃肉，但他們下

㉟「科學與人生觀序」附錄三「答適之」，見〈胡適文存〉，第二集，頁一五三。

等社會不配吃肉，只好拋塊骨頭給他們去吃罷㊱。

胡適答案中關於「我們」和「他們」的分別不僅根據清末王照、勞乃宣的文字，恐怕也包括了他自己早年的心理經驗。他十六歲時（一九〇六年）在「競業旬報」上所發表的許多「破除迷信，開通民智」的白話文字大概也都是寫給「他們」看的。但他在美國受了七年的民主洗禮之後，至少在理智的層面上已改變了「我們」士大夫輕視「他們」老百姓的傳統心理㊲。正由於這一改變他才毫不遲疑地要以白話文學來代替古典文學，使通俗文化有駸駸乎凌駕士大夫文化之上的趨勢。這一全新的態度受到新與知識分子和工商階層的廣泛支持，自不在話下㊳。另一方面，白話文學

㊱「五十年來中國之文學」，〔胡適文存〕第二集，頁二四六。參看他的「新文學的建設理論」，收在〔中國新文學大系導論集〕（上海，一九四〇年），頁二一—三一。

㊲格雷德認為胡適的政治思想中有「士大夫意識」(elitism) 與民主觀念兩個互相衝突的因素。這個衝突一直要到三十年代才獲得一種解決的方式。見 Jerome B. Grieder, *Hu Shih and the Chinese Renaissance, Liberalism in the Chinese Revolution, 1917-1937* (Harvard University Press, 1970), pp. 238, 269-271.

㊳晚明以來，一部分由於王學提倡個性解放的影響，已不斷有人把通俗文化中的小說、戲劇與士大夫的文化相提並論了。例如袁宏道（1568-1610）以〔金瓶梅〕勝過枚乘的「七發」，以〔水滸傳〕的文學成就在六經和〔史記〕之上。後來金聖歎評點〔水滸傳〕、〔西廂記〕諸書便是在這一風氣之下完成的。生平最佩服金聖歎的劉繼莊甚至認為民間的小說、戲曲、占卜、祭祀即是聖人六經之教的根源所在。但是這一路的思想在十七世紀以後並沒有繼續發展。胡適在一九一六年曾注意到王陽明、袁宏道的「白話詩」，但係間接得來。對公安派的推崇通俗文學似尚無所知。見〔留學日記〕第四冊，頁一〇二四—二五。近代在提倡小說、戲曲方面最有力並對新文學運動有開路之功的人則是梁啓超。所以胡適雖不是中國史上第一個抬高通俗文化的地位的人，但是他的提倡則確實發生了革命性的作用。這一點必須從近代新的社會背景方面去瞭解。關於劉繼莊和中國史上通俗文化的問題，參看我的「從史學看傳統」一文，〔史學與傳統〕（臺北：時報公司出版，一九八二年），頁一四—一六。關於梁啓超的影響，參看錢玄同的「寄陳獨秀」，〔胡適文存〕，第一集，頁二七。

之所以激起當時守舊派的強烈反感也正是由於通俗文化的提倡直接威脅到士大夫的上層文化的存在。一九一九年三月林紓給蔡元培的信說：

若盡廢古書，行用土語為文字，則都下引車賣漿之徒，所操之語，按之皆有文法，不類閩、廣人為無文法之啁啾。據此，則凡京、津之稗販，均可用為教授矣。若云《水滸》、《紅樓》皆白話之聖，並足為教科之書，不知《水滸》中辭吻多采岳珂之《金陀萃編》，《紅樓》亦不止為一人手筆，作者均博極羣書之人。總之，非讀破萬卷，不能為古文，亦並不能為白話㊴。

兩種文化的衝突在這封信中表現得最爲淸楚。林紓說，提倡「土語」，則「引車賣漿」的「稗販」都可以用爲教授。這句話最可見他從士大夫的立場上拒斥通俗文化的心理。他不能貶抑《水滸》、《紅樓》，因此便只好推斷其作者都是「博極羣書之人」。這顯然是把通俗文化納入上層文化以緩和其威脅性的一種策略。但當時嚴復則採取另一種反應的方式。他在「與熊純如書札六十八」說道：

設用白話，則高者不過《水滸》、《紅樓》，下者將同戲曲中皮簧之脚本。就令以此教育，易於普及，而遺棄周鼎，寶此唐匏，正無如退化何耳！須知此事全屬天演。革命時代學說萬千，然而施之人間，優者自存，劣者自敗。雖千陳獨秀、萬胡適、錢玄同豈能

㊴ 林紓，《畏廬三集》（商務印書館，一九二四年），頁二七—二八。

刼持其柄？則亦為春鳥秋蟲，聽其自鳴自止，可耳。林琴南輩與之較論，亦可笑也㊵。

嚴復對中國上層文化具有堅強的信念，所以仍將〔水滸〕、〔紅樓〕劃在通俗文化之內，而以進化論爲支持其信念的最後根據。嚴、林兩人的抵抗策略雖然有異，但是對通俗文化抱鄙薄的態度，則並無二致。由此可見，胡適思想的影響牽涉到許多複雜的層次，不是「西化」一詞所能簡單地概括得盡的，雖然取近代西方文化爲模式以改造中國傳統的確代表了胡適思想的一個基本方向。

二、上層文化

如果胡適的成績僅限於提倡白話文學，那麼他的影響力終究是有限度的。但是他的思想在上層文化領域之內所造成的震動卻更爲激烈、更爲廣泛；他在中國近代學術思想史上之所以具有劃時代的意義，這是一個決定性的原因。

這裏有必要稍稍回顧一下「五四」前夕中國上層文化所呈現的大體面貌。無可置疑地，「五四」前夕中國學術思想的主流仍然是儒家。儘管兩千年來儒學內部各層面已先後吸收了許多其他學派的成分，儘管儒學自晚清以來已因受到西方觀念的衝激而搖搖欲墜，但大體而論，儒學的基本架構依然存在，依然維持着它在上層文化或大傳統中的主流地位。民國成立以後，袁世凱曾屢頒尊孔之令，並於民國三年三月六日親行祭孔大典。同時康有爲、陳漢章等人則提倡中國正式奉儒學爲宗教；他們所組織的「孔教會」更是十分活躍。孔教問題當時也一度困擾遠在美國的胡適。胡適基本上是不贊成這些舉動的，不過他最先的反應則表現爲審愼的思考，而不是強烈的批

㊵〔嚴幾道晚年思想〕，頁一二八—九。

判㊶。這一歷史背景可以使我們瞭解爲什麼新文化運動最後歸宿到全面性的反傳統、反儒家的思想革命。事實上，前引陳獨秀「文學革命論」中「孔教問題方喧呶於國中，此倫理道理革命之先聲」一語，已暗示了此後的發展。

儒學作爲一種維持政治社會秩序的意識形態而言早在清末民初已經破產了。甚至袁世凱政府中人也對它失去了信心。湯化龍在民國三年「上大總統言教育書」中已指出無論是「中、小課讀全經」或「以孔子爲國教」都是行不通的㊷。所以摧破儒家意識形態——卽所謂「打倒孔家店」——已到了水到渠成的階段。但是儒學作爲一種學術思想而言，則在當時不但具有很大的活力，而且仍居於最高的地位。在當時所謂「中學」或章炳麟所謂「國故學」中，經學無疑仍高據首座，以下才是先秦諸子學、史學和文學。在經學領域內，古文學派和今文學派正處於尖銳對峙的狀態；前者有章炳麟、劉師培，後者有廖平、康有爲、崔適，都卓然成家。在子學領域內，則章炳麟和梁啓超的影響最大。此外更有以最精密的方法、最新穎的觀點開拓新學術疆土的王國維。這些學術界的領導人物儘管各有不同的背景和專長，甚至同屬一派（如今、古文）的學人彼此之間也分歧甚大，但是他們的精神憑藉和價值系統基本上則多來自儒家㊸。

這便是胡適回國時所面對的中國上層文化的一般狀態。他如果想在中國取得思想的領導權，首先便得在國故學界有出色的表演，僅僅靠西學的知識和白話文學是絕對不夠的。他在美國自修

㊶ 見〈留學日記〉，第一册，頁一五七—一六〇，一九九；第二册，頁四六八—四七〇。

㊷ 原載〈庸言〉第二卷第五號（一九一四年五月），現收入〈近代中國教育史資料〉下册，頁一〇七〇—一。

國學並撰寫〔先秦名學史〕博士論文恰好爲他提供了這一特殊的條件。

當時國故學界雖有經、史、子、集幾種傳統的分野，但是各家研究都是建築在乾、嘉以來考據、辨僞的基礎之上。而更巧的是胡適的治學途徑自始卽走上了考據的方向。他在留美考試第一場國文試中便以考證「規」、「矩」出現的先後而得了一百分。他在留學期間所發表的幾篇學術文字，如「詩三百篇言字解」、「爾汝篇」、「吾我篇」、「諸子不出於王官論」也都是考據之作。他的「暴得大名」雖然是由於文學革命，但是他能進北京大學任教則主要還是靠考據文字㊹。其中「諸子不出於王官論」成於一九一七年四月，離他動身回國不過兩個多月。這篇文筆是專爲駁章炳麟而作的，也是他向國學界最高權威正面挑戰的第一聲。所以，就胡適對上層文化的衝擊而

㊸ 上述諸人之中，除崔適是一位典型的傳統經師外，其餘都曾直接間接地受到西方思想的洗禮。個別的人如章炳麟早期甚至對儒家還持批判的態度。但是說他們基本上仍在儒統之內，應該不算大錯。由此可見，我們在概念上必須把意識形態和學術思想加以區別。儒家意識形態在二十世紀已經失效，但儒學本身仍有其源頭的活水。儘管儒學和儒家意識形態之間有着千絲萬縷的關聯，二者之間終有一道界線在，則是自孔子以來卽為儒者所明確意識到的。把學術思想與意識形態混為一談，使我們始終不能正確地瞭解「五四」反傳統、反儒家的歷史意義。胡適晚年曾正式否認他「反孔非儒」。他說他對長期發展的「儒教」有嚴厲的批判，但是在一切著作中對孔子、孟子、朱熹卻是「十分崇敬的」。見〔胡適口述自傳〕，頁二五八。其實他的意思正是說他反對儒家的意識形態——「孔家店」——但是並不反對儒學本身。章炳麟早年的儒家批判也應該從這一角度去理解。關於這一分別，請看我的「學術思想與意識形態」一文，刊於香港〔明報月刊〕二〇〇期紀念號（一九八二年八月）。

㊹ 據胡適晚年的回憶，蔡元培要聘他到北大教書是因為看到「詩三百篇言字解」。見〔胡適之先生年譜長編初稿〕頁二九一編註。後來他在一九三六年六月二十九日給羅爾綱的信中勸羅氏用真姓名發表「金石補訂筆記之最工者」，並且說：「此項文字可以給你一個學術的地位。」這大概是從他自己早年的經驗得來的。見羅爾綱〔師門辱教記〕（香港，圖南出版社重印本），頁五六。

言，「諸子不出於王官論」的重要性決不在使他「暴得大名」的「文學改良芻議」之下。

但是胡適在中國上層文化中造成革命性的震動卻要等他在北大教中國哲學史的課程以後。在胡適到北大以前，中國哲學史一課是由陳漢章（伯弢）講授的，他從伏羲講起，一年下來只講到〈洪範〉。胡適接手以後，則丢開唐、虞、夏、商，改從周宣王以後講起。據顧頡剛記載當時的情形：

這一改把我們一班人充滿着三皇，五帝的腦筋驟然作一個重大的打擊，駭得一堂中舌撟而不能下。許多同學都不以為然，只因班中沒有激烈分子，還沒有鬧風潮。我聽了幾堂，聽出一個道理來了，對同學說，「他雖然沒有伯弢先生讀書多，但在裁斷上是足以自立的。」㊺

顧氏晚年回憶這一段思想上的震動，仍說：

他（胡適）又年輕，那時才二十七歲，許多同學都瞧不起他，我瞧他略去了從遠古到夏、商的可疑而又不勝其煩的一段，只從〈詩經〉裏取材，稱西周為「詩人時代」，有截斷衆流的魄力，就對傅斯年說了。傅斯年本是「中國文學系」的學生，黄侃教授的高足，而黄侃則是北大裏有力的守舊派，一向為了〈新青年〉派提倡白話文而引起他的痛罵的，料想不到我竟把傅斯年引進了胡適的路子上去，後來竟辦起〈新潮〉來，成為〈新青年〉的得力助手㊻。

㊺ 〈古史辨〉第一册「自序」，頁三六。

㊻ 見顧頡剛，「我是怎樣編寫〈古史辨〉的？」（上），〈中國哲學〉第二輯（一九八〇年三月），頁三三二。

顧氏終生忘不了這一深刻的心理經驗，便可見當時他在思想上所受到震動之大。在中國近代思想史上只有梁啓超一八九〇年在萬木草堂初謁康有爲時的內心震動可以和顧頡剛、傅斯年一九一七年聽胡適講課的經驗相提並論。這正是由於康、胡兩人同是思想史上劃時代的人物㊼。

顧頡剛在一九一七年以前早已出入今古文經學之門，傅斯年則是黃侃的高足，他們的舊學基礎不但不在胡適之下，或者竟有超過他的地方。但是他們雖有豐富的舊學知識，卻苦於找不到一個系統可以把這些知識貫穿起來，以表現其現代的意義。胡適的新觀點和新方法便恰好在這裏發揮了決定性的轉化作用。他能把北大國學程度最深而且具有領導力量的幾個學生從舊派教授的陣營中爭取了過來，他在中國學術界的地位才堅固地建立起來了。

一九一九年二月〈中國哲學史大綱〉卷上出版，胡適在上層文化方面的影響很快地從北大傳佈到全國。這部書自然已超出清代的考證學的範圍；其「導言」部分以當時西方哲學史、歷史學和校勘學的方法論爲基本架構，對清代考證學的各種實際方法作了一次有系統的整理，即使在今天也還不失爲一件有參考價值的文獻。蔡元培在此書的「序」中說：

> 現在治過「漢學」的人雖還不少，但總是沒有治過西洋哲學史的。留學西洋的學生治哲學的本沒有幾人，這幾人中，能兼治「漢學」的，更少了。適之先生生於世傳「漢學」

㊼ 梁啓超〈三十自述〉說：「時余以年少科第，且於時流所推重之訓詁詞章學，頗有所知，頗沾沾自憙。先生乃以大海潮音，作獅子吼，取其所挾持數百年無用舊學更端駁詰，悉舉而摧陷廓清之。自辰入見，及戌始退，冷水澆背，當頭一棒，一旦盡失其故壘，惘惘然不知所從事，且驚且喜，且怨且艾，且疑且懼，與（陳）通甫聯牀，竟夕不能寐。」見〈飲冰室合集〉（上海：中華書局，民國二十五年印行）。文集第四冊，文集之十一，頁一六。

的績溪胡氏，稟有「漢學」的遺傳性；雖自幼進新式學校，還能自修「漢學」，至今不輟；又在美國留學的時候兼治文學哲學，於西洋哲學史是很有心得的。所以編中國哲學史的難處，一到先生手裏就比較的容易多了。

這一段話，除了說他生於世傳「漢學」的績溪胡氏不是事實外，大體上是相當客觀公允的㊽。這裏最值得注意的是蔡「序」特別強調胡適和「漢學」之間的關係。蔡氏在一九一九年三月十八日「答林琴南書」中也說：

> 北京大學教員中，善作白話文者為胡適之、錢玄同、周啓孟諸君。公何以證知為非博極羣書，非能作古文而僅以白話藏拙者？胡君家世漢學，其舊作古文雖不多見，然卽其所作〔中國哲學史大綱〕言之，其了解古書之眼光不讓清代乾、嘉學者㊾。

這封信清楚地反映了當時上層文化和通俗文化之間的分野。如果胡適僅以提倡白話而轟動一時，那麼他的影響力最多只能停留在通俗文化的領域之內。上層文化界的人不但不可能承認他的貢獻，而且還會譏笑他是「以白話藏拙」。蔡元培一再推重胡適在乾、嘉考證學方面的造詣，正是針對着上層守舊派的這種心理而發的。胡適自己當然更明白這種情勢：他首先必須在考證學上一顯身手才能期望在上層文化的領域內取得發言的資格。他在〔中國哲學史大綱〕中用那麼多的篇幅討論有關考證、訓詁、校勘的種種問題，恐怕多少也和這一心理背景有關。他的工作方向事後

㊽ 胡適晚年曾正式說明蔡元培誤會他出自「世居績溪城內」胡培翬（一七八二—一八四九）的一系。見〔胡適口述自傳〕，頁四—五。

㊾ 見孫常煒編，〔蔡元培先生全集〕（臺北：商務印書館，一九六八年），頁一〇八七。

證明是有效的。他在考證方法上的新突破彌補了他在舊學方面功力和火候的不足。他運用西方的邏輯知識來解釋〔墨經〕，尤其受到時流的推重。梁啓超治諸子雖遠在胡適之前並且對胡適有啓蒙之功，但是這時他反而因爲受到胡適的影響而重理舊業了。他的〔先秦政治思想史〕和〔墨經校釋〕是在胡適的〔中國哲學史大綱〕和〔墨辨新詁〕的刺激之下而撰寫的(50)。一九二〇年梁啓超綜論清末的考證學竟以胡適爲殿軍。他說：

> 而績溪諸胡之後有胡適者，亦用清儒方法治學，有正統派遺風(51)。

〔中國哲學史大綱〕出版一年之後，胡適終於躋身於考證學的「正統」之內了。

五、胡適思想的形成

胡適的影響力雖然分別投射到兩個文化的領域，但是這並不是說他具有兩套不同的思想。事實上他的思想祇有一套，不過應用在兩種不同的場合而已。關於這一點，他自己在一九三六年的〔藏暉室劄記〕（即〔留學日記〕）「自序」中有明白的交代：

> 我在一九一五年的暑假中，發憤盡讀杜威先生的著作……從此以後，實驗主義成了我的

---

(50) 見錢穆，〔國學概論〕（上海：商務印書館，一九三一年），下册，頁一四三。

(51) 〔清代學術概論〕，頁一二—一三。梁啓超寫這二十五個字頗費斟酌。他的原文比此處多出十餘字，後來特別專函中華書局編者改定，可見其慎重的態度。見左舜生「我眼中的梁啓超」，收在〔萬竹樓隨筆〕（臺北：文海出版社，民國五十六年），頁一七六。

生活和思想的一個嚮導，成了我自己的哲學基礎。……我寫〈先秦名學史〉、〈中國哲學史〉，都是受那一派思想的指導，我的文學革命主張也是實驗主義的一種表現；〈嘗試集〉的題名就是一個證據。

所以根據他自己的供證，他的思想基本上便是杜威的實驗主義。關於他是杜威哲學的信徒這一點，他生平在中英文著作中曾反覆說過無數次，當然是可信的。但是從思想史的觀點看，我們要問：他的思想是不是完全來自杜威的哲學呢?究竟在什麼確定的意義上，我們才可以說胡適是杜威的實驗主義信徒呢?詳細的分析在這裏當然是不可能的。我祇能對這兩個問題提出簡單的答案。第一、胡適在「介紹我自己的思想」一文中曾說他的思想受兩個人的影響最大：一個是赫胥黎(Thomas H. Huxley)，一個是杜威。前者敎他怎樣懷疑，敎他不信任一切沒有充分證據的東西；後者敎他把一切學說都看作待證的假設，敎他處處顧到當前的問題和思想的結果。總之，這兩個人使他明瞭科學方法的性質與功用。而所謂科學的方法則最後可以歸結到「大膽的假設，小心的求證」十個字52。可見杜威以外，還有赫胥黎也是對他有長遠影響的人。他最早受赫氏的影響當然是來自嚴復所譯的〈天演論〉，但後來赫氏的「存疑論」(agnosticism)對他的啓發更大53。赫胥黎的影響主要是在「懷疑」兩個字，屬於消極一方面。在積極一方面，他接受了杜威如何求證，如何解決具體問題的一套方法。但是在胡適的理解中，赫胥黎和杜威的方法都是一種歷史的方法。赫氏研究古生物學的方法自然與歷史方法有相通之處，而杜氏的 genetic method

52 見〈胡適論學近著〉，頁六三〇—六四六。
53 見胡適「五十年來之世界哲學」第四節「演化論的哲學」，〈胡適文存〉第二集，卷二，頁二七三—七八。

在胡適筆下也順理成章地被譯成「歷史的態度」(54)。胡適對「歷史」一詞的偏好正好透露出他的中國背景。胡適在正式歸宗於杜威的實驗主義之前，早已形成了自己的學術觀點和思想傾向。這些觀點和傾向大體上來自王充〈論衡〉的批評態度，張載、朱熹注重「學則須疑」的精神，特別是清代考證學所強調的「證據」觀念。當時章炳麟特別欣賞〈論衡〉的「懷疑之論，分析百耑。」(55)所以他自己的著作卽名之曰：〈國故論衡〉。胡適最早接觸張載、朱熹論「疑」的語錄則來自他的父親的〈日記〉(56)。至於清代考證學，那更是他很早便耳熟能詳的東西了。但是這些觀念最初只是零碎的，直到他細讀杜威的著作之後才構成一種有系統的思想(57)。這就自然地引進我在上面所提出的第二個問題，卽胡適究竟在什麼確定的意義上可以稱作杜威的實驗主義的信徒？

胡適在一九一四年一月二十五日曾說：

今日吾國之急需，不在新奇之學說，高深之哲理，而在所以求學論事觀物經國之術。以

---

(54) 見「實驗主義」，〈胡適文存〉第一集，卷二，頁二九六。

(55) 見〈檢論〉（章氏叢書本），卷三「學變」，頁二一。

(56) 見〈胡適口述自傳〉，頁一一。胡適所引張載語作「為學要不疑處有疑，纔是進步。」這恐怕是他的記憶錯誤了。〈張子全書〉中有相近的觀念，但並無此語。見唐德剛譯註九，頁二〇。我想此語大概是出自〈朱子語類〉卷十一「讀書法下」：「讀書無疑者須教有疑，有疑者却要無疑。到這裏方是長進。」見（臺北：正中書局，一九七三年修補本）第一冊，頁二九六。

(57) 見〈口述自傳〉，頁九六—九七，一二一—一二二；並可參看他的英文論文 "The Scientific Spirit and Method in Chinese Philosophy", in Charles A. Moore, ed., *The Chinese Mind, Essentials of Chinese Philosophy and Culture* (Honolulu, 1967), pp. 104-131.

吾所見言之，有三術焉皆起死之神丹也：
一曰歸納的理論，
二曰歷史的眼光，
三曰進化的觀念(58)。

這時他還沒有研究杜威的思想，但在精神上已十分接近杜威的實驗主義了。他在同一天記自己關心的問題有三點：一、泰西之考據學，二、致用哲學，三、天賦人權說之沿革(59)。此處的「致用哲學」不知是不是實驗主義的譯名。但無論如何，他此後一生的學術和思想的方向在此已明確地表露了出來。最重要的是他不看重任何「新奇之學說」和「高深之哲理」，而專注意一個「術」字。這便是他後來反對談抽象的「主義」，而專講求「方法」的先聲。他自始至終把實驗主義看作一種科學方法。他介紹實驗主義的文章很多，但以「杜威先生與中國」一文說得最簡單扼要。他說：

杜威先生不曾給我們一些關於特別問題的特別主張——如共產主義、無政府主義、自由戀愛之類——他只給了我們一個哲學方法，使我們用這個方法去解決我們自己的特別問題。他的哲學方法總名叫做「實驗主義」；分開來可作兩步說：

(1)歷史的方法——「祖孫的方法」他從來不把一個制度或學說看作一個孤立的東西，總把他看作一個中段：一頭是他所以發生的原因，一頭是他自己發生的效果。上頭有他

---

(58)〔留學日記〕，卷三，第一册，頁一六七。
(59)〔留學日記〕，卷三，頁一六八。

的祖父，下面有他的子孫。捉住了這兩頭，他再也逃不出去了！這個方法的應用，一方面是很忠厚寬恕的，因為他處處指出一個制度或學說所以發生的原因，指出他的歷史背景，故能了解他在歷史上佔的地位與價值，故不致有過分的苛責。一方面，這個方法又是最嚴厲的，最帶有革命性質的，因為他處處拿一個學說或制度所發生的結果來評判他本身的價值，故最公平，又最厲害。這種方法是一切帶有評判（critical）精神的運動的一個重要武器。

（2）實驗的方法——實驗的方法至少注重三件事：（一）從具體的事實與境地下手；（二）一切學說理想，一切知識，都只是待證的假設，並非天經地義；（三）一切學說與理想都須用實行來試驗過；實驗是真理的唯一試金石⑥⓪。……

這一段綜述最能使我們看清楚胡適對杜威的實驗主義的中心興趣所在：在他的心中，實驗主義的基本意義僅在其方法論的一面，而不在其是一種「學說」或「哲理」。也許正因爲如此，他才對杜威哲學的本身沒有追源溯始的興趣——也就是說，沒有運用「歷史的方法」來加以分析。他祇強調實驗主義是達爾文進化論在哲學上的應用，因而使人覺得它是最新的科學方法。他曾不止一次地說過，實驗主義的優越性在於它一方面接受了達爾文的進化觀念，另一方面則拋棄了黑格爾辯證法的影響⑥①。他似乎沒有注意杜威早年曾經歷過一個黑格爾思想的階段，並且用達爾文的生

⑥⓪〔胡適文存〕第一集，卷二，頁三八〇—八一。

⑥①見〔胡適文存〕第一集，卷二，「實驗主義」，頁二九六；〔胡適論學近著〕，卷五「介紹我自己的思想」，頁六三〇—三一。

物學來支持新黑格爾主義[62]。杜威批判英國經驗主義把心和知識的對象機械地劃分爲二，正是受了黑格爾的影響。所以他才特別稱讚黑氏的〔邏輯學〕（*Logic*）是「科學精神的精華」[63]。甚至杜威後期（一九二六）的〔經驗與自然〕（*Experience and Nature*）一書中尚保留了黑格爾影響的明顯痕跡[64]。這當然更不是胡適在二十年代到三十年代所能注意得到的問題了。我指出這一點並不是要說明胡適對杜威哲學瞭解不足。相反地，我正是要藉此顯出胡適對杜威的實驗主義祇求把握它的基本精神、態度、和方法，而不墨守其枝節。他是通過中國的背景，特別是他自己在考證學方面的訓練，去接近杜威的思想的。從這個背景出發，他看到實驗主義中的「歷史的方法」及其「假設」和「求證」的一套運作程序，一方面和考證學的方法同屬一類，但另一方面又比考證學高出一個層次，因此可以擴大應用於解決一切具體的社會問題。他深信這便是科學方法的最新和最高的形式。

六、方法論的觀點

---

[62] 見 Morton G. White, *The Origin of Dewey's Instrumentalism* (Columbia University Press, 1943), pp. 119-125.

[63] 這是杜威在一八九一年說的，見 Morton White, *Social Thought in America, The Revolt against Formalism*, (Beacon Press, Boston, 1957), p. 19.

[64] 見 Richard Rorty, "Dewey's Metaphysics", in *Consequences of Pragmatism* (University of Minnesota Press, 1982), pp. 72-89.

這裏應該指出，胡適思想中有一種非常明顯的化約論（reductionism）的傾向，他把一切學術思想以至整個文化都化約爲方法。所以他在〈中國哲學史大綱〉中認定古代並沒有什麼「名家」，因爲每一家都有他們的「名學」，卽「爲學的方法」。後來他更把這一觀念擴大到全部中國哲學史，所以認爲程、朱和陸、王的不同，分析到最後祇是方法的不同⑥⑤。一部西方哲學史在他的理解中仍然是哲學方法變遷的歷史⑥⑥。他所最重視的「民主」與「科學」也還是可以化約爲方法。在他晚年討論民主與科學的一篇殘稿中，他說「科學本身只是一個方法，一個態度，一種精神。」「民主的眞意義只是一種生活方式。」但是「這種生活方式的背後也還是一種態度，一種精神。」⑥⑦據他自己說，他特別強調「方法」是受了杜威的影響⑥⑧。這也許是事實，因爲，杜威的實驗主義的確是以方法爲中心的。但是我們前面已看到，胡適早在一九一四年已特別注意「術」了。大概嚴復介紹的西方名學和章炳麟闡釋的佛教因明學與墨子、荀子的名學都曾對他有過重要的啓示。此外清代的考證學也可能對他發生過某種程度的暗示的作用。姑不論起源如何，也不論理論上有何困難，胡適這種化約論確實決定了他接受西方學術和思想——包括杜威的實驗主義在內——的態度。他所重視的永遠是一家或一派學術、思想背後的方法、態度、和精神，而不是其實際內容。同時又由於在進化論（他肯定這是已經證實而毫無可疑的科學眞理）和實驗主義方

⑥⑤ 見〈胡適文存〉第一集，「清代學者的治學方法」，頁三八三—三九一；〈中國古代哲學史〉，臺北版「自記」（臺灣商務印書館，一九六一年），頁三—四。

⑥⑥ 見〈口述自傳〉，頁九三—九七。

⑥⑦ 見〈胡適手稿〉第九集下（一九七〇年，胡適紀念館印行），卷三，頁五四五—五五〇。

⑥⑧ 〈口述自傳〉，頁九四。

法（他肯定這是科學方法）的巨大影響之下，他認爲一切學說的具體內容都包括了「論主」本人的背景、時勢、以至個性，因此不可能具有永久的、普遍的有效性[69]。但是方法，特別是經過長期應用而獲得證驗的科學方法，則具有客觀的獨立性，不是「論主」本人種種主觀的、特殊的因素所能左右的。所以他說：

> 一切主義，一切學理，都該研究。但只可認作一些假設的（待證的）見解，不可認作天經地義的信條，只可認作參考印證的材料，不可奉為金科玉律的宗教；只可用作啓發心思的工具，切不可用作蒙蔽聰明，停止思想的絕對真理。如此方可以漸漸養成人類的創造的思想力，方才可以漸漸使人有解決具體問題的能力，方才可以漸漸解放人類對於抽象名詞的迷信[70]。

可見他把一切學說都當作「假設」、「印證的材料」、和思想的「工具」看待；也就是一切學說都必須約化爲方法才能顯出它們的價值，此文中「創造的思想力」便是杜威所最重視的「創造的智慧」(creative intelligence)。胡適在「杜威先生與中國」一文中之所以特別聲明杜威沒有給中國人帶來任何特別的主張，只留下了一種名之爲實驗主義的「哲學方法」，正是因爲他相信杜威的方法可以從杜威基於美國社會背景而發展出來的一些特別主張中抽離出來。六十年來，不斷有人曾懷疑世界上是否眞的存在着這樣一種懸空的方法論?更有人曾質問人文現象和自然現象的

[69] 見「四論問題與主義」，〈胡適文存〉第一集，卷二，頁三七三—七九。

[70] 原文見〈胡適文存〉第一集，卷二，「三論問題與主義」，頁三七三。文字小有不同係參照〈胡適論學近著〉，「介紹我自己的思想」，頁六三二—三三。

研究是否眞能統一在一種共同的「科學方法」之下?但是胡適的答案始終是肯定的。他的堅強信心建築在他早期的成功的歷史上。他提倡文學革命，開闢國學研究的新疆域，以至批判中國的舊傳統，都用的是實驗主義的方法。在方法論的層次上，他的確不折不扣地是杜威的信徒。無論我們是否接受或同情他的立場，我們都必須承認，他所提倡的實驗主義方法論的確和其他成套的學說(如馬克思主義)不在同一層次之上。方法論雖然也不可避免地要涉及價值取向，但是在一定的條件下它是可以轉化爲中立性的工具的，自然科學方法的客觀性和普遍性早已是一個不可否認的事實：只要每一門科學專業的人不越出他自己的研究範圍，他的方法是「放之四海而皆準」的。甚至胡適的實驗主義方法論也未嘗沒有可以普通化和客觀化的成分。例如中國大陸上今天喊得最響亮的兩個口號——「實事求是」、「實踐是檢驗眞理的唯一標準」——便至少間接地和胡適的思想有淵源。「實事求是」最初是由清代考據學家提出來的（語出〈漢書〉「河間獻王傳」），但在「五四」以後曾經胡適特別着力地宣揚過，從此變成了一句口頭禪(71)。「實踐是檢驗眞理的唯一標準」這句話字面上是取自毛澤東的「實踐論」(72)，但是現在這種憑空的提法，顯然和實驗主義的眞理論相去不遠了。試問它和前面所引胡適的那句話——「實驗是眞理的唯一試金石」——有什麼實質上的分別呢?

胡適在方法論的層次上把杜威的實驗主義和中國考證學的傳統滙合了起來，這是他的思想能夠發生重大影響的主要原因之一。前面我們曾引及胡克 (Sidney Hook) 的說法，即一個被社會

---

(71) 見「幾個反理學的思想家」，〈胡適文存〉第三集，卷一，頁八二。

(72) 〈毛澤東選集〉第一卷（一九六六年橫排本），頁二六九：「實践是真理的標準。」

普遍接受的思想系統往往具備全面性、精嚴性、實際相關性、和彈性。胡適思想在方法論的層次上便恰好同時具備了精嚴性和彈性。這兩種性質有時是互相衝突的，但在胡適的方法論上卻有相反相成之妙。胡適的方法論現在看來似乎太簡單了，但較之清代考據自然更精密了，更嚴格了，也更系統化了。這對於當時從舊學出身的人是非常具有說服力和吸引力的。有說服力，因爲這正是他們所最熟悉的東西；有吸引力，則因爲其中又涵有新的成分，比傳統的考據提高了一級，成爲所謂「科學方法」了。另一方面，由於提高了一級，這個方法的應用範圍便隨之大爲擴展，不復限於幾部古經典的研究了；這便是它的彈性之所在。它可以用來研究小說、戲劇、民間傳說、歌謠，可以用來辨古史的眞僞，也可以用來批評傳統的制度和習俗。胡適的實驗主義的方法所以能風靡一時，是和它同時具有精嚴性和彈性這一事實分不開的。

不可否認地，胡適和杜威在某些基本觀念上是有分歧的。有人曾指出，杜威哲學的主要目的在於設法使失調的社會或文化重新獲得和諧；「創造的智慧」也是用來結合新與舊的。但胡適的態度則似乎與此相反：他在介紹杜威思想時則強調「利用環境，征服他，約束他，支配他。」因此他主張破壞舊傳統，創造新文化。這可以看出胡適在接觸杜威之前在思想上已別有定見；通過嚴復，他已深受赫胥黎、斯賓塞一派人的影響了(73)。這個說法是相當有理由的，但是不免忽略了胡適與杜威所處的社會、文化環境截然有異。清末民初的中國，有志改革的人往往被迫走上激進一路，正是由於傳統的阻力太大所致。嚴復在譯〈天演論〉的時代，據說便常常說「尊民叛君，

(73) 見 Jerome B. Grieder 前引書，頁一一七—一一八。

尊今叛古」八個字(74)。但嚴復無論就思想或性格言都近乎穩健溫和的一派。這正可以說明爲什麼胡適強調杜威的方法論了：他也同樣不能把杜威學說的具體內容當作「天經地義」的信條。他和杜威不同之處正所謂「易地則皆然」，也正是他善於師法杜威的地方。胡適談中國禪學的方法，曾舉了下面一個極有意義的故事：

例如洞山和尚敬重雲崖……於是有人問洞山：「你肯先師也無？」意思是說你贊成雲崖的話嗎？洞山說：「半肯半不肯。」又問：「為何不全肯？」洞山說：「若全肯，卽辜負先師也。」(75)

在我看來，胡適在方法論上師法杜威是無可置疑的，但就整個杜威哲學而論，他也和洞山和尚一樣，是「半肯半不肯。」這也正是實驗主義的一種具體的表現(76)。

七、實驗主義的思想性格

最後，我們要檢討一下胡克所提出的「實際相關性」的問題。關於這一點，我們在上面事實

(74) 見蔡元培「五十年來中國之哲學」，收在《蔡元培先生全集》，頁五四六。

(75) 見「中國禪學的發展」，收在《胡適演講集》上冊（臺北：胡適紀念館出版，一九七〇年），頁一四二—四三。尼采也說：「一個始終聽話的學生是最對不起老師的。」見 Kaufmann, *Nietzsche*, p. 403. 這比「五四」人物（包括胡適在內）常愛引的亞里斯多德「吾愛吾師，吾尤愛真理」更為激進，但並未超過禪宗的境界。

(76) 任何人只要細讀杜威在一九四八年為他的 *Reconstruction in Philosophy* (Boston, 1948) 所寫的新「導論」，便可知胡適在精神上和杜威多麼相契。

上已有了很多的討論。現在我們要換一點角度，即從思想型態方面來說明胡適以實驗主義爲基礎而發展出來的一套觀點，何以獨能在中國風行一時。一九二九年楊東蓴在「思想界之方向轉變」一文中說道：

自張之洞輩的「中學為體、西學為用」，而嚴復的「迻譯時代」，而民國八、九年的胡適輩的「實用主義」，其間思想進展之各階段，都明示隨社會的轉變而轉變之一系列的痕迹。沒有社會的轉變，便沒有思想的轉變。任憑康德哲學怎樣偉大，任憑羅素哲學怎樣精深，然而移植到中國來，却博不到回聲，都得不到反響。這並非由於中國人對於思想不關懷，不接受，而是偉大的康德哲學、精深的羅素哲學在中國之社會的存在中沒有這些哲學之存在的根據(77)。

楊文中所謂「社會存在」是很抽象的話，這裏可以置之不論。但是文中所指出的思想進展的各階段則是客觀事實；康德、羅素的哲學在當時的中國沒有激起普遍的反響也是事實。特別是羅素，他曾和杜威同時到中國來講學，他的名字在中國知識界也是家喻戶曉的，但是他的哲學除了極少數專業哲學家外，在中國幾乎沒有發生什麼影響。我們自然要問：爲什麼杜威的實驗主義比羅素的唯實論（指他當時的哲學立場而言）對中國人要有更大的吸引力呢？如果說杜威的重要性在於他的「科學方法」，羅素那時不也正在提倡「哲學中的科學方法」(scientific method in philosophy)嗎？本文基本上既是一種思想史的分析，所以我們必須試從學術思想方面去說明實驗

(77) 原載〔民鐸〕雜誌十卷四號。此從賀麟「康德、黑格爾哲學東漸記」轉引，〔中國哲學〕第二輯（一九八〇年三月），頁三六六—六七。

主義在當時的中國的存在根據。

羅素的哲學的基礎在邏輯與數學，從哲學觀點嚴格地檢查邏輯數學中的觀念，在二十世紀初年的英國也是全新的東西。他出身於英國經驗主義，但也有受黑格爾的影響，後來又欣賞歐陸理性主義者萊布尼茲關於邏輯命辭、物理等方面的見解（他推重萊氏爲數理邏輯的先驅）。他認爲哲學家一方面應該保持科學的和公正的態度，但另一方面又必須在倫理上嚴守中立。像這樣高度專門的哲學，在一九二〇年代的中國大概只有三幾個人眞正瞭解(78)。一般所謂羅素在中國的影響事實上僅限於社會、經濟問題、中國問題這一類通俗講演而已。而且由於羅素在討論東西文化時讚揚過中國的道家哲學，他的話反而被保守派用爲支持「東方精神文明」的根據了(79)。

康德在今天已成爲中國哲學界所最重視的西方哲學家之一，但是在「五四」以前卻少有解人。正式寫專文介紹他的大概以梁啟超爲最早。梁氏以康德的「眞我」與王陽明的「良知」和佛家的「眞如」相提並論，以爲「若合符節」；這是有開風氣之功的。但是當時王國維便批評他「紕繆十且八九」。王氏曾四次研讀〔純粹理性批判〕，則艱苦可想。這當然不是因爲他缺乏哲學的器識，「而是由於中國當時的思想界尙未成熟到可以接受康德的學說」(80)。康德的知識論是以

(78) 如他的口譯者趙元任。羅素到北京學生組織的「羅素學術研究會」和青年們討論哲學，會中竟有人提出「George Eliot 是什麼？」「眞理是什麼？」這樣荒謬的問題。見胡適「中國禪學的發展」，〔胡適講演集〕上册，頁一四五。「研究會」如此，其他可想而知。

(79) 關於羅素在華講學及其影響的問題，參看蔡元培「五十年來中國之哲學」，頁五五六—五七；Chow Tse-tsung, *The May Fourth Movement*, pp. 232-8.

(80) 賀麟，「康德、黑格爾哲學東漸記」，頁五三—五六。

數學和牛頓的物理學爲基礎的，他講「上帝」、「靈魂不滅」、「意志自由」三大問題則以基督教神學及傳統形而上學爲背景。梁啓超、王國維都不具備瞭解康德所需要的背景知識。王國維後來轉而欣賞叔本華，固然與他自己的悲觀性格有關，但也未嘗不是因爲叔本華哲學中有佛家的成分，較易接受。

總之，康德、羅素的哲學都以知識論爲中心，是西方哲學的主流所在。而邏輯—知識論則恰好是中國思想傳統中最薄弱的一環。晚清以來，由於西方思想的刺激，已有人（如章炳麟）開始注重墨子、荀子的「名學」和佛家的唯識論、因明學。但是要想把中國思想和西方哲學的主流接上頭，卻不是短期內所能見效的。當時中國人不能接受康德、羅素的理由也就是他們能夠接受杜威的理由。

杜威在知識論的領域內是一個「革命者」（「革命」一詞取孔恩所界定之義）。他根本不承認傳統哲學中所說的永恒不變的「實在」，因此自然也不能接受傳統的「眞理」說，即以眞理爲靜止的、最後的、完全的、和永恒的，必須通過知識的積累去一步一步地發現。事實上，傳統哲學中的許多聚訟紛紜的二元觀念，如本體與現象、心與物、主體與對象等等都被他看作假問題而予以取消了。在這一點上他確與後來的邏輯實證論者有共同之處，不過後者在方法上更精密而已[81]。杜威把傳統哲學上的知識論稱作「旁觀者的知識論」（the spectator theory of knowledge），也就是把知識看作是對永恒不變的「實在」加以靜態的觀察而獲得的。他不但不承認這種「實

[81] 見 Sidney Hook, *John Dewey* (New York, 1939), p. 44.

在」的存在，而且更否認人可以自限於「旁觀者」的角色。知識雖然離不開經驗，但是經驗並不是僵死的東西，它向我們提出問題，向我們挑戰。所以經驗是通過我們主動的、積極的參與而得來的。通過這種激烈的批判，杜威希望把哲學從「哲學家的問題」中解放出來，使它變作「一般人的問題」。

這裏沒有必要討論杜威的眞理論、知識論的得失。但是我們顯然可以看出這一類型的思想對於當時的中國人確是比較容易理解的。第一、當時一般中國人的思想中並沒有柏拉圖式的「永恒不變的實在」這種抽象觀念。由此而衍生的許多西方知識論和形而上學的問題對於一般中國人更是非常陌生的。現在杜威把它們一筆勾銷了，這恰好掃除了中國人（至少暫時）瞭解西方思想的障礙。第二、主、客在人生活動中統一，理論與實踐統一，這是很接近一般中國人的世界觀的。第三、中國思想中一向注重普通人的問題，所謂「哲學家的問題」根本便是西方思辨傳統的產物。第四、杜威強調控制環境和應付變遷以求有利於人生，這更是當時接受了進化論的中國人所欣然首肯的了。第五、實驗主義的應用一向以在社會、政治哲學方面的效果爲最顯著。杜威在中國的講演也偏重在這一方面。這又是它比較容易接得上中國思想傳統的一個重要原因。第六、我們必須記住，杜威同時又是一位教育哲學家，他的實驗主義教育學說在美國曾發生過重大的影響。他在哲學上反對形式主義，在教育上更是如此。這對於中國的舊式教育尤其有對症下藥之巧。杜威在中國各地講演也以教育講演爲最多。所以後來通過他的學生（如陶知行等人）的實際努力，杜威的教育理論在各地小學中獲得廣泛的應用。「生活卽教育」、「從做中學」等口號一時成爲中國兒童教育的指導原則。在這一方面，實驗主義在中國所發生的深遠影響更是難以估計的[82]。

以上六點分析並不夠全面，但是至少已足以說明胡適所介紹的杜威實驗主義，對於中國當時的思想狀態而言，確是「實際相關的」。而且問題尙不止於上述幾項個別的根據。更重要的是，從整體的觀點來看，杜威哲學所代表的思想型態比較接近中國傳統思想的基本架構。馬克思在〈費爾巴哈論綱〉曾說過：「從來的哲學家只是用不同的方式來解釋世界，但是眞正的任務是改變它。」西方的主流哲學確是以解釋世界爲它的主要工作。馬克思這句話的言外之意當然是說他自己的哲學是屬於「改變世界」一型的。我們可以根據不同的觀點把哲學劃分爲種種不同的類型，「解釋」與「改變」兩型自然遠不足以窮盡哲學的型態。但是馬克思的分法卻有助於我們瞭解西方思想在中國近代史上的發展。中國思想的主流——儒學——基本上屬於「改變世界」的類型。儒學當然也有「解釋世界」的成分和其他的成分。但是當作一種社會、政治哲學來看，儒學的主要目的是在於安排秩序，或重建秩序（在秩序已不合理的情形下）。程、朱之所以定〈大學〉爲儒學的總綱領，其用意卽在於此。這種「改變世界」的性格尤其突出地表現在「經世致用」的觀念上。雖在乾嘉考證學鼎盛之際，第一流的學人仍未忘「經世」的目的[83]。晚清的經世運動滙結於康有爲的〈孔子改制考〉，尤其可以說明十九世紀末到二十世紀初儒學內部存在着「改變世界」的強烈要求。嚴譯〈天演論〉風靡全國正是因爲它爲「改變世界」的可能性提供了「科學的」根據。我並不是否認這一時期的中國思想中還有其他的關懷；我只是說一切其他的關懷，和

[82] 可參看曹孚「批判實驗主義教育學」，〈胡適思想批判〉第三輯（三聯書店，一九五五年），特別是頁三二六—二八。

[83] 參看我的「清代學術思想史重要觀念通釋」的「經世致用」節，〈史學評論〉第五期（一九八三年一月）。

「改變世界」的關懷相較，都只能居於次要的地位。杜威的實驗主義便恰好是一種「改變世界」的哲學。懷特（Morton White）曾列舉杜威哲學的要點如下：一、思想是行動的計畫，而不是「實在」的反映；二、一切二元論都不能成立；三、創造的智慧是解決問題的最好方法；四、哲學必須從形而上學中解放出來，而專注於社會工程設計的工作(84)。除第二點是西方哲學史上特有問題外，其餘三點都是和在經世觀念支配下的中國思想基調完全合拍。杜威的實驗主義通過胡適的中國化的詮釋之後，這種「改造世界」的性格表現得更爲突出。他把「新思潮的意義」歸結到「再造文明」便是最有力的證據。杜威和馬克思之間有許多根本的分歧，但在「改變世界」這一點上（包括強調理論與實踐的統一），他們的思想是屬於同一型態的。馬克思主義之所以能繼實驗主義之後炫惑了許多中國知識分子，這也是基本原因之一。

八、胡適思想的內在限制

這裏自然引起了一個重要的問題，即何以胡適所代表的新思潮竟抵擋不住馬克思主義的衝擊呢？這個問題當然決不是思想史所能單獨答復的。但本文仍祇想從思想方面提供一點尋求答案的線索，全面地處理這一重大的問題在這裏是不可能的。

---

(84) 見 *Social Thought in America*, p. 7 關於杜威的進化論是屬於「改變世界」的性格，與以前斯賓塞（Herbert Spencer）的決定論截然不同，可看 Richard Hofstadter, *Social Darwinism in American Thought* (revised edition, 1955, Beacon Press), pp. 125, 135-142.

幾十年來，頗有人批評胡適的思想太淺，對於許多比較深刻的問題都接觸不到。他提倡的「科學方法」僅流爲一種通俗的「科學主義」和「實證主義」，他不但對歐洲大陸的哲學傳統缺乏認識，甚至在英美經驗主義一派的思想方面也未能深造自得。金岳霖曾公開指出「西洋哲學與名學又非胡先生之所長，所以在他兼論中西學說的時候，就不免牽強附會。」（見馮著〔中國哲學史〕審查報告二）。同時在中國學術思想方面，他的興趣也限於清代的考據學，對於宋明理學，以及他專門研究的禪宗也沒有相應的瞭解。這一類的批評很多，我們不必一一列舉。本文所作的是思想史的工作，因此我既不必爲胡適辯護，更無意討論這些批評。從思想史的角度看，這些批評縱使完全正確，也和胡適在歷史上的客觀位置不相干，更和胡適本人所希望扮演的歷史角色不相干，尤其和他抵擋不住馬克思主義的思潮不相干。

胡適在學術上的興趣本在考證，不過他想比清代的考證再進一步，走向歷史，特別是思想史的綜合貫通的途徑。他在思想上一方面提倡「科學方法」，另一方面則鼓吹民主自由，希望把中國引上他所嚮往的現代化的方向。他在這兩方面都做的是「開風氣」的工作，用現代的名詞說，也就是「啓蒙」的工作。當時有人把他看作是「現代的伏爾泰」，是有一部分的理由的(85)。他的世界觀、歷史觀大體上也仍在西方十八世紀的啓蒙思想的籠罩之下；他批評傳統，強調「容忍」，信仰「進步」，更和伏爾泰頗多相似之處。對於這樣一個啓蒙式的人物，我們既不能用中國傳統「經師」的標準去衡量他，也不能用西方近代專業哲學家的水平去測度他。因爲這樣做，我們便

---

(85) 見 John K. Fairbank, *Chinabound, A Fifty Year Memoir* (Harper & Row, Publishers, 1932), p. 46.

脫離了他所處的具體的歷史環境了。

胡適自己曾這樣評論他的文章的長處和短處：

> 我的長處是明白清楚，短處是淺顯。……我抱定一個宗旨，做文字必須要叫人懂得，所以我從來不怕人笑我的文字淺顯(86)。

不但他的文字「淺顯」，他的思想也是一樣，但是我們不能忘記「明白清楚」是和「淺顯」分不開的。胡適能夠開一代的思想風氣正因爲他的「淺顯」。梁啓超的影響之大也要歸功於他的文字和思想的「淺顯」。嚴復和章炳麟的古文都要比梁、胡兩人「深晦」，但正因如此，他們的一般影響力反而遜色多了。熊十力說：

> 在五四運動前後，適之先生提倡科學方法，此甚緊要。又陵先生雖首譯名學，而其文字未能普遍。適之銳意宣揚，而後青年皆知注重邏輯。視清末民初，文章之習，顯然大變(87)。

熊十力是非常不贊成胡適思想的人，但是客觀上他不能不承認胡適當年開風氣的功績。這種功績正來自他的「淺顯」的科學方法和合乎邏輯的白話文字。事實上，「五四」後期的中國的馬克思主義者無論在思想或文字的層次上都只有比胡適更「淺顯」（馬克思本人的著作當然是很「艱深」的）。所以胡適的「淺顯」決不是馬克思主義在中國興起的原因。

啓蒙運動總不免要從批評現狀開始，也就是說先要做破壞性的工作。胡適在這一方面的努力

---

(86) 〈四十自述〉，引自〈胡適之先生年譜長編初稿〉，頁六七。

(87) 見「紀念北京大學五十年並爲林宰平祝嘏」，收入〈十力語要初編〉（臺北：樂天出版社，一九七三年再版），頁一七。

是大家都知道的。但是破壞了舊的以後，用什麼新的東西來代替呢?胡適在這個問題上並不是沒有答案。他在「我們走那條路」那篇引起爭論文字中說：

我們要建立一個治安的、普遍繁榮的、文明的、現代的統一國家(88)。

但是這只是對於遙遠的目的地的一種描繪，而不是一個具體的建設綱領和方案。怎樣才能到達這個目的地呢?他說：

我們……集合全國的人才智力，充分採用世界的科學知識與方法，一步一步的自覺的改革，在自覺的指導之下一點一滴的收不斷的改革之全功。不斷的改革收功之日，即是我們的目的地達到之時(89)。

這依然是一種主觀的願望，沒有具體的內容。在一個已經建立了共識和比較安定的社會體制中，這種主張也許可以博得較多人的同情。但是在一九三〇年的中國，各黨派對於如何「改變世界」這一重大的問題，無論在目的或方法上都存在着根本而嚴重的分歧，胡適的說法自然很難發生作用了。最重要的，當時馬克思派「打倒帝國主義」、「打倒封建」的口號正甚囂塵上。所謂「大革命論」對不少人是有號召力的。梁漱溟在「敬以請教胡適之先生」的長信裏便說：

先生的主張恰與三數年來的「革命潮流」相反，這在同一問題下，為何等重大差異不同的解答!先生憑什麼推翻許多聰明有識見人所共持的「大革命論」?先生憑什麼建立「一步一步自覺的改革論」?如果你不能結結實實指證出革命論的錯誤所在，如果你不能

(88)〔胡適論學近著〕卷四，頁四四五。

(89)同上，頁四五二。

確確明明指點出改革論的更有效而可行，你便不配否認人家，而別提新議⑨⓪。必須指出，梁漱溟也是反對「大革命論」的。但是他和「大革命論」者顯然持有一種共同的假定，卽中國的形勢已急迫萬分，我們必須立刻提出一套根本而澈底的「改變世界」的方案及其具體實行的步驟。「改變世界」當然不可避免地要涉及「解釋世界」的問題。一個根本而澈底的「改變世界」的方案首先便必須建築在對於那個世界的整體而全面的認識上面。所以梁漱溟又說：

先生……全不提出自己對中國社會的觀察論斷來，亦嫌太省事！中國社會是什麼社會？封建制度或封建勢力還存在不存在？這已成了今日最熱鬧的聚訟的問題，論文和專書出了不少，意見尙難歸一。先生是喜作歷史研究的人，對於這問題當有所指示，我們非請敎不可。革命家的錯誤，就在對中國社會的誤認；所以我們非指證說明中國社會是怎樣一種結構，不足祛革命家之惑。我向不知學問，尤其不會作歷史考證功夫，對此問題非常感到棘困；如何能一掃羣疑，昭見事實，實大有望於先生⑨①。

這一質難可以說正好擊中了胡適思想的要害。如果我們用「大膽的假設，小心的求證」來代表胡適的基本態度，那麼要他立刻提出一個對中國社會的性質的全面論斷來以爲行動的指南，便等於要他只保留「大膽的假設」，而取消「小心的求證」。這在他以「科學方法」爲中心的思想模式中是不可想像的。一九三六年羅爾綱寫了一篇「清代士大夫好利風氣的由來」，胡適看了，非常生氣，指責他道：

---

⑨⓪ 同上，「附錄二」，頁五六。

⑨① 〔胡適論學近著〕卷四，頁四六二。

這種文章是做不得的。這個題目根本就不能成立。……我們做新式史學的人，切不可這樣胡亂作概括論斷。西漢務利，有何根據？東漢務名，有何根據？前人但見東漢有黨錮清議等風氣，就妄下斷語以為東漢重氣節。然貴官鬻爵之制，東漢何嘗沒有？「銅臭」之故事，豈就忘之(92)？

試看胡適連這樣一個局部性的概括論斷(generalization)都不肯隨便下，他怎麼會輕易提出「中國社會是什麼社會」這樣全面性的論斷呢？梁漱溟的期待當然要落空了。而且從他的觀點來說，梁漱溟對這個問題的提法便根本不能成立。羅爾綱的題目不能成立，因爲除非我們能先證明清代士大夫比其他各代都更要「好利」，也比其他各代都更不「好名」。我們又必須進一步證明清代所有或至少多數的「士大夫」都「好利」，而不「好名」。最後我們還得建立「好利」和「好名」的嚴格標準。如果士大夫「好名」、「好利」的現象無代無之，又不能加以量化，那麼這個題目當然是沒有意義的了。中國社會更是一個複雜萬分的整體，我們又用什麼標準來爲它「定性」呢？更怎樣能用一兩個字（如「封建」）來概括它呢？其實這裏還涉及一個更深一層的問題，胡、梁兩人都沒有談到。當時「革命論」者之所以定中國爲「封建」社會，其用意根本便不在尋求一種合乎客觀事實的歷史論斷，而是要建立一個合乎他們的「革命綱領」的價值判斷。所以主張在農村革命的人（如毛澤東）便堅持中國社會是「封建」的或「半封建、半殖民地的」（因爲這樣才可以保留在城市進行暴動的理論根據）。而以城市暴動的基本革命綱領的人（如脫黨以後

(92)〈師門辱教記〉，頁五三。

的陳獨秀）則強調中國社會早已進入資本主義的階段了。這樣的問題根本不是「歷史考證」所能為力的。胡適卽使違背自己的學術紀律，勉強答復梁漱溟所提出「中國社會是什麼社會」的問題，我們可以斷言，他的答案不但決不會為「革命論者」所接受，而且也不可能獲得梁漱溟的首肯。因為梁漱溟也早已有了自己關於「改變世界」的具體綱領了，那便是他的「鄉村建設理論」。

這裏我們淸楚地看到了胡適思想在「改變世界」方面的內在限制。他的「科學方法」——所謂「大膽的假設，小心的求證」——他的「評判的態度」，用之於批判舊傳統是有力的，但是它無法滿足一個劇變社會對於「改變世界」的急迫要求。批判舊制度、舊習慣不涉及「小心求證」的問題，因為批判的對象本身（如小腳、太監、姨太太之類）已提供了十分的「證據」。科學方法的本質限定它只能解決一個一個的具體問題，但是它不能承擔全面判斷的任務。卽使在專門學科的範圍之內也不例外。專門學者或科學家當然無法完全避免在自己專題研究的範圍之外，表示一些關於本行的全面性的意見。但是我們必須瞭解，當他這樣做時，他也許仍然表現出科學的精神，但他所用的卻已不是嚴格意義上的科學方法了。科學方法的訓練可以使人謹嚴而不流於武斷。正因如此，嚴守這種方法的人才不敢不負責任地放言高論，更不必說提出任何涉及整個社會行動的確定綱領了。這在實驗主義者而言，尤其是如此，因為實驗主義者首先便要考慮到社會的效果問題。一言可以興邦，一言也可以喪邦，他的科學的態度不容許他輕下論斷。

這裏我們碰到一個幾乎是無法解決的思想難題：科學方法要求我們不武斷，對於尚未硏究淸楚的問題不能隨便提出解決的方案，當然更不能盲目的行動。但是從個人到社會，隨時隨地都有許多急迫的實際問題需要當下卽作決定。這些問題往往都不是事先能夠預見的，更沒有時間等待科學方法來個別地解決。生活既不能靜止不動，那麼這些決定便只有參照以往的經驗做抉擇了。這本是中、西哲學史上的老問題。朱熹基本上是主張「知先於行」的，但是他不得不承認：「若曰必俟知至而後可行，則夫事親從兄、承上接下乃人生之所不能一日而廢者。豈可謂吾知未至，而暫輟以俟其至而後行哉?」（見〔朱文公文集〕，卷四十二「答吳晦叔」第八函論「先知後行之說」。）笛卡兒也說，在行動不允許稽延而自己又無法決定什麼是眞的解決辦法時，便只好斟酌情況在各種已有的意見中選取一個[93]。胡適由於深受考證學和科學方法的訓練，所以常常要人在證據不足的情形下「展緩判斷」。例如關於老子年代的問題，他便說：

> 懷疑的態度是值得提倡的。但在證據不充分時肯展緩判斷（suspension of judgement）的氣度是更值得提倡的[94]。

但是馮友蘭答覆這個問題時，則說：

> 所說展緩判斷的氣度，話可以如此說，但我們不能如此行。譬如我寫〔哲學史〕，我總要把〔老子〕放在一個地方。如果把〔老子〕一書放在孔子以前，我覺得所需要的說明，比把它放在孔子以後還要多[95]。

這是上述難題的一個最好的例證。〔老子〕的考據在寫哲學史時都不能「展緩判斷」，何況二十

---

[93] 見 René Descartes, "Discourse on the Method of Rightly Conducting the Reason and Seeking Truth in the Sciences", in *The Rationalists* (Anchor Books edition, 1974), p. 57.

[94] 見「評論近人考據老子年代的方法」，〔胡適論學近著〕，頁一二七。

[95] 見〔中國哲學史補〕（香港：太平洋圖書公司影印本，一九七〇），頁一二四。

年代和三十年代的中國「走那條路」的問題呢？胡適的實驗主義既不能提出具體而有效的行動綱領，自然便祇好讓位了。

其實這個問題不但困擾着中國的胡適，而且就在同一時期也困擾着美國的杜威。當時景仰杜威的人也急迫地希望他提一套確定的政治方案來解決美國的社會問題。但是杜威說來說去只肯提供「創造的智慧」的老話和一套政治方法論。他總怕一旦提出「固定的目的」(fixed ends)或全面解決社會問題的「萬靈藥方」(social panaceas)，便將導向武斷和僵化。其結果則是他的許多左派弟子都轉而向馬克思的傳統中去追求新的出路了(96)。

而且不僅三十年代爲然，這個老問題在七十年代的美國又再度困擾着分析派的哲學家。我清楚地記得，在一九七〇年前後，蒯因(W. V. O. Quine)應邀參加了哈佛燕京學社的「訪問學人計畫遴選委員會」，因此我有機會和他聊天。他的數理邏輯和語言哲學，我完全外行，但是我大體上瞭解他的哲學立場。他可以說是繼杜威之後在美國提倡「科學方法」最力的人(97)。那時美國的左派青年都崇拜馬庫色(Herbert Marcuse)。我曾問他，分析哲學面對這種變局能不能提供與馬庫色不同而比較健康的哲學答案。他一方面承認馬庫色有很大的影響力，另一方面則對馬氏頗存輕視。但是他似乎心安理得地認爲應付社會動亂根本不在哲學的範圍之內，而且哲學家對此也無任何特殊巧妙辦法可以提供。後來他在一部通俗的哲學著作中說：

---

(96) 見 Morton White, *Social Thought in America*, pp. 200-1, 244-5.

(97) 蒯因以哲學與科學連為一體是採取了杜威的立場。見 Richard Rorty, *Philosophy and the Mirror of Nature*, (Princeton University Press, 1979), p. 228.

由於缺乏健全的解決辦法，社會疾病帶來一些草率的或迷信的辦法。負責任的科學家「對這種疾病」自然也不免感到迷惑，但是性急而不能忍耐的社會大衆却去傾聽那些毫不負責的說法(98)。

我不知道他所謂「不負責的說法」之中是不是也包括了馬庫色的理論在內。無論如何，七十年代的學潮恐怕還是免不了在他的心中激起了一點波瀾。他後來肯和人討論「哲學是不是和人民脫了節」的問題，在我是並不覺得太意外的(99)。

胡適雖然沒有接觸過現代的分析哲學，但是他的思想傾向大體上是和分析哲學相同的；二者都以「科學方法」爲中心。不過胡適學術的起點和終點都是中國的考證學，不像分析哲學是和自然科學（特別是數學和物理）連成一體的。因此，以科學方法而言，二者自有精粗之別。但是二者在世變和價值問題的前面所遭遇到的困難仍然是相同的。現在美國的分析哲學正面臨着歐洲大陸以「精神科學」（Geisteswissenschaften）爲中心的哲學傳統的挑戰。現象論、存在主義、批判理論、解釋學等大量地湧現在英語著作中。分析哲學家也開始有人正視這個宿敵了。這未始不是一個好的轉變。從中國的思想傳統說，程、朱與陸、王的對立也和上述西方兩派的分流（遠源是經驗主義與理性主義）至少在意義上有可以互相比較之處。胡適從考證學出發，上接程、朱的

(98) W.V.O. Quine and J.S. Ulliam, *The Web of Belief* (1978), p. 121, quoted in Hao Wang, *Beyond Analytical Philosophy*, The MIT Press, (1986), p. 199.

(99) 此文收在 W. V. Quine, *Theories and Things*, Harvard University Press, (1981), pp. 190-3.

「窮理致知」的傳統，因而對陸、王不免有排斥的傾向。這在他的〈戴東原的哲學〉結尾一段表現得尤其明顯。他說：

> 但近年以來，國中學者大有傾向陸、王的趨勢了。有提倡「內在生活」的，有高談「良知哲學」的，有提倡「唯識論」的，有用「直覺」說仁的，有主張「唯情哲學」的。倭鏗（Eucken）與柏格森（Bergson）都作了陸、王的援兵。……我們關心中國思想前途的人，今日已到了歧路之上，不能不有一個抉擇了。我們走那條路呢？我們還是「好高而就易」，甘心用「內心生活」「精神文明」一類的揣度影響之談來自欺欺人呢？還是決心不怕艱難，選擇那純粹理智態度的崎嶇山路，繼續九百年來致知窮理的遺風，用科學的方法來修正考證學派的方法，用科學知識來修正顏元、戴震的結論，而努力改造一種科學的致知窮理的中國哲學呢？我們究竟決心走那一條路呢[100]？

今天看來，無論是西方還是中國，這兩個主要思想流派必然是一個長期共存的局面，因為兩派各有立場、各有領域、也各有成績，誰也不能把誰完全壓倒的。章學誠所謂「宋儒有朱、陸，千古不可合之同異，亦千古不可無之同異」（〈文史通義〉「朱陸篇」），恐怕要算是最有哲學智慧的歷史論斷之一了；它不但適用於中國，也同樣適用於西方。但是異同雖不能相合，卻未必完全不能相通。至少我看不出，在人文學與社會科學的實際研究過程中，科學方法和解釋學的方法為什麼不能同時並用。

[100] 〈戴東原的哲學〉（上海：商務印書館，民國十六年），頁一九六—九七。

如何使兩派相通？這個問題已離開了思想史的範圍，而變成今後中國思想界所必須面對的新課題了。胡適說過：

> 今天人類的現狀是我們先人的智慧和愚昧所造成的。但是後人怎樣來評判我們，那就要看我們盡了自己的本分之後，人類將會變成什麼樣子了[101]。

胡適毫無疑問地已盡了他的本分。無論我們怎樣評判他，今天中國學術與思想的現狀是和他的一生工作分不開的。但是我們希望中國未來的學術與思想變成什麼樣子，那就要看我們究竟決定怎樣盡我們的本分了。

---

[101] Hu Shih, "My Credo and Its Evolution", in *Living Philosophers* (New York, 1931), pp. 259-260.

余英時文集4
中國思想傳統的現代詮釋

2023年1月三版　　定價：平裝新臺幣620元
精裝新臺幣800元

著　　者　余英時
總 策 劃　林載爵
總 編 輯　涂豐恩
副總編輯　陳逸華
封面設計　莊謹銘

出　版　者　聯經出版事業股份有限公司
地　　　址　新北市汐止區大同路一段369號1樓
叢書主編電話　(02)86925588轉5310
台北聯經書房　台北市新生南路三段94號
電　　　話　(02)23620308
台中辦事處　(04)22312023
台中電子信箱　e-mail:linking2@ms42.hinet.net
郵政劃撥帳戶第0100559-3號
郵撥電話　(02)23620308
印　刷　者　世和印製企業有限公司
總　經　銷　聯合發行股份有限公司
發　行　所　新北市新店區寶橋路235巷6弄6號2F
電　　　話　(02)29178022

總 經 理　陳芝宇
社　　長　羅國俊
發 行 人　林載爵

行政院新聞局出版事業登記證局版臺業字第0130號

本書如有缺頁，破損，倒裝請寄回台北聯經書房更換。
聯經網址 http://www.linkingbooks.com.tw
電子信箱 e-mail:linking@udngroup.com

ISBN　978-957-08-6705-3 (平裝)
ISBN　978-957-08-6706-0 (精裝)

國家圖書館出版品預行編目資料

中國思想傳統的現代詮釋 / 余英時著 . 三版 .
新北市 . 聯經 . 2023.01 . 592面 . 14.8×21公分 .
ISBN 978-957-08-6705-3 (平裝)
ISBN 978-957-08-6706-0 (精裝)
[2023年1月三版]

1. CST:學術思想 2. CST:中國文化 3. CST:文集

112.07 111021601